戦後中国国民政府史の研究

1945-1949年

姫田光義 編著

中央大学出版部

目　　次

総　論　戦後中華民国国民政府の歴史的位相 ……姫田光義… 1
　　はじめに――本書の目的　1
　1．戦後中国をめぐる世界史の普遍性と中国の特殊性　3
　2．本書の成果と今後の研究課題　17
　　おわりに――戦後中国の歴史的位相をめぐって　21

第1部　戦後国民政府をめぐる政治過程

第1章　国共交渉と国民政府……………………………井上久士… 31
　　はじめに　31
　1．国民政府（国民党）の戦後構想　32
　2．中国共産党の戦後構想　34
　3．重慶会談へ　39
　4．重慶会談　41
　5．政治協商会議　43
　　おわりに――「軍隊の国家化」の挫折　48

第2章　東北接収をめぐる国際情勢と中国政治
　　　　　――王世杰日記を中心に――………………西村成雄… 53
　1．東北行営撤退までの王世杰「分疆而治」論　54
　2．東北行営の山海関撤収と王世杰「分疆而治」論のゆくえ　63
　3．国際情勢の転換と政治協商会議，および国民党内矛盾の激化　68

第 3 章　戦後国民政府の対ソ認識
　　　　——北塔山事件への処理を通して——……………吉田豊子… 79
　　はじめに　79
　　1．事件の勃発とその背景　　80
　　2．国民政府の対応　　85
　　3．事件への対応過程の考察　　95
　　おわりに　100

第 4 章　中間党派の戦後構想と社会民主主義　……周　偉　嘉…107
　　はじめに　107
　　1．中間党派と社会民主主義　　108
　　2．民盟の戦後構想と社会民主主義的路線　　117
　　おわりに　125

第 5 章　戦後の憲政実施と立法院改革………………金　子　肇…133
　　はじめに　133
　　1．孫文の立法院構想　　134
　　2．戦前・戦中の立法院構想　　136
　　3．憲政実施と立法院の制度的位相　　139
　　おわりに　144

第 2 部　戦後国民政府の経済・社会政策

第 1 章　地税行政と請願活動……………………………笹川裕史…151
　　はじめに　151
　　1．戦時下の地域社会からの利害表出の特質　　153
　　2．戦後における地税行政の変容と地域社会の動向　　165
　　3．国共内戦の本格化と全国糧食会議の開催　　172
　　おわりに　176

目　　次　iii

第2章　全国的土地改革の試みとその挫折
　　　　──1948年の「農地改革法草案」をめぐる一考察──
　　　　………………………………………………山　本　　真…183

　　はじめに　183
　1．国民政府による戦後構想と土地改革　185
　2．全国的土地改革案の成立と各界の反応　188
　3．「農地改革法草案」の立法院への提出とその挫折　194
　　おわりに　203

第3章　中紡公司と国民政府の統制
　　　　──国有企業の自立的経営方針とその挫折──……川　井　伸　一…209

　　はじめに　209
　1．中紡公司──自立的経営方針と組織的位置　210
　2．流通管理面の統制強化　213
　3．紡織事業の全面的統制へ　222
　4．資金分配の統制　224
　5．商業会社経営の挫折　229
　　おわりに──歴史的含意　231

第4章　対外経済政策の理念と決定過程……………久　保　　亨…235

　　はじめに　235
　1．政策理念をめぐる対立　236
　2．国内産業の利害関係　240
　3．関税立法原則の決定過程　1946.6〜1947.4　243
　4．48年関税の決定過程　1948.2〜1948.8　250
　　おわりに　256

第5章　教育における「復員」と教職員　…………高　田　幸　男…263
　　はじめに　263
　1．「復員」時期教育に対する従来の見方　263

2．「復員」期教育研究の新たな展開　267
3．抗戦勝利時の教育状況　269
4．「復員」計画の策定　272
5．「教育復員」の実施状況　278
6．教職員掌握策とその動揺　281
　おわりに　284

第3部　戦後の文化・思想と民衆意識

第1章　上海のマスメディアとナショナリズム
――1946-7年の新聞・雑誌論調を中心として――
……………………………………………………水羽信男…291

　はじめに　291
1．1946年の上海メディアの対ソ・対米論調　296
2．上海メディアと東単事件　302
　おわりに　308

第2章　憲政実施期の文化論争………………中村元哉…317

　はじめに　317
1．文化社会学と文化論争　318
2．「本位・西化」論争　320
3．1947年憲政論争　323
　おわりに　330

第3章　戦後地域社会の再編と対日協力者…………古厩忠夫…339

　はじめに　339
1．誰が漢奸か？　漢奸問題における国共両党　340
2．東北及び農村部における漢奸問題　345
3．上海における「戦後」社会の再編　348
4．上海における漢奸裁判の諸相　351

おわりに——地域社会の再編と漢奸問題　358

文 献 目 録 ……………………………………山本　真・大沢武彦…363

あ と が き

索　　引

戦後中国国民政府史の研究

総論　戦後中華民国国民政府の歴史的位相

はじめに——本書の目的

　本書は，抗日戦争の終結から中華人民共和国の成立に至るまでの約四年間の中国の時代相を明らかにしようとするものである。その場合，これまでの多くの研究と論著（と言っても日本ではあまりないのだから，中国における「革命史観」とか「中共史観」と表現されるような歴史観に基づくもの）が中国共産党の理論・政策と革命実践に主眼を置いてきたのに対して，本書では当時の政権の担い手であった中華民国国民政府の諸政策の実証研究に主眼を置いている。その理由は言うまでもなく中華民国という国家の実態の解明を最重要視し，国民政府こそこの国の中核的な政治主体であったと考えるからである。

　このような観点は必ずしもわれわれ独自のものではなく，近年来おおいに発展してきた中華民国史の研究に通底するものである。歴史のトータルな把握のためには，社会経済構造と階級構成をも含めた国家の構造そのもの，政権主体とその諸政策，人民各層の動向，文化状況などの分析研究が不可欠であるが，中華民国に関してはその緒に就いたばかりと言える。もちろん革命史研究はトータルな歴史研究の有機的な構成要素であることは多言を要しないが，それ自体がトータルな歴史ではない。革命とはいわば既存の国家に対する叛乱であり破壊なのであり，革命史は反体制の歴史にほかならない。そして革命者の側からすればそのような国家の支持者擁護者は反革命ということになる。反体制の側からだけ見た歴史がトータルなものになりえないのは当然であろう。

　われわれは革命（反体制）と反革命（体制）の双方の目から見た歴史の研究と

再構成を志さなければならない。そのことは今日では誰しもが考えることであろう。しかし上述のように中華民国という体制の，とりわけ戦後国民政府の研究はこれまであまりにも少な過ぎた。それは革命勝利者の側による革命の正当性，革命指導者たる中国共産党の正統性の主張が前面に出てきたことの結果である。しかもその場合，中国革命が武力による革命戦争の形態をとってきたために，どうしても戦争・軍事史が中心になってしまう傾向が顕著である。力の論理，パワー・ポリティックスが歴史を支配してしまうのである。換言すれば「革命史観・中共史観」は軍事史中心の歴史叙述にならざるをえないのである。

戦争はその勝敗によって決着がつけられる。それは一つの結果に過ぎないが勝利者の側からはすべての帰結点のように理解されてしまうから，そこでいったん歴史は完結された形をとる。すなわち歴史の継続性連続性ではなく断絶性が強調されやすい。われわれが軍事史中心の歴史観に批判的にならざるをえない理由は，ここにもある。

当該時期においては軍事的な決着が決定的に重要な意味をもっていたことを承認するにしても，それは上述したような国家体制そのものを完全に破砕しまったく新しい体制を創造したことを意味してはいない。その破砕と創造のために，何がなされ何がなされなかったのか。このことは現代中国を考える場合にも極めて重要な意味をもっている。すなわち革命の課題の未達成部分があまりにも多く大きかったゆえに，今日の中国は理論的にも実践的にも苦悩せざるをえないのではないか，それは革命の勝利を一つの完結体としてとらえ断絶性を強調し過ぎたためではないかという疑念である。

もしこのような疑念が正当であるとするならば，その遠因は革命の勝利者＝中国共産党が自らの勝利を絶対化し中華民国という国家とその政権主体である国民政府の，とりわけ戦後数年間の正負あわせもつ政治実践を真剣かつ深刻に検討して来なかったからだと思われる。長い中国の歴史から見れば，この時期は決して単独で存在する特殊なものではなく連続する継起的な歴史の流れの一齣に過ぎない。もちろんそのことは，この時期に独特の特徴がなかったということを意味するものではない。後述するように，それは沢山あった。あるもの

はその他の時期には発生しえないこの時期に固有のものであり，後世には継起されずに消滅していった。しかし多くのものは，その前の古い時代の遺産を受け継ぎ，ある場合には拡大再生産され，そしてその後の中華人民共和国に引き継がれていった。換言すれば，歴史における連続性（普遍性といってよいかもしれない）と断絶性（特殊性といってよいかもしれない）の相互の矛盾，争闘の過程で消滅したもの揚棄されたもの，形を変えて継承されたものなどがあったということである。そのことを認識しておれば（実は1949年当時の中国共産党は十分に承知していた），建国後の中国の態様も大きく変わっていたはずである。

　われわれは歴史の断絶性ではなく，その継起性・連続性を強く意識するという観点からこの時期を研究してきた。本書はいわば国家＝体制の側の研究なのであるが，それはこの時期の国民政府とその治下の社会の実態の中に，特殊性と普遍性の両面を合わせもつさまざまな事象が存在し，それが歴史的にはどのような意味をもち，どのように破棄されたか，あるいは継承されたかを明らかにすることを目的としたものである。われわれとしては，このような目的意識と研究方法論が今こそ中華民国史研究にとって重要であるとの認識をもって，本書を上梓するものである。

1．戦後中国をめぐる世界史の普遍性と中国の特殊性

　さて本書所収の各論文は，言うまでもなく共通の時代背景を念頭に置きつつ個別の実証研究に専念したものであり，紙数の関係と重複の繁を避けるために一般論的な共通部分には触れていない。したがってそれらを個別に検討していただく前に，当該時期の時代背景とこの時代の問題性について，ここで大ざっぱに提示し読者の便に供しておく必要があると考える[1]。

(1) 世界史の普遍性の下での戦後中国
　先にこの時代の普遍性と特殊性ということを指摘した。一般的に言えば，普遍性は各国各民族の具体的な問題性の上にそれらの共通項として存在し，逆に

中国の特殊性は世界的な普遍性の下でのみ特殊具体的な問題として立ち現れる。ここで言う普遍性とは，19世紀以来の資本主義（およびその一つの発展した段階であり形態である帝国主義）の論理と運動を基礎とした戦争と革命が20世紀前半の人類の生活態様を決定づけてきたということである。それを人類史の大きな流れから一般化すれば，私有制社会の最高の発展段階である資本主義が危機にさらされ，そのような社会の否定と廃絶を目指す運動が極めて具体的に立ち現れた状況と言えるかもしれない。

これを今少し世界史の事実関係に即して見れば，帝国主義列強の対立と戦争，その一つの結果として発生した社会主義革命と社会主義ソ連邦の誕生，およびその国と帝国主義列強との対立，帝国主義に反対する植民地の民族解放運動とその社会主義国との連携，帝国主義列強内部でのファシズム・軍国主義の台頭と非ファシズム諸国のファシズムに反対する戦い等などの輻湊した関係として現れる。それは結局，第二次世界大戦に突入することによって「ファシズム対反ファシズム」の戦いに凝縮され，反ファシズム陣営の勝利を結果するが，もちろん上記した国際政治の複雑な構造がこのように単純化されたことを意味するものではなく，戦後の国際政治はその構造を内包したまま（すなわちしばらく後に冷戦体制を作り出す諸要因でもある），さしあたって勝利した反ファシズム勢力の相対的な安定と協調下に暫時的な平和を現出した。中国に則して言えば，いわゆる「平和と民主主義の新段階」である。

他方特殊性とは，抗日戦争を経過して中国人が国民意識を形成し新たな国民国家の建設を真剣かつ具体的に模索したということである。そしてその過程において，私有制の廃絶という新たな理論的実践的課題も現れる。いずれにしても中国の戦後もまた上記のような世界史の大状況の中にあり，そこから抜け出すことはできないが，しかし同時にその中にあって中国の歴史的特質が，この国の戦後の特殊な状況をも生み出す。すなわち1945年8月15日，抗日戦争の勝利から49年10月1日，中華人民共和国が樹立されるまでの間，中国は世界史の激動の中で翻弄されながらも自らの国の運命を決定するために懸命の努力をはらっていた。その目標は19世紀半ば以降の帝国主義の影響と支配（いわゆる

「半植民地」状態）から抜け出して完全独立を達成し，同時に古い王朝体制を打破して新たに統一された国民国家を建設するという辛亥革命以降の課題を実現することであった。しかしそれは中国が単独で実現できるものではなく，第二次世界大戦という未曾有の大事件の延長線上にあって国際政治・経済の影響を直接間接に受けざるをえなかった。同時にそのような中国自体の課題達成のための主体的努力は，逆に戦後の世界情勢をも規定する重要な要素ともなった。ここに戦後中国における普遍性と特殊性との特徴的な結びつきが如実に現れている。

(2) 特殊性としての戦後中国

以上を戦後中国をめぐる普遍性，もしくは大状況とするならば，各論との関係で今少し戦後中国の特殊な状況について述べておく必要がある。まず第一に指摘しておかなければならないのは，中国では1931年の「満州事変」以来，国内で激しい国共内戦を繰り広げながらも日本の侵略に抵抗する運動も始まっており，37年に至ってついにその内戦を収束させて全民族の抗戦体制（抗日民族統一戦線）が曲がりなりにも形成され，それが反ファッショ国際統一戦線の重要な一翼を担うことになっていたということである。この両者の相互関係とそのトータルな把握を抜きにして連合国側の勝利も中国の抗日戦争の勝利も語れない。中国共産党は現在でも自らを「中華民族の結集軸」であると誇らかに主張しているが，それは最終的に大陸政権を掌握した者が抗日戦争における自らの主体的役割を過大に評価する立場からの主張であるように思われる。戦争を中心的に指導していた中国国民党・国民政府もまた「民族の結集軸」であったと言えるのであり，両々あいまって抗戦が遂行されたことを考えれば，どちらか一方だけを「軸」と見ることはできない。この両者の主張はもちろんそれぞれの独自性をもち，かつ矛盾と対立する要素を多分に内包していたが，戦争という共通共同の目標の下に隠蔽されていた。その目標が消滅したとき，矛盾と対立点とが鮮明化される。それはまず何よりも，両者が自らの主張を戦後の新中国の進むべき道としてどのように具現化しようとしたかという形で明確にな

る。

　これを要するに，戦後のナショナリズムは「救国救亡」と「独立」だけではなく「統一」と国民統合という国家建設と不可分の関係にあったということである。それは抗戦の過程において高まった民族意識を基礎に，中華民国建国の理念ともいうべき国民統合に向けて，やっとその精神的感情的基盤たる国民意識の形成，定着，拡大を現実の政治日程に上せたことを示している。いわばナショナリズムの質的変化である。さらにそこに抗戦諸勢力からも提起されていた「自由，民主，富強」という要求を吸収して国民統合という理念はより現実味を帯び実体化されていく。ではこれらの課題を誰がどのように実現するのか。ここにおいてまたもや政治諸勢力の間の激しい議論と対立を生み出すことになる。

　戦後，時の為政者としての国民党・国民政府の政治戦略は，アメリカ主導の世界資本主義市場経済の戦後再編に順応する経済発展戦略によって中国のブルジョア的発展を志向しようとしたものと考えられる。しかしその場合，彼らが直面していたのは戦後の大混乱，疲弊しきった国土と人心，乏しい資金であり，またそれらを食いあさる官僚や悪徳商人，そして伝統的な地盤と利益に固守して政権に圧力をかける在地勢力（旧軍閥から地主階級に至るまで）などであった。それらを前提に国の統合と富強を図っていこうとすれば，やはりかつての「安内攘外」論と同じようにまず国内の平定と安定，そしてこれを実現して初めて経済発展戦略が地に付いたものになり，国が「富強」になり，それによって民の豊かさも実現していけるという認識であったはずである。それはいわば「富国強兵」論であり，自由・民主主義といった個人の尊厳や人権にかかわる課題は後回しにされざるをえない。それは今日の中国共産党でさえ主張せざるをえない「生存権，発展権，それから人権」という発展戦略論を連想させられ，中国の近代化の道筋をめぐる思考論理にはそれしかないと言えそうなほど酷似している。

　しかし民衆と国民党の反対勢力はこの弱点を鋭く追求した。彼らがその人心を汲み取り政府為政者批判を展開することは比較的容易であった。実際，国民

党以外の中共をも含む反対勢力の人々に「自由，民主，富強」を実現できるような具体的な方法論と展望があったとは思えないが，まさに反対勢力や批判者はこの点を鋭く突いてくることになる。当時の中共が国民政府と違って社会主義の方法論を導入することによってナショナリズムの課題も富国強兵の課題も実現し得ると考えていたかどうかは議論の余地があるが，当面の喫緊の政策としてはそのような最大限綱領を前面に押し出すことはせず，「連合政府」構想だけを提起していたことはよく知られている。それは確かに抗戦期の解放区・辺区の実践による自信を根拠にしていたのであるが，実際上全国統治の経験をもたない中共がそうした理論的抽象的な議論よりもいっそう人々を引き付けたのは，おそらくより厳密な平等，公平，公正，そして廉潔という社会通念とそれに基づく「勝利の果実」の分配（漢奸の処罰を含む）という，人々の直面している生活と生活感情に密着したスローガンとその実践であったように思われる。しかしそれだけでも人々にアピールする力は大きく，国民党・国民政府への反対勢力を結集するには極めて有効だったのである。

　では何故，国民党・国民政府は「自由，民主，富強」を実現しえなかったのか。先述したようなその腐敗，貪欲さ，無能，拙劣さといった政治的社会的現象もさることながら，より根本的にはそうした状況を生み出さざるをえなかった体質，すなわち権力そのものの性格を考えざるをえない。中国共産党は国民党・国民政府の階級的性格を「地主階級と官僚買弁ブルジョアジー」による独裁政権だと規定し，それを打倒するのが「ブルジョア民主主義革命」だとし，これによって成立する新たな権力は「プロレタリアートと農民階級」を基盤とし，中小の民族ブルジョアジーなどの中間的な諸階級諸党派（愛国的人士）をも結集した連合政権であると考えてきた。そしてその革命は労働者階級と農民階級を主体とする社会主義革命へと連続的に発展転化するものとも考えられていた。

　このような認識は，旧中国社会を「半植民地半封建社会」と規定することから導き出されたものではあるが[2]，同時に極めて高度な政治的判断——革命の戦略戦術からの要請——によって整合性を保とうとした面もあったように思わ

れる。しかしそれは中国の社会経済そのものの厳密な分析を基盤として提起されたものではなかったから，今日のように社会経済のより緻密で厳密な実証研究と理論研究が進められてくれば，その性格規定が不十分で曖昧であるとの見解が提起されてくるのも当然であった。本書収録の幾つかの論文に見られるように，やや異なった視角と実証研究によって新たな性格規定が付与されようとしている。それは一言でいえば，国民政府のブルジョア的発展への努力を認め——本来それこそが社会主義の物質的精神的基盤でもある——ブルジョア政権としてのより新しい進歩的な性格を認め，歴史上に果たした一定の貢献をも客観的に承認することである。

　二つの見解の相違は平行線をたどっているが（少なくとも中国国内では依然として古い理論が継承されている限りにおいて），今日のような「改革と開放」政策に基づく「社会主義市場経済」を目指す中国を理解するには本書のような視角と方法論が有効であることは確かである。しかし他方では国民党・国民政府は何故「自由，民主，富強」の希望に応えられなかったかという疑念には本質論の方が分かりやすい面もある。当時中国共産党が狙ったのもそうした面から人々を引き付けようとした戦略戦術と言えなくもないように思われる。

(3) 中華民国国民政府の苦悩——その内外政策の検証

　さて上記のような一般論をより詳細に検討するには，戦後中国の再建において主たる責任を負っていた国民党・国民政府（1948年5月からは総統府）の基本的方針と諸政策を具体的に見るべきであろう。これこそが本書の主たるテーマであり，以下の個別論文で詳細に検討されているところでもあるが，ここで大雑把に概述しておきたい。

　先述のように戦後中国における短い「平和と民主主義の新段階」とは大多数の国民が心から望んだ平和，自由と民主主義，そして生活の安定の希望を背景に，アメリカに仲介されて延安から重慶に出府した毛沢東と蔣介石の重慶会談，および国共両党の協議を軸にし，その他の諸党派，諸人士の議論をも巻き込んで政治協商会議を実現させるに至る中国の平和的再建の理論と実践の一つのあ

りようを示していた。この「新段階」が短いながらも実現しえたのは，戦後の民衆の強い希求を背景に国共両党と諸党派人士がそれなりに努力したこともさることながら，何よりも1945年末から翌年初頭まで，表面的にはモスクワ三国外相会議に見られるような戦時の連合国間の協調体制が保たれていて，すぐ後にくる冷戦体制のような露骨な米ソの対立が見られなかったからではある。

　国民政府はこうした政治面での努力と平行して戦後処理，「復員」という言葉で表されていた戦時動員体制の解除，とりわけ日本軍の武装解除と接収を急がなければならなかった。国民政府はアメリカの支援の下，大量の日本・傀儡政権の財産を接収したが，その総額は1946年7月の国民政府経済部報告では，法幣4億元を下らずとされていた[3]。しかし各部門各派閥の争奪戦が激しく，また法幣と儲備券との交換比率を利用して甘い汁を吸う者も多かったことから収復地区の物価上昇を招いた。銀行，鉱工業の国家資本への接収も強力に進められ，46年上半期には全国産業資本のうち国家資本の占める割合は80パーセント以上に達し，また国家資本による工業生産額は45年‐47年の間に2737倍に達した。この間，民間の私的資本も536倍になったが，戦後経済の復興が国家資本主導であったことは疑いえない。しかも国家資本の多くは内戦発動の経済的基礎として使われ，国民政府が同じ期間に経済発展に投下した費用は軍事費の0.19（45年），0.5（46年），0.43（47年）パーセントに過ぎなかったとされる[4]。旧日本の支配地域の回復，資産設備の没収と分配，また旧日本軍の武装解除とその装備・人員の再利用などという，中国のあらゆる人々が喉から手が出るほど欲していた物が，国家の名においてどのように集中されていったかが分かるのであり，その間に特定の人々がどれほど利益を得たかが推測される。かつて中国ではこのような状況を「四大家族（官僚買弁資本）」の私的利益の拡大と表現していたが，今日ではそれが私的資本ではなく国家資本への集中と理解されるようになったとはいえ，このような過程において国民注目の中で私的利益が激しく追求されたことは確かであろう。

　他方，中国共産党にとっても旧日本統治区の接収は重要な意味をもっていた。中共は45年5月に開催された中共第七回全国代表大会において，91万の正規軍，

220万の民兵を要する一大勢力に発展していることを誇示していたが，日本の敗戦に際しては当然の権利として実効支配している解放区，ないしは八路軍・新四軍支配地域の日本軍は彼らに投降すべきだと主張した。とりわけ当時の中国において最も工業が発展し，農産物の宝庫であり地下資源も豊富な満州（東北）は，その後の勢力争い，中国革命の勝利のためには必須の地と認識されていたのである。

　この両者の間にあって旧「支那派遣軍」（岡村寧次総司令官）は，蔣介石を首班とする国民政府に投降するのは当然のこととしたので，残留日本軍のほとんどは中共の要求を峻拒し，ここに戦後であるにもかかわらず多数の日本人の命が無為に失われるという事態が各地に発生していた。

　日本軍の武装解除と接収をめぐる複雑な駆け引きに加えるに，国民政府の接収要員である高級官僚たちの私利私欲に基づく不正腐敗が一般民衆の顰蹙をかっていた。その典型的な事例は「犬去って豚来る」と言われた台湾に見られるが，そのような事態は各地でも頻発していた。「勝利の果実」は一般民衆には行きわたらず，しかも日本の支配に協力していたことから本来なら「漢奸」として処罰されるはずの中国人が優遇されたり保護されているという不平不満が巷間に渦巻いていた。それは旧日本軍の高級軍人を戦犯として処罰せずに優遇しているという非難と重なって国民政府の評価を貶めた。中共はこのような民衆の非難を最大限に利用した。ナショナリズムの昂揚がまだ冷めやらない時期に，こうした非難を受け，さらにしばらく後に日本に替わってアメリカ帝国主義が蔣介石政府を支援しているという評判が広まり，ナショナリズムの矛先がアメリカに向けられるようになった。民衆の中に深く根付いていた中国ナショナリズムのエネルギーと方向性とを見失ったところに，戦後国民政府の最初の誤りが現れたように思われる。

　しかし，だからといって国民政府が国と民衆のために何もしなかったと見ることはできない。経済面では物価の引き下げと諸物資の供給を緊急の課題とする経済政策，金融貿易，交通運輸などに努力したし，土地改革や税制面での改革も志向した。軍事面では兵力削減と兵制改革，軍の近代化に着手しようとし

ていた。文化思想面では政治改革と連動した民主化，教育改革なども計画され一部では実施されようとした。さらにアメリカとの友好関係を強くしながらもソ連とも友好条約を結ぶという外交政策を実施した。国民政府は国民党内部の保守頑迷派の圧力を受けながらも，革新的で自由主義的な発想と政策を実現しようとする面をももっていたのである。これらは富国強兵への努力であるだけでなく，国と民族の誇りをかけた独立自主の方向性をも模索していたと考えられ，必ずしも後世言われるほど（中国共産党的な認識）反共，対米従属，独立自主の喪失といったマイナス評価を下されることばかりしたのではなかった。例えば満州における対ソ連協議は，アメリカの後押しがあったからとはいえ，強く国の自主権と利益を守ろうとした努力の跡が窺え，後の中国共産党・中華人民共和国時代の対ソ連外交交渉と比較しても一歩も引けを取らない面もあったのである。

　こうした努力にもかかわらず，政権担当者である国民党・国民政府の評判を著しく低下させる事態と政策も数多かった。前述の戦後処理のまずさ，一部の人々の私利私欲も然ることながら，主として軍事費の調達のための通貨乱発は実質的な物価上昇となって庶民の生活を直撃した。巷には膨大な数の失業者が群れていた。こうした状況に対して政府は戦後，抗日戦争時期の物資統制を解除して自由経済を実施し（糧食・綿花・紗布・燃料・アンチモニーなどの戦略物資は統制），また戦争前後の恐るべき物価上昇を抑制するために厳重な物価統制を敷き，あわせて賃金凍結をも実施した（1947年1月）。また政府は47年2月《経済緊急措置方案》によって「日常品の供応事項」として公務員・教員に定価で物資を供給すること，同月国防最高委員会でやはり公務員と教員に現物（米・メリケン粉・紗布・燃料・食塩・砂糖・食油など）で配給する「実施細則」を公布，また配給物資の価格は47年1月のそれぞれの地域の平均小売卸し価格とすること，工場の工員の物資供給は政府が替わりに購入することなどの救済策を定めた。しかし物価の上昇は止まらず，ついに48年10月には物価制限の放棄を宣布せざるをえなくなった。また48年8月，幣制改革で法幣を廃止して金円券を発行し，同時に商品価格の凍結，個人がもっている金・白銀・外貨を上納させて

金円券と交換させるなどの措置をとったが，二カ月以内に金円券の発行額は規定の8倍になった。このような経済情勢と政府の施策は逆に物資の退蔵，売り惜しみ，投機の横行を促進することになり，悪徳商人と癒着した官僚の腐敗は目に余るものがあった。

　再び政治面に目を転じると，政治協商会議のような一定の民主化を試みた反面，蔣介石の独裁体制の確立強化と見られるような政権強化策も強引に進められた。戦後，蔣介石が主導する国民党・国民政府は戦争中のナショナリズムの昂揚を背景に国際的な合法性を獲得していたが，しかし中国共産党をはじめとする反対勢力を抑え国民の支持を得るためには，合法的であるだけでなく正統性をも強調する必要があった。そのための主たる目標は一党独裁との非難が強い「訓政」から民主的な「憲政」へと移行すること，少なくともその実現を謳い上げることが必要であった。

　そもそも国民党は1929年の訓政開始にあたり「六年」という時間制限を明言し，その後は憲政へと進むとしていた。抗日戦争時期にも折にふれて憲法制定と憲政について言及していたが非常事態に直面していたために実現できず，戦後の重慶会談において中共から訓政の速やかな終結と憲政の実施，国民政府による政治協商会議の招集，連合政府の樹立などが要求されていた。民主同盟もまた戦争直後に「民主統一，和平建国」のスローガンを提起していた。こうして開催された政治協商会議は「和平建国綱領」を採択したが，それは「各方面の代表が互いに協議してできた妥協の産物だが，当時の大多数の人民の和平，民主，自由を要求する願望に適応していた。同時に，ある程度は和平・民主の原則を確定し，国民党一党独裁を否定し，蔣介石独裁制に打撃を与え，訓政を終わらせ，各党派および無党派の人々が参加する憲政を準備するために，政治と世論の上から準備を整えた」と評価されている[5]。

　このような要求と世論の雰囲気に押されて国民党も一定の譲歩を示しはしたが，この党の宿痾ともいうべき体質は一朝一夕に改変されることはなく，逆に中共の台頭に直面してかえって蔣介石の独裁体制を強化する方向をたどった。

　国民党の最高にして唯一の指導者＝総裁，実権をもった国民政府主席（国家

主席），国防最高委員会主席，国民政府の最高にして唯一の軍事指揮権者＝軍事委員会委員長，そして行政院院長をも兼任することによって，蔣介石は文字通り「党・政・軍」一体の権力を掌握したのである。

　戦後になって，46年3月，国民党第六期2中全会は国防最高委員会の解散を決定（実施はまだなされず），かわって中央執行委員会中央政治委員会を復活し国民政府を指導することとした。平時状態に「復員」しようとしたわけである。さらに同年5月，軍事委員会およびその所属する各部会と軍政部は行政院に設立する国防部の下に入った。これらはアメリカ軍事顧問団の米中国防体制の一元化という要求にしたがったものであり，軍政分離，軍のシビリアン・コントロールという形をとっているが，国防部長は国民政府主席が国民政府委員の中から中国国民党中央執行委員会に提案し選任され，主席に対して責任を負うのであるから，結局は国家主席，陸海空軍大元帥である蔣介石が全権を掌握していることに変わりはない。しかしその後の一連の改革の中では，国民政府と五院各機関に国民党以外の者をも入れることとし，非難の矛先をかわそうとした。例えば47年4月17日に公布された「修正中華民国国民政府組織法」では，「国民政府委員会は最高の国務機関」と規定し，国民政府委員28人のうち，国民党17，中国青年党4，民主社会党2，無党派の社会の賢人5で構成するものとされた[6]。

　他方，民意の調達・結集を図るべく憲政への移行も急がれた。内戦が公然化してくる46年7月3日，国民党は三カ月以内に中国共産党を消滅せしめるとの判断の下，「国防最高委員会はまたもや公然と政治協商会議の決議に違反して，単独で11月12日に国民大会を招集すると決議」した[7]。これに基づき国民政府（蔣介石主席，副主席は孫科）は46年11月15日から12月25日まで，国民大会を開いて憲法を制定し，翌47年1月1日，これを公布した。このようにしてできあがった「中華民国憲法」は「国民大会が全国民の付託をうけて」制定されたとしているが，実際には中国共産党，中国民主同盟などは参加を拒絶，また国民大会は「全国民を代表して政権を行使する」とあるが，会議を開く権限も常設組織も何も規定されておらず，職権行使の規定もなかった。さらに国民党第六期

3中全会 (47年3月) は，憲法に基づく合法政府を樹立すること，政府を総統制に改組することなどを決定，これに基づいて同年4月23日，改組された国民政府が成立した。実際に国防最高委員会が撤廃されたのはこの時で，国民政府委員会が国家の最高国務機構とされた。ここで検討された総統制の職権は先の国民大会と違って具体的な規定が示されている。すなわち国民政府主席の職権，国民政府委員会の職権を総統一身に集中し，「緊急命令権」をもち，しかも総統自体にはいかなる制限も制約もないというものである。立法院は民意調達機関としての意味を増しつつあったとはいえ，まだ実際上の立法権がなく，行政院と考試院が立法院に提出した各案を「議決」し，それを「総統と行政院に移交（引き継ぐ）」することができるだけであった。また行政院は「国家の最高の行政機関」とあるが，「国家元首」である総統の直接の管轄下にあり決定権はなかった[8]。

このように法的にも実権の所在においても曖昧さを残したまま，48年3月29日-5月1日，憲法実施（いわゆる行憲）国民大会が開かれ，4月19日，蔣介石を総統に選出，同時に副総統として李宗仁が選出された（蔣介石が押した孫科は落選）。これより中華民国は総統制をとることになり，国民政府に替わって総統府が政権担当機構となった。この総統・総統府制度は「訓政時期の国民党政府が実行したのが"一党治国""一党専政"だったとすれば，……"行憲"の後に実際に実行されたのは，法定の総統蔣介石の"一人治国""一人専政"であった」「訓政約法と比べてもよりいっそう大きく歴史を後退させた」ものと非難されているが[9]，副総統制の選挙において反対派の立候補が認められ，実際にもその反対派が勝ったことに示されるように，蔣介石の独裁にも弱みが露呈されていた。それは一定の政治民主化の反映だったかもしれないが，その反対派にしても国民大衆の支持を勝ち取るほどのものではなかった。いずれにしても内戦情勢が極度に国民党側に不利になっている時期に実行されたこの総統制は，もはや退勢を挽回することはできず，皮肉なことに蔣の下野に道を開くことになったのである。彼は49年1月21日に退陣し，副総統の李宗仁が総統の職権を代行した。その後，49年4月以降の李宗仁の和平努力にもかかわらず，

国民党は敗北への道を突き進むことになる[10]。

(4) 国共内戦と人民諸階層の動向

　戦後の中国の復興と新中国の再建という観点から見れば，その最大の責任を負うべきは国民党であったことは自明の理であり，またその失政も明らかであるにせよ，一致協力して抗日戦争を戦ってきた中国共産党やその他の諸勢力にまったく責任が無かったと言えるのかどうかは疑問が残る。例えば終始一貫して内戦の主因であり激戦地であった満州（東北）の争奪戦を考えてみよう。この地はソ連軍によって「解放」されたが，日本の敗戦による統治機構の解体とソ連軍の侵攻による大混乱という事態の下で政治的空白地帯が生じ，新しい支配者をめぐって国際的には米ソの角逐，国内的には国共両党の対立という複雑な構図が描かれることになる。いわゆる「三国四方」関係である（後述の西村論文参照）。ソ連は一方では中共側に旧日本軍の武器弾薬を渡し中共軍の満州進攻に一定の便宜を供与し，さらに政府軍が大挙して上陸を予定していた大連・旅順の使用を拒否して中共に有利な条件を作ってやった。しかし他方では中ソ友好同盟条約（1945年8月1日）の規定に縛られると称して満州各地の大都市から中共軍の撤退を要求し，国民政府の要請にしたがって二度三度と撤退を延期して，これらの大都市の接収を政府軍に委ねた。国民政府はまたアメリカの強力な支援にも後押しされて，満州におけるソ連との妥協を拒否し進撃を強行しようとしていた。この時期のソ連（スターリン）に対する後世の評価は国共両党ともに厳しいものがあるが，中共にとっては極めて有利な政治的軍事的条件であったことは間違いない。仮にソ連が反ファッショ国際統一戦線＝連合国としての約束を守り，また中ソ友好同盟条約を順守して一切中共を支援しなかったら情勢は明らかに変わったものになっていたに違いない。また中国共産党が抗日戦争において蔣介石を国と民族の指導者と認めていたように，戦後の再建においても彼と国民党を真の指導者と認めていたなら，満州への進撃があんなにも早く計画され実行されたかどうか。中共の勢力，影響力がこの地にはほとんど無かっただけに，その強引な独自の満州進攻戦略が国民政府の戦後の復興

と再建に決定的なマイナス要因になったことは明らかである。

　満州を除くと，中共の蔣介石への不信感と中共自身の戦後構想が基底にあって，その上に重慶会談と政治協商会議の前後における国民党の腐敗，無能，それに中共と中間派に対する信義の欠如が繰り広げられていたことが，中共をして決定的に国民党・国民政府からの離反を決意せしめたと言えそうである。また民主同盟などの中間派の動向を検討すると，最初から中共寄りの立場をとっていたわけではなく，「和平建国，民主と自由」などの主張を基礎としたいわゆる「第三の道」を追求したが，一方で国民党の非妥協的な政策展開と権力固守を目の当たりにし，他方で中共の許容的姿勢を見て急速に国民党から離反し中共寄りになっていったものである。彼らの勢力は国共両党に比べれば小さなものではあったが，しかし多くの無告の民の声を反映していたことも疑いえず，この勢力を敵に回したことが国民党・蔣介石の決定的な誤り，致命的な敗因となった。

　内戦は世界が冷戦体制へと入っていく大状況の下で，以上のような諸条件が複雑にからまり合って抜き差しならぬものになっていくことで拡大されるわけで，今日の中国共産党（その学者たち）の主張のように国民党が絶対的な悪，中国共産党が絶対的な善といった一方的な議論は歴史研究としては実りが少ないように思われる。このような議論と価値判断に基づく研究書，回想録は中国では枚挙に暇がなく，内戦の経過，中国共産党の勝利の要因としてのナショナリズムの利用と扇動，土地改革と大衆動員，軍事戦略戦術，個々人の英雄譚等などについては今更ことごとしくここで述べるまでもない。現実の歴史事実としても中国共産党の側が人民の支持とエネルギーを吸収し得たことは間違いなく，これとの対比で国民党側が人民各階級各層の支持を失って行くプロセスと理由を，もっときめ細かに分析する必要があるであろう。

　なお内戦の経過については，どの概説書にも書かれていることなのでここでは割愛にしたがう[11]。

2．本書の成果と今後の研究課題

　上記のような中国をめぐる大状況と小状況とを前提に，本書は何を明らかにしたのであろうか。以下，各個別論文の簡単な紹介を通してこの点を示しておきたい。なお本来ならここで先行研究を紹介すべきところであるが，巻末文献一覧として付してあり，また個別論文のそれぞれが詳細に記し紹介しているところでもあるので，重複と繁雑さをさけるために省略する。予めご了解いただきたい。

　さて本書第1部では，国民政府が直面していた複雑な内外情勢の展開と，それに対する国民党・国民政府の対応，およびそれに批判的な政治勢力の動向を研究した五編の論文を収録している。

　まず井上論文は，国民党・国民政府と中国共産党がそれぞれ抱いていた戦後構想を軸に，抗戦末期から戦後にかけての両者間の交渉過程を考察している。それは一定の合意に達したけれども，主として政権と軍の指導権をめぐって両者の溝はひろがりついに決裂するに至る。この間，戦中と戦後の構想はどちらの側にも矛盾と不整合性があったが，本論文では中国共産党の側にそれがより目立つことが新しい発見として指摘されている。

　次の西村論文は，東北地域の接収をめぐる国民政府とソ連との交渉過程を，当時の外交部長であった王世杰日記を素材として考察している。王は国民党と中共との分割統治もやむを得ないと考えていた時期もあったが，国民党内の対ソ妥協拒否，統一堅持を主張する勢力によって拒否され，やがて対ソ全面対決路線が取られ，国民政府の内外情勢への柔軟な対応の可能性も閉ざされていくことが明らかにされている。

　同じように国民政府の対ソ認識を念頭に置きつつ，一地方に発生した中国とモンゴルとの小さな衝突事件がいかに国民政府とモンゴルとの関係を悪化させたか，さらにそれがいかに中ソ両国の国際政治舞台での論争にまで発展してしまったかを分析したのが，吉田論文である。この研究を通して，危ういバラン

スの上に成り立っていた当時の国際協調関係が，ほんの小さな事件で一挙に大問題にまで行ってしまう冷戦形成期の微妙な状況が洞察されている。

このような敏感な国際政治関係は国内の政治状況や政治理論にも鋭く反映されていた。とりわけ国共二大政党の間に挟まれて自らの生き残りをかけ，かつその主張を政治に反映させようとする弱小政党や政治勢力が，敏感にならざるをえなかったのは当然である。そして彼らの動向はまた二大政党の政策と動向にも大きな影響を与えた。周論文は民主同盟を主とするこうした中間勢力のイデオロギーとその政治勢力としての特徴を分析したものであるが，イデオロギーそれ自体のもつ意味を検証することによって，それが後世にも深い影響を及ぼすとしている。

ところで二大政党と中間諸勢力との議論，対立の一つの焦点は憲政実施の問題であった。それは戦後の民主化の一つの象徴でもあり，とりわけ議会機能―民意調達機関となるはずであった立法院の性格と組織はそうである。金子論文は立法院の権能と制度的変遷を詳細に跡づけ，またそれと行政権との関係をも検討することによって，戦後民主主義の運命とその歴史的意味を考察している。国民政府治下において挫折したこのような努力が，果たしてそれ自体幻想に過ぎないものであったのかどうか，今日にまでつながる問題性を示唆した興味深い研究である。

第2部は，農業・土地問題，工業，対外経済関係，教育などをめぐる国民政府の政策決定過程とその施行状況を分析研究した五編の論文を収録している。戦時体制を解除して平時の体制にもどしつつ（これを当時「復員」という言葉で表していた）復興再建を図ることは，戦後中国のあらゆる分野における喫緊の課題であったことは多言を要しない。社会経済全体の順調な「復員」を図るべく，国民政府がどのような政策を決定し，またそれをどのように実行していくかは，戦後の国民政府の統治を左右する決定的に重要な問題であった。

まず笹川論文は，戦時期から戦後にかけて戦時体制の矛盾が集積されていた農村地域社会において地税負担の公正化や不正摘発を求める動きが活発化していたこと，国民政府当局者たちもその情況をある程度は認識していて戦時行政

の解除に向け具体的な措置を取ろうとしていたことを明らかにした。それは戦後の再建にとって極めて重要な意味をもっていたが，しかし内戦の激化に伴い国民政府は再び戦時体制・行政の再構築の必要に迫られ，そのために地域社会からの信認を失い国民政府の基層社会の地盤が崩れていくことが暗示されている。

　地域社会での支持を獲得するためには，中共の土地改革に対抗する何らかの有効な政策が必須であった。山本論文は国民政府の土地行政官僚たちによる全国的な土地改革の試みとその政策決定過程を分析し，このような努力が国民党・国民政府内部の保守派の抵抗と派閥抗争によって葬り去られたことを明かにした。ここではこうした結果に象徴されるような党と政府の政策決定能力，遂行能力の衰退がこの政府の権力基盤そのものを崩壊させていくことが暗示されている。

　上記の二つの論文は農村地域社会と農業問題をめぐるものであるが，他方，言うまでもなく戦後の再建には都市商工業の発展も不可欠であった。次の川井論文は，国民政府が実施した一連の関連施策のうち，基幹産業たる綿紡績，とくにその中核でもあった国有企業の中国紡織建設公司の活動実態を解明している。それによれば，国営企業といえども個別企業の利潤拡大をも追求することを目指して出発した中紡公司が，内戦の激化と国民党側の敗北が明らかになり統制経済が強化されていく過程で，行政機関的な性格を強め，自由な企業経営も困難になっていったことが明らかにされている。今日につらなる国営企業の経営困難さの歴史的淵源ともいうべき問題であろう。

　次の久保論文は，戦後経済の行方を決する要の位置にあった対外経済政策を扱っている。ここでも戦後の再建策をめぐって対外開放政策をとるべきか戦時のような統制経済政策をとるべきかどうかで党・政府内部で鋭い対立があったとされる。国民政府は当初，国際経済の動向に即した大胆な開放政策をとるが，その矛盾が顕在化していく過程でこの政策への支持が急速に失われ，かわって立法院などから極端な経済保護政策を求める声が高まる。久保は関税政策の決定過程を通してそうした変化を分析し，国民政府が次第に適切な対外経済政策

を決定する条件を喪失し経済的危機を招来したことを明らかにしている。

　経済社会政策とともに戦後社会の発展と民心の安定のためには，教育の普及とその体制の確立が不可欠であったことは，これまた多言を要しない。次の高田論文は国民政府の教育の「復員」と新たな発展のための努力を指摘しつつ，そうした努力の担い手たる教職員の待遇悪化と動揺が一つの要因となって，国民政府の教育政策もまたさまざまな障害に直面することになった情況を明らかにしている。内戦の最中とはいえ，国民党・国民政府に対する教職員の不平不満や反抗は一般民衆─基層社会に与えた影響も大きく，統治者の権威を著しく失墜させたものとして等閑に付することはできない。

　第3部は，戦後国民政府の統治下における社会・文化・思想状況を，マスメディア，文化論争，戦争責任をめぐる議論と地域の民衆意識などの分析を通して明らかにしようとした三編の論文を収録している。いうまでもなく，これらの諸問題は直接に戦後国民政府の統治と政策にかかわってくるものではないが，しかし上記の教育の「復員」と同様に政府への信認に大きな影響を与える民衆（エリート層をも含む）の精神的感情的土壌を築くものであり，軽視することのできない研究分野である。しかもそれらは各論文がいずれも指摘し洞察しているように，一時的な制度や政策と異質の，長期的な文化文明の土壌でもあって，歴史の継続性，後世に及ぼした影響という点からはよりいっそう深い内面的な研究が待たれるところである。

　水羽論文は，戦後社会において民衆ナショナリズムの感性に訴えるメディアの活躍の意味を考察している。国民党系の反ソ反共宣伝であろうと左派系の反米反国民党の宣伝であろうと，それらはいずれも理念的にも論理的にも自らを正統の民族主義者と標榜していたわけだが，その検証は現実に生起するさまざまな事件を通して（またその宣伝乃至扇動を通して）民衆に受け止められ判断されるしかない。水羽は米兵による北京大学女子学生レイプ事件の報道が，いかに上海民衆の心をとらえて行ったかを分析することによって，この分野でも左派系が勝利する過程をリアルに描いている。

　次の中村論文は，戦前からの文化論争を再検討しつつ，それが戦後の憲政の

制定・実施過程においてどのように変容し、文化論そのものとしてどのような意味をもっていたか、また現実政治においてどのような役割を果たしたかを分析している。ここで論争された諸問題、および論者たちの観点は時空を超えて今日にまでつながる性格を内包していたことが明らかにされている。

最後の古厩論文は、戦時における対日協力・協力者の意味を考え、それが戦後の地域社会においてどのような生きざまを示し、またどのように見られたかを、東北・上海を事例に分析している。この問題は戦後地域社会の再編において「勝利の果実」の配分という実利的な性格をもつだけでなく、まだ醒めやらぬ民衆のナショナリズムの感性に鋭く跳ね返ってくるものだけに、国民政府の対応が注目されてきたところであった。中国共産党も左派系メディアもこの点を厳しく追求し、戦後国民政府のリーダーシップの確立を妨害する一つの有効な手段としたのであるが、その実態が本論文からも明らかである。

おわりに――戦後中国の歴史的位相をめぐって

以上において不十分ながら当該時期の概況とそこでの幾つかの問題点を指摘し、これに対する本書執筆者たちの観点と方法論に基づく実証研究の成果を紹介してきた。一読して明らかなように、冒頭で述べた「本書の目的」は一定程度達成されたとはいえ残された課題も多く、いまだ「日暮れて道遠し」の感が深い。それはこれまでの内外の研究進捗状況を反映したわれわれの限界性をも示しており、本書のみですべて解明することができないのは勿論である。われわれの役割は、こうした状況の中で斯界に一石を投じ、もって本書刊行を契機により多くの、より深い研究が進捗することを願うところにあった。読者諸賢におかれてはこの微衷をご理解いただきたい。

ところで総論を終えるにあたり、これまで述べてきたところと若干重複することを承知で全体としてこの「戦後国民政府の時代」とは何であったのか、その歴史的な意味はどこにあったのかを考えてみたい。

まず第一に指摘しておきたいことは、ナショナリズムと国民国家建設の問題

がどこに行ったかということである。近代中国のナショナリズムは主として「救国救亡」という憂患の情から発したところが大きいが、その場合の「国」とは異民族少数支配による王朝体制の国を指していたのではなく、伝統的な中華民族によって統治権を回復した国である。ところが帝国主義の侵略の手が伸びてくるに及んで、単純な中華民族による国造りがほとんど意味をなさないことが明かになって、新しい国民国家の建設という課題が設定されるようになる。そしてそのような国は、既成概念の中華民族だけではなく異民族をも平等対等の構成者とする。ここに至って中国のナショナリズムは外国の侵略を排除した「独立」とともに、国内統一と国民統合の基礎の上に富国強兵を実現した国民国家の建設という内実を明確なものとするに至る。この課題達成を抜きにしては、いかなる主張も政治勢力も国民の支持を獲得できないだけでなく、統治者としての存在理由(レーゾン・デートル)を確立することはできない。それはいわば国際情勢の激動に際会し抗日戦争を決定的な契機とした中国ナショナリズムの質的変化ともいうべき事態であった。戦後の国民政府が直面していた状況とはまさにこのようなものであり、この変化に対応していかに具体的で適切な政策を打ち出すかが、為政者としての国民政府の運命を決する至上課題だったのである。しかし国民党・国民政府を構成する人々、諸勢力の多くは、この事態を深刻に理解できず旧来の精神、思想、思考力、そしてそれに基づく諸政策に止まり既成の利益に纏綿としていた。極端な言い方をすれば、中国共産党はその間隙をぬって、たった一点だけに集中した発想とそれを軸とした政策スローガンを掲げて人々の共感を勝ち取っていったとさえ言えそうである。このことは決して国民党・国民政府の内部に新しい時代を理解できるものがいなかったということを意味するものではなく、また逆に中国共産党がすべて新しい時代を先取りし具現化したことを意味するものでもない。問題はむしろ国民党の時代を先取りする新しい勢力、人々の発想や政策提言がなぜ実現できなかったかであろう。本書がとりわけ重視して実証しようとしたところである。

また両者には共通するところも多分にあったのである。それは中国ナショナリズムが背負ってきたところの伝統的体質とも言うべき特質である。中華民国

創設のころは世界は（いろいろな利害関係が輻湊する国際政治の権謀術数が働いていたにしても）「民族自決」の原理が普遍的な価値と認められつつあった時代である。しかしこのような原理と発想とはいわゆる中華民族の統合という概念と矛盾する。中華民国臨時約法は基本的に民族自決を承認しており，また中国共産党の初期の考え方もそうであった。しかしその双方共に次第にこうした考え方を希薄化していき，本来国民統合とは決して同義語ではない中華民族の統合という概念を前面に押し出し，それと富国強兵によって国民国家を実現するという現実的課題とを統一的に把握する方向に進んだのである。ここにおいて民族自決の思想は否定され，国民国家の外皮をかぶった多民族中華世界国家という認識が普遍化していったと思われる。ここにおいても抗日戦争が決定的な意味をもっていたことは多言を要しないが，それは国民党，中国共産党ともに（そしてほとんどの中間勢力においても）中国的ナショナリズムの理解において同じ土俵に立っていたことを物語っている。すなわち今日につながるナショナリズム論，国家意識の形成が戦後の国民政府の統治下において見られるのである。

　第二に，専制主義に対する自由と民主主義，人権といった普遍的な人間の尊厳の問題はどこに行ったかということである。辛亥革命以来の中国革命の総過程は，民衆をも含むナショナリズム運動の主体者たちの内面的要求として，あるいはもっと広く言えば「耕す者に土地を」というスローガンが民衆を決起させる有効な方法として用いられたことも含めて，このような課題を歴史の表面に浮かび上がらせた。ナショナリズムが「公」としての国と民族の解放と言えるとすれば，これらは「私」としての個人の解放と言えるかもしれない。個人の解放があって初めて国と民族の解放がありうると考えるのか，あるいはその逆なのかという問題は，例えば臨時約法の条文に見られるように中華民国創設時以来の激しい議論の対象であった。それは国民党においては「軍政―訓政―憲政」という政治形態の（そして民度の成熟度に対応した）発展過程と見られていたように，為政者たちにとっても無視しえない課題なのであった。そしてこの実現問題こそは，戦後国民政府が最も苦汁の選択を迫られたものであり，また解決の道筋を見出せないことによって決定的敗北を喫しざるをえなかった原

因でもある。ということは逆に勝利した中国共産党は，軍事政治のみならずこの点に対する取り組み，宣伝扇動においても国民党よりも優れていたと言える。しかし今日の中国共産党においては，周知のように「私」の権利の問題は人類の普遍的な価値観でなく前述したように「生存権—発展権—人権」という発展過程において実現されるものであって，当面その人権の即時実現を主張するのは「西欧的ブルジョワ的自由主義」だとされている。すなわち戦後国民政府時期において極めて有効だったスローガンは，実質上後景に退けられ，「公」の前に「私」が屈服させられた形になっている。他方国民党は，これまた周知のように大陸における敗北を基本的な教訓として台湾の人々との協同において土地改革，経済改革を進め，さらに大陸では成し遂げられなかった実質的な「憲政」を実施し専制主義を排して民主化を達成しつつある。2000年3月の万年野党と言われてきた民主進歩党出身者の総統誕生はその象徴的事件であった。歴史のアイロニーと言えよう。

　第三に，中国共産党が認識していた（とりわけ内戦末期）社会主義への転換と革命権力の問題である。本書では国民政府を主要な研究課題としているため，このような問題設定は唐突に聞こえるかもしれないが，中共がこの時期を社会主義革命・社会への転換期もしくは移行期と考えるようになることからすれば，その中共の理論と実践を国民党・国民政府との対抗関係において把握することが重要な意味をもってくる。すでに述べたように，戦後のこの時期に中国共産党が私有制を廃絶する社会主義革命の即時実現を標榜したことはなかった。それどころか例えば49年の中共第7期第2回中央全体会議において毛沢東は「農業社会主義」論の誤りを厳しく批判したし，建国後のしばらくの間も社会主義的政策をとることを否定していたことはよく知られている。それは彼らが当面の中国革命は「半植民地半封建社会」を基礎に展開される「ブルジョア民主主義革命（新民主主義革命）」の性格をもつと認識していたからである。それは換言すれば，中国社会が一面では社会主義革命・社会に移行するほど物質的にも思想的精神的にも成熟していないが，他面ではブルジョア的発展—資本主義の一定の成熟が見られると認識していたことを示している。しかし同時に

このような革命の段階は，さらに連続して「プロレタリア革命」を実現して社会主義社会に移行すると定式化したことに見られるように，中国のブルジョア的発展の深さと広さをどのように評価し，どのように新しい国造りのなかに位置づけていくかという問題が必ずしも明確ではなかった。井上論文も指摘しているようにその曖昧さは実践的にさまざまな問題を内包することになった。「第三の道」を峻拒し，その理論的実践的意味を十分に検討するのを捨て去ったこと，そして他方では「土地法大綱」の極左的誤りに典型的に見られるような社会主義への急速な転換への期待や幻想が，すでにこの時期に胚胎し広まっていたと思われることなどに，その問題性が見られる。今日の「社会主義初級段階」論や「社会主義市場経済」論は，すべてこの中国革命末期から新中国初期にかけての社会主義建設の理論と実践に立ち戻って議論が連続しているように思われる。

　また社会主義論は権力の本質論と必然的に結び付く。これも先述したように，中国共産党は当時の国民党・国民政府の権力の性格——階級的本質は「地主・官僚・買弁ブルジョアジー」と規定し，これに対する革命権力の性格を「労働者・農民・小ブルジョアと愛国的民主人士」の連合独裁とし，それを指導する中国共産党は労働者階級の前衛政党であるとされていた。しかし実際には中国革命は一貫して農民勢力が圧倒的な主体者であり中共自体も農民政党的な構成と性格を強くもたざるをえなかった。農民は基本的には小ブルジョアジーであり私有制の廃絶に否定的である。それを強引に「労働者階級と農民《階級》」というように一体化してとらえるとすれば，農民自体を労働者階級的な存在と理解するほかない。すなわち労働者階級的な農民と労働者階級そのものとの連合である。このような階級構成理解においては「小ブルジョア・愛国的民主人士」の位置づけも相対的に低いものにならざるをえなかったはずである。客観的には「小ブルジョア」的存在としての農民も「愛国的民主人士」と同様に「私」の重視を階級的本質としてもつものであるから，ナショナリズムを含めてごく個人的な発想感覚，あるいは利益から国民政府に反対する立場に立つ者が多い。両者を区別するのは，農民勢力が過激で集団的な暴力——エネルギーの

発揮と「大衆路線」いう名の組織化が比較的に容易であったということであろう。新中国の建国後間もなくして農民を農業集団化―合作社化―人民公社化への道筋に動員し，これを中国的な社会主義化と考えるようになる一方で，知識人や市民の民主主義，自由と人権を軽視し反社会主義勢力であるかのように扱う傾向が急速に強まるのを見るとき，建国前の中共の階級論と国家論を再検討する必要性を強く感じざるをえない。その理由はやはり中国のブルジョア的発展・成熟度をどのように見るかにかかっていたと思われる。

　以上の民主主義論，社会主義論と権力の性格論の三つは（内面的には第一のナショナリズムの問題もそうだと思われるが）相互に不可分の関係にある。それらは中共の側から理論だけでなく実践面，政策面においても鋭く国民党・国民政府に突き付けられていただけに，彼らがもっと真剣に考え対策を練るべき問題であった。こうした中共の攻勢に対して彼らが理論的実践的に対抗しようとした形跡はあまり見られない（彼らの実体を研究する後世の人々の意識の中にも，こうした対抗関係を実証的に研究した者は少ない）。中国共産党は国民党側が真剣に取り組まなかった間隙を縫って，民衆（とりわけ知識人）に強力に訴えかけ具体的な政策としても提起したと言えるわけである。だがそれだけに整合性を欠き矛盾にみちた理論や政策もあり，今日につらなる問題性をこの時期に胚胎させたものと思われる。

　幾つかの問題点を羅列的に述べたが，それらを一般的抽象的に総括すれば，戦後国民政府の時代とは中国における「人類の普遍的な価値の創造の（萌芽的）時代」とでも言い得るように思える。大混乱，大激動の時代であったからこそ，そのような苦悩に満ちた価値創造の努力が営まれたのである。それはかの春秋戦国期の百花繚乱，百家争鳴の時代にも比定すべき貴重な「過渡期」であり「転換期」であったと言える。だとすれば，その後に来る時代は秦の始皇帝の時代ということになる。かつて毛沢東（およびそのエピゴーネンたち）は儒家の解釈を拒否して始皇帝を高く評価したが，それは全国統一をなしとげて成立した中華人民共和国の創設者としての自負の表現でもあった。しかしそれは他面では，結果だけを重視しそれを生み出した時代背景と主体者の活動を否定的に

見ることに連動する。このような見解に立てば，「過渡期」と言い「転換期」と言い，いずれも歴史のある種の断絶性，不連続性を言外に意味することにほかならない。はたしてそうだろうか。すでに本書において見てきたように，われわれの見解はこの時期の大混乱，大激動の中にこそ歴史の連続性，継起性と断絶性，不連続性の双方が渾然一体となって存在し，いわば矛盾の統一とも言うべき状態が展開していたのであり，まさにその故にこそ，後世につながる連続性，継起性を重視すべきであるというものである。はたして新しい時代を切り開いた人々が，古い時代の何を継承し何を切り捨てようとしたのか。今日から見ればその取捨選択の正否，功罪を論じるのは容易であるにしても，現代を立脚点とした安易な歴史解釈論・演繹論を排したいという意味で，ここではこれ以上述べない。

　以上を問題提起として総論を終える。

1) 概説書はあまりにも多いので巻末文献を参照いただきたいが，姫田光義ら編著『中国近現代史』(1982年，東京大学出版会) 同『中国20世紀史』(1993年，東京大学出版会) を取り敢えずあげておく。中国側の代表的著述としてもっとも詳細なのは軍事科学院軍事歴史研究部編著『中国人民解放軍戦史』第三巻 (1987年，軍事科学出版社)。また台湾の張玉法『中華民国史稿』(1998年，連経出版公司) が台湾の著述としては詳細かつ客観的である。当時の世界情勢との関連では山極晃編『東アジアと冷戦』(1994年，三嶺書房)，同著『米中関係の歴史的展開』(1997年，研文出版) が興味深い。
2) それへの批判的見解は野沢豊編『日本の中華民国研究』(1995年，汲古書院) 所収の久保・金子論文参照。なお以下に古い理論としているのは，何幹之『中国現代革命史』，胡華主編『中国革命史講義』，廖蓋隆『新中国怎様誕生的？』など今は懐かしい著述を指している。より原初的には陳伯達『人民公敵蔣介石』『中国四大家族』などが思い浮かべられる。
3) 王其坤主編『中国軍事経済史』(解放軍出版社　1991年) による。
4) 以下の数値は同上書による。
5) 袁継成・李進修・呉徳華主編『中華民国政治制度史』(1991年，湖北人民出版社) 591頁。
6) 前掲袁ら，および屈武編『国民党政府政治制度檔案史料選編』(1994年，安徽教育出版社)，唐進・鄭川水主編『中国国家機構史』(1993年・遼寧人民出版社)，孔慶泰ら『国民党政府政治制度史』(1998年，安徽教育出版社) などによる。

7) 同上，唐ら『中国国家機構史』603頁。
8) 同上，孔ら『国民党政府政治制度史』728-734頁。
9) 総統選挙については『李宗仁回想録』（華東師範大学出版社，1995）第八章，張玉法前掲書などが興味深い。
10) 前掲孔ら，769頁。
11) 内戦の経緯は前掲『中国人民解放軍戦史』が最も詳細だが，第四野戦軍系の活躍ぶりを中心に近年とみに盛んに出版されているのでいちいち注記しない。

（姫田光義）

第 1 部　戦後国民政府をめぐる政治過程

第1章　国共交渉と国民政府

はじめに

　本稿は，抗日戦争末期から戦後初期の国民政府（あるいは中国国民党）と中国共産党（以下，共産党と記す）の間の交渉を検討することを通じて，両者がどのような戦後中国をめざしていたかをいささか検討しようとするものである。日本という共通の敵の存在は，抗戦終結時まで国共合作をからくも維持させる要因となったが，国民党と共産党という中国の二大政党は，抗戦末期には戦後政治の主導権をめぐってきわめてきびしい対立関係のなかにあった。国民大会の開催を経て訓政から憲政へ移行し，国内の政治的軍事的統一をさらに推し進めようとする国民党と，抗日戦争時期にその支配地域と政治的影響力を著しく強化した共産党は，それぞれどのような展望をもち，相手をいかに認識していたのか，そうした点を考えてみたい。

　この時期の国共両党関係は，訓政という名の国民党一党独裁体制をいかに止揚するか，政党が軍隊をもっている状況をどのように変えるのかという中華民国政治史上の課題とともに，米ソを両極とする戦後世界政治のなかで中国はどこに立脚点を定めるのかという国際関係上の争点も内包するものであった。後者の論点が重要なことは言うまでもないが，抗戦末期から戦後初期の内政上の課題をまず明らかにしたいという主旨から，本稿では前者を分析の対象とした。

　ところで訓政から憲政への移行は，国民党一党独裁から民主的多党制へという政府の組織のあり方の問題であると同時に，軍隊の性格のあり方を重要な内

容とするものであった。すなわち国民党の軍隊である国民革命軍を中華民国国軍とすることである。もちろん共産党の軍隊である八路軍・新四軍も国軍に改編することが必要であった。これを抜きにしては，憲政への移行といっても，それは砂上の楼閣に等しかったのである。本稿ではこの点を特に注目して，この時期の国共関係を考察したい。

1．国民政府（国民党）の戦後構想

　国民政府の戦後政権構想の基軸となるものは，訓政を終了させ，「還政於民」＝憲政実施を実現することであった。これは憲法制定のための国民大会を経てはじめて実現し得るものとされていた。したがってこの論理に立つかぎり，憲政実施以前において共産党が提起したような連合政府に政権を引きわたすことは否定されることになる。1945年3月1日，憲政実施協進会で蔣介石が，「われわれは政権を全国民衆を代表する国民大会に返還できるだけであって，各党各派の党派会議あるいはその他の連合政府に政権を返還することはできないのである」と演説したのは，この点を再確認したものにほかならない[1]。訓政→国民大会→憲政という既定の方針以外は認められないということである。連合政府構想を拒否する蔣介石の論理は，かたくなな形式論であるとも評価されようが，同時に訓政論としては一貫性があったとも評価できるであろう。

　1945年5月5日から21日まで重慶で国民党六全大会が開催された。ここで憲法制定のための国民大会が11月12日（故孫文総理の生誕80周年）に開催されることが正式に決定された[2]。「もし国民大会を召集できなければ，本党が民国20年に国民会議の委託を受けて行使してきた政権を，正式に全国の国民に返還することができない」[3]として，「総理の建国の程序」を護るうえからも国民大会開催は欠かせないものとされた。これに対し共産党は，同党の連合政府構想が否定されたものと受け取って国民党への反発をいっそう強めることになる。

　国民大会召集準備をすすめつつ，5月18日に蔣介石は憲政促進のための5項目の措置を提起している[4]。それは，(1)軍隊内の党部の取り消し，(2)学校に党

部を設けないこと，(3)県・市・省に参議会を設け民意機関とすること，(4)各政党の合法化，(5)党が代行していた行政工作の政府への移転であった。これらは訓政から憲政実施への国民党の自己改革を求めたものとして注目される。とりわけ(1)は，党の軍隊から国家の軍隊への移行のために重要なステップであった。これらが順調に実施に移されていれば，軍隊の国家化という後の国共交渉における国民党側の共産党への要求は，より説得力をもつものとなったであろう。

　共産党問題について六全大会は，「本党同志対中共問題之工作方針」と「対中共問題之決議案」(どちらも5月17日通過)の二つの文書を採択している。共産党は「依然として武装割拠の局面を堅持し，中央の軍令・法令を守らず」，そのうえ最近では「連合政府のスローガンを持ち出し，さらに『解放区人民代表会議』なるものを開催する陰謀をめぐらし，政府転覆をはかり国家に危害を与えている」と非難しつつも，その対策としては「政治解決」，「話し合い解決」をも強調している[5]。しかし，その後共産党は国民大会召集撤回を主張し，解放区人民代表会議開催準備をすすめたので，日本敗北まで「政治解決」はほとんど進展することがなかった。

　「政治解決」について付言すれば，1945年初めの国民党の会議で王世杰は，「政府は最大の忍耐と努力で政治解決政策の成功を求めなければならない」，「本党は一方で自己の政治を健全なものとするとともに，他方で中共の公然活動を許すべきであり，そうしてこそわれわれは中共に勝つことができる」，政府は共産党・第三党・無党派人士を招いて会議を開き，「訓政を終了させ，軍事を統一し，国民党以外の人士を政府に入れることを協議すべき」ことを主張したと言われる[6]。横山宏章氏が指摘しているように，蔣介石も訓政支配の枠組みのもとでの共産党の政権参加を容認していたわけであるから[7]，王世杰の主張はこの枠を出るものでなかったとも言えるが，訓政から憲政への移行を共産党も含めた中国の政治勢力の合意のもとにすすめようとした点は注目されてよい。

2. 中国共産党の戦後構想

(1) 国民党批判の強化

　抗日戦争後期，中国共産党は国民政府・国民党に対する批判的姿勢を明確にしていた。毛沢東は七全大会の政治報告「連合政府論」で国民政府を，「口先で『民主』と『還政於民』を実行すると言いながら，他方では，実際には，人民の民主主義運動を無慈悲に圧迫し，すこしも民主主義的改革を実行しようとしない」と批判し，彼らの国家とは，「大地主・大銀行家・大買辦等の階層の封建ファッショ独裁国家」であると規定している[8]。内部の説明では，「国民党は半ファシズムである」とも言っている[9]。共産党が国民党＝ファシズム論を強調するようになるのは1943年ごろからと思われるが[10]，これは国民党を事実上敵視するに等しい規定であった。抗戦初期に国共両党の長期合作を謳っていたことを想起すれば，著しい相違を見いだすことができる。

　では七全大会で毛沢東の提起した連合政府とは，いったい何であったのか。当時公表された「連合政府論」において毛沢東は，「ただちに国民党の一党独裁の廃止を宣言し，国民党・共産党・民主同盟，および無党無派の人々の代表的人物の連合によって構成される臨時の中央政府を成立させ」ることを主張している[11]。さらに第二段階として，「将来の時期に，自由で拘束されない選挙によって国民大会を召集し，正式の連合政府を樹立する」という[12]。これは国民大会開催を経て憲政へ移行するという国民党の政治主張への対案である。国民党・共産党・民主同盟その他は対等なものとされ，国民政府の改組は主張しても国民政府を否定するものではないかのようでもある。

　1944年9月の国民参政会で共産党の林伯渠は，国民政府の呼びかけによる国事会議の召集と国民政府の改組，連合政府の樹立を提案した[13]。この国共交渉は，1945年2月に頓挫したが，毛沢東の「連合政府論」はこの林伯渠提案の延長にある。

　毛沢東は連合政府についての内部説明で，連合政府には三つの可能性がある

としている。第一は,「よくない,われわれの希望しない可能性であり,われわれが軍隊をさしだし官職に就くこと」である。第二は,「蔣介石を中心にしたまま形式的には民主をおこない解放区を承認するが,実質は依然として蔣介石の独裁政府」という可能性である。第一と第二の可能性はどちらも「独裁政府」の継続ということで否定的にとらえられている。したがって望ましいのは第三の可能性ということになる。毛沢東は次のように語っている。これは要するに「われわれが中心になる」ということであり,「われわれが百五十万の軍隊と一億五千万の人民を擁したとき,蔣介石の勢力がより縮小・弱体化して連合せずともよくなったとき,そのようにすべきである。これは中国政治発展の基本的趨勢であり法則であって,われわれが建設しなければならない国家はこのような国家である」[14]。国共交渉や「連合政府論」におけるたてまえの公式的説明と異なる認識がここに示されていることがわかる[15]。毛沢東の目標は,国民党の一党独裁に替わって「われわれが中心になる」ことにあった。

(2) 中国解放区人民代表会議と中国人民解放連合会

毛沢東は「連合政府論」のなかで,中国解放区人民代表会議の「できるだけ速やかな召集」を呼びかけた。それは,「各解放区の行動の統一化,各解放区の抗日活動の強化,国民党支配地区人民の抗日・民主運動の援助,被占領区における人民の地下部隊運動への援助,全国人民の団結と連合政府の樹立促進などを討議すること」[16]を目的としており,解放区政権の樹立を直接述べてはいない。しかし,この代表会議は,明らかに来るべき国民大会に対抗し,共産党の主張する連合政府樹立をめざすためのものであった。中国解放区人民代表会議は,石井明氏がすでに指摘しているように,1944年12月の陝甘寧辺区参議会で参議員から「解放区連合委員会」設立の提案があり,これが発展したものと言われる[17]。

毛沢東は七全大会における口頭政治報告で,「この会議の召集を決めるからには,召集してから発表する宣言,決議案,常設の指導機関をつくる準備をしなければならない。この機関は政府とは呼ばず,『中国人民解放連合会』と呼

ぶこととする。これはわれわれの計画であり，頭で考えていることで，新聞には今のところ掲載しないし，文章にもしない。ここで少し話すだけだ」と説明している。政府の名称を使わない理由について毛沢東は，「国民党はひとつの政府をもっている。われわれは対立を避けるために，『中国人民解放連合会』と呼ぶことにする」とも述べている[18]。毛沢東の構想は，共産党が中心となりそれにいわゆる民主派などを加えて，国民政府に対抗する事実上の政府を作る準備をはじめようとするところにあった。政府の名称を使わなかったのは国共合作への政治的配慮であったが，政策の重点は明らかに独自路線にあった。

毛沢東の報告に先立って，1945年3月15日，共産党中央は各地方組織に対して中国人民解放連合会設立準備に関する指示を出している。そこではこの連合会は，「一方で各解放区の連合政権機関となるものであるが，政府とは呼ばず解放連合会と称する。他方［それは］抗日人民の民主陣線の性質をもっている。この組織は政権上から言えば，地方的連合政権であるが，第二中央政府ではない。しかし同時に，国民党政府はかならずやこれを承認しないであろうから，独立的性格の地方政権でもある」[19]と説明し，これに関し各解放区で党外人士も含めた座談会をもつように求めている。

毛沢東は「連合政府論」において，「これらの広大な解放区では，抗日民族統一戦線に必要なあらゆる政策が実行され，人民によって選ばれた共産党員と抗日諸党派・無党無派の代表的人物との合作による政府，つまり，それは地方的な連合政府でもある，が樹立されているか，または樹立されつつあり，全人民の力がことごとく動員されている」[20]と述べ，「国民党支配地区」と対比して解放区こそ連合政府であるとの説明をおこなっている。これは事実上国民党ぬきの連合政府である。中国人民解放連合会は，各辺区・根拠地ごとの「地方的な連合政府」の中央機関となるべきものであった。毛沢東は七全大会の結語においても，再び解放連合会は第二中央政府でないし，かつての中華ソヴェト中央政府とも違う，それは政権機関の性質を帯びた過渡時期の組織形式であると言っている[21]。当面は第二中央政府ではないが，解放連合会が将来そのような方向に進む可能性は否定していない。

「連合政府論」発表以後、会議開催にむけての取り組みが本格化する。解放区人民代表会議開催を毛沢東は「だいたい11月」と述べていたが[22]、6月19日通過の共産党七期一中全会決議で正式に11月延安で開催と決定された[23]。11月に重慶で国民大会開催が予定されていたから、これにぶつけてきたことは明らかである。7月13日には延安で解放区人民代表会議準備委員会が開かれ、8月10日には解放区人民代表会議行動綱領起草委員会第一回会議（主任委員周恩来）が開催されており、抗日戦争終結時まで準備がすすめられていたことがわかる[24]。これと平行して共産党は11月12日の国民大会開催予定に反発して、国民参政会出席もとりやめていること[25]、7月上旬延安を訪問した黄炎培・左舜生などの国民参政会参政員の代表団に対して、11月12日の国民大会召集の取りやめと党派会議召集を要求して物別れに終わる[26]など抗戦末期に国民政府に対する対決姿勢をむしろ強めていた。

(3) 内戦準備と根拠地拡大

国民大会反対、解放区人民代表大会開催準備といった抗日戦争末期の中国共産党の政治方針の背後には、国民党は国共内戦再開の準備を着々とすすめており共産党もこれに対抗する必要があるという認識があった。毛沢東は「連合政府論」で「国民党の主要な支配集団は、現在、いわゆる『国民大会の召集』とか『政治的解決』といった煙幕のもとで、こっそり内戦の準備工作をおこなっている」と述べている[27]。このような認識から国民大会に対しては解放区人民代表大会を、相手の内戦準備には警戒心を高め、こちらも内戦準備をという対抗措置が考えられたのはむしろ自然のことであった。

しかし、党の内外に向けて内戦の危機を強調しながらも、共産党はすぐに内戦が開始されるとは見ていなかったようである。七全大会の結語で毛沢東は、「われわれは各種の方法で内戦を制止しなければならない」として、「内戦は引き延ばせば引き延ばすほど良いし、われわれにとって有利である」、しかし蒋介石が内戦を発動するのに備えなければならないと語っている[28]。内戦の可能性はあるものの、引き延ばすことはできる、すぐに内戦が勃発することはな

いだろうとの見通しであった。また七全大会後の党内指示では,「国民党は『六大』開催以後,専ら外国の援助に頼り勝利を待ち,積極的に民主を偽装して内戦準備をおこなっているが,敵がまだ敗退する前はやはり思いきって内戦をすることはできない」[29]としており,抗日戦争中の内戦再開に否定的な見通しを示している。

では共産党は,抗日戦争勝利までどれくらいかかると見ていたのか。毛沢東は七全大会で日本の敗北は来年であろうと述べている[30]。また別の党内指示では「米軍がヨーロッパから東に移動するには,時間が必要だから,日米決戦は来年の夏以後になるであろう。したがって諸君にはなお一年から一年半以上の時間が利用可能である。これを過ぎれば変化が起きるかもしれず,国民党が内戦を発動する可能性がある。そのときには諸君の根拠地が相当な規模になっていようから,内戦に対処して南方の一翼となることができる」[31]とあり,一年半程度戦争は続くと見なしている。この時期に発せられた他の党内指示も同様な認識を示している。この間に根拠地と党勢を拡大し,戦後の内戦に備えようというのが毛沢東の戦術であった。

将来の内戦への備えとしては,さしあたり次の三点が考えられていたことを指摘しておきたい。第一は華北・華中の根拠地を固めるとともに従来弱かった華南根拠地の拡大をめざしたことである。上記の党内指示もそのために出されたものであった。華南根拠地拡大の方針は,日本との戦いより,明らかに「内戦に対処する」ためのものであった。

第二は東北への注目である。七全大会の結語で毛沢東は,東北に関し次のように述べている。「東北はひとつのきわめて重要な区域であり,将来われわれの指導下に入る可能性がある。もし東北をわれわれの指導下に入れることができたならば,それは中国革命にとってどのような意義を有するだろうか。私はわれわれの勝利に基礎ができたと言うことができると思うし,われわれの勝利が確定したとも言うことができると思う。現在われわれのこうした根拠地は,敵に分割され相当分散しており,それぞれの山地,それぞれの根拠地はみな強固ではないし,工業はなく滅亡する危険がある。だからわれわれは都市を勝ち

取らねばならず，そのようなひとつのまとまった地域を勝ち取らなければならない。もしわれわれが東北も含めて大きなまとまった根拠地をもつことができれば，全国的範囲で中国革命の勝利に基礎ができた，それも強固な基礎ができたと言うことができる。現在基礎があるだろうか。基礎はあるが強固ではない。われわれには工業がなく，重工業がなく，機械化部隊がないからだ。もしわれわれが東北を手に入れたら，大都市と根拠地は一体化し，そうすればわれわれが全国で勝利するのに強固な基礎ができたことになる」[32]。毛沢東が工業の基盤のある根拠地として東北地方をきわめて重視していたことがわかる。また東北については，連合政府との関係でまったくとらえていないのも特徴である。

　第三は国民政府支配地区での武装闘争の準備である。6月17日，共産党中央は重慶の王若飛に宛てた密電で，蒋介石の内戦の方針はすでに確定したと述べたうえで，「われわれは武装を拡大し，解放区を拡大し，兵を送って華南戦略根拠地をきずく以外に，大後方で農村武装闘争の積極的準備および国民党軍隊における工作に重点を置かなければならない」[33]と指示している。国民政府支配地区における地下活動，反政府運動の展開も内戦との関連で位置付けていたことが理解される。

3．重慶会談へ

　日本の敗北は予想より早くやってきた。国民大会開催に反対し，連合政府構想を対置していた中国共産党は，内戦の勃発も早まったととらえた。8月13日の毛沢東の演説，「抗日戦争勝利後の時局とわれわれの方針」は，内戦の危機を強調し，抗戦の果実を国民党が奪うことへの警戒心に満ちたものになっている。「内戦の危険は非常に重大」であり，「蒋介石の方針はもう決まっている」，すなわち「蒋介石の方針は，内戦をやろうとしている」のであると断定したうえで，「蒋介石がどうしても中国人民に内戦をおしつけてくるならば，自衛のために，解放区の人民の生命・財産・権利・幸福を守るために，われわれは武器をとって彼と戦うほかない」とまで言っている[34]。内戦が局部的な範囲に

限定される可能性や,勃発の時期を遅らせる可能性についても言及しているが,強調しているのは内戦への準備である。毛沢東がこの時点で蒋介石との会談を想定していたとは思われない。

さらに共産党は重視していた東北へ向かって素早く行動をとった。8月11日午前8時,「延安総司令部命令 第二号」で朱徳総司令は,ソ連軍に呼応して日本軍や満州国軍の降伏受け入れに備えるためとして,「現在河北・熱河・遼寧の省境付近に駐屯している李運昌所属部隊は,即日遼寧・吉林へ向け発進せよ」[35]との指令を出した。

このように見てくると毛沢東が会談に応じ,重慶会談が実現したのは,成り行きから考えてむしろ不自然な感すらする。ということは,内戦を避けるべきだとする国内世論とともに外からの働きかけが会談実現の主要な要因であったと見られる。8月14・20・23日付の三度にわたる蒋介石からの会談要請電報を受けて共産党が毛沢東の重慶訪問を決定したのは,25日夜の政治局会議であった。この決定に重大な影響を与えたのは,西村氏が指摘しているようにスターリンからの二通の電報である[36]。内戦は民族滅亡の危険に向かわせるという内容の最初の電報に接したとき,毛沢東は「人民が翻身しようと闘っているのに,民族が滅亡するとは何だ」と言って怒ったというから[37],内戦回避のための国共会談参加は毛沢東の本意ではなかったのであろう。

一方,国民政府は8月14日,モスクワで宋子文行政院長が中ソ友好同盟条約に調印した。すでによく知られているようにこの条約の交換公文では,「[ソヴェト政府の]援助は,すべて中華民国の中央政府たる国民政府に対しておこなわれるものとする」[38]とあって,ソ連が中国共産党を直接援助しないことと理解されていた。蒋介石はアメリカのはたらきかけとソ連の共産党援助がないことを見越して,国共首脳会談の提案をおこなったが,国民政府内での十分な合意は得ていなかったようである。陳立夫の回想録によれば,蒋介石名義の会談要請電を書いたのは当時国民政府文官長であった政学派の呉鼎昌であり,国民党中央常務会議にもかけず急いで発したもので,陳は賛成していなかったとされる[39]。

国民党以上に共産党は従来の路線との整合性をとるのが難しかった。解放区人民代表会議と人民解放連合会構想は，「時局の変化」ということでうやむやのうちに消滅してしまった。しかもこうした変化は必ずしも従来の政治方針の批判的総括の結果生まれたものでなかったから，党の路線として定着しなかった。さらに会談の間も東北をめぐる軍事的対決の火種はくすぶり続けていたのである。しかしそれが燃え出すまでには，まだ少し時間があった。

4．重慶会談

8月28日，毛沢東がアメリカのハーレー大使とともに延安から重慶に飛び，重慶会談が実現した。

蒋介石と毛沢東は，宴会の席も含めて合計9回会っているが，両者が参加した正式の交渉は8月29日だけで，実際の交渉は国民政府・国民党側は張群・張治中・邵力子，共産党側は周恩来・王若飛があたった[40]。

国民政府側の主張の原則は，①政府の改組問題は討論しない，②あらゆる問題を解決すべきである，③政令と軍令の統一，④共産党の武装力は12個師団とするというものであった[41]。

これに対し共産党側の主張の要点は，①平和建国，民主統一，三民主義の実行，②蒋介石の指導的地位の擁護，③各党派の合法的で平等な地位の承認，④「解放区の政権」と「抗日部隊」の承認，⑤共産党側も日本軍の降伏受け入れ工作を担当する，⑥武装衝突の停止，各部隊の現状維持，⑦政治の民主化として国民大会・政治会議・地方の普通選挙を実行し，解放区は五省での省主席，六省での副主席，四市の副市長を要求する，⑧軍隊の国家化として，共産党部隊を48個師団に改編する，⑨政治犯の釈放，各種の自由を保障し，特務機関を解消する，ということであった[42]。

10月11日，「政府と中共代表との会談紀要」（いわゆる双十協定）が発表された[43]。この文書は12項目からなっているが，その内容は三種類に分けられる。

第一は双方が一致した項目である。蒋介石の指導の承認と内戦の回避，訓政

の終結と憲政の実施の必要性，政治協商会議の招集，言論・出版・集会・結社など人民の自由の保障，すべての党派の平等で合法的地位の承認，特務機関による人民の拘留・尋問・処罰の厳禁，政治犯の釈放，地方自治の推進と普通選挙の実行などがこれにあたる。

　第二は，政治協商会議の定員・組織問題，国民大会代表問題，漢奸の処罰などの継続審議事項である。

　第三は合意できず双方の見解の併記となったものであり，それが「軍隊の国家化」と解放区における地方政府の取り扱い，共産党側の降伏受け入れ問題であった。「軍隊の国家化」を推進するなかで，八路軍・新四軍などをどう扱うか。その師団数，駐屯地をどうするか，指揮権をだれが掌握するかという点が，論点となった。共産党は部隊を20個師団まで縮小する用意があるとしたが，具体的計画決定のための三人小組（軍令部，軍政部，第18集団軍各1名）を組織することは合意された。

　重慶会談で共産党は，抗日戦争末期の解放区人民代表会議を経ての第二中央政府構築論はもとより，連合政府論も事実上棚上げして蔣介石の指導の承認と内戦の回避，国民党主導による訓政の終結と憲政の実施に同意した。これは一見抗日戦争初期のいわゆる王明路線による長期合作論の地点まで毛沢東が譲歩したとも見なせないこともない。憲政準備のための政治協商会議開催の合意も，「国民政府が召集」するという点ひとつをとっても訓政から憲政へという論理にのったものである。その一方，重慶会談で毛沢東が最後まで固執したのは，独自の軍隊（および軍に守られた解放区）の保持という一点であった。だからこそ毛沢東は共産党の指導する軍隊を48個師団とする案から20個師団へと譲ることができた。最重要点は軍の規模ではなく，独自軍の存在を当面蔣介石に認めさせることにあったからである。これを三人小組による継続審議としたことは，毛沢東にとって不利な合意ではなかったのである。

　他方，延安で毛沢東にかわり党中央主席を代行していた劉少奇は，中共中央の名で9月19日，「北に向かって発展し，南に対しては防御体制をとる」旨の党内指示を発した[44]。すなわち晋察冀辺区と晋綏辺区の八路軍で綏遠省と察

哈爾（チャハル）省をおさえ，華中の新四軍を山東省と冀東（河北省東部）に，山東省の部隊を冀東と東北へと移動させるとするもので，東北をいち早く掌握しようとしたものである。当時年内に予定されていたソ連軍の東北からの撤退を意識しての措置であったが，このことは共産党が重慶会談をすすめながら内戦の準備をおこたっていなかったことを示している。まさにこの問題こそ，翌年の国共内戦再開の火種を残すものとなったのである。

5．政治協商会議

(1) 国共停戦協定

毛沢東が重慶から延安に帰って間もなくの10月20日，共産党中央は「過渡時期の形勢と党の任務についての指示」を各地の党組織に対して発した。この指示は，当面の6カ月前後を「抗日段階から平和建設段階への過渡期間」と位置づけ，「今後6カ月の闘争は，われわれが将来の全平和段階における政治的地位を決定する鍵となるものである」と述べたうえで，国民政府地区と解放区の党の任務について次のように言っている。「わが党の国民党統治地区（たとえば重慶・上海・北平など）内の任務は，民族民主統一戦線工作を拡大することである」，「我が党の解放区における中心任務は，あらゆる力を集中して頑軍の進攻に反対し，できるだけ解放区を拡大することである」[45]。国共会談を継続しながら，解放区と自らの軍事力の維持拡大を同時に追求する方針を示している。

双十協定にもかかわらず，共産党の国民政府に対する不信感は一貫していた。延安の中央から重慶の周恩来ら党代表団に宛てた10月29日の内部指示では，「政府のいわゆる平和民主はすべて人を欺くものであり，実際には全国規模の内戦をすでに発動しており，双十協定は紙くずにすぎないこと，政府が政治会議を開催しようと急いでいる目的は，各党に〔国民大会の〕旧代表を承認させ，即位大典〔すなわち憲政への移行〕の準備をしようとしている点にあることを各界に説明するように」[46]と述べられている。双十協定で毛沢東も承認した蒋介石主導による訓政から憲政への移行プロセスを，毛自身ほとんど信じていな

かったと言っても過言ではなかったのである。

　それにもかかわらず，その後曲がりなりにも停戦協定と政治協商会議が開催されたのは，内戦停止・平和的国家再建を求める中国民衆や民主同盟などの圧力とともにアメリカの強い働きかけがあったからである。

　蔣介石政権を主体とした中国の民主化を主張していたハーレー大使の辞任のあと[47]，翌11月27日マーシャルが特派大使に任命され，国共調停にあたることとなった。12月15日には内戦を回避し「統一された民主的な中国」を求めるトルーマン大統領の声明が発表された[48]。さらに12月16日から26日までモスクワで開催された米英ソ三国外相会議も，「国民政府のもとにおける統一ある民主的な中国，国民政府の各部門への民主的分子の広範囲の参加，および国内闘争の終止の必要」についての意見が一致した旨の声明を発表した[49]。

　こうした内外の圧力のなかで，12月27日から国共会談が再開された。国民政府側は張群・王世杰・邵力子，共産党側は周恩来・葉剣英・王若飛が代表となった。

　共産党側は，(1)双方の部隊は原駐屯地に留まり，東北を含む全中国において無条件停戦をおこなう，(2)国共衝突に関係ある事件は停戦後平和的に解決する，(3)政治協商会議指導下に全国各界内戦視察団を組織するとの要求を提出した[50]。

　国民政府側は，(1)あらゆる内戦を即時停止し鉄道交通を再開する，(2)国共両党はマーシャル特使と協議するため速やかに代表を任命するとの主張を提起し，共産党側もこれに同意した。かくして1月5日，国民政府・張群，共産党・周恩来，それにマーシャルからなる軍事三人委員会が組織され，10日停戦協定が成立した。

　停戦協定には，(1)一切の戦闘行為の即時停戦，(2)中国領内のすべての兵力の移動の停止，(3)一切の交通路の破壊および妨害の停止，(4)停戦協定を実行するため北京に軍事調処執行部を設置するというものであったが，第二項については付記で，「国民政府軍隊が中国の主権を回復するために東北九省に入ること，あるいは東北九省内で移動することには影響を及ぼさない」とされた[51]。

　共産党は政治協商会議開催の前提条件として停戦の実現をあげていたから，

これによって政治協商会議が開催されることとなった。停戦の実現は中国の前途に大きな希望をもたらしたが，解放区の処遇と「軍隊の国家化」という重慶会談以来の最大の懸案は依然残されたままであった。

(2) 政治協商会議

1946年1月10日から31日まで重慶で政治協商会議が開催された。国民政府が各党派代表と学識経験者を召集するという形式で開かれたこの会議の定員は38名であった。その内訳は，国民党8名（孫科・立法院院長，呉鉄城・中央党部秘書長，陳布雷・国防最高委員会副秘書長，陳立夫・党組織部長，張厲生・内政部長，王世杰・外交部長，邵力子・国民参政会秘書長，張群・四川省政府主席），共産党7名（周恩来・党副主席，董必武・国民参政会代表，葉剣英・八路軍参謀長，呉玉章・国民参政会代表，王若飛・党重慶駐在代表，陸定一・党宣伝部長，鄧穎超・党婦人部長），中国民主同盟9名（張瀾・同盟主席，羅隆基・西南連合大学教授，張君勱・国家社会党代表，章伯鈞・第三党委員長，張東蓀・国家社会党，沈鈞儒・救国会代表，張申府・救国会，黄炎培・職業教育社代表，梁漱溟・郷村建設派代表），中国青年党5名（曾琦・党主席ら），無党派9名（作家の郭沫若ら）であった。

政治協商会議は国民政府が召集したものであったが，国共両党だけでなく中国民主同盟や中国青年党さらに無党派まで参加させ，そのなかで国民党は少数であるという点で，中国現代政治史上画期的な意義をもつものであった。

国民党側は会議で国民党主導による訓政から憲政への移行を主張した。すなわち，国民大会を開いて憲政を実現するとの主張は，従来と変わりなかったが，憲政実施以前においてもその準備のための政治改革をおこなうと主張したのである。国民党8委員の意見書は，「中国国民党は国民大会を挙行する以前に，憲政実施の準備のため国民政府組織法を改正し，国民政府委員会を充実する。その改正の要点は次の通り。(1)国民政府委員の定数を三分の一増加する。(2)国民政府委員は主席の提案によって党外の人士を充てることができる。(3)国民政府委員会を政治の最高指導機関とする。(4)国民政府委員会は左記の事項を討論し議決する。甲，立法原則，乙，施政方針，丙，軍政大計，丁，財政計画およ

び予算，戊，主席の提議事項，己，委員の三分の一以上の連名で提出された建議事項」[52]と述べている。国民政府委員に党外の人士を充てることは，国民党一党独裁の訓政を変質させる重大な改革案であった。

　さらに上記の意見案は，「全国の軍隊を国家化し，軍政軍令の統一を確保する」，「各党派の合法的地位を承認する」，「五五憲法草案に関し専門家で委員会を組織し，各方面から提出された意見を斟酌し，整理し，国民大会に提出して採択を受ける」，「民国35年5月5日に国民大会を召集する」などを列記している。「軍隊の国家化」については，「中共の軍隊の整理再編方法は，さきに合意した軍事三人委員会で1カ月以内に相談のうえ取り決め，合意後2カ月以内に整理再編を完成させる。この方法合意の日から中共の軍隊は国民政府の統一指揮を受けなければならない」[53]としている。国民政府の改革と同時に，「軍隊の国家化」も実現させようとしたものである。

　これに対し共産党は，「平和・民主・団結・統一を基礎として蔣主席の指導のもと，速やかに訓政を終結させ，憲政を実施して三民主義を徹底的に実行し，独立・自由・富強の新中国を建設する」，「蔣主席の提唱する政治の民主化，軍隊の国家化および党派の平等・合法は平和建国へ必ず通らなければならない道である」，「訓政を終結させて憲政を準備する過渡期においても，直ちに現在の国民政府の基礎を拡大し，全国の抗日民主党派および無党無派の人士が参加できるような挙国一致の臨時の連合した国民政府へ改組しなければならない」，「改組後の政府は国民党の直接指導から脱しなければならない。いずれの党も国庫から経費を支給されてはならない」と主張した[54]。

　憲政実施以前に国民政府の改組をおこなうという点では，共産党案も国民党案に重なる部分があった。しかし改組後の政府が国民党の直接指導から脱すべきとの主張は，訓政時期は国民党が責任をもつべきだという国民党側主張と異なるものであった。ただし，憲政実施以前の政治改革による民主化，訓政から憲政への移行という基本的な政治プログラムで共産党はここでも非常に柔軟な姿勢を示したと言うべきであろう。

　共産党は「軍隊の国家化」については，次のように主張した。

甲　軍事委員会およびその一切の付属機関を改組し，これを各抗日党派および無党無派の代表人士の共同で指導する機構にする。

乙　一切の抗日軍隊をひとしく国軍とし，公平で合理的に時期を分けて全国の軍隊を整理再編し，軍事支出を最低限度まで削減し，軍区を画定し平等な待遇につとめ，公正な人事・徴兵・供給・後勤制度を確立する。

丙　軍隊は人民の武力に属するという原則に基づき民主的精神で軍隊を教育し，軍隊と民衆の関係を軍隊評価の第一の基準とし，軍隊が個人あるいは派閥に属するという現象を徹底的に正さなければならない。

丁　軍隊縮小後，地方の治安は，おもに地方保安隊および生産から離れていない人民自衛隊がこれを維持する[55]。

国民政府の軍事委員会を各党の共同指導にすることと引き替えに，八路軍・新四軍の国軍化に応じるというものであった。国民党案にある軍事三人委員会での話し合いについてはふれていないが，国軍化にあたっては改組された軍事委員会が責任をもつということであろう。1月16日，周恩来は，全国の軍隊の整理再編をおこなう委員会の成立に同意するし，その名称にはこだわらない，改組された軍事委員会でもよい旨の発言をしている[56]。

最終的に1月31日に終了した政治協商会議では，国民大会挙行以前，すなわち訓政段階での改革として，国民政府組織法を改正して国民政府委員は40名に拡大され，そのうち半数は国民党員が，残りは各党各派がしめることとされた[57]。

軍事問題で注目されるのは，「軍隊の国家化」にともない軍と党を切り離すことが合意されたことである。そのために「(1)一切の党派が軍隊内で公然とにせよ秘密裡にせよ党団活動をおこなうことを禁止する。軍隊内のあらゆる個人的派閥の組織と地方性質の系統もまたすべて禁止する。(2)軍隊内ですでに党籍のある現役軍人は，その在職期間はその駐屯地の党務活動に参加してはならない」とされ，軍の再編が実行された後，軍事委員会は国防部に改組され行政院に属することとなった[58]。これはもちろん八路軍・新四軍といった共産党の軍隊を国軍化するうえでの不可欠の措置であった。

2月1日の『中央日報』社説は、「われわれは、政府と中共代表からなる軍事三人小組を通じて、軍事の規定についての今回の協議に基づき、『すみやかに中共の軍隊の整理再編方法を定め、整理再編を完成させ』、軍隊の国家化の実際を実現させ、国家の軍令政令の統一を完成させることを希望する」と述べている[59]。「軍隊の国家化」は、共産党軍だけに関する問題であるかのようである。しかし、「軍隊の国家化」、軍と党の分離という問題は、決して共産党だけの問題ではなかった。それは、国民党と国民革命軍との関係にも直ちにはねかえってくる性格をもっていたのである。

おわりに──「軍隊の国家化」の挫折

軍と党を切り離し、軍隊内の党部を取り消す方針は、1945年5月の国民党六全大会ですでに決定されていたことである。この方針に基づいて7月9日の国民党中央常務委員会第3次会議で、「軍隊の党部（部隊・機関・学校）は本年8月1日以前に一律に解消する」と決議されていた[60]。軍隊内党部の解消は、抗日戦争終結をはさんですすめられた。政治協商会議の合意はこの延長上にあるものだった。

1920年代の国民革命軍による北伐の経験、さらにさかのぼれば中国同盟会の軍政府宣言に見られるように、近代中国の革命と軍は不可分の関係と理解されてきた。ロシア革命の影響はさらに党と軍の関係を理論づけ、制度化した。こうした国民政府と国民革命軍の関係が見直され、党の軍隊から国家の軍隊への移行が、具体的に動き始めたのが抗日戦争の末期から戦後初期だったのである。政治協商会議は共産党の軍隊も含めて「軍隊の国家化」を推進する契機となるはずであった。

しかし、その後の歴史の展開は、停戦協定と政治協商会議での合意にもかかわらず、国共内戦が再開し、この試みが完成することはなかった。内戦が国民政府にとって不利になった1948年2月、国民党は軍隊内に密かに各級特別党団幹事会を設けた。さらに内戦の敗北がほとんど決定した1949年7月の常務委員

会で軍隊内党部の復活を決定するのである[61]。その理由は，党部がないと「革命精神」が不足することになる，「革命精神」の不足が共産党に敗れた一因だとされたからである。

　訓政から憲政への移行も共産党と民主同盟のボイコットで十分成果があげられなかった。共産党を国家のうちに取り込みつつ革命国家から制度化された近代国家へ移行するという国民政府の試みは，中国大陸においてついに成就されることなく未完のまま舞台を台湾に移すことになった。

　他方，内戦に勝利した共産党と人民解放軍は，党が指導する軍隊という性格を残したまま民主同盟など他の政治集団を含めて中華人民共和国を建国することとなった。党の軍隊から国家の軍隊へという抗戦時期から戦後初期に模索された試みは，ここでも実現することはなかった。党が軍を指導することは，21世紀を迎えた今日でも中華人民共和国の不動の大原則であり続けている。

1) 劉健清他『中国国民党史』江蘇古籍出版社，1992年，539頁。なお共産党が連合政府を提起するのは，後述するように1944年9月のことである。
2) 「関於国民大会召集日期案」，『中国国民党歴次代表大会及中央全会資料』下冊，光明日報出版社，960頁。
3) 蔣介石「開幕詞」，同上書，903-904頁。
4) 山田辰雄「平和と民主主義の段階における中国国民党の戦後政権構想」，『現代中国と世界』慶應通信，1982年，76-77頁。
5) 『中国国民党歴次代表大会及中央全会資料』下冊，921-922頁。
6) 張小満等『重慶談判研究』中原農民出版社，1999年，40頁。
7) 横山宏章『中華民国史』三一書房，1996年，168頁。
8) 『新中国資料集成』第1巻，19頁。
9) 「対『連合政府』的説明」，1945年3月31日，『毛沢東在七大的報告和講話集』中央文献出版社，1995年，98頁。
10) たとえば周恩来「中国のファシズム―新専制主義について」，1943年8月16日，『周恩来選集』上巻，人民出版社，1980年。
11) 『新中国資料集成』第1巻，37頁。
12) 同上書，38頁。
13) 「国共交渉について」1944年9月15日，『中国共産党史資料集』第12巻，131-138頁。
14) 「対『連合政府』的説明」，『毛沢東在七大的報告和講話集』102-103頁。

15) 西村成雄氏は共産党の民主的連合政府樹立の主張およびその主権論を,「『訓政的国民主権＝国民代表制論』に代えるに直ちに『労農人民主権論』をもってするのではなく，あくまでも『訓政的』＝『一党専制的』な国民代表制の変更を求めるという民主主義的要求」と評価している（『中国ナショナリズムと民主主義』研文出版，169頁）。同書は大変優れた研究であり，本稿作成にあたっても参考にさせていただいた。共産党の政治主張が国民党の訓政論批判として提起されたことは，まったくその通りであるが，これを「民主主義的」と評価することに筆者はやはり違和感を覚える。これに対し横山宏章氏は，『連合政府論』のなかの「将来，民主的選挙制度ができた後において，国民大会における多数党によって一党の政府を組織せず，やはり，連合政府を組織しなければならない」，「将来中華民国に民主的選挙制度ができた後でも，共産党が国民大会内の多数党であるか少数党であるかにかかわりなく，政府はすべて共同で承認された新民主主義の綱領のもとで工作に従事する連合政府でなければならない」という部分を引用して，これは「議会野党の存在を認めない連合政府的独裁であり，一党独裁に代えて連合独裁を主張したに過ぎない」,「共産党の力量が圧倒的に巨大となれば，自ずと一党独裁に転化する可能性を含んでいたことは明らか」と評価している（『中華民国史』，170頁）。毛沢東の内部説明を見るとき，この点での横山氏の評価は概ね首肯し得る。
16) 『新中国資料集成』第1巻，59頁。
17) 「中国解放区人民代表会議について」，『アジア研究』第19巻第3号，1972年10月，3頁。
18) 「在中国共産党第七次全国代表大会上的口頭政治報告」，1945年4月24日，『毛沢東在七大的報告和講話集』139-140頁。
19) 『中共中央抗日民族統一戦線文件選編』下，檔案出版社，803-804頁。
20) 『新中国資料集成』第1巻，18頁。
21) 「在中国共産党第七次全国代表大会上的結論」1945年5月31日，『毛沢東在七大的報告和講話集』，222-223頁。
22) 同上書，223頁。
23) 『中共中央文件選集』中共中央党校出版社，第15冊，152頁，『中共中央抗日民族統一戦線文件選編』下，810頁。
24) これらの経過については，前掲，石井論文が詳述している。
25) 「中共中央負責人関於不参加本届国民参政会的声明」1945年6月16日，『中共中央文件選集』第15冊，148-150頁，『中共中央抗日民族統一戦線文件選編』下，805-806頁。
26) 張鎮邦等『国共関係簡史』国立政治大学国際関係研究中心（台北），1983年，195-196頁。

27) 『新中国資料集成』第1巻, 23頁。
28) 「在中国共産党第七次全国代表大会上的結論」,『毛沢東在七大的報告和講話集』194頁。
29) 「中央関於華南戦略方針和工作部署給広東区党委的指示」1945年6月16日,『中共中央文件選集』第15冊, 145頁。
30) 「在中国共産党第七次全国代表大会上的結論」,『毛沢東在七大的報告和講話集』192頁。
31) 「軍委関於建立南方戦略根拠地問題給王震, 王首道的指示」1945年6月15日,『中共中央文件選集』第15冊, 144頁。
32) 「在中国共産党第七次全国代表大会上的結論」,『毛沢東在七大的報告和講話集』218-219頁。
33) 「中央関於対付美, 蔣反共発動内戦的方針給王若飛的指示」,『中共中央抗日民族統一戦線文件選編』下, 807頁。
34) 『中国共産党史資料集』第12巻, 482-484頁。
35) 『新中国資料集成』第1巻, 81頁。東北については, 石井明『中ソ関係史の研究』東京大学出版会, の第1章「戦後内戦期の国共両党・ソ連の関係について―1945年秋, 東北」に詳しい。
36) 西村, 前掲書, 195-196頁。
37) 師哲『在歴史巨人身辺』中央文献出版社, 1991年, 308頁。
38) 『新中国資料集成』第1巻, 104頁。
39) 『成敗之鑑』正中書局, 1994年, 334頁。
40) 重慶会談については, 安井三吉「中国革命における戦争と平和―「重慶会談」の内と外」『歴史学研究』560号, 1986年10月参照。
41) 蔣介石日記,『中華民国重要史料初編―対日抗戦時期　第7編　戦後中国(2)』中国国民党党史委員会, 1981年, 34頁。
42) 同上, 31-41頁。
43) 「政府と中共代表の会談紀要」『新中国資料集成』第1巻, 日本国際問題研究所, 1963年, 130-133頁。
44) 「当面の任務と戦略的配置」『劉少奇選集』533-535頁。
45) 「中央関於過渡時期的形勢和任務的指示」『中共中央文件選集』第15冊, 中共中央党校出版社, 370頁。
46) 「中央関於掲露国民党和平民主騙局致中共代表団電」『従延安到北京―解放戦争重大戦役軍事文献和研究文章専題選集』中央文献出版社, 1993年, 33頁。
47) 「ハーレー中国駐在大使のトルーマン大統領あて大使辞任についての書簡：1945年11月26日」『新中国資料集成』第1巻, 151-155頁。
48) 「アメリカの対中国政策についてのトルーマン大統領の声明」『新中国資料集成』

第1巻，163-166頁．
49)　「モスクワ三国外相会議コミュニケ」『新中国資料集成』第1巻，167-168頁．
50)　「中共代表団関於無条件停止内戦的提議」『新華日報』1946年1月1日．
51)　「国内軍事衝突停止に関する中共中央の通告，国共停戦命令および合同声明」『新中国資料集成』第1巻，182-183頁．
52)　「政府代表孫科等八人提関於和平建国及国民大会問題之意見案（民国35年1月14日）」『中華民国重要史料初編―対日抗戦期』第7編　戦後中国(2)，中国国民党中央委員会党史委員会，1981年，148-149頁．
53)　同上，149頁．
54)　「和平建国綱領草案（1946年1月16日中国共産党代表団於政治協商会議上提出）」『中共中央文件選集』第16冊，39-41頁，『政治協商会議紀実』上巻，重慶出版社，1989年，360-361頁（原載は『新華日報（重慶）』1946年1月17日）．
55)　『中共中央文件選集』第16冊，42頁，『政治協商会議紀実』上巻，362-363頁．
56)　周恩来「関於軍隊国家化問題的報告」『政治協商会議紀実』上巻，383頁（原載は『新華日報（重慶）』1946年1月17日）．
57)　「政治協商会議協議事項」『中華民国重要史料初編―対日抗戦期』第7編　戦後中国(2)，229頁．
58)　同上書，238頁，『政治協商会議紀実』上巻，480-481頁（原載は『中央日報（重慶）』1946年2月1日）．
59)　『政治協商会議紀実』上巻，486頁．
60)　『中国国民党第六届中央執行委員会常務委員会会議紀録彙編』中央委員会秘書処，1954年，28頁．
61)　同上書，822頁．

（井上久士）

第2章　東北接収をめぐる国際情勢と中国政治
　　　──王世杰日記を中心に──

　ここでは，王世杰日記を基礎資料として，国民党・国民政府側が1945年9月以降東北接収にかかわる中国共産党勢力をどう評価していたのかという問題を中心にして当時の政治的配置を再構成するとともに，それが国際情勢の変動とどのように関連しあい，かつそれが国民党内矛盾としてどのように激化していったかについて，ほぼ1946年3月頃までをとりあげる[1]。

　本論に入る前に王世杰の略歴を付記しておく。1891年生まれ，字は雪艇。辛亥革命に参加し，武昌都督府秘書となる。1913年から，イギリス，フランスに留学し，同時に上海の『時事叢報』や北京の『晨報』の特別通信員として英仏の政治制度などを紹介する。1920年，法学博士の学位を得て，蔡元培の要請で帰国，北京大学法律系教授として，その後主任や教務長を勤め，1924年には，北京で周梗生らと『現代評論』を創刊，「聯省自治」論を主張する。1926年，漢口へ赴き武漢政府との関係を図るが成らず，南京へ出，1927年冬には国民政府の法制局長に就任，「反革命治罪法」や「労資争議処理法」などの制定にかかわる。1927年12月，湖北省政府委員兼教育庁長となり，1928年にはハーグ国際裁判所に赴任し，翌29年5月，武漢大学長に就く。その後，1937年以降国民政府教育部長，国民党第五期中央候補監察委員，内外債整理委員などを経る。1938年1月には，軍事委員会参事室主任兼政治部指導委員，6月に国民参政会秘書長となり，同年12月，新政学系の主要メンバーの一員となる。国民党第三期代表大会から，中央候補監察委，中央監察委，中央宣伝部長，三民主義青年団中央監察委員会書記長などを歴任し，1943年には蔣介石に随行してカイロ会

談に参加。1945年5月国民党第六期全国代表大会に参加し，潘公展らと特殊監査委員会で「対中共問題之決議」を起草し，政治的方法で中共問題を解決するよう主張。国民政府委員として行政院政務委員，外交部長を兼ね，45年10月の重慶会談に参加。この間，外交部長に就任したのは1945年7月31日，その後47年7月31日，その後47年4月の訓政から憲政への移行期を経て，48年5月の総統制への転換後も行政院政務委員として外交部長を兼ね，48年12月に辞任している。また，国防最高委員会では，法制専門委員会主任委員として法制の責任者の地位にあった。外交部長としては，1945年8月の中ソ友好同盟条約，1947年の中米通商航海条約などを締結。台湾に移ってからは，総統府秘書長，中央評議委員，総統府資政研究院長などに就いた。1981年4月台北で死去した。

1. 東北行営撤退までの王世杰「分疆而治」論

　外交部長としての王世杰は，1945年9月4日，「五大国外相会議」に出席のためロンドンへ出発した。日本軍が南京で正式に降伏した9月9日，ロンドンに到着し，顧維鈞大使とイギリス外務次官カドガン（Cadogan）が出迎えた。9月11日午後3時半からランカスター・ハウスではじまった外相会議では，イラン駐留連合軍の撤退問題以外は，ヨーロッパ問題で，ソ連代表モロトフ（V. M. Molotov）とアメリカ国務長官バーンズ（James F. Byrnes），イギリス外相ベヴィン（E. Bevin）との間で，ルーマニア，ブルガリア，ハンガリー各政府の承認問題をめぐる矛盾が大きく，その他にも日本統治問題や，イタリアとの講和問題をめぐって論議がなされた[2]。

　したがって，五カ国外相会議そのものは中国政府にとって大きな政治的意味があるものではなかったが，日記によるかぎり，やはり各国外相との戦後中国をめぐる話し合いがなされていたことに注目すべきであろう。

　例えば，9月15日午前には，ソビエト代表のモロトフと会見し，第一に，日本の在華資産は対華賠償の一部であること，第二に，新疆でのソビエト側飛行機による爆撃について調査を要請する，といった中ソ関係の焦眉の問題をめぐ

る意見交換が行われた。モロトフは，第一の問題について「同情を表明」したが，なお日本賠償問題は研究していないと述べ，第二の問題についてもそれは「過渡的現象」だから安心されたいと答えたという[3]。

9月18日は，「日本の中国侵略14周年」にあたり，議長に就いていた王世杰は会議開会時にこの日の重要性を訴えた。同日，ロンドン大使館ではモロトフ，バーンズ，アトリーらを含めて800人の参加で「対日勝利祝賀会」がもたれた[4]。この日のことは，顧維鈞も回想している。そのなかで特徴的なのは，9月16日行政院長宋子文がアメリカからの帰途ロンドンに立ち寄り五カ国外相会議での中国の立場を強化する予定であったが，あえてこの祝賀会に出席しなかったとし，なぜなのか理解に苦しむと述べていた[5]。

また，王世杰は，戦後の米ソ関係を象徴するごとく，米英とソビエトとの対立関係を外相間のやりとりのなかに見出していた。9月21日の夜，顧維鈞駐英大使は，アメリカ国務長官バーンズとイギリス外相ベヴィンを招宴したが，同席した王世杰はこう記していた。ベヴィンはバーンズにアメリカが譲歩しなければソビエト側はもっと強く出るだろうと建言した。バーンズはこれに対し，モロトフには問題解決の権限がないのだから，次回の外相会議はスターリンのいるモスクワで開催するのが妥当だと述べた[6]。

五カ国外相会議は，本来ヤルタ会談の1945年2月11日付コミュニケ第8項にある米英ソ三国外相会議の定期的開催という確認にもとづき，三国外相（アメリカはE. R. ステティニアス・ジュニア，ソビエト連邦はM. モロトフ，イギリスはアンソニー・イーデン）の「クリミア会談の議事に関する議定書」の第13項「三国外相会議」の「常設機関」化と「必要のあるたびに，おそらくはおよそ三カ月ないし四カ月ごとに会合する」ものとして，三国の首都で輪番に開催し，第1回はロンドンでもたれることになったことによる。もちろんこの会議に中華民国とフランス共和国臨時政府が加えられたのは連合国側としての世界機構（国際連合）における地位とその役割を期待されていたことにあり，それに45年4月のサンフランシスコ会議に両国は招請国として認知されていた。中華民国政府としては，このような国際的外相会議に出席を要請されたのは20世紀に入って

はじめてのことであった。しかしながら、五カ国外相会議では、戦後ヨーロッパ秩序にかかわる講和条約問題が中心で、蔣介石が王世杰に指示していたとされる対日賠償問題については議題にすらとりあげられなかった。しかも、王世杰によれば、10月2日の午後の会議で輪番による最後の議長をつとめ、結局、ソビエト側の会議録への調印拒否によって今回の外相会議は何ら成果をあげられぬまま終了した[7]。

代表団の一員としてイギリス大使として参加していた顧維鈞は回想録のなかで、王世杰の議長としての役割について、アメリカ側の外相会議決裂回避への積極的支持を行わなかったのは、どうやら蔣介石の指示による対ソ宥和策があり、8月14日の「中ソ友好同盟条約」締結直後の国際会議で中国が英米と同じ立場にあることをソビエト側に明示しないようにする目的があったのではないかと推測していた[8]。この推測はまさに同時進行しつつあった、中国東北接収における国民政府の対ソ政策と密接に関連していた。中国政治の動向にかかわる東北接収問題をめぐって、王世杰はロンドンの五カ国外相会議でモロトフと間接的にではあるがある種の対応をしていた。

王世杰は、外相会議終了直後10月3日の夜には帰国の途につき、5日カイロ、6日カラチ、7日カルカッタを経て、8日午後4時頃重慶に帰着し、夜に入って蔣介石に会議の状況を1時間ほど報告した[9]。

ロンドン外相会議において身をもって米英とソ連の対立を体験した王世杰にとって、中国国内政治をめぐる国民党政府と中国共産党との政治的軍事的対立は、あたかも米ソ対立を彷彿とさせるものがあった。すなわち、10月9日行政院会議に出席し外相会議の状況を報告し、さらにソ連大使ペトロフと会見し、国民政府軍の大連上陸が拒否されている不当性を主張したとき、「このことの原因は、半ば中共問題であり、半ばは米ソの不和が進行中であることによっている。わが軍の大連移送にアメリカ艦船が使われることになるからでもある」と認識していた[10]。ここには中共問題という国内政治と米ソの対立という国際政治問題が、東北接収問題と密接に関連しあっていること、さらに、政府と中共代表とのいわゆる重慶会談紀要が確定した10月8日に重慶にもどったとい

う臨場感が示されている。10月10日午後，王世杰，張群，邵力子，張治中は，周恩来，王若飛との間で「国民政府と中共代表との会談紀要」（双十協定）に調印し，12日に公表とした。夜，王世杰は毛沢東に政治協商会議への出席を促す会談を行った。この日，蔣介石も毛沢東と会談した[11]。

そしてちょうどこの日，東北接収のための東北行営主任熊式輝，外交部特派員蔣経国らが北平に飛んだ。10月11日付の王世杰日記は，熊式輝が赴任する前，かれが次のような危惧をもらしたと記している。ソビエト軍が期限どおりに撤退すれば，わが軍隊の東北到着以前に共産党軍に乗ぜられる可能性がある。したがって，ソビエト軍に共産軍援助の意があれば一日でも多く留まらせることはそれだけ事態は悪化するのであり，ましてや，わが方から撤退延期を要請するなら，将来長期にわたって撤廃せずそれもわが方の要請だという口実に使われるだろう，と述べた。蔣介石もこれに同意を与え，いかなる状況下でも撤退延期要請は行わず，と決定した[12]。10月12日，国民参政会の駐会委員会に出席し，ロンドン外相会議について報告し，米ソ関係の対立と悪化は，わが国の今後の外交活動に日々困難を加えることになろうが，わが政策は中米英ソの合作を謀ることにある，と強調した[13]。

このような王世杰の国際情勢観は，たしかに熊式輝のような対ソ認識とは異なり，米ソ対立のもとでの中国の対外政策の困難さを認識しており，それが国内政治にも多大の影響を及ぼすものとしてとらえるものであった。10月10日の双十協定以降，年末にかけての政治課題は，まさしく東北接収という問題をめぐる国内外の諸情勢への対応にあった。

いうまでもなく，1945年の国際政治空間には，ヤルタ的政治空間とポツダム的政治空間があり，前者（ヤルタ）は米ソ協調的側面が濃厚であるもとで中国をいわば犠牲にする米英ソ三強主導型であるのに対し，後者（ポツダム）は米ソ対立の側面を増大させつつ中国国内政治にその対立がもちこまれる可能性をもつものであった[14]。いずれにせよ，中国は米ソ主導の国際政治空間内でたとえ四強の一つに数えられていたにせよ「客体」的存在であったといわざるをえない。しかしここに，米ソ中という三国関係と，中国という一国内の国内政

治勢力である国民党および共産党という二勢力関係の交錯する局面が形成されることとなった。ただ注目すべきは,東北接収という問題に限定したとき,国民党や共産党のみならず,固有の歴史的経緯のなかで形成されていた中国東北地域の政治勢力が,上記の国内二勢力関係に一定の影響を与えていたことである。

さて,熊式輝,蔣経国らは10月12日,北平から長春に到着し,13日マリノフスキーソ連全権代表と会談したが,大連上陸問題については「国家間交渉事項」として解答を得られなかった。17日の第二回会談でも成果はなかった。18日,熊式輝は重慶にもどり直接蔣介石らにソ連側との交渉経過を伝えた。同日,蔣介石は駐華大使ペトロフと接見し,中国の大連上陸にスターリンが同意するよう電報で要請されたいと主張し[15],19日にもペトロフ大使に督促した。王世杰は兵員輸送艦がアメリカのものであるためソビエト側の警戒感があること,および双十協定後の国共談判が進展していないことへの不満が原因ではないかと考えていた[16]。蔣介石は,大連上陸の困難なもとで,まず天津から鉄道へ山海関への進出を決定した[17]。この日,外モンゴルは独立問題を投票にかけた。10月23日,蔣介石は宋子文行政院長,王世杰外交部長,熊式輝東北行営主任らが同席したもとで,ペトロフ大使と接見し,大連上陸問題で一刻も早くスターリンの同意を得たいと要求した。争点はやはり大連港が商業港であることだったが,蔣介石は大連が中国領土であることこそ重要で,上陸を認めないことこそ中ソ友好同盟条約に違反することを主張した[18]。

この間,双十協定後の国共交渉がすすめられ,10月20日,21日,22日,23日と,政治協商会議の定員問題や軍事衝突回避について議論された[19]。これには王世杰も加わっていた。10月25日,王世杰は蔣介石の指示で,改めてペトロフ大使に大連上陸問題は同意なしに実施しないが,葫蘆島,営口から上陸の予定であることを予告し,ソ連政府とマリノフスキー元帥に伝えるよう要請した[20]。この日,台湾の日本軍降伏受理式が行われた。このペトロフ大使への要請に返事があったのは5日後の10月29日であった。ソビエト側はこの葫蘆島,営口上陸計画についてすでに前線部隊へ伝えたと回答してきた[21]。しかしす

でに，27日にアメリカ艦船による軍隊移送は葫蘆島に到着していたが，「共産党軍隊」による攻撃で撤退していた。

とくに，10月中旬頃から，長春におけるソ連側の東北行営に対するさまざまな圧力が増大し，熊式輝や蔣経国らはその危機感を蔣介石に伝えた。かれらは，重慶とモスクワの外交ルートを通じて，長春という出先での現地交渉ルートへの援護を要請していた。ところが，重慶ルートもすでにふれたごとくに十分には機能せず，10月12日の長春での東北行営開設以来の対ソ現地交渉も進展を見せぬまま二週間以上が経過し，この間，むしろ国内的には国共両軍の衝突が，例えば中共軍と傅作義部隊との交戦すらはじまる事態をむかえた。

王世杰は，10月31日の日記に次のような判断を残していた。すなわち，同日張群とともに蔣介石に会い，中共との衝突回避弁法を結ぶように提議した。それは，内戦が勃発すればもはや制止しえなくなり，中共はあるいはこの時機を利用してソ連を後ろ楯にたのんで，熱河，察哈爾，綏遠，さらには東北三省までも占領し，自ずから一国を成すやもしれないからである。王世杰の日記によれば，このように述べたことに対し，蔣先生はこの提議を妥当と認め，中共への提案を許可された，とある[22]。

つまり，王世杰からみれば，中共との妥協を図らぬかぎり，ソ連の暗黙の中共支持を阻止しえぬという判断にほかならない。事実，11月1日付の日記に，王世杰は，中国の外交政策は米ソの合作を促進することにあるとして，ソ連代表未参加のもとでの極東諮問委員会（10ヵ国）のワシントン開催を一週間延期するよう求め，各国の賛同をえていた。このような国際情勢判断が，中国国内での対中共「妥協」政策と内的に関連していたことはいうまでもない。同じ日の午後，王世杰は周恩来らと「内戦回避，鉄道交通回復」について交渉をすすめていた[23]。王世杰は，ソ連問題と中共問題の不可分性を強調していたといえよう。もちろん，王世杰は11月2日にも周恩来らと会談し軍事行動の停止弁法について協議したが，その印象として，「中共の目的は，あきらかに，ソ連軍の東北三省撤退以前に，熱察綏さらには東北の大部分をも占領しようとするところにある」と記し，情勢の深刻さは空前で，密かにソ連は中共を鼓舞して

おり，東北で中共は庇護され，長春に派遣された政府人員はソ連軍の圧制を受けている，と強調した[24]。

この頃，蔣介石は多くの東北情報を受け取るなかで，対ソ政策の転換を図らざるをえない段階にきていた。11月7日のロシア革命28周年の日に，蔣介石は事実上東北接収をあきらめるような口吻を伝えた。東北には見込みがない，まず関内と内モンゴルを回復させる必要がある，と。ただ，翌8日には，軍隊の営口上陸をあきらめつつ，大沽口と秦皇島の上陸をめざすことを決定し，対ソ交渉の成否如何によっては東北行営の撤収を決断するとした[25]。

この中国政府の対ソ政策の転換過程にかかわる東北接収問題こそ，米ソ対立という政治空間の膨張に照応した事態にあることを物語るとともに，東北という地域での国共軍事対立の顕在化過程でもあった。と同時に，11月中旬のこうした政治的認識にかかわって，国共いずれの勢力が東北地域社会をその影響下に組みこむのかという課題が伏在していることを忘れるべきではないし，東北地域社会そのものの側がどのような政治的選択を行うのかという視点も欠くことができないだろう。

ここではまず王世杰ら国民政府レベルの対ソ政策転換過程への認識を追ってみよう。

11月3日，王世杰はこう記した。「中共問題」について蔣介石と議論したが，蔣先生もきわめて悲観的立場で，どうも「黄河以北は一時的にせよ収拾がつかないようなので今後建国してから改めて正常化する」と考えているようであった，と。王世杰自身は，今後ソ連が米英と合作路線をとるのかどうかやがてはっきりするにせよ，この問題が未解決な段階での中共問題への政府の対応は「力を尽くしてその混乱の範囲を抑えこむしかなく，根本的解決は期待できない」とするものであった[26]。

その後，熊式輝からの電報でソビエト軍は営口から撤退し，中共軍に営口を占領させたことなどが明確になり，営口への兵員輸送のアメリカ艦は「国軍と中共軍の衝突状態」が予測されるもとでは「内戦」への介入となるので営口上陸は回避する状況が生まれていた[27]。11月8日，王世杰はソビエト軍が中共

軍の営口，葫蘆島占領を黙認し，かつ政府軍の上陸の安全性を保証しえぬとする状況をみて，「実質的に東北三省はソビエト軍から中共軍の手にわたった」と判断した。この日の午後，蔣介石は宋子文，張群，白崇禧，呉鼎昌，陳布雷と王世杰をあつめ協議した。蔣介石の意見は，東北行営を山海関まで撤退させ（もちろん東北を放棄しないことを声明する），ソビエト側が違約している真相を世界に知らせるしかない，ということで，全員これに異議はなかった。

しかし，王世杰はこの決定について次のように評価を加え，再考を訴えた。すなわち，この政策は道義上きわめて正当であるが，その必然的結果は中共と外蒙がソ連の大規模な援助を受けて大規模かつ長期的内戦をひきおこすことになろう。友邦（アメリカ）は現在のところ有効な支援を与えられない状況にある。なぜなら，中共問題がからんでおり，しかも国共衝突というこの種の戦争は表面的には「内戦」であるからである。もし今日，ソビエトに対し決裂を辞さぬ政策をとったとすれば，その結果はあるいは1932年1月28日の上海抗戦と異ならなくなる。当時アメリカはスチムソンらが東三省を侵略した国家に反対したにせよ，5年あるいはもっと長い時間の後にならなければアメリカはわが国の有効な抵抗を援助できなかった。今日の事態は，一・二八後の中日の衝突の事態のようなものになる。

王世杰のこのような意見をいれて，蔣介石は熊式輝の重慶帰着を指示し，その後に最終決定するとした[28]。王世杰日記に記された議論は，『総統蔣公大事長編初稿』には記録されていないが，熊式輝を重慶に呼びもどすことは決定として記されている[29]。11月9日の午後，王世杰らは蔣介石とひきつづき東北問題と中共問題について協議を重ねた。そのなかで張群は蔣先生がスターリンと会談するか，王世杰をモスクワに派遣するよう建議した。これに対し王世杰は，問題はソ連と中共との関係にあり，しかもいかなる正式の協定も結ぶべきではないのだからそれらの方法ははなはだ妥当を欠くものだとした。つまり今日は「利害」から考慮すべきであって，「正其誼不謀其利，明其道不計其功」（董仲舒）という説をとるべきではない。ソ連との問題を解決するには，決してわが国の力だけでできるものではないし，わが国から仕掛けるべきものでもな

い。わが国がもし対日戦争終結後さらに 5 年10年も戦争を続けるとしたら，すべての建国の事業は無期延期となってしまい，前途はとうてい予測しえないものとなる。

このように論じた王世杰は明確に次のような見解を記していた。すなわち，「もしわが政府が中共に重大な譲歩を行い，平和を勝ちとるために，仮の統一という形式のもとで，暫時，『疆を分ちて治む（分疆而治）』の策をとるとすれば，もとより多くの困難と危険をもたらすだろう。だが，比較的大きな危険は，なおやや小さいように考えれらる」と。蔣介石はこの日，蔣経国を自分の「私人代表」としてモスクワに赴かせ，スターリンと会見して中ソの根本問題を協議させることとした[30]。

王世杰のこうした見解は，当時の国民党のなかにあってどのような政治勢力と共通のものであったかは不明だが，あきらかに中共問題へのスタンスにおいて現実主義的対応の必要性を強調したものであったといえよう。あえて董仲舒のことばを否定的に引用したのは，いわば中共問題へのイデオロギー的対応レベルでは現実の問題を処理しえないのだと主張したことになるし，また，実際的対応において「分疆而治」策を提起したことは，中共が抗日戦争を通して確保してきた「解放区」の存在という現実を，対ソ政策の一環に組み込んで承認することでもあった。ここに，外交部長としての米ソ対立を体験したある種の国際体験が反映しているとともに，たとえ「仮の統一という形式」をとっても中央政権としての国民政府の対外的権威は保持できると考えていたように思われる。言いかえると，国家間レベルの政治的矛盾と国内政治勢力レベルの矛盾を区別しつつ，国内政治勢力としての中共を一定の範囲に抑え込むことによって，国際的条件の変化を待つという政治戦略であった。

11月14日，蔣介石は軍事関係者，熊式輝，王世杰らを官邸に集め，東北行営と接収人員400余人を山海関へ撤退させることを決定した。軍事代表としての董彦平のみは長春に残した。この討論にあたって王世杰は，「極力，ソ連との決裂を回避すべきこと」を主張し，そうしなければ「数カ月のうちに東三省内には，日本の武器を装備した中共軍数十万人が出現し，わが方と戦闘になるだ

ろう」と述べたという[31]。翌15日，上記の決定はソ連に通告された。

2．東北行営の山海関撤収と王世杰「分疆而治」論のゆくえ

　東北行営の山海関への撤収政策は，ソビエト側のある程度の譲歩を引き出す効果をもたらした。つまり，11月17日付でソ連大使館の参事（ペトロフは病気で関与せず）が照会を送り，兵員輸送に長春と瀋陽の飛行場使用を支援すること，ソ連は未だ中共軍隊を支援したことがないこと，ソ連軍は中国側の接収のため，一，二ヶ月の撤退延期が可能なことなどを声明した[32]。あきらかに，中国に対する交渉維持のための対応であった。18日，日曜日であったが蔣介石は軍関係者や張群，熊式輝，王世杰らと東北問題と対ソ政策の協議を行った。王世杰は，ソ連に接収弁法を改めて送付し，ソ連がそれに同意するならソ連軍の撤退延期を1946年1月3日とする，という提案を行い各方面の賛同を得た。ただ，軍関係者は山海関から即時錦州攻撃を実施することを主張したが，蔣介石はもう少し待って決定するよう提案した[33]。

　ところで，王世杰の日記によれば，11月22日，孫科の関係者の間で「親ソ和共」政策が議論されたという。これに対し王世杰は，現在の情勢の中では実施できないと批判を加え，中ソ関係が中共問題と区別できない以上，ソ連と公然と決裂するのを避けるとともに，中共に対しては形式的統一をさまたげない条件下に暫時「分疆而治」政策をとり，国際情勢の好転（例えば米ソ協調），あるいはその他の変化を待ってさらに中共と協調するか，または別の政策をとるべきだとした。そしてこのような見解に対する最大の阻害条件は「本党内部」にあるのではなく，ソ連の行動が日々に「高圧政策」（Power Policy）化していることにあり，中共はその鼓舞を受けてますます増長している点にあると述べていた[34]。ここには国民党内の情勢についての比較的楽観的な観察が含まれているが，同時に，対ソ認識にも一定の変化があることに留意したい。しかしながら，国民党内情勢はむしろ王世杰の予想を超えつつあったとしなければならない。

11月26日に開催された国防最高委員会常務会議第177次会議（中央執行委員会常務委員会第15次会議との臨時聯席会議）で，東北行営主任熊式輝の長春での対ソ交渉経過報告が行われたあと，外交部長王世杰が同様にソ連との東北接収交渉の困難さを説明し，次の三方針を提起した。つまり，第一にカイロ会談と中ソ友好同盟条約で承認された東北の法律上の地位及び領土主権の保全，第二にソ連は撤兵すべきこと，第三にソ連は撤兵前にあっては中国を援助する義務を負わねばならぬことの三点を堅持することで交渉してゆくものとした[35]。

ところが，王世杰の報告に対し，居正（覚生）が「不満」を表し，発言の妨害すら行った。この頃，重慶，中央の各大学や南開中学の学生がビラをまいて，王世杰らの対ソ交渉を弱腰だとし「禍国害民」だと非難していた。王世杰は日記で，これについては背後に政治的意図ありとする判断を記していたが，同時にあくまでも東北が第二の「外蒙，あるいは第二の満洲国」となりかねない条件下で対応しなければならない事態にあることを強調し，その具体的経過は情勢に直接かかわるのであまり発言していないが，対ソ交渉は厳正にすすめ，東北行営の撤回すら主張することをもって屈服しない意思を示してきたと自負しつつ，外部での流言は甘受せざるをえないとした[36]。その立場からまた，ソ連の要求している経済合作協定問題については，東北接収問題が決着していないもとではいかなる中ソ経済合作協定も結べないと主張していた[37]。これは，長春での対ソ交渉の一つであった経済協力にかかわる課題であったが，蒋介石も同日東北行営経済委員会主任委員張嘉璈（公権）と協議のうえ，そうした方針を決定していた[38]。

東北接収という中国域内問題が，国際問題化する構図のなかで，すでに11月22日蒋介石はアメリカに対し，この「東北危機」の解決にアメリカの対ソ影響力の行使を期待し，さらにアメリカ輸送艦による軍隊移送の早期実現を要望していた。ちょうどこの頃，11月26日付でアメリカ駐華大使ハーレー（Patrick J. Hurley）はトルーマン（Harry S. Truman）大統領宛に大使辞職を伝え，翌27日付でトルーマンはこれを承認した。蒋介石はすぐさま，後任としてかねてから希望していた前陸軍参謀総長マーシャル（G. C. Marshall）元帥の着任をトルーマ

ンに要求した。11月29日には特使として来華することが伝えられたが，王世杰はこれをアメリカ側の「東北危機」問題への対応として好意的にとらえた[39]。11月30日付で蔣介石はマーシャル特使歓迎電報を打った[40]。

王世杰は，12月3日開催された国防最高委員会第178次常務会議で，外交情勢を報告し次のように述べた。マーシャルを駐華特使とする件で事前にわが国の同意を求められなかったのは，「極東情勢の深刻さ」による迅速な対応といえるが，今のところマーシャル特使の来華が中米関係の発展や極東問題の解決にどのような役割を果たすかは未確定だ，と[41]。

この間張嘉璈（公権）と蔣経国は再度長春へ赴き，兵員の長春と瀋陽への空輸問題や瀋陽以南のソビエト軍撤退後の接収について対ソ交渉にあたった。12月7日，王世杰は重慶でソ連大使ペトロフに次の三点を伝えた。第一に，蔣経国が蔣介石主席の私人代表として12月25日頃モスクワへ赴く，第二に，外モンゴル軍は本年度末に内モンゴルから撤退すること，第三に，東北での撤兵延期につき月末に再度正式協定を結ぶ[42]。ここには，蔣介石の意思として，対ソ直接交渉ルートの開拓があった。それは，かつてのモスクワ留学生であった長男蔣経国を派遣し，スターリンと東北接収問題につき交渉させ，10月12日長春で東北行営を開設して以来，結局11月15日には山海関へ撤収し，さらに12月に至るも解決できないでいる状況を打開する方策として具体化したものであった。時あたかも，アメリカの対中国政策もマーシャル特使の派遣によって一つの転換がもたらされようとしていた。

王世杰は，12月13日付日記のなかで，蔣介石は夫人と北平に赴く12月11日前夜に，陳布雷に中共問題と中ソ関係についてのメモランダムを作成するよう要請していたことを記している。これは，トルーマン大統領特使マーシャルの上海到着後，ウェデマイヤーから手渡す資料としてまとめられる予定のものであったが，王世杰は陳布雷に「中ソ関係については書面で残すのは不適切だ」と伝えた[43]。

12月15日，政府は飛行機を延安に派遣して，中共政治協商会議代表，周恩来，葉剣英，呉玉章，鄧頴超，陸定一らを重慶に運んだ。この16日の夜，呉鉄城宅

で，孫科，陳布雷，邵力子らと会談し今後の対策を協議したが，王世杰はやはり，「本党が今回大決心をして妥協の試みを行う」よう主張していた[44]。12月18日，蔣介石と夫人は北平から南京に入ったが，それは1937年以来のことであった。同日，王世杰は蔣介石から南京でのマーシャル接見の準備に入るよう指示され，翌19日，重慶紅岩村の宿舎を離れ，漢口を経て南京に8年と1ヶ月ぶりにもどった[45]。12月20日，王世杰は蔣介石と中共問題およびマーシャル到着時の談話の内容につき打ち合わせを行った[46]。

　ところで，蔣介石が陳布雷に依頼したマーシャルへのメモランダムについて簡単にみておこう。それは，王世杰が一貫して主張している対中共「妥協」論の党内的位置づけにかかわる問題だからである。

　このメモランダムは「陳布雷主任呈蔣主席之中国共産党問題節略文稿」と題され，12月付となっているが，王世杰日記からみて，おそらく12月半ばには蔣介石に渡っていたであろう[47]。全体で5項目にわかれ，第一は「中国共産党の独立軍隊」がとりあげられ，政府の「軍令」を守らず「作戦を阻害」し，「政権を建て地盤に割拠」してきたと批判，何回も中共代表と「軍隊問題」の合理的解決を求めてきたが，「軍令統一と行政の保全」は実現できなかったとした。第二に「日本投降後の中共の軍事行動」では，8月11日付朱徳名義の七通の命令で中共軍隊にも日本軍の降伏受理権があることを主張したことによって，今日にいたるもなお各地で軍による接収活動を展開している。これは，重慶会談の時も実施されていた。第三に「政府と中共の協商」がとりあげられ，国民政府は中国共産党問題を「政治方式による解決」方針で臨み，重慶会談でもそれを実践したが，結局，中共の独立軍隊とその占拠地域問題で完全解決にはいたっていない。中共の要求は軍隊を24個師（少なくとも20個師），駐兵地域は隴海線以北，蘇北，皖北「解放区」と主張し，熱，察，冀，魯四省と陝甘寧辺区は中共が省主席を任命し，綏遠，山西は副主席，北平，天津，青島の3市政府に参加するとしている。これでは政府からみて，中国は「南北両国家」に分裂してしまうが，政府はなお協議の継続を許可している。その意味で，最も重要な「統一保持問題」についてはなお解決されていない。

10月10日の重慶会談紀要による成果をあげるとするなら，政府と中共は武力解決に訴えるのではなく政治的解決を図ろうとしていること，国民大会開催問題の解決のため政治協商会議を開催することに同意したこと，中共軍隊の再編問題では政府と中共と第三者の軍事小組会議で議論すること，の三点になる。とくにこの第三項目は，「統一保持問題」をめぐる対立が焦点であることを明示しており，それが王世杰のいういかなる形式による「統一」を選択するのかという課題として認識されていた。王世杰は，米ソ対立の激化という国際的条件のもとでは「仮の統一形式」すら認めざるをえないとする「分疆而治」論の立場をとっていたことになる。この点が，国民党内のある部分からの批判として政治問題化する。第四項目は「毛沢東の帰延後の政府の努力」で，政府代表は，10月20日以降中共代表と交渉を重ねたが，二ヶ月の努力は徒労に帰し，この間に中共軍隊は各地で勢力を拡大した。またようやく，12月半ば政治協商会議への参加のために代表団が重慶に到着した。そして第五項目「中共の企図」でこう述べている。「政府がいかに譲歩しようとも，円満な結果を達成できない」。つまり，中共は「武力による占拠」方針を放棄しておらず，とくに「東北を中国革命の根拠地とする」ために東北に勢力を集中しようとしている。「中共は決して軍隊を縮小せず，その独立した軍事力，政治権力を放棄しようとしてはいない。そして，通常の合法政党に並ぼうとしている。しかし，政府はなお政治解決の方針で最後の努力をしようと決意している」。

　このような陳布雷のメモランダムは，中共問題が国内政治をめぐる中央権力と「地方権力」問題ではなく，独立割拠の問題なのだととらえつつ，これに対する政府側の方針はなお「政治解決」にあると強調した。そのかぎりで，マーシャルへの中共問題に関する提言としては一つの方向性をもった，つまりアメリカの軍事的援助を獲得したいとする願望をも含意するものであったといえよう。したがって，王世杰のような「分疆而治」論の立場が国民党内でどのような影響力をもつことになるのか，これは当時の国際情勢と密接にかかわる問題として再把握する必要がある。

　ここに，45年12月15日付，トルーマンの対中国政策の表明の意味がある。

3．国際情勢の転換と政治協商会議，および国民党内矛盾の激化

　王世杰は，外交部長として米ソ対立の激化を前提とした国際的枠組みの中に東北接収問題を考えざるをえない立場に置かれ，かつ国内政治としての武装政党中共問題がそれと結びつく事態への対応を準備する必要があった。

　それはまず，マーシャル特使を通じたアメリカの対華政策のある種の転換のなかに，中共問題の政治的解決の可能性を見出すことであり，このことは王世杰にとってはむしろ従来からの主張としての「分疆而治」政策を補強するものとして意識された。

　12月21日の夜，南京の中央軍校旧邸でマーシャルは，蔣介石にこう述べていた。トルーマンは中国に戦後復興のあらゆる援助を与えることを希望しているが，それには必ずアメリカ世論の賛成という条件が必須である，と[48]。このアメリカの条件を大前提として，12月15日付トルーマンの対華政策声明を読みなおすと，アメリカおよび連合国はいずれも中国が平和的協商の方法で「内部の争い」を調整することを望むとする主張が，まさに中国国内政治の安定を期待するものであったことが明瞭となる。つまり，声明にあるように，第一に，国民政府，中国共産党，およびその他の政治的見解の異なる軍隊は敵対行動を停止し，全中国に有効なコントロールを回復させ，日本軍隊の早期撤退を実現させるべきであり，第二に，全国の主要な政党の代表会議を開催し，早期に内争を解決し中国の統一を実現すべきだとする。さらに，アメリカは中国国民政府は「一党政府」（一党訓政）であることを認識しているが，その政府の基盤を拡大するためにその他の主要な政治分子を含めた全国的会議で協議のうえ，かれらが国民政府内で公平かつ有効な代表権を得られるようにすべきだと強調した。そうした広範な代議制の樹立によって「自治的軍隊」である中共軍などは国軍に再編すべきである[49]。

　このような声明は蔣介石に二つの面で大きな衝撃を与えたようである。一つは，中共問題の解決をぬきに中国のアメリカの支援はありえないと判断せざる

をえなかったこと，二つは，そのアメリカの支援もアメリカ国内政治の動向に規定され，とくに「内戦」への不介入という原則がどのように作用するのかなお不分明であったことである。しかし，トルーマン声明は全体として，国内政治の一定の「改革」があれば引き続き中国への支援は可能であるとする判断を導くものとして認識されていた。王世杰は，12月下旬にかけて精力的に中共問題の対応にあたった。12月27日，周恩来らと軍事停戦につき協議したが，中共側は最近軍事的に劣勢なためいささか態度を変えつつあるようであった。王世杰と張群は，蔣介石に軍事停戦と交通機関の回復協議につき同意を与えるよう主張することとした[50]。29日の外交部の招宴では，マーシャルとともに，政府人員や，社会方面の人士，例えば周恩来や政治協商会議のメンバーも招待された[51]。国民党内の王世杰グループにとっては，こうした中共問題の政治的解決という回路を採らざるをえない事態の出現は，アメリカ政府のマーシャル特使派遣による圧力の結果だと感じられていた。これが翌年にかけて党内の政治的矛盾として爆発する伏線となった。

　12月30日夜，王世杰はマーシャルと中共問題につき協議した。マーシャルはそこで国共停戦法案の検討に参加する意思を表明するとともに，国民政府が「三人小組」（国共各一人とアメリカ側一人）による停戦と交通回復交渉と日本軍降伏受理にかかわる協議案を提起することを希望するとした。これに対し王世杰は，もし中共側がソ連側の参加を提議すれば政府の対応は困難になると述べた[52]。これより先，12月27日，11月17日以来中断していた国共談判が再開され，周恩来代表は内戦の無条件全面停戦を提起した[53]。12月31日，王世杰は27日付中共側提案に対し軍事衝突停止法案を回答した[54]。この日，蔣介石は，1月10日に政治協商会議の開催を決定した。

　1946年1月1日，王世杰は外交部で，昨年は「勝利の年」であったが今年は「平和の年」とすべきことを訴えた。また，マーシャルからの中共側の動きについての問い合わせに対し，中共はマーシャルの参加（三人小組のメンバーになること）には反対しないであろう，なぜなら，中共側は現在軍事的に挫折し，国軍側は熱河に前進中であるためかれらも「停戦」が必要となっているからだ，

と答えた[55]。

　1月3日，中共側は国民政府側の停戦案に原則的に同意を与えたが，王世杰はこの日の日記にもこう記した。政府の中共問題対策では「初歩的な政治解決」を求めるべきで軍事衝突の停止が最も妥当である。国軍は現在優勢にありやがて承徳（熱河）を占領できるだろうが，「国際情勢は武力解決を許さない」事態にある[56]。このような国際情勢の判断を基準にして，中共問題の政治的解決の方向性は，国民政府としての政治協商会議開催へと収斂するにいたる。

　1月5日午後，マーシャルは国共停戦協議草案につき蒋介石と会談したが，蒋介石はそれについてかなり躊躇していた。在席していた王世杰はこう述べた。「アメリカの政策は，わが政府の東北における地位を強化するものであり，停戦協議成立後はアメリカ政府はわが軍隊の輸送を援助しうるし，あるいは復興借款を供与するのも比較的自由になるだろう。日本軍俘虜の帰還やその降伏受理作業の実施も，停戦と交通の回復によって完了できるだろう」，だからこそ，「わが方は断固としてアメリカの提案（修正を加え）を受諾すべきである。そうして政府の国際的的地位と自らの力を強化する」と。このように国民政府としての国共停戦協議への立場を主張したうえで，中共側について，停戦になれば若干の地方での国軍による圧迫を解除しうると考えているからこそ停戦を希望しているのだと述べ，「利害を量れば，わが方も停戦の議を受け入れるべきだ」と結論した。そして午後7時，王世杰は邵力子，張群とともに，周恩来，董必武，王若飛，葉剣英と会談し，軍事衝突の停止と交通回復の原則について合意した[57]。

　この「国内軍事衝突停止に関する協議」は，第一に「国内各地のあらゆる軍事衝突を停止する」こと，第二に停戦・交通回復・降伏受理・俘虜帰還の四件につき「政府と中共各派の代表一人がマーシャル将軍とすみやかに方案を検討し，政府に実施させる」こと，第三に，「公正な人士で軍事考察団を組織し国共双方とともに軍事状況と交通状態を考察する」ことの三点が主な内容であった。さらに，周恩来がマーシャルと会談した時，周恩来は東北問題の特殊性を認めたうえで，それは政府による東北の主権の接収にかかわり，同時に中国側

第2章　東北接収をめぐる国際情勢と中国政治　71

の海路による東北への兵員輸送にアメリカが協力する問題でもあり，また，中ソ条約にもとづく東北接収であるから，この件は国民政府が直接アメリカ・ソ連と交渉し，中共はそれに関与しない立場にあることを主張した。これに対しマーシャルは東北への兵員輸送についてこの「停戦命令や声明」では言及せず「会議記録」として残すことを主張した[58]。

王世杰は，停戦命令の内容についてなお検討を加える必要があると考えていたが，停戦命令の争点は熱河にあり，国軍が赤峰や多倫を占領するのも時間の問題なため，中共側もこれに対応すべく停戦に傾いているのだ，という判断を下していた。蔣介石は王世杰を通じてマーシャルに，熱河の重要性は「満洲と同等であるとみなすべきだ」という意見を伝えさせていた[59]。1月7日，蔣介石は張群から停戦命令問題について，中共側が赤峰，多倫の「戦略要地」を国軍に接収させることを拒否しているため進展していない，との報告を受けた[60]。

1月9日午後，王世杰は張群とともに蔣介石官邸で停戦命令について協議した。王世杰は，蔣介石がマーシャルに譲歩して寛大さを示すことによって，中共のマーシャルへの信任を強める必要があると主張した。夜，張群と周恩来は互いに譲らずという状況にあった[61]。停戦命令を出せるかどうかという切迫した事態を迎えていた。この日，蔣介石は，マーシャルと面談し，マーシャルの赤峰と多倫の放棄要請に対し，今後マーシャルが熱河と察哈爾二省の全面的解決に責任を負うことを条件に停戦令を承認するにいたった[62]。

1月10日，早朝7時，張群からの電話で王世杰は，9日深夜に蔣介石がマーシャルの要請で停戦命令を受諾したことを知った。8時から中共との停戦協定に入り，赤峰と多倫への進軍問題は継続とすることとなった[63]。そして，同じ日，政治協商会議が開催された。また，ロンドンでの国際連合第1回総会で，中国は常任理事国となった。

1月10日以降の政治協商会議そのものの経過については，別稿ですでに言及するところがあったので[64]，ここでは，政治協商会議の時期を含めて国民党内の動向を，王世杰との関係で言及し，党内矛盾の所在を明らかにすることに

よって，1946年半ば以降の全国的内戦への移行過程の萌芽が実は東北接収問題として伏在していたことを指摘しておきたい。

政治協商会議は1月31日終了したが，国民党内にはとくに，五五憲法草案の修正に反対する勢力があり，例えば，傅斯年は，王世杰の政治協商会議からの退出と外交部長の辞任を要求した[65]。2月4日の中央党部での中央委員会談話会でも，「党中の某系統」の人々は「政治協商会議の結果に反対し，大いに憲法草案を攻撃」した[66]。「党中の某系統」というのは，いわゆる「CC派」であり，CC派からみれば新政学系といわれるグループは「官僚政客」として批判されていた。王世杰も「官僚政客」の一員とみられていた。

3月1日，国民党第六期中央執行委員会第二次全体会議（二中全会）が開催され，「政治協商会議報告に関する決議案」が採択され，1月の政治協商会議の諸決議は否定された。また，国防最高委員会を廃止し，中央政治委員会を復活させることとし，会議は17日に終了した。3月4日，この二中全会で経済部長翁文灝と財政部長俞鴻鈞の報告に対し，一部の人士の激しい攻撃があり，CC系の蕭錚は「罷免」を要求したという[67]。翌5日午後，王世杰は外交報告を行い，東北問題が早急に解決されねばならぬことを訴え，国家利益の保護と中ソ親善を維持することの重要性を強調した。これに対し，鄒魯（海濱），白崇禧，王正廷，齊世英，張道藩，黄宇人，任卓宣（葉青），胡秋原，胡建中らが激しい口調で攻撃を加え，王世杰の「軟弱外交」を指弾した。そして東北問題を国際会議にかけることを主張し，蕭錚はまた外交部長の罷免を叫んだ[68]。

これより先，2月11日に，一年前のヤルタ密約が公表され，中国世論は国民党内のCC派による「反ソ運動」の水路へと導かれていた。王世杰はこのような「反ソ運動」が中ソ交渉の情勢に悪影響を及ぼしかねないことを憂慮し，蒋介石に「適当な態度表明」を要請していた[69]。この時，王世杰はやはり，対ソ政策には変更はなく，断固としてかつ忍耐をもって中ソの決裂を避けるという立場を主張していた。さらに，王世杰は駐ソ大使傅秉常の見解を引いて，スターリンは今後10年ないし20年は「英米は決してソ連と戦争しえない」と述べており，英米の中ソへの干渉も意味なきものとなるだろう，というものであっ

たとして，自己の見解の正当性を強調した[70]。蔣介石はこれを受けて，2月25日の国民政府国父紀念週間の会議で，王世杰の日記によれば「中ソの友誼は必ず重んじ，かつ発展させるべきで，一時的な事柄でわれわれの確信を動揺させてはならない」と述べた[71]。

そして，3月上旬の二中全会でのCC派系列からの攻撃に対しても，蔣介石は3月11日の「二中全会紀念週間」のなかで「彼らの党徳の欠如」を指摘し，その過ちを改めるよう述べたが，効果はなかったという[72]。王世杰からみれば，CC派系列は「幼稚かつ利己的分子」（幼稚自私分子）であり，その指導者は陳立夫で，かれらこそが「組織」を有して反対運動を行っていると判断せざるをえないものであった[73]。3月15日には，二中全会で翁文灝らがまた罷免要求され，外では熊式輝の罷免請願がなされていた[74]。3月16日の二中全会における「外交報告に対する決議案」では対ソ政策の「平和共存」と「中ソ友好同盟条約の遵守」「ソビエト軍の即時撤退」が明記されたが，蔣介石は東北問題では「平和的方法以外で解決しえぬこと」を力説し，二中全会が蔣介石個人を信任するよう要求し，起立で表決するという事態となった[75]。3月17日の二中全会閉幕に当たり，中央執行委員，監察委員会常務委員の選出が報告された。無記名投票によったが，やはり「党中のいわゆるCC派に追随する者」が当選するという状況で，党内外の「失望を免れず」であった[76]。ちなみに，常務委員36人のなかには，陳果夫，陳立夫，白崇禧，鄒魯，張道藩，蕭錚らが含まれていた[77]。その翌日，3月18日，錦州の熊式輝から15日付で伝えられた「ソ連撤退」情報に対し，蔣介石は早急に対応することを指示し，さらに19日には王世杰に対し，事前通知なきままに撤退したソ連に抗議声明を出すよう指示した[78]。その限りで，ソ連軍の撤退は国軍側にとっては不意のこととして受け止められ，撤退後の接収に対応できぬ事態を生じたといえよう。蔣介石にしてみれば，まさにその間隙を中共軍が利用しうるものとしてとらえざるをえないものであった。ましてや，マーシャル特使の来華以来，中共問題で「譲歩」を迫られてきたと認識していた蔣介石にとって，マーシャルが「すでに完全に『共党』の宣伝に惑わされてしまっている」状態のなかで，どのような対

策があるのか，ここに，二中全会の反ソ運動や政治協商会議否定への動機が蓄積されていたといえよう[79]。

ソ連軍の東北撤退こそ，東北地域における国民政府軍と中共軍の矛盾が一挙に顕在化する条件であった。ソ連側は，国民党二中全会の閉幕にあわせてその決断を行なった。周恩来が1946年12月18日の延安での幹部会議で報告したように，「東北では3，4，5月に大衝突となり，瀋陽から長春まで交戦状態となり，停戦や政治協商会議はすべて破壊された」と[80]。6月に入りこの「東北戦争」は休戦となったが，それは長春を占領した国軍の戦線が伸びきったからにほかならない。そして逆に，「東北休戦」を前提に「関内」での内戦勃発へと移行するにいたる。5月23日，蔣介石は宋美齢とともに瀋陽に赴き，東北九省への支配が回復したことを全国に示した。もちろん，この段階にあって中共軍はなお哈爾濱をはじめいわゆる「北満」にその力を温存し，むしろ広大な農村地域での根拠地建設に重点を置く方針をとりはじめていた[81]。

このように，1946年3月から6月にかけてすでに東北地域では事実上の「内戦」に入り，戦線は膠着状態を呈していたが，国民政府は軍事的に優位に立ったものと判断し，「東北休戦」へと傾いていた。ここに第一に，中国東北地域での国際的条件の規定性があり，とくにマーシャルよる対ソ・対中共政策の一定の役割が作用していた。と同時に，中国政治情勢は外見上，国民政府による東北の軍事的制圧と中共側勢力の後退という事態を迎えたかにみえたが，蔣介石の直系部隊の進駐は，関内における対中共戦略に一つの制約条件となっていた。ここに第二に，もし王世杰のいう「分疆而治」政策がとられていたら，戦後中国政治の配置は異なる局面を生み出していたかもしれない，という歴史上の仮定が存在する。しかも，戦後東北地域社会をどのように統治するのかをめぐって，中国政治はもう一つの未発の可能性を蔵していたのである。それが東北地域社会に底流していたナショナリズムであったとしたら，西安事変以来監禁されていた張学良の政治的復活こそ，国民政府にとっての政治的選択でありえたはずであった。しかし現実はまさに蔣介石自身の手による国家的統一を最優先する戦略的判断，つまり，国際的条件の錯綜するもとで旧来の東北地域政

治勢力を排除するかたちで東北確保に全力をあげたのである。しかし，その後国民党・国民政府・軍の東北地域社会からの政治的遊離という現実によってその戦略は失敗に終わるにいたる。1946年3月の国民党内政治矛盾の激化はこのような歴史的意味を内在していたといえよう。と同時に東北接収問題はポツダム的政治空間のその後の「冷戦」「熱戦」の東アジアにおける一つの起源でもあったと位置づけられよう。

1) 拙稿「『熊式輝日記』からみた1945年国民政府東北接収の挫折―『東北行営』と『中ソ友好同盟条約』の矛盾」(『EX ORIENTE』vol. 5, 2001年9月）において，国民政府の東北接収政策の現地責任者であった熊式輝の残した日記にもとづき，1945年8月末から同年12月頃までの東北地域問題をめぐる，国民政府，国民党，中国共産党，アメリカ，ソ連のいわゆる「三国四方関係」を再構成し，1945年末頃までの国民政府による東北接収の挫折過程を分析した。そこでの議論は，主として東北行営という現地での責任者としての熊式輝にもとづいたため，国民党政府レベルの政策決定過程は相対的に後景に退かざるをえなかった。ここでは，全く同時期，国民政府外交部長職にあった王世杰の残した日記にもとづき，熊式輝とは異なる立場と観点から東北接収にかかわった過程を復元したい。もちろん，王世杰も熊式輝も，国民党内のCC派系である陳立夫からみれば「官僚政客」グループとしての新政学系ということになるが，そのグループ内であっても政治的位置の違いから生じる国際情勢認識や，それと密接に関連した国内政治判断に，王世杰的特徴を見出すことができる。
2) 『王世杰日記』第5冊，9月4日～10月2日。168-188頁。以下，月日のみ記入は『王世杰日記』による。
3) 9月15日，175頁。
4) 9月18日，177頁。ただし顧維鈞の回想録では，980人とある。
5) 『顧維鈞回憶録』第5分冊，584頁。
6) 9月21日，178-179頁。
7) 10月2日，186-188頁。
8) 『顧維鈞回憶録』第5分冊，602頁。
9) 10月3日～9日，188-190頁。
10) 10月9日，190-191頁。
11) 10月10日，191-192頁，『毛沢東年譜』下巻，10月10日，32頁，『総統蔣公大事長編初稿』第5巻，下冊，10月11日，848頁。なお『総統蔣公大事長編初稿』は以下『初稿』と称する。

12) 10月11日，192頁。
13) 10月12日，193頁。
14) 前掲註1），拙稿「『熊式輝日記』からみた1945年国民政府東北接収の挫折─『東北行営』と『中ソ友好同盟条約』の矛盾」。
15) 『初稿』巻5，下冊，10月18日，851頁。
16) 10月19日，196-197頁。
17) 『初稿』巻5，下冊，10月20日，853-854頁。
18) 『初稿』巻5，下冊，10月23日，856頁。
19) 『周恩来年譜』10月20日〜23日，624-625頁。
20) 『初稿』巻5，下冊，10月25日，858頁，10月25日，200-201頁。
21) 10月29日，202-203頁。
22) 10月31日，203-204頁。
23) 11月1日，205頁。なお，『周恩来年譜』11月1日の条に，国共談判の記述はない。その理由は不明。
24) 11月2日，206-207頁。
25) 『初稿』巻5，下冊，11月7日，877-878頁，同書11月8日，878頁。
26) 11月3日，207頁。
27) 11月6日，208-209頁。
28) 11月8日，209-211頁。
29) 『初稿』巻5，下冊，11月8日，878頁。
30) 11月9日，211-212頁。
31) 11月14日，215頁。
32) 11月17日，216頁。
33) 11月18日，216-217頁。
34) 11月23日，218-219頁。
35) 『国防最高委員会常務会議記録』第七冊，中国国民党中央委員会党史委員会影印発行，1996年，682-683頁。
36) 11月27日，220-222頁。
37) 11月28日，222頁。
38) 『初稿』巻5，下冊，11月28日，895頁。
39) 11月29日，222頁。
40) 『中華民国重要史料初編』第七編，戦後中国（三），45-46頁。
41) 『国防最高委員会常務会議記録』第七冊，693頁。
42) 12月7日，227頁。
43) 12月13日，203頁。
44) 12月16日，230-231頁。

45) 12月19日，232頁。
46) 12月20日，232-233頁。
47) 『中華民国重要史料初編』第七編，戦後中国（三），286-289頁。
48) 12月21日，233頁。
49) ここでは，『中華民国重要史料初編』第七編，戦後中国（三），48-50頁による。
50) 12月28日，236頁。
51) 12月29日，236-237頁。
52) 12月30日，237-238頁。
53) 『周恩来年譜』1945年12月27日，632-633頁。
54) 12月31日，238頁。『周恩来年譜』12月31日，633頁。
55) 1月1日，239頁。
56) 1月3日，240-241頁。
57) 1月5日，242-244頁。
58) 中共中央文献研究室・中共南京市委員会編『周恩来一九四六年談判文選』中央文献出版社，1996年，「停戦弁法中応刪去渉及東北的文句（1946年1月5日）」33-34頁。『周恩来年譜』1946年1月5日，635頁。
59) 1月6日，244-245頁。
60) 『初稿』巻6，上冊，1946年1月7日，6頁。
61) 1月9日，246-247頁。
62) 『初稿』巻6，上冊，1月9日，8頁。
63) 1月10日，247頁。
64) 拙著『中国ナショナリズムと民主主義』研文出版，1991年，第四章参照。
65) 2月1日，263頁。
66) 2月4日，263頁。
67) 3月4日，280頁。
68) 3月5日，281頁。
69) 2月24日，274-275頁。
70) 2月24日，275頁。
71) 2月25日，275-276頁。『初稿』巻6，上冊，2月25日，55-56頁。
72) 3月11日，284-285頁。
73) 3月13日，285-286頁。
74) 3月15日，286頁。
75) 3月16日，287頁。
76) 3月17日，287頁。
77) 『中国国民党歴次代表大会及中央全会資料』光明日報出版社，1985年，下冊，1057頁。

78) 『初稿』巻6，下冊，3月18日，76頁，3月19日，78頁。
79) 『初稿』巻6，上冊，2月25日，58頁。
80) 『周恩来一九四六年談判文選』「一年来的談判及前途」1946年12月18日，708頁。
81) さしあたり，拙著『中国近代東北地域史研究』法律文化社，1993年，第五章「東北基層政権の形成と土地革命」を参照されたい，とくに307-313頁。なお，国民党側の接収過程の事例研究として，拙稿「1945年国民党による黒龍江接収計画」『アジア太平洋論叢』第10号，2000年3月，がある。

(西村成雄)

第3章　戦後国民政府の対ソ認識
——北塔山事件への対処を通して——

は じ め に

　北塔山はアルタイ山脈の支脈を形成する小連山であり，現在は中国とモンゴルの国境の一部をなしている。ウルムチの東北200キロに位置し，その西南麓はアルタイ地区に通ずる要衝である。1947年夏にここで起こったモンゴル軍と中国軍との武力衝突＝北塔山事件は，モンゴルをめぐる外交関係において重要な位置を占めるだけでなく，中ソ関係にも暗い影を投げかけ，当時は内外の注目を集めた。それは新疆問題ひいては内戦全体にも大きな影響を及ぼしたと思われる。しかしこの事件に関する研究は極めて少なく，その影響も十分には明かにされていない。

　ところで，事件の原因について，当時新疆警備総司令として事件に関わった宋希濂は回想録の中で，①中蒙間の単なる国境紛争，②ソ連の新疆支配の陰謀，③モンゴルがソ連の支援の下で，三区側と呼応しオスマンの勢力を消滅しようとしたもの，④アメリカの外交官マックナンによる陰謀，の四説を挙げている。このうち，④は事実無根として退けながら，「この問題は現在なお如何なる結論も出せないし，外モンゴルの軍隊が当時北塔山の駐屯軍を侵攻した真実の動機を徹底的に明らかにすることもできない」と言っている[1]。現在の中国においては，外交史に関する辞書では①の見解がとられ，しかもモンゴル側の侵攻だとしている[2]。また新疆現代史にかかわる文献の関連部分では，同様な立場をとりながら，オスマン問題にも言及し，国民党が反ソ・反共・反三区革命に

利用したと強調している[3]。しかし、ソ連・外モンゴル双方の史料を欠くため、事件の真の背景が依然として不明である以上、そのような捉え方には、なお相当の検討の余地があると思われる[4]。本稿は、事件に対する国民政府の対処過程を明らかにすることを通して、当時の国民政府の対ソ認識を示すと同時に、それが新疆情勢や内戦期全体に与えた影響を考察してみたい。

1. 事件の勃発とその背景

(1) 事件の勃発

北塔山事件は、勃発してから6日後の6月11日に中国各紙で初めて公表された。当日の『中央日報』[5]第二面のトップ記事を引用する。

「(中央社・迪化・9日電)この間、軍事当局がアルタイ区専員オスマンと北塔山駐屯軍から受け取った報告によれば、今月5日正午、外モンゴルの騎兵の一大隊が多くの軍用車を配し、軽重の武器を携帯して、我が北塔山の駐屯軍を攻撃し、またその時ソ連のマークがついた飛行機四機が空から掩護し、爆弾投下や機銃掃射をして、我が軍民に多くの死傷者を出した。現在外モンゴルの騎兵隊は、すでに国境から600華里〔約300キロ〕まで入ってきており、我が軍は奮闘してその前進を阻止しようとしている。調べによると、北塔山は新疆の奇台の東北350華里〔約175キロ〕余りの所に位置している。オスマン専員はもともと承化に駐屯していたが、今年の2月から何回も某方面からの武力による圧迫を受け、ずるずると撤退して、4月中旬に北塔山に至ったものである。

(中央社・迪化・10日電)北塔山の戦いはまだ継続進行中で、ソ連のマークがついた飛行機が、まだ絶えず我々の陣地を爆撃している」。

事件の直接的な発端は、オスマンの軍が5月12日に8名のモンゴル兵を捕らえ、これに対して、モンゴル側が6月2日に48時間以内に彼らを釈放し、部隊を撤退させるよう、最後通牒を出したことにある[6]。これが宋希濂に届けられ、彼が捕虜を釈放し交渉するよう命令した時は、すでに48時間が経ち、5日の攻

撃が始まっていた[7]。

　国民政府系の軍とモンゴル軍との局地的な小規模な衝突は，48年までも続いた。この事件では，「モンゴル軍の侵攻」自体よりも，むしろ「ソ連のマークがついた飛行機」が空爆を行なったことが注目され，大きな国際問題へ発展していった。まず，事件の背景についてみよう。

(2) 事件の背景
①中蒙国境問題
　事件の背景には，まず中国とモンゴルとの国境がはっきりしていなかったことがある。中ソ友好同盟条約を締結する過程で，外モンゴルの独立を承認する際，当然国境線の線引きの問題が出たが，以下のように，国民政府は国境線問題を曖昧にしたままモンゴルの独立を承認することになった。
　1945年8月10日の会談で，国境問題に関して，中国側が地図を提出したが，ソ連側はそれを受け入れるのを拒否しただけでなく，「交換公文において，国境に関する如何なる声明を出すことも願わなかった」[8]。報告を受けた蒋介石は，なお独立を承認する前に国境をはっきりさせるよう指示した[9]が，交渉にあたった行政院長の宋子文と外交部長の王世杰は，次のように答えている。「外モンゴルの境界の問題は，確実に閣下のご指示通りに行なうことはできません。その原因は非常に多いのですが，ソ連側が故意に将来紛糾を引き起こすための足場を残そうとしているというのではないようです」[10]。では，何故国境を明確にできないのか？　王世杰はスターリンの言葉として，次のように報告している。「25年来，外モンゴルの国境では，全く紛争はなかった。今もし〔国境問題を〕提出すれば，いたずらに外モンゴル人の種々の要求を引き起こすことになり，もし我々が先に国境を定めた後に独立を承認するよう要求すれば，故意に〔独立を〕引き延ばすことになり，ソ連側は決して同意はできない」と。そこで，王らはすぐにモンゴルが重慶に人を派遣して国境を画定するよう要求したが，スターリンによって拒否された。また，ソ連側は自分たちのモンゴルの地図を提出しなかった。その理由を，王は次の二点に求めている。第一

に，その地図には新疆の領土の一部が含まれているので，中国側が受け入れないであろうとソ連側が予測したこと。第二には，本来外モンゴルに属するタンヌ・ウリャンハイなどの地方を，ソ連が一属国としていること。要するに，話をまとめるには都合が悪いと判断したため，と捉えているのである。このように観察しながら，王は「密かにソ連側を観察すると，故意に我々を困らせようとしているのではないようで，今回の条約締結によって，中ソ関係を改善したいとの願いは相当に誠実なようです」と報告している。そして，条約を締結することの意義を説き，国境問題については，「外モンゴルの国境を，現在の国境を限度とするという字句を交換公文の中に入れるよう要求する」ことを提案した。そうすれば，「条約文において，民国8年以前に外モンゴルに属していた旧領土を外モンゴルの領土とすることは，もとより我々は承認していないことが明白になる」[11]とした。そして外モンゴルの独立を承認した後に，「中蒙合同委員会が，『現在の境界線』を具体的に画定する」ことを逆提案した。ソ連側はこれを受け入れ，条約における外モンゴルに関する最終的合意が成立したのである[12]。

こうして，国境線問題は外モンゴルの独立承認後に持ち越された。ここでは，当時の国民政府要人たちがソ連側に悪意があるとは考えていなかったことが注目される。彼らは理由は寧ろ外モンゴル側にあると考えたのである。その点について，香島明雄氏は，中国が同意しなければ，「内モンゴルの同胞たちは，外モンゴルと携えて大モンゴル共和国を樹立するであろう」と，スターリンが恫喝したとしている[13]。独立を承認する前に国境線の問題を出せば，大モンゴル主義をいたずらにあおることになり，内モンゴルにまで波及しかねないというのである。

翌46年1月5日，国民政府は外モンゴルの独立を正式に承認した。しかし，すぐには外交関係が樹立されず[14]，中蒙合同委員会による「現在の境界線の画定」も行なわれなかったようである。但し国民政府の側は，内政部を中心に国境に関する調査研究を進めており[15]，46年末には「辺情調査組」の派遣を蔣介石に要請している[16]。

いずれにせよ，北塔山事件が勃発した頃，両国が合意した明確な国境線はなかった。その結果，北塔山事件に際して，中国側は1940年に内政部が作成した地図に基づいてモンゴル軍が200キロ侵入したとするのに対して，モンゴル側はソ連が同じ1940年に作成した地図に基づいて，中国側が15キロ侵入したと主張したのである。

② 新疆情勢

次に，現地新疆の情勢に簡単に触れておかねばならない。新疆の北部，天山山脈以北の北疆に属するイリ・タルバガタイ・アルタイの三地域では，抗日戦争末期に起こった「三区革命」によって，「東トルキスタン共和国」臨時政府が樹立されていた。戦後，ソ連の仲介によって国民政府との間で妥協が成立し，46年1月に「クルジャ事変和平協定」が調印され，7月1日には国民政府と三区側による新疆省連立政権が樹立され，国民政府西北行轅主任の張治中が主席に就任した。しかし，民族軍の承認問題などのため協定はなかなか実施されず，三区側の指導者も参加した年末の憲法制定国民大会で採択された憲法でも，自治権に関して明確に規定されなかった。また新疆内部では，ウイグル族とカザフ族の一部や回族が対立し，47年2月に迪化（ウルムチ）で流血事件が起こるなど，連立政権は動揺しつづけた。そして，北塔山事件直前の5月28日に張が主席を退いて，「強烈なパン・トルコ主義者で国民党中央派として名高い」マスウードを主席に就任させたことが三区側の反発を招き，国民政府との対立が一層激しくなったのである[17]。

③ オスマン問題

新疆情勢を複雑にしている今一つの要素は，オスマンとカザフ族内部の親ソ派グループ，及びこのグループに近いイリ側との対立が決定的になったことである[18]。もともとオスマンはアルタイ地区で多数を占めるカザフ族の有力なリーダーで，盛世才政権時代から反政府運動を展開していた。彼はモンゴルとの境界地域を根拠地として戦い，「モンゴルはオスマンの部隊に避難地と訓練基地を提供し，またその治下にいるカザフ人遊牧民には牧場も提供していた」という[19]。三区革命の時には，「アルタイ民族革命臨時政府」を樹立して，主

席に就任し（44年10月），その後，ウイグル族主体のイリ勢力が中心となった「東トルキスタン共和国」に合流した。このように，オスマンはもともとは「親ソ」的人物とされており，その民族主義的行動から「オスマン・バートル（英雄）」と呼ばれていた。しかし，「東トルキスタン共和国」に合流した後には，その中心となったイリ勢力とはそりが合わず，独自の行動をとっていたようである[20]。

連立政権が樹立された時に，彼は省政府委員兼アルタイ区専員（区長）に就任した。その頃，盛世才時代の協定に基づいて，ソ連の採掘隊がオスマンの根拠地でタングステンを採掘し始めた。オスマンは彼らを武力で駆逐するよう強硬に主張し，カザフ族内で，アルタイ区副専員であるデレリハンを中心とする親ソ・グループとの間で溝が生じた。そして連立政権が成立してまもなく，張治中へ二度使者を送って，国民政府軍をアルタイに派遣するよう要請したが，これが先述の対立を引き起こしたのである。

オスマンが使者を派遣したことによって，国民政府の新疆への認識と対応は変化した。三区側を一枚岩であるとみなしていた従来の認識を改め，その内部に対立があり，利用すべき国民政府寄りの勢力が出現していると判断するようになったのである。彼らはオスマンを援助することにより，事実上の分裂策動を進めようとした。以後国民政府は，独自の軍の承認などを求める三区（中心はイリ）側と連立政権を維持しながら，他方でオスマンら現地の親国民党勢力を支援するという，綱渡りをすることになった。47年2月の迪化事件も，そうした民族分断策の中で起こったものである。新疆省連立政権主席にウイグル族の国民党員マスウードを主席に据えたのも，同様の分断策と見なすべきかもしれない。ともあれ，オスマンと三区側の他のリーダーたちの対立が激しくなり，ウルムチ事件と同じ2月に，三区側はアルタイ区専員をオスマンからデレリハンに替えるとともに，オスマン討伐軍を派遣した。このため，オスマンは承化から追い出され，次第にアルタイ区に接する北塔山の西端に至り（4月16日），そこでモンゴルの国境守備軍と何回も紛争を起こすことになったのである[21]。オスマンは，張治中に，政府軍と爆撃機を派遣するよう要請した。5月14日の

張治中の蔣介石宛電報では，オスマンの部隊を国軍と見なして物資や武器を援助しているという報告の他，オスマンの部隊を中心にカザフ族の騎兵隊を編成したいという考えを示して，指示を要請している。事件勃発の前日，6月4日，国防部参謀総長の陳誠はこれに同意する旨の電報を蔣介石に打った[22]。こうしてオスマンの部隊は国民政府軍に吸収再編されたのである。

2．国民政府の対応

(1) 第一次抗議書の提出までの過程

事件発生後，迪化にいた西北行轅主任の張治中と新疆警備総司令の宋希濂が，現地駐屯軍からの情報を蔣介石に報告し，対策を求めてきた。

張治中は6月7日の電報[23]で，事件の原因を「明らかに我が軍がオスマンの残存部隊を掩護して北塔山で整頓し収容したことが，アルタイの反動勢力に脅威を感じさせたからである」とし，外交部を通してモンゴルに抗議するよう求めた。ここでいう「アルタイの反動勢力」とは，デレリハンらカザフ族内部の反オスマン勢力を指していると思われるが，彼らと事件の当事者であるモンゴル軍との関係は示してない。論理的には，「アルタイの反動勢力」がモンゴル軍を動かしたということであろう。但し，注目されるのは，「ソ連の飛行機」が加わっている事実を知りながら，抗議の対象をモンゴルに限っていることである。後にみるように背後にソ連の意志があることを感じながらも，ソ連に対して極めて慎重であることが窺える。新疆の問題を解決するために，ソ連を必要以上に刺激したくなかったからである。これに対して，翌8日の宋希濂からの報告[24]では，「ソ連側にオスマン軍が我々に忠誠を示したことへの不満があるため」だとし，明確にソ連の意志によるものだとしている。両者のこうした違いは，後にみるように，「三区＝ソ連」側の意図に対する見方の違いを反映していた。同日，南京の中央通迅社は内部向けの『参考消息』において，軍側の情報として事件を報道した[25]。

蔣介石は，張治中の電報の写しを直ちに外交部長王世杰に送り，処理するよ

う指示した。しかし，何故か王世杰は8日の『参考消息』の報道によって初めて事件を知り，驚いて，張治中と外交部の迪化特派員劉沢栄に事情を確認する緊急電報を打ち，蔣介石と国防部にも問い合わせた。蔣介石から電報をみせられ，また9日になって張治中から初めての親展の電報も届いた[26]。王世杰は同日の日記において，次のように記している。「一年来，新疆を取りしきってきた張文伯〔治中〕はソ連にひたすら迎合するばかりで，軍事・政治方面では何でもそうだった。今電報を受け取って，ソ連・外モンゴルがすでに迪化から200キロしか離れていない北塔山まで侵入し，我が駐屯軍を攻撃したことを知った。余はこの件でソ連・モンゴルに公式抗議する決意である」[27]と。ここには，張治中のソ連への態度に対する不信感が見られ，ソ連にも抗議する決意がはっきりと示されている。

翌10日，蔣介石と会談した結果，王世杰の意向が通り，モスクワにいる駐ソ大使傅秉常にソ連政府とモンゴルの駐ソ公使に対して抗議させることを決定した[28]。そして外交部は，日付の変わった深夜1時にその旨を傅秉常に電報で指示した。さらに同11日午前には葉公超次長がソ連駐華大使館のフェドレンコ参事官を招いて，モンゴル・ソ連への抗議を提出したことを口頭で伝えた他，事件に対する国民政府の厳しい認識を告げた。王世杰はこうした処理の情況を報告した文書[29]において，蔣介石が張治中宛の電報で次のように命令するよう求め，了解を得た。すなわち新疆の軍事責任者に，北塔山駐屯軍に対して事態の拡大をなるべく避けながら陣地を守るように伝えること，随時対策を検討するために，張治中に現地の関連する情報を毎日外交部に詳しく送るよう伝えることである。同日，王世杰はさらに中央常務委員会において，情報を得るために「高級軍官」を新疆へ派遣することを発表した。

王世杰は，何故ソ連にも抗議するよう主張したのであろうか？ 11日の日記で，彼は国連で問題にすることも想定し，こう記している。「張文伯からの電報は外モンゴルにのみ抗議するよう主張している。もし我々が外モンゴルを非難するのみで，ソ連の飛行機が一緒に爆撃している事実〔このような飛行機は，たとえ外モンゴルの標識であっても，実際には必ずソ連が供給し指揮する飛行

機である〕を問題にしなければ，国民に軽視されるだけではなく，ソ連に中立国の立場で発言する地位を与えてしまうことにもなる。もしこの件が国連の会議の席上での議論に発展したら，このことはとりわけ重要である」[30]と。しかし現地の張治中も自分の主張を変えようとはしなかった。12日に届いた王世杰宛電報では，決してソ連に抗議すべきではないとし，もしすでに傅大使に電報を打ったなら，それを変更するよう王に要求してきた。王世杰はそれを拒否する旨を返電した[31]。

(2) 抗議書提出後
① 新聞報道とその反響

『大公報』や『申報』も，『中央日報』と同じ11日，イリ側がオスマンを消滅させようとした事件として報道した[32]。その反響として6月11日から9月17日までに60通もの抗議書が全国各地から政府に送付されている。事件を中国の領土・主権に対するソ連・モンゴルの侵略と捉え，それに対する抗議を政府へ求める内容が多かった[33]。ニューヨーク・ワシントン・ロンドンでも，南京発の報道やAP電によって北塔山事件が報じられたが，論評は殆どみられない。但し，興味深いのは，あるラジオ放送による次のような論評である。「今度の外モンゴルの侵入は，共産党が中国で発動した最も猛烈な進攻であり，最近和平を呼びかけている国民参政会に対する共産党の返事である可能性がある」と[34]。その後も国内では『中央日報』を中心に事件がしきりに報道された。後の事であるが，国防部と外交部が，事件を国際的に報道するために，外国人記者を新疆に行かせるよう張治中に建議し，同意を得ている。その結果，アメリカの記者のグレンが彭学沛に同行して北塔山まで行っている[35]。

② 事件の国際問題化

政府は事件への対処の一環として，まず新疆にそれまであった特派員公署を，乙級から甲級へ格上げすることにし，立法院の同意を得た[36]。しかし，現地からは新疆警備総司令の宋希濂と外交部駐新疆特派員の劉沢栄から，現地軍を北塔山から撤退させる意志があるという電報が届いた[37]。12日の夜，蒋介石

と王世杰は協議した結果，翌13日，張治中・宋希濂に次のように指示した。「北塔山事件がすでに内外の新聞で暴露されたからには，我が政府はソ連・外モンゴルに対して厳正な外交的措置を必ずとらざるを得ない。さもなければ，我が政府がことを否認したか，或いは侵略を公然と許したことになる。オスマンの部隊の援助要求に対しては援助すべきであり，また，手を尽くして北塔山の駐屯地を保持すべきである。……さもなければ，我が政府は，その他の外交的措置をとらざるを得ず，事態は拡大するだろうからである」[38]。北塔山防衛の強い意志とともに，「その他の外交的措置」をとる可能性が示唆されている。

さて，11日の中央常務委員会で報告された，「高級軍官を新疆に派遣する」という王の建議で，翌12日に国防部長白崇禧を派遣することになり，白は当日の午後に西安経由でウルムチに飛び立つことになった。しかし，離陸予定の1時間前に張治中から現地で解決を図っているという電報が届いたため，出発を延期した[39]。張は「すでに新疆省政府の責任者及び外交部の新疆駐在特派員劉沢栄に頼んで，ソ連の新疆駐在総領事と一層密接な接触を取ってもらっている」と報告したのである[40]。他方で，張は蔣介石に対して，「本当の理由は」「ソ連・イリの双方が白部長に先入観を持っているので，もしこの時ウルムチに来たら，彼らの疑いを増すだけであり，さらに意外な紛糾が発生しかねない」からだと説明している[41]。14日，中央は張治中に対して，「若干の内政に関わる問題は現地で処理してもよい。外交問題については，南京とモスクワの両地で解決すべきである」と指示し，白の派遣は中止された[42]。ここでも，張治中はソ連を刺激しないようにしており，蔣介石もその立場を全面的には否定しなかった，という経緯が知られる。

一方，この時期，国連への提訴も公に議論され始めた。12日の立法院臨時会議において，白崇禧と王世杰が北塔山事件について報告した。王は事件の原因として，「国際的な原因以外に，新疆域内の政治紛争が当然原因の一つでないはずがない」とし，「ソ連への抗議は中ソ友好同盟条約に基づいて提出し，主要にはソ連の態度が非友好的であることを咎めるものであった。外モンゴルに対する抗議は，我が主権を侵犯したことを咎めるものであった」と報告した。

王の発言の後，ある委員が事件を国連の方に提訴するか否か尋ねたところ，王は事態はまだそこまで至っておらず，事実上まだその必要はないと答えている[43]。

また，14日の『中央日報』では，国際社が南京発で，中国はモンゴルの部隊が新疆を侵犯した事件を国連に提訴する可能性があると報道し，国連の人士が非常に注目しているとしている。しかし他方では，同時に民間人の観測として，国連に提訴した場合，安全保障理事会で審議中のモンゴルの国連加盟の件で，中国が拒否権を行使するかもしれないことも指摘されている。これ以前の国連の安全保障理事会では，米英がともにモンゴルの加盟に反対したのに対して，中国は支持を表明していたのである。

蔣介石の下には，国際社会がこの事件に注目しないのはソ連が1940年に作った地図が広まっているためで，「この30年来ロシア人がアルタイを侵略した真相及び〔蒙新〕境界の詳細な地図を英訳し，広く国際的に宣伝してその耳目を正し，辺疆の領土を保つようにする方がよい」[44]との外交部特派員公署課長水建彤の提案も，監察院長の于右任を通じて寄せられていた。すでに事件を国際化しようという動きになっているのである。

③　ソ連・モンゴル側の反応

中国側の抗議に対して，正式の返答がなされる以前に，すでにソ連のラジオや新聞でソ連・モンゴルの反応が示されていた。13日のモスクワ放送は，「ソ連の飛行機が外モンゴル軍を援助して中国の新疆省に侵入したことを否認」した[45]。同じ13日，タス通信も，ソ連のマークがついた飛行機が紛争に加わった，という中国外交部スポークスマンの声明に対して，「事実に符合せず，かつ挑発的な発言である」という「奉命声明」を行なった[46]。さらに16日のモスクワ放送は，「外モンゴル当局は新疆の境界を侵犯したことを否認し，逆に新疆境界の中国軍隊が外モンゴルに越境して陣地を構築し，かつ外モンゴル軍の交渉員を殺害したため，やむなく軍事行動をとって駆逐した。また，中国に対して〔モンゴル当局は〕兇悪犯人を処罰し損失を賠償するよう要求する権利を留保するものである」と述べている[47]。

こうした声明とは別に，政府内部にはソ連駐華大使館員の見解も伝えられていた。それによれば，ペトロフ大使は，言語・習慣や立場の違いから辺疆では衝突が頻発しているが，それは新疆の民族問題の複雑さやモンゴルの独立に対する恨みも要因になっていること，今回の事件は，中国軍が故意にモンゴル兵を拘留したことが原因で，ことを中国政府が大げさにしているのは，他に目的があるからだと考えていたようである。この「他の目的」について，フェドレンコ参事官は，ソ連と対立しているアメリカから5億ドル以上の借款を得ること，国内の民主化運動，特に学生運動の矛先をそらせること，の二点を挙げている[48]。

これより先，ペトロフが召還されまもなく帰国すると報道された[49]。胃病のためだという報道もあった[50]が，国民政府内では北塔山事件と関連しているのではないかとの憶測がもっぱらであった。14日に行政院院長の張群がペトロフ大使夫婦のために送別の宴会を開いている。先のペトロフやフェドレンコの話は，その席上でのものと思われる。ペトロフは18日，タス社の正式声明以外はモスクワからは如何なる訓令も受けていないと声明し，翌日南京を離れ，ウルムチに三日間滞在した後に帰国した[51]。この経路からも，今回の帰国が北塔山事件や新疆情勢と密接に関わっていることは明らかだと，中国側では認識された[52]。

さて，モスクワ放送での外モンゴルの声明に対して，18日，行政院報道局長の董顕光が記者会見し，反論の声明を発表した[53]。そこでは中ソ友好条約締結の前から，北塔山地域は紛れもない中国領であり，以前から新疆省が設けた警察局や駐防の見張り所があったとして，モンゴル側に反論した。そして，「北塔山事件は通常の辺境事件或いは境界紛争ではなくて，広い意味での政治問題と関係がある」とも述べた。この後記者から，ソ連と外モンゴルから正式な返答がなかったらこの問題を国連に提出するのか，と質問された時，「ノー・コメント」と答えている。

19日，『中央日報』は，国民大会代表聯誼会の北塔山事件に関する国民への書簡を掲載した[54]。この書簡では，北塔山事件を，中国の苦難に乗じたソ連

による計画的な中国の領土を分割しようとする陰謀の一つであるとしている。そして，中ソ友好同盟条約にも関わらず，ソ連が新疆では和平協定後も解決に努めないこと，東北では撤兵を延期し，物資を略奪し，共産党を援助していること，タンヌ・ウリャンハイを併合したことなどを，証拠としてあげている。さらに，内戦の直接的責任者は共産党であるが，間接的責任者はソ連であるとして，有効な措置をとらないと国家の崩壊は間近だとして，内乱を助長していることについても，ソ連に厳しく抗議し，同時に国連にも提訴して世界の世論を勝ち取るべきだと主張した。このように，問題を国際化すべきだという議論がますます強まっていったのである。

(3) 国連への提訴

6月20日付のソ連側返答は，21日，駐華大使館のフェドレンコ参事官によって中国外交部に届けられた。内容は，6月14日のタス通信で声明したとおりで，中国側の抗議は受け入れられず，「中国政府が……全く根拠のない情報によって，そのような声明を出したことに対して，大変驚いている」という素っ気ないものであった[55]。

続いて6月22日付のモンゴル側返答は，モスクワにおいてモンゴルの駐ソ公使から中国の駐ソ大使傅秉常に渡され，24日に外交部に電報で送られた。要点は次のとおり。中国側が過去に度々モンゴル領に侵入して，兵士を殺し馬を奪っており，今回の事件も同様で，我々は自衛行動をとったに過ぎず，ソ連の飛行機も参加していない。だから，逆に中国政府に抗議するとともに，賠償を請求する権利を留保する[56]。これらの返答の内容は政府内の予想通りであった。6月25日の王世杰の日記では，ただ返答があったことしか記していない。

さらに27日，モスクワの外モンゴル公使が傅秉常に国民政府宛の抗議書を届け，翌28日，外交部に伝えられた。そこでは「モンゴル政府は，特に中国政府に対して声明する。本年6月17日，中国の武装部隊約400人がまたもやバイダグ・ボグド〔北塔山〕地区からモンゴルの領内へ5キロ越境し，ノリンハルガ川でモンゴル側の国境守備軍を射撃したことにつき，特に中国政府に対して厳

重に抗議する。モンゴル政府は，モンゴル国境を破壊した犯人を厳しく処罰して，将来においてこのような越境行動が二度と発生しないことを保証するよう中国政府に要求し，かつ上述の中国の武装部隊によってモンゴルが受けた損害の賠償を要求する権利を留保する」と述べられていた[57]。

　ソ連・モンゴル側から，予想された返事が届く中で，国民党内では，次の対応に関する意思統一が進められていた。6月27日に中央政治委員会の内政・外交・軍事の三専門委員会による連席会議がもたれ，報告書がまとめられた[58]。それによれば，事件は単なる国境紛争ではなく，「また外モンゴルの独自の行為でもなく，明らかに他に背景がある」ことで認識の一致をみたという。抽象的な表現だが，これまでの経過から，ソ連の意志で行なわれたと見ているのは間違いない。次いで，政府の対応策として，三つの原則を示している。即ち，「（一）事態を拡大させないこと。（二）全力で陣地を守ること。（三）もとの態勢に復帰させること」。この原則の下で，具体的な対策として，次の四点を打ち出した。（一）外モンゴルの逆抗議に対して，「外交部が種々の確実な事実に基づくか，或いは経度・緯度の数値を明示し，速やかに再度抗議する」。（二）外モンゴルとの境界問題については，内政部が出版した〔1940年の〕地図を根拠とすべきである。（三）内政部・国防部・外交部及び蒙蔵委員会が，境界研究委員会を組織し，国境線に関する案をまとめる。（四）「外交において，さらなる行動をとる際に有利になるように，外交部が確実な証拠を集める」。この報告書は，7月2日の中央政治委員会の第7回会議で採択され，「主管機関の本党の責任者に迅速に処理させ，その他は次回の会議で討論する」ことになった。

　当然ながら主管機関の方はすでに動いていた。6月30日，中央政治委員会に国防部第二庁が作成した「北塔山事件の経過」[59]という文書が提出された。同文書は，事件の原因・経過を述べた後，その国際的背景にも言及している。そこでは「外モンゴルはソ連の属国であるから，事実上，外モンゴルの新疆侵略もまたソ連の中国侵攻である。その目的は，こうした事態に他の諸国がどのような反応を示すかを探ることにあり，実にソ連のハンガリーでの政変，オース

トリアの親ソ政府の要求，さらにはイタリア・フランス両国の共産党の陰謀などと同工異曲のところがある。北塔山での戦いの開始と時を同じくして，東北の共産党軍もまたソ連の策動の下で反攻を開始しており，明らかに全体的な計画的陰謀である。しかもソ連大使のペトロフが帰国する際に新疆を経由して三日泊ったのは，実際は我々の国境守備の状況の実状を探っていたのだ。故に今度の北塔山事件は，中国にとっても世界にとっても重大な脅威である」と述べられている。そして中央のとるべき対策として，①中ソ友好条約に基づいてソ連に再び口上書を提出する，②ソ連・外モンゴルに対して筋を通す他，速やかに中蒙の国境を調査し画定すること，③有力な証拠を集めて，国連の安全保障理事会に提訴すること，を提案している。さらに興味深い点は，添付された付属文書「新蒙界務研究」の「総合研究」の中で，次のように述べていることである。「相手方の地上部隊を掩護し我々と戦った飛行機は，まだその標識が判明していないとはいえ間違いなくソ連のものである。外モンゴル側が北塔山への進軍が越境であることを否認する以上，そしてソ連・外モンゴル両国がもともと軍事同盟の関係を結んでいる以上，ソ連機がこの地域で共同行動をとるのは制止しようがない」と。これにより飛行機の標識が実ははっきりしていなかったことが明らかになるとともに，国境線問題をはっきりさせなければ議論は水掛け論に陥ることを，当局者自身がはっきり認識していたことがわかる。

外交部の方では，7月8日に，部長の王世杰が駐ソ大使傅秉常宛に三通の抗議書を電報で届け，ソ連・外モンゴルに提出するよう指示した。ソ連宛の文書は次のとおりである。「6月5日に外モンゴル軍が中国の国境を越え新疆領域内の北塔山の駐屯軍を攻撃した時，四機の飛行機が爆弾を投下し機銃掃射して掩護した。中国政府が何度も詳しく調査した結果，同機は赤い五角星を塗った軍用機であったことが判明した。これは当時現場にいた多くの中国の軍人や兵士がともに目撃した事実である。したがって中国政府は6月11日にソ連政府に提出した抗議を依然留保する」[60]。

モンゴル宛二通の内の一通は22日付のモンゴル側返書に反論したものである。そこでは，北塔山が中国領である理由を次のように説明している。「外モ

ンゴルは独立が承認される以前においては，本来中国の一行政区で，中華民国の領土を構成する一部であったことは，周知のことである。外モンゴルと新疆及び中国の他の省区との境界は，中国の中央政府が法律で画定しており，中華民国領内の各行政省区の境界線を定めた檔案や地図などの歴史文献で，十分証明できるはずである。1945年8月に，中国政府は中ソ交換公文において，外モンゴルが独立した後は，『現在の境界を境界とする』と声明したが，それは外モンゴルの独立後の境界は，外モンゴルが独立する前に，中国の中央政府が定めた外モンゴルの境界であることを指しているのである」と。したがって侵入したのはモンゴル軍であり，モンゴルの代表が惨殺された云々は確かではない，と結論付けている。さらに仮に国境紛争から発したとしても，「外モンゴル政府はどうして通常の国際慣例或いは現在の国連憲章によって平和的解決を求めずに，急に48時間に限定した最後通牒を中国の地方駐屯軍に送り，直ちに武装勢力を動かして中国領内の軍隊を攻撃したのであろうか？ このような武力侵犯の行為は明らかに外モンゴル政府が国際平和と国際社会がともに信じ守る規約を尊重する意志がないことを示している」と，モンゴル側を非難している[61]。もう一通は27日付の抗議書への反論であり，要するにモンゴル側の抗議は事実に反している，としているものである[62]。

　さらに7月15日，王は中央政治委員会に対して，決議以後の北塔山に関する処理状況を報告した[63]。第一は，ソ連・モンゴルに対して上述のような口上書を送ったことである。第二は，中蒙国境問題に関する案を作成する責を負わされた辺疆研究委員会に関して，「辺情訪問団」の計画を復活させ，現地で調査させる計画があることを明らかにした。第三では，次のように言っている。「ソ連機がモンゴル軍を援助した確証を探す件に関しては，決議に従って張治中主任に再度電報で何とか探し集めるよう要請した」と。やはり「ソ連機」については，確証がなかったことがわかる。

　内政部も7月18日，部長の張励生が中央政治委員会に対し北塔山事件に関する処理状況を報告した[64]。国境問題に関する研究討論に関しては，すでに早くから国防部・外交部・蒙蔵委員会とともに行なっているとし，新疆とモンゴ

ルの境界に関しては，1913年の中露声明，1915年の中露蒙キャフタ条約，及び内政部が1940年に出版した蒙古地方行政地図に依拠すべきであるとした。そして内政部が起草した新蒙境界説明書を付属文書として提出した[65]。内政部の「新疆・モンゴルの境界を画定する意見」は，これより先の10日に疆界会議第14回会議で審査して採択され，行政院に提出されていたが，その中でも，1940年の地図を根拠とすべきであるとして，これに基づいて細かな経度・緯度の数値が示されている。

以上のような準備工作をしたうえで，7月28日，国連の安全保障理事会で，中国代表の徐淑希が，北塔山事件を理由にモンゴルの国連加盟に反対する演説を行なった。これに対して，ソ連代表のクラシンルニコフがモンゴルを弁護し，北塔山事件は中国側がモンゴルの領域に侵攻して起こしたものであり，世界の目を中国の内戦・国内情勢からそらすためであると論じた[66]。こうして国連の安全保障理事会を舞台に，中国とソ連が応酬しあったが，結局モンゴルの国連加盟はこのたびも通らなかった。

3．事件への対応過程の考察

(1) 政府指導部の認識

以上，事件勃発後の国民政府の対応をみてきたが，特徴的なのは，内部では殆ど意見の対立がみられなかったことである。モンゴルだけでなくソ連に対しても抗議し，国連に提訴し，さらにはモンゴルの国連加盟にも反対していくという一連の重要な措置について，政府内では殆ど論争らしきものがなかった。

唯一の例外が，張治中である。彼の考え方は，ソ連への抗議や白崇禧の現地派遣に反対を表明した6月12日付の蔣介石宛の電報によく現われている。まず彼は，「そのような変転常ない人からは，我々が将来必ず悪しき報いを受けるだろうと考えていることを，私はすでに何度も報告しています」[67]と言っているように，事件の一因となったと思われるオスマンの抱込み自体に，そもそも消極的であった。積極的であったのは現地では宋希濂であり，国防部もそれを

支持していた[68]。これに対して張は,「和平条約が締結されて以来,オスマン問題のため,我々の側が非常な不利益を蒙り,イリ・タルバガタイ・アルタイの三区の特殊化がまだ解除できないのは,イリ側はすでにはっきりとこの問題が影響していると表明しています」と,否定的な総括をしている。

事件そのものに対する見方も,宋希濂とは異なっていた。宋は次のように証言している。事件が報告された直後,張や宋ら新疆のトップは「誰一人外モンゴル軍の行動が,辺境紛争に属する問題だとは思いもよらず,当時は二つの見方しかなかった。第一の見方は,イリとモンゴルが共同しており,目的はオスマンの勢力を消滅させることにあるとみる。第二の見方は,恐らくもっと大きい意図があり,まずオスマンの部隊を消滅させた後,北塔山から南下して我々の奇台・鎮西・七角一帯を襲撃し,我々の蘭州に通じる交通線をまず切断してから,正面のマナス川から攻撃して,我々にイリ側が提出した各項の条件に応じるよう迫るのだとみる。張治中は第一の見方に傾き,私と劉任(西北行轅副参謀長)はやや第二の見方に傾いていた」[69]。張治中もまた新疆情勢との関連で事件を捉えていたが,オスマン問題にのみ限定し,他方宋希濂たちは,三区側にそれ以上の政治的意図があると考えていたのである。このことが,事件を中央に知らせる電報の内容の違いを導いたのであろう。張がソ連に全く触れなかったのは,事件の背景をオスマン問題に限定することによって,三区側とまだ話し合いが継続できると考え,そのためにはソ連を刺激したくなかったからであろう。白崇禧の派遣に反対したのも,同じ理由であった。それに対して宋希濂らは,三区側が武力によって有利な政治情勢を作ろうとしたものだと事件を捉え,そこにソ連の意思が働いているとみたのである。

王世杰の捉え方も,宋希濂に近かったと思われる。先にみたように,張治中からの電報が届いた9日の日記では,張治中の新疆での軍事的政治的行動を「ソ連に対してひたすら迎合している」と非難するとともに,続けて「余はこの件をソ連・モンゴルに公式に抗議する決意である」と書いている。この時点ですでにソ連に抗議することを決意しているのは,ソ連の意図的な行動であると考えているからであり,そこには,中国全体の外交の責任者として,新疆だ

けではなく，東北や内モンゴルでのソ連の行動に対する理解が背後にあるであろう。彼が『参考消息』で初めて事件を知ることになったのは，張治中がすぐには伝えなかったからであり[70]，王の対ソ認識が自分とは異なることを知っている張は，事前に蔣介石に自分の意見を述べ，採択させておきたかったのではなかろうか？

　しかし蔣介石もまた，基本的認識では，宋希濂や王世杰に近かった。彼は6月15日の日記で，次のように記している。北塔山事件の「原因は，オスマンがソ連とイリに反対しており，相手は必ず根本的に（オスマンを）抹殺しようと願い，現地に留まって再起するのを許そうとしないためである。しかし，その最大の原因は，とりわけ中央がマスウードを新疆主席に派遣して以後，ソ連の傀儡のエホメッドジャンに大いに恨まれたことであり，だからこのような間接的な示威という暴挙に出たのだ」[71]と。つまり，オスマンの問題以上に，マスウードの主席就任に対する不満が原因であると捉えており，やはり新疆情勢全体に対するソ連の意図的な示威だとみていたのである。

　このために蔣介石は，張の意見を退け王の意見を採用して，ソ連にも抗議するという決断を下した。しかし他方で，白崇禧の派遣は中止させ，また中蒙の国境線画定に関連して内政部などが以前から要請していた「辺情調査組」の派遣を，事件後の6月27日になって延期するよう指示[72]している。これらは，ソ連への刺激をできるだけ避けたいという張治中の立場に対しても，蔣介石が配慮したことを示している。

　このような決定がなされたからには，危惧を抱きながらも，張治中も従わざるをえなかった。彼自身もまた，決してイリ側とモンゴルだけの行動だと考えている訳ではなく，やはり背後にはソ連がいると考えていたからである。同じ6月12日の電報では，「新疆問題は，ソ連が幕の後で策動・操縦していることははっきりわかっていますが，国内情勢を顧慮すると，極力忍耐して正面衝突を避けるようにせざるを得ません」と言っている[73]。つまり，事件が単なる国境問題ではなく，新疆情勢が絡み，ソ連が背後にいると考える点では，張も例外ではなかった。彼はさらに6月15日付の蔣介石や王世杰らに宛てた電報で，

戦闘状況がこれ以上拡大しないだろうという観測を述べた後に,「もし中央がこの事件を利用しようとするのであれば,話は別です」と言っている[74]。

しかし,蔣介石や王世杰も,必要以上にソ連を刺激するのは避けようとした。現地に対しては,陣地は死守せよと命令しつつ,事態を拡大させないように求めており,また外交部は上海の呉国楨市長に対して,ソ連大使館員らを不測の事態からよく守るように指示している[75]。

こうして張治中も,一致した行動をとるようになった。6月22日,帰国途上のペトロフに迪化で語った内容を伝えた王世杰宛の電報を,張は次の言葉で括っている。「我々が外交問題について意見が異なる場合,当然研究し討論すべきであるが,中央が政策決定をした後には,外に対しては一致すべきである。先生は考え過ぎで,これですっきりできるでしょう」[76]。

(2) 対ソ脅威感

このように,北塔山事件勃発の頃には,国民政府内に強い対ソ脅威感が共有されていた。しかし先に示したように,中ソ友好同盟条約締結の過程で,国境線が画定できなかった時には,中国側はソ連に悪意はないと考えていた。それから僅か1年10ヶ月後,すでに「ソ連の陰謀」は国民政府内でほぼ共通認識になっていたのである。その「陰謀」は,決して新疆問題に限るものではなかった。

事件が初めて新聞で報道された6月11日,中央常務委員会の席上,外交部長王世杰は次のように発言している。「中ソの友好関係を維持するためには,少しは辛抱しなければならない。過去の若干の問題についていえば,外交部はやるべきことをやっているが,ただ発表していないだけである。例えばソ連が東北で物資を強奪し,婦女を強姦したことについて我々が発表しなかったのは,それなりの配慮があったからである。外交部の特派員が東北に着いた時,私は彼に調査させ,事実で証拠もある440件について,ソ連に抗議しようとした。その時に我々の軍隊が長春を占領し,ソ連兵を殺しソ連の婦女を強姦するという事件も起きた。アメリカがこの情報を流したのでソ連は我々に七,八回も抗

議したが，我々も調査した事実を提出したため，彼らもこの件については発表しなかったのである。新疆問題は，確かに考慮に値することで，外交上なすべきことは必ず実行する」[77]。

　ソ連が東北で中国の婦女を強姦した事実はほとんど知られていない。後に国民政府軍が長春でソ連兵を殺したり婦女を強姦した事実を公表させないためのいわば取引条件として，ソ連軍による強姦事件は発表されなかったのである。このため440件について証拠も握りながら，外交部は発表を断念した。「外交部はやるべきことはやっているが，ただ発表していないだけ」だとか，「新疆のことは，確かに考慮に値することで，外交部は外交上なすべきことは必ず実行する」という表現には，今まで公にできなかったことがようやくできる，チャンス到来，といったニュアンスさえ感じられるのである。それは言うまでもなく，中ソ友好同盟条約違反という告発であった。北塔山事件はこのように，国民政府のソ連に対する危機意識を強めたと同時に，「中国侵略」を国際的に告発し，ソ連を孤立させてその行動を束縛し，内戦や新疆での行き詰まった局面を打開するチャンスとも捉えられたのであろう。とはいえ，国民政府は決して対ソ対決路線へつっぱしったのではない。国連に提訴したのはモンゴルだけであり，内戦の戦況が悪化した翌年にはソ連を提訴することも検討したが実行には移さず，結局台湾に逃れるまで関係は維持された。

(3) 新疆問題への影響

　しかし，このように事件の背後のソ連を重視するようになればなるほど，新疆の政治情勢において，イリ側はその傀儡としかみえなくなる。さらにその結果は，対決姿勢を前面に出していくことになった。北塔山事件を国際的に問題にしていくという流れの中で，マスウード主席の件で，国民政府はイリ側に対して妥協を拒み続けた。その結果，7月から8月にかけて，イリ側の代表が三区に引き上げ，連立政権は解体していく。そして8月28日には，蔣介石は張治中に対して，次のような指示を下した。「(一)我が国の内政に干渉するソ連の声明に対しては，必ず厳しく反駁しなければならない。(二)ソ連の過去の仲

介・調停に対しては，今後は如何なる感謝の表示もしてはならない。また，将来ソ連がそれを利用して我が国の内政に干渉する際の口実としたり，或いは国際会議の席上においてそれによってソ連のあらゆる行動が中国の要求から出ていると解釈されるのを防ぐために，二度とソ連の仲介・調停を要請する如何なる表示もしてはならない。(三)イリ側の冬季攻勢の可能性に注意し，あらゆる可能な軍事的準備をしなければならない。(四) 7月21日における指示電報の第四項である，ソ連がイリを支援している確かな証拠を集めることに関しては，なお注意して適切に行なうよう希望する。軍事の準備に関する事項は，白部長と陳総長にそれぞれ協力連携するよう電報で命令した他，特に以上のように指示するものである」[78]。ここでは，イリ問題でソ連の仲介・調停を一切拒否するとともに，イリ側と軍事的に対決する可能性を示している。

　また，実際においても，北塔山事件以後オスマンへの援助を強めた。その結果，勢力を盛り返したオスマンが反攻に転じ，一時は承化も奪回したのである。しかし，結局は三区側の反発を強めただけで，10月にはオスマンは再びアルタイ区から追い出され，奇台に逃げざるを得なかった[79]。新疆情勢は全面的に悪化していったのである。

おわりに

　北塔山事件が勃発した頃には，すでに国民政府の中でソ連に対する不信感は肥大化していた。そこには，新疆だけではなく東北におけるソ連自身や共産党の行動，そして新疆と同じく辺疆に位置し，モンゴル族のナショナリズムが高揚していた内モンゴルの情勢，それらが積み重なってソ連に対する不満が強まっていったのである。しかし，それまでは，内戦において優位に立っていたこともあり，軍事的に問題を解決できるという展望もあって，あからさまにソ連を非難することは避けてきた。しかし国民大会を経て47年に入ると，状況は変わってきた。国民政府軍の攻勢にブレーキがかかり，全体的には戦線は次第に膠着するようになってきたのである。共産党が強い抵抗力を示し，国民政府が

焦れば焦るほど，ソ連への不満は不信に変わり，それがますますつのっていった。北塔山事件はそのような時に勃発し，ソ連への不信感は一層激しくなっていた。

しかしソ連の策動を強く意識すればするほど，民族主義者はいよいよ独自の意志を持たぬ傀儡として捉えられるようになり，そうなれば，新疆や内モンゴルにおいて彼らと妥協する余地はますますなくなり，全面的に対決するしかなくなる。新疆においても，北塔山事件直前にマスウードを省主席に任命したことによって，三区側との対立は激しくなっていたが，国民政府は妥協せず，結局，連立政権の崩壊となっていったのである。そしてこうしたことが，内戦にもさらに悪い影響を及ぼすことになる。新疆の場合，国民政府は10万の大軍をここに釘付けにされ，共産党との戦闘に動員できなかったのである。

その後の国民政府とソ連・モンゴルの関係について，簡単に記しておこう。国連にソ連を提訴したのは，国民政府が台湾に逃れた後で，52年に国連総会で通過する。そして翌53年2月に国民政府は中ソ友好同盟条約の破棄を宣言し，これに伴って，モンゴルの独立承認も取り消した。今日の台湾の中国地図に，未だモンゴルが入っている所以である。モンゴルとの国境問題に関しては，中華人民共和国に持ち越され，1961年になってようやく決着がついた。そして，モンゴルの国連加盟は，モーリタニアの加盟と抱き合わせるという大国間の妥協によって，1961年に実現したのである。

1) 宋希濂「新疆三年見聞録」，『中華文史資料文庫』第6巻，中国文史出版社，1996年。
2) 夏林根・于喜元主編『中蘇関係辞典』，大連出版社，1990年。石源華主編『中華民国外交史辞典』，上海古籍出版社，1996年。唐家璇主編『中国外交辞典』，世界知識出版社，2000年。前二者はソ連とモンゴルによる国境侵犯事件だとするのに対して，『中国外交辞典』はモンゴル軍の侵攻事件とし，ソ連の飛行機の関与については新聞報道だとして，慎重な姿勢を示している。
3) 白振生・(日)鯉淵信一主編『新疆現代政治社会史略』，中国社会科学出版社，1992年。陳慧生・陳超『民国新疆史』，新疆人民出版社，1999年。
4) Linda Bensonによれば，事件は三区側のLeskin大佐が仕組んだものであると

いう。氏は事件のもつ意味として，第一に国民政府がオスマンを援助していたことを明らかにしたこと，第二に国民政府はソ連の陰謀を確信し，それを国内外の宣伝に利用したことを，挙げている。*The Ili Rebellion−The Moslem Challenge to Chinese Authority in Xinjiang 1944-1949,* An East Gate Book, M. E. Sharpe, Inc., 1990.

5) 『中央日報』は基本的に南京版を用い，上海版を使う時のみその旨を記す。
6) 『北塔山事件鹵獲外軍戦利品影説巻』（国防部第二庁訳印，民国36年6月）。
7) 張大軍『外蒙古現代史』4，（台湾）蘭渓出版社，1983年。
8) 「宋子文院長王世杰部長上蔣主席報告與史達林会談経過電」（民国34年8月10日，モスクワ），中国国民党中央委員会党史委員会編印『中華民国重要史料初編──対日抗戦時期 第七編 戦後中国(一)』（以下，『初編』と略記），704頁。
9) 「蔣主席覆宋子文院長明示中国対外蒙疆及旅順問題厳正立場電」（民国34年8月12日，同上，705頁。「蔣主席致宋子文院長王世杰部長指示外蒙疆界必勘定電」（日付け・出典，同前），706頁。
10) 「宋子文院長王世杰部長上蔣主席請授権処理外蒙疆界等未決事項電」（民国34年8月12日，モスクワ），同上，707頁。
11) 「王世杰部長上蔣主席報告史達林不同意外蒙劃界電」（民国34年8月13日，モスクワ），同上，708頁。
12) 香島明雄『中ソ外交史研究 1937-1946』，世界思想社，1990年，193頁。
13) 同上。
14) モンゴル側は独立承認後の46年2月に重慶へ使節団を派遣した際に，中国と正式に外交関係を樹立したとしている。
15) （台湾）国史館所蔵内政部檔案に『収集中蒙劃界資料』と『疆界会議記録』がある。
16) 内政部檔案，統一編号：125，案巻編号：463-1『収集中蒙劃界資料』。
17) 以下の文献を参照。毛里和子「新中国成立前夜の少数民族問題──内蒙古・新疆の場合」，『講座中国近現代史 中国革命の勝利 7』，東京大学出版会，1978年。同『周縁からの中国──民族問題と国家』第七章。
18) 1) に同じ。
19) 王柯『東トルキスタン共和国の研究』，東京大学出版会，1995年，181頁。
20) 同上，180-184頁。
21) 『張治中回憶録』（中国文史出版社，1993年，第2版）などを参照。
22) （台湾，国史館所蔵）大渓檔案『革命文献』拓影，第39冊，「戡乱時期（政治─辺務）」（以下，『革命文献』と略記），号次：69，「陳誠致蔣主席」（民国36年6月4日）。
23) 前掲『革命文献』，号次：71，「張治中呈蔣主席」（民国36年6月7日）。

24) 同上，号次：72,「宋希濂呈蔣主席」(民国36年6月8日)。
25) (台湾) 外交部檔案112.82『外蒙軍及蘇機越界侵新疆』第壱冊，35-36頁。
26) (台湾) 中国国民党党史委員会所蔵中央政治委員会檔案，類号：007-3「中常会決議，外蒙軍隊侵入新疆，西蔵政変，越南問題案」。本案に関する委員会での王の発言より。この発言で，新疆方面が外交部長である王に事件を知らせなかったことについて，かなり不満を表明しているが，張治中の側も意図的に王に知らせなかった可能性があるように思われる。
27) 『王世杰日記』(民国36年6月9日)。
28) 同上，6月10日。『総統蔣公大事長編初稿』巻6，下冊，472頁。
29) 『革命文献』，号次：76,「王部長呈蔣主席」(民国36年6月11日)。
30) 『王世杰日記』(民国36年6月11日)。同日付けの，外交部から蔣介石宛て文書の原稿では，事件を国連に提訴するかどうかについて検討中である，とした部分が削除されている (前掲外交部檔案，59-62頁)。
31) 同上，6月12日。
32) 陳慧生・陳超『民国新疆史』，新疆人民出版社，1999年，426頁。
33) (台湾) 国史館所蔵行政院檔案，檔号：0705.51-5008。
34) 『中央日報』，6月12日，第2面。
35) (台湾) 外交部檔案112.82『外蒙軍及蘇機越界侵新疆』第陸冊，176-178頁。及び前掲宋希濂「新疆三年見聞録」，『民国新疆史』を参照。
36) 『中央日報』，6月13日，第2面。
37) 『王世杰日記』(民国36年6月13日)。
38) 『革命文献』，号次：79,「蔣主席致張治中・宋希濂」(民国36年6月13日)。『王世杰日記』(6月13日)によれば，同日，王から張へも同じ内容の電報が打たれた。
39) 36)に同じ。
40) 『中央日報』6月14日，第2面。
41) (台湾) 外交部檔案112.82『北塔山事件来往電報案』，59-60頁。
42) 『中央日報』6月15日，第2面。
43) 『中央日報』，6月13日。
44) 『革命文献』，号次：87,「于右任呈蔣主席」(民国36年6月17日)。
45) 『中央日報』，6月14日，第2面。
46) 『中央日報』，6月15日，第2面。
47) 『初編』，777頁。
48) 25)に同じ，7-8頁。『革命文献』(号次：80,「保密局呈蔣主席」)所載の同史料には，若干の異同がある。
49) 『中央日報』，6月14日，第2面。

50) 同上, 6月15日, 第2面。
51) 同上, 6月19日, 第2面。
52) 後にみるように, 張治中もそう推測していた。
53) 『中央日報』, 6月19日, 第2面。
54) 同上, 6月19日, 第4面。
55) (台湾) 外交部檔案112. 82『外蒙軍及蘇機越界侵新疆』第弐冊, 137-138頁。
56) 同上, 148-153頁。
57) 国史館所蔵国民政府檔案『傅秉常呈駐蘇俄外交情報』, 檔号：0662. 20-2320. 01-01, 微巻号：401-628-630, 0628頁,「傅秉常大使呈外交部」(民国36年6月28日)。
58) 『初編』, 789-790頁。
59) 前掲中央政治委員会檔案, 文号：438。但し,『初編』所収同史料には, 付属文書の「新蒙界務研究」は収録されていない。
60) 『初編』, 791頁。
61) 同上, 791-792頁。
62) 同上, 793-794頁。
63) 26) と同じ文書。
64) 『初編』, 784頁。
65) 同上, 795-798頁。
66) 『中央日報』, 7月29日。
67) (台湾) 外交部檔案112. 82『北塔山事件往来電報案』, 56頁。
68) 前掲, 宋希濂「新疆三年見聞録」。
69) 同上。
70) 外交部特派員の劉沢栄は, 事件に関する王世杰への電報が遅れたことについて, 次のように弁解している。「7日に, 外交部に電報を打つつもりでしたが, 確かな情報を調査するためと, 行轅〔主任は張治中〕からの書類が昨晩〔10日〕ようやく届いたため, 本日やっと報告できるようになりました」, と。
71) 『総統蒋公大事長編初稿』巻6, 下冊, 475頁。
72) 国民政府代電「内政部張部長へ。内政部と1946年12月14日に外交部・国防部・蒙蔵委員会からきた文書及び付属文書は全部了解した。辺情訪問組を派遣することは延期して行なってよい。特に返電する中正(36)子感侍宙。中華民国36年6月27日発」(内政部檔案『収集中蒙画界資料』, 目録統一編号：125。案巻編号：463-1。件次：20, 文号：収00230)。
73) 67) に同じ, 57-58頁。
74) 48) に同じ。100頁。
75) 同上, 136頁。

76) 55）に同じ，144頁。
77) 26）に同じ。
78) 『革命文献』，号次：102，附件「蔣主席復張治中電」。
79) 前掲『新疆現代政治社会史略』，454頁。

（吉田豊子）

第4章　中間党派の戦後構想と社会民主主義

はじめに

　第一次国共合作分裂後から中華人民共和国の成立まで，中国における重要な役割を果たした中間党派は社会民主主義的性格を有し，中国民主同盟（以下，民盟と略す）の政治路線の形成および戦後中国の政治発展に大きな影響を与えている。戦後の中国における中間党派の建国構想は，政治面では英米型の政治的民主主義，経済面ではソ連型の経済的民主主義を目指そうとする穏健的社会民主主義から，英米型の政治的民主主義を否定する急進的社会民主主義への変化として位置づけられる。

　従来この問題に関する研究は，主に抗日民主統一戦線およびその延長として反蔣・反帝統一戦線の枠組みから論じられてきた。たとえば，中国では民主諸党派論の視点，日本では，知識人の統一戦線論の視点が挙げられる[1]。1980年代の後半から，「独裁と民主」，「左翼反対派」，「中間路線論」を軸に近代中国政治史を見直そうとする研究成果も目立ってきた[2]。

　これらの研究は，国共対立を中心とする戦後中国の進路をめぐり，民盟の国民党一党独裁との対立および中共との協力過程を明らかにしたものの，中間党派理論に対する検証が欠如していたため，民盟の戦後構想の性格を未だに解明し得ていない[3]。なお，長い間にわたり「社会民主主義」は一つの政治用語として軽視され，中国では「修正主義」，「改良主義」として批判されてきた。このことも中間党派への理解に大きな影響を及ぼしている。

　以上の点をふまえ，本論は戦後民盟の戦後構想とその路線形成に主導的影響

を与えた中国国家（民主）社会党や第三党に焦点を当て，次の三つの視点からこの問題を取り扱うことにする。まず，国家社会党や第三党の創立者と社会民主主義との関係を明らかにし，その社会民主主義的性格を明確にする。第二に，国家社会党と第三党の社会民主主義的路線の形成過程を検証し，中間党派の戦後構想の特質を論じる。第三に，戦後中国の再建と改革をめぐり，民盟の戦後構想とその性格を解明し，戦後中国の政治発展に及ぼした影響に触れておきたい。

1．中間党派と社会民主主義

1930年代の初期，社会民主主義の旗印を鮮明に打ち出したのは，再生社に端を発した国家社会党と第三党である。再生社は梁啓超ら清末の立憲派，進歩党から発展してきたもので，梁の死後，その系統を受け継ぎ31年10月に発足した。第三党は，結党当初からたびたび中国社会民主党と報道され，1930年代初頭，中共の行った社会民主党批判や粛清の犠牲となったことに示されるように，その性格はきわめて社会民主主義に近い[4]。

(1) 国家社会党の創始者と社会民主主義の影響

国家社会党創始者の張君勱は1906年日本に留学，早稲田大学政治経済科の最初は予科に，翌年から本科生に在籍した。在学中，熱心に聴講した政治哲学者浮田和民の影響からドイツの学問に惹かれ[5]，13年にベルリンに渡航した。張の回想によれば，「その頃，よくドイツの議会を訪れ，著名な民主社会主義者のカウツキー，ベルンシュタインらに会い，彼らの影響下で『ドイツ社会民主政象記』を書き，1919年から民主社会主義を信じるようになった」という[6]。

再生社のなかで，社会民主主義の影響を受けたもう一人の人物は羅隆基である。彼は1921年清華学校を卒業後，翌年アメリカに留学し，この時期彼は大江会を組織し国家主義を信奉した[7]。羅隆基はウイスコンシン大学で政治学を専攻して修士課程を終えた後，コロンビア大学博士課程に入った。その間，25年

にイギリスのロンドン大学政治経済学院（London School of Economic and Political Science）で約一年間イギリスの著名な社会民主主義の思想家であるラスキ（Harold Joseph Laski, 1893-1950）の指導を受け，イギリスの文官制度を研究した[8]。当時，ラスキは積極的にフェビアン主義の指導者と密接に交際し，労働党や労働組合会議（TUC）に身を投じていた。ラスキは政治経済学院で政治学の講座を担当し，英国思想の伝統たる個人的自由の尊重と人権の擁護を中心とする多元的国家論を全面的に展開していた。この個人的自由の尊重と人権の擁護を中心とするフェビアン主義は，羅隆基の思想形成にはもとより，中国の中間派知識人に大きな影響を与えた[9]。

羅隆基は28年にコロンビア大学で哲学博士号を取得した後，帰国して中国公学政治経済学部の学部長・教授に就任した。また『新月』雑誌の編集長をつとめ，自由主義者の胡適，梁実秋らとともに"新月派"，"新月人権派"として，健筆を振るった。その一方，張君勱，張東蓀らと再生社を結成し，社会民主主義の結党活動に加わった。彼の「専門家治国」論は国家社会党の基本綱領に反映された[10]。

張東蓀も再生社の中心的な人物の一人である。1905年日本に留学，東京帝国大学哲学科で仏教と西欧哲学を学んだ。在日中，張東蓀は馮世徳，藍公武らと愛智会を結成し『教育』雑誌を創刊したが，この時期すでに改良主義的な思想が芽生えていたという[11]。辛亥革命直前に帰国し，南京臨時政府の内務部秘書を務めたが，国民党へは入らなかった[12]。民国初年，社会改良の立場から孫文の二次革命に反対するとともに，袁世凱の専制独裁をも激しく批判した。17年から24年まで張君勱の後任として上海『時事新報』の主筆を務め，19年には梁啓超，張君勱らが設立した「新学会」による『解放与改造』の編集長に就任した。その創刊号の論説「第三種の文明」で社会主義と世界主義を第三の文明と位置づけている[13]。しかし彼の社会主義紹介の目的は，過激主義すなわちボリシェビズムの伝播を防ぐことにあった。それは正面から過激主義を阻止するのではなく，穏健な社会主義を中国へ導入することによって「過激主義を穏健化」しようとしたのである[14]。

この時期，張東蓀は積極的に改良主義的社会主義の諸潮流を紹介し，1920年から21年にかけ，ラッセルの中国での訪問講演をきっかけに社会主義大論争を巻き起こした。張東蓀は，今日の中国が極端に貧困で，産業の開発がたいへん遅れ，大多数の人は知識がなく，まだ実業をおこさなければならない段階にあるとして，資本主義の打倒を云々すべき段階ではないと主張するとともに，急進的な「偽労農主義」の主張を批判し，「貧困を救済する可能な方法」として「ギルド社会主義」を提唱し，それが比較的に「円満」の思想で，中国の「同業公会」はそれを導入する際の参考になる，とした[15]。

　以上述べたように，再生社の中心人物はともに社会民主主義的思想の背景を共有し，この共同の思想的傾向が国家社会党の誕生に連なった。

　1931年，国民党の一党独裁を法制化した中華民国訓政時期約法に対し強い反発が生じた。羅隆基らの人権運動はこれを背景に展開され，再生社の発足も「一党訓政」に対する憤激によるものという[16]。32年4月16日，中国国家社会党が北京で秘密裏に結成され，翌年4月に天津で第一回全国代表大会が開かれた。大会は張君勱，張東蓀，羅隆基，湯住心，胡石青，羅文幹，諸青来，陸叙百，黄任之，徐君勉，胡子笏の11人からなる中央総務委員会を選出し，張君勱が総秘書，湯住心が組織部長，羅隆基が財務部長に選ばれた[17]。

　国家社会党が唱えた国家社会主義について，従来の理解は必ずしも一致していない。菊池貴晴は「社会改良主義の一種で，本来資本主義の弊害を国家権力によって調整しようとするものであるが，張君勱は特に民族を重視し，絶対的愛国主義と漸進的社会主義を強調する」と指摘している[18]。確かに国家社会党はマルキズムの階級闘争論とは異なり，中国抗日運動の高揚を民族的立場の重要性から強調したものの，必ずしも「国家至上論」には賛同してはいなかった[19]。国家社会主義は当時中国の社会主義者のなかでは「労資提携，議会政策，民主政治，国家主義」，すなわち社会民主主義だと理解されている[20]。

　国家社会党は32年5月20日，『再生』創刊号に「われらが言おうとする話」と題する文書を発表し，そこで国家社会党の具体的な政治主張を初めて提起した。それによれば，政治の面では，民意に基づく政党政治，直接選挙，職業別

による専門家治国，公務員試験による採用制度，すべての党派から独立した司法制度，軍隊の国家化などを目標に掲げた。経済の面では，国家社会主義が明記されていた。すなわち，全般的な計画による混合経済，私有財産の承認，私有経済への国家介入，土地私有と国家の支配権と整理権の確立，産業開発の計画化，税制制度と社会政策の整備，労働者の権利と労務保険政策の実施などである[21]。

　国家社会主義は「国家至上」であるとともに，マルキシズムと違って生産手段の「公有と平均分配」のような「所有権の転移」を避け，生産は民間社会に任せることを重視している。国家は経済計画を制定し，経営権と利益分配に規制を加えることにより，「社会の公正」を実現させる，としている[22]。国家社会党が国家の計画経済を強調する背景について，多くの論者は30年代中国の内外の「エタティズム」高揚に由来することを指摘しているが，その私有財産の承認を基礎にした政治民主化の議論はあまり論じられていない[23]。

　満州事変以後，華北の情勢は日に日に緊張し，主に北京と天津で活動した国家社会党は活発に抗日運動を展開するようになった。羅隆基は天津で『益世報』社説の主筆をつとめる一方，武力抗戦の論陣をはり，福建事変に同調する言論を発表するなど，抗日民主の活動に身を投じた[24]。張東蓀はいちはやく中共の「八一宣言」に反応し，中共の抗日民族統一戦線への政策転換を論評し，一定の理解と評価を与えた[25]。盧溝橋事変直後の7月7日，張君勱らは蔣介石・汪精衛の招聘を受けて，盧山談話会と国防会議に参加し，国民政府の抗日に協力の用意があることを表明した[26]。

　38年4月，国家社会党は「われらが言おうとする話」の結党宣言を，改めて「中国国家社会党宣言」として公表し，張君勱は同月13日，同党の政治的主張を「修正した民主主義」にまとめた信書を蔣介石・汪精衛に渡した。その要点は，民主政治の精神に基づき，党派に左右されない政治制度をつくること，社会主義経済制度を実現するため「(1)私有財産制度を承認する。(2)民族経済と私有経済の発展を調整するため，公的経済を確立する。(3)私有・公有を問わず，全国経済は国家の計画下に実施する。(4)私有財産を均衡化して貧富の格差を縮

小する」こと，などであった[27]。これに対し蔣介石と汪精衛は2日後の返信の中で「国家社会党の主張では三民主義の最高原則と実質的に違うものではない」[28]と賛意を表し，事実上，国家社会党を合法的な存在として認めることになった。

　38年7月に国民参政会は正式に武漢で発足した。参政員200名のうち，国民党員89人，共産党員7人，中間党派と無党派の代表が104人（約52％）を占め，国家社会党の張君勱，張東蓀，羅隆基，徐傅霖，梁実秋ら6人が参政員に選ばれた。国民党に近い参政員が大半を占めたものの，参政会は中間党派と無党派を初めて結集する場になり政局に大きな影響を与えた。第一回国民参政会の開催に先駆け，張君勱は5〜7月に「建国方案」を口述，同年9月にそれを『立国之道』にまとめた。翌年12月から国家社会党の機関誌『再生』は，『立国之道』に書かれた修正的民主政治案を連載し，それを中間党派の結集軸として全面に打ち出した。その意図は，民主政治対反民主政治，資本主義対共産主義という対立の構図を超越し，それを斟酌・折衷して挙国一致の道を求めることにある[29]。実施の方法としては，修正的民主主義により政治上の紛争を解決し，国家社会主義下での計画経済の経済建設をもって，経済上の紛争を解決するとしている[30]。これは国家社会党の従来の政治主張を踏襲しながらも，各党派の政治的合意を図ろうとして，資本主義の民主政治と社会主義の経済的民主主義を混合させ，憲政期成会の「中華民国憲法草案修正草案」に盛り込まれた。また46年12月の国民大会に採択された「中華民国憲法」に具体化された[31]。

　抗日戦争勝利後，国家社会党はその勢力を拡大するため，46年8月，アメリカで活動していた伍憲子・李大明を党首とする民主憲政党（民憲党）と上海で合同会議を開き，正式に合併することを決定し，中国民主社会党（民社党と略称）と改称した。会議は張東蓀，李大明ら72人の組織委員会を選出するとともに（張君勱・主席，伍憲子・副主席），「中国民主社会党政綱」を採択した。同政綱は社会民主主義を戦後の「立国の道」とし，非武装と平和的・民主的方法によって民主社会主義の国家を実現させる，としている[32]。資本主義と共産主義の間の中間的道を選択することにほかならない。政治面では自由主義と民主

主義を，経済面では計画経済と社会主義を採り入れるとともに，政党の武力行使と一党独裁に反対し，多党による政党政治を主張した。さらに富の不平等の分配と流血革命をなくすために，漸進的・平和的に社会主義社会を実現することを目的としている[33]。

このことから，民社党の性格は穏健的社会民主主義と位置づけられる。その特徴は，民主的方法により個人の自由的発展を基礎とする民主社会主義国家を実現し，社会的公正の原則に基づいて，政治・経済・社会・文化に関する全般的計画を制定し社会を刷新することである[34]。また政治面では民主政治と自由主義，経済面では計画経済と社会主義を唱えている。しかしここで指摘しておかねばならない点は，民社党がソ連の経済的民主化と計画経済を貧しい人々の生活向上に貢献したと評価しているものの，その人権無視，人民の政治権力剥奪の姿勢を批判して，ソ連の経済的民主主義が「兵営」のなかのもので，実際に経済的自由があるかと，疑問を提示したことである[35]。これは当時中国の知識人および民盟のなかで強まってきたソ連の計画経済に対する憧れに警鐘を鳴らすものであった[36]。

(2) 第三党と社会民主主義

第三党の社会民主主義的傾向の背景として，創始者・鄧演達の思想的影響が指摘できる。鄧演達は，1920年代の半ばから30年代の初期にかけて二度（四年間）にわたってドイツに滞在し，ヨーロッパ諸国の政治と社会状況を視察した。第一回目は，24年の冬，鄧が黄埔軍官学校を離れ，初めてドイツに渡った時であり，彼はベルリン大学でヘーゲルの哲学を専攻していた章伯鈞と知り合った。彼らはドイツで政治討論会を組織し，ヴァイマル共和国政権の一翼を担ったドイツ社会民主党の政権理論および西欧の社会民主主義思想を熱心に研究し，26年12月に帰国した。

第二回目は，第一次国共合作分裂後，鄧が旧ソ連に亡命した後の時である。彼はソ連共産党の指導者スターリン，コミンテルンの指導者ブハーリンおよび中共モスクワ支部などと会談を重ねていたが，コミンテルンの中国革命に対す

る指導に異議を表明したため,身の危険を感じ,28年にふたたびドイツに亡命した。この時期,鄧演達は「経済史およびその理論的研究」,「政治理論およびその史的研究」に専念し,その精力的研究ぶりは当事者の回想録および当時のベルリン警察文書に記されている[37]。

　ドイツは社会民主主義の発祥地である。マルクス主義から訣別したベルンシュタインの「修正主義」は,この地で誕生した。ベルンシュタインは,社会主義が暴力革命とプロレタリアート独裁の方式によるのではなく,漸次的改革を通じて達成されると提唱した[38]。ベルンシュタインの政治思想を受け継いだヒルファデイングらは,社会主義へ移行する道として「協商統治」を打ち出し,その具体化として「職能民主」すなわち国家行政の政策決定における職業集団と組織を強化すること,換言すれば労働者階級に国家権力を行使させる「特殊な形式」を唱えたのであった[39]。鄧演達がドイツ滞在時代に出会ったこうした課題は,第三党理論の形成に大きな影響を与えた。鄧演達は自身の政治的主張を,欧米の自由主義やソ連の一党独裁と異なる「闘争的平和主義」,「職業化議(会)制」と名づけた[40]。鄧の手による第三党の政治綱領は,明確に共産主義革命によって既存のすべての組織を破壊することに反対し,現政権に取って代わる方法として,全国職業団体の代表による全国人民会議を開催し,全国の政権を接収することを提唱した[41]。

　鄧演達が二回目にドイツに渡った時は,ヴァイマル期の社会民主党の活動を支えた,ヒルファデイング,フリッツ・ナフタリの経済的民主主義,エドゥアルト・ハイマンの社会主義市場経済論がもてはやされた時期であった。その頃,ドイツ社会民主党の経済理論家であるルドルフ・ヒルファデイングは,ドイツ政府内閣財政大臣に就任した。彼の「組織された資本主義」は,将来的に資本主義生産の無政府性の止揚と経済の意識的調整をもたらす可能性を唱えている。それを発展させたものとしてフリッツ・ナフタリが,建設的社会主義の立場から「経済民主主義」の重要性を提起した[42]。また同じ時期に,社会民主党「社会化委員会」の書記エドゥアルト・ハイマン[43]は,ミーゼスやマックス・ウエーバーらの社会主義批判に対抗して,社会主義の合理的可能性を明ら

かにした『剰余価値と共同経済』を発表し，初めて社会主義市場経済の理論を提起した[44]。

このような組織された資本主義経済への国家介入という社会民主主義理論の大きな変化を目にした鄧演達への影響は，帰国後，彼の手による第三党の政治綱領，中国および世界情勢分析に関する一連の文章のなかに見出される。鄧演達は，1920年代半ばからソ連共産党内で繰り広げられたブハーリン＝ブレオラジェンスキー論争[45]後におけるソ連の市場問題に関する認識，スターリンの市場経済（ネップ政策）を中止した「一国社会主義論」を批判し，社会主義市場問題の重要性を提起した。このような認識は，社会民主主義の経済的民主主義に基づいて，国家介入により生産手段の社会化を実現させる，という理論と多くの共通点を有することは明らかである。

鄧演達死後，1935年11月10日に第三党は香港で中国国民党臨時行動委員会第一回臨時代表大会を開催し，中国国民党臨時行動委員会を中華民族解放行動委員会と改名するともに，黄琪翔を総書記，章伯鈞を宣伝委員会書記，郭冠傑を総務委員会書記，丘哲を財務委員会書記，彭沢民を監察委員会書記として選出し，彭沢湘を加えた新指導部を発足させた。第三党は「中華民族解放行動委員会臨時行動綱領」と「中華民族解放行動委員会，同志に告げる書」のなかでその政治的主張を打ち出した。それによれば，中国革命は非社会主義革命の反帝国主義と土地革命であり，その指導思想はマルクス＝レーニン主義である。中国革命の主力は労農大衆と革命的知識人であり，反帝的民族革命の勝利後は非資本主義的方向へ向かうものとされた[46]。あらたに再編された第三党は，中国国民党臨時行動委員会から中華民族解放行動委員会に改名して国民党の看板を降ろすとともに，レーニン主義を指導思想に取込み，また中共のプロレタリア独裁と社会主義革命には反対する立場をとり，急進的社会民主主義の傾向を強めていくのである[47]。

抗日戦争が勃発した翌年3月1日，第三党は第二回臨時代表大会を開催し，「中華民族解放行動委員会抗日戦争期の政治主張」を公表，35年の政治綱領に修正を加え，抗戦期において革命の主力が農労階級から全国各階級の全面抗戦

に変わり，土地革命を提起しないことと民族民主革命の勝利と社会主義の前途を強調するのである[48]。これらの変更は，第三党の綱領が従来強調してきた非資本主義への道を明確に社会主義への目標に切り替えたことで注目される。

盧溝橋事変後，抗日戦争が始まると，38年3月に国民党中央は「抗戦建国綱領」32カ条などを採択し，いわゆる「抗戦建国」の路線を確立した。これを機に中間党派は急速に結集力を強め，39年に統一建国同志会，41年に中国民主政団同盟，44年に民盟にその勢力を結集した。青年党と民社党の主流派が民盟から離脱した後，第三党は民盟を支えるもっとも重要な勢力となった。民盟二中全会直後，第三党はその政党組織の整備と今後の政治路線を明確化するため[49]，47年2月3日に上海で第四回全国幹部会議を開催した。中華民族解放行動委員会は中国農工民主党と改名し，章伯鈞が中央常務委員会主席に選ばれた。この会議は「中国農工民主党党章」と「中国農工民主党第四回全国幹部会議宣言」を採択し，戦後第三党の構想と路線を確立した。それはすなわち農労を軸に広範な平民（都市小ブルジョアジー，民族ブルジョアジー）と連合戦線を結成し，平和的民主的闘争を通じ，民族の解放を行ない，政治的民主主義を実現して社会主義に到達するとし，また経済的民主主義により，「耕すものがその土地をもつ」ことを実現させ，労働者を国家の経済管理に参加させるというものであった[50]。

第三党の戦後構想は社会主義革命と欧米的ブルジョア民主革命に反対することを特徴としている。社会主義革命への反対は中国共産党の基本姿勢と，また欧米的ブルジョア民主革命への反対は国家（民主）社会党の政治主張と一線を画したことから明白である。第三党の平和的民主闘争の主張は，国家（民主）社会党と共通しているが，国家資本主義による社会主義への移行，マルクス・レーニン主義の指導，労農を中心に広範な平民との連合戦線論などは中国共産党の政治的主張にきわめて近い。ここに第三党の急進的社会民主主義的性格が見出せるのである。

以上に述べてきたように，戦後国家（民主）社会党と第三党の構想はともに社会民主主義的傾向をもっている。これは国民党の一党支配に反対すると同時

に，プロレタリア革命を拒否し，自由主義とマルクス主義，民主政治と経済的民主主義を調和させようとする所に共通点があることを意味する。他方，国家（民主）社会党の路線が欧米的民主的政治と経済的民主主義に近いのに対し，鄧死後の第三党は徐々にソ連式の経済的民主主義に傾いていった。このようなそれぞれの政治的特徴は戦後民盟の路線形成に大きな影響を与えた。

2．民盟の戦後構想と社会民主主義的路線

抗日戦争が勃発した後，中間党派指導者の多くが大後方の西南地方に結集した。1939年10月に国民参政会に参加した中間勢力は統一建国同志会を結成した。次いで，41年3月にゆるやかな中間党派の連盟，中国民主政団同盟（民主政団同盟と略称）を発足させたが，それは国民党と中共の間の第三勢力として誕生したものである。これに参加した三党三派[51]のうち，特に民主政団同盟の時期において，青年党の影響力が大きかった[52]。この時期，抗日と民主は中間勢力の共通の政治的主張であり，民主政団同盟としての理念はまだ形成されていなかった。抗日戦争の後期になると，民主政団同盟から中国民主同盟への転換とともに，44年9月に「中国民主同盟綱領草案」が作成されたことで戦後構想が初めて確認され，これは翌年10月の民盟臨時全国代表大会において公表された。従来，民盟の戦後構想とその性格はいかなるものなのか，かならずしも明らかにされていなかった[53]ので，以下にこの点を論じる。

(1) 民盟の戦後構想と穏健的社会民主主義路線

44年9月19日に民主政団同盟は重慶で全国代表会議を開催し，昆明支部が提出した個人加盟による民盟の組織基盤を拡大する提案を採り入れ，民主政団同盟から民主同盟へと改名した。注目すべきは，この会議で選ばれた13人の中央常務委員会の内，国家社会党派が4人おり（張君勱，張東蓀，羅隆基，潘光旦），これは全体の三分の一を占めていることである。この国家社会党勢力の伸長は，社会民主主義勢力の台頭を物語っていると言える。

組織的な基盤の拡大をとげた民盟は，44年9月19日に「中国民主同盟綱領草案」（綱領草案と略す）を採択し，抗戦勝利後に備え，政治・経済・軍事・外交・教育・社会の各分野にわたる6項36項目からなる構想を明確にした[54]。その特色は，政治面では議会制民主主義を，経済面では漸進的社会主義の実現を打ち出していた点である。後者に関しては，私有財産制を承認する一方，国有並びに公的な財産を確立し，国民経済の発展を目指す統一計画を国家が制定する構想が提示されていた。これは国家社会党の修正的民主主義政治，計画経済と社会主義の構想をうけて出されたものと考えられる。もともとこの「綱領草案」は雲南代表の昆明支部が作成したもので，その責任者の羅隆基と潘光旦はともに国家社会党の関係者である[55]。羅隆基は，その時期すでに国家社会党を離脱していたが，前述したように，その思想体系は社会民主主義の精神に沿ったものであった。そもそも民盟三党三派の内，青年党と職教社は欧米型の民主政治に傾き，社会主義に必ずしも賛同していなかった。他方，第三党と郷村建設派は私有制を基礎とする計画経済と社会主義に賛成したが，欧米型の議会政治には異を唱えていた[56]。民主政団同盟に加盟した中間党派間のそうした差異を調整し，その共通項を示したのがこの「綱領草案」であり，その根底には国家社会党の社会民主主義構想が存在したことがわかるのである。

　1945年になると，第二次世界大戦の終結および中国抗戦勝利の見通しが明るくなってきた。この時中国共産党が七全大会（4月23日）を開催し，「新民主主義国家」の構想を打ち出したのに対し，国民党は第六回大会（5月5日）を開き，「憲政実施を確定する建国革命の大業を完成する」ことを明らかにした。抗戦勝利後中国政治情勢の変化に対応するため，45年10月1日に国共両党による重慶談判が進められるなかで，民盟臨時全国代表大会（中国民主同盟第一次全国代表大会）が開催された。大会は「中国民主同盟臨時全国代表大会政治報告」（政治報告と略称），「中国民主同盟臨時全国代表大会宣言」，「中国民主同盟綱領」を可決，全国代表会議で採択された「綱領草案」を確認・修正したうえ，それを民盟の政治路線として正式に打ち出した。そのなかで注目すべき点は次の二つである。

第一に，政治面では欧米型の民主主義を採用する，としたことである。「中国民主同盟綱領」は「綱領草案」の政治項目の内容を確認したうえ，議会制民主制度をさらに明確に議院内閣制と規定し，大統領の選挙を間接選挙から人民の直接選挙に改めた。また国会が予算と決算，常備軍の定数，宣戦と講和などを行うという条文が加えられた。これは明らかに国家に対する大統領の影響力の制限，軍隊に対するシビリアン・コントロール制度の確立を意味するものである。さらに中央と地方の分権化を唱え，省長・県長の民選の明文化を要求した。この改正は「政治報告」が指摘しているように，「英米の議会制度」が中国の民主制度を樹立するうえで「貴重な参考資料」になることを示しており，国民党の「五権憲法」と国民大会の直接民権に対抗するものとして考案されたのである[57]。

第二に，経済面ではソ連型の経済的民主主義を採用する，としたことである。「政治報告」は英・米型の議会政治と政党政治の欠陥を指摘するとともに，これらの欠陥が「社会上の階級格差」を生み出し，人民の自由と平等の権利を空洞化している，との認識を示した。そしてこうした欠陥を克服するためには，「社会経済制度を調整し，政治上の民主主義を経済的な自由平等にまで拡大するなど，いわゆる経済的民主制度」を採り入れる必要がある，とし「ソ連の経済面での民主制度によって，英・米の政治的民主制度を充実させ」，「一つの中国型の民主制度を創造する」，すなわちこれこそが「中国民主同盟が当面，中国で樹立しようとしている民主制度」である，としていた[58]。

このように民盟がソ連型の経済的民主主義，つまりソ連型の計画経済を戦後構想に取り挙げたことは注目に値する。これには，第二次世界大戦勝利の前後，中国の輿論がソ連の社会主義制度に対する評価を変化させたことが背景にあることを指摘しておかなければならない。たとえば，重慶の『大公報』は1944年10月8日に，ラスキの「中国の勝利展望に関する感想（Reflections on the Prospects of Chinese Victory）」を掲載した。彼は戦後の中国が経済的民主制度を基礎に置かなければ，その勝利が長く続かないと警告し，レーニンとその後継者が作った「計画生産制的国家」を中国が参考すべきものとして高く評価して

いる。この時期に『大公報』に掲載された一連の社会民主主義，特にソ連紹介の論評が戦後中国の輿論形成に大きな影響を与えたのである[59]。

　津野田氏はこのソ連型の経済的民主主義と英米から学んで造りあげられた政治と経済の民主主義概念が，かつての羅隆基にはほとんど見られなかったもの[60]と述べている。前述したように国家社会党は，ソ連の人権無視，階級闘争・唯物主義歴史観を否定したものの，当初から「計画経済の実施を経験の面と方法の面において，人類のもっとも貴重なもの」として，ある程度肯定した[61]。これは，確かに第三党における共産主義批判には見られなかったものである。第三党が初めて「ソ連の経済制度が経済の民主化である」[62]と評価したのは，45年3月機関誌『中華論壇』に祝世康の文章を掲載してからのことであり，国家社会党と第三党の経済政策面での歩み寄りが「中国民主同盟綱領」を合意に導いたと思われる。

　しかし，「中国民主同盟綱領」は「計画と自由経済の協調」，「計画経済下の系統的な発展と同時に，私営企業を奨励・支援する」原則[63]を強調したにとどまり，「綱領草案」にあった「漸進的な社会主義への移行」という言葉を削除している。これは，青年党や民族ブルジョアジーの利益を代表する中華職業教育派などの勢力との妥協，さらには米ソ対立の兆しが現れていた国際情勢を考慮した結果と考えられる。土地制度については，小作料を引下げ，貧農の土地使用権を保障し，土地の使用権と所有権の合理化と統一化を図ること，その方法として，上限を超える私有地を国家が必要時に法定手続きによって買上げ，徐々に土地の国有を進めるという内容が加えられた。これは第三党の「国家が個人に許された所有耕地の最高額以外の土地を，国民会議が制定した土地定価原則および各地方政府が決定した土地価格により買収・国有化して農民に配分する」[64]という従来の土地政策を採り入れたものと言える。そのほかソ連の「コルホーズ，ソホーズ」的な合作農場と公営農場建設などの方式を通じて，農業生産の工業化と近代化を図ること，また労働者を公営および規模の大きい私営企業の管理に参加させることが条文化された。これは戦後反ファシズム戦争の勝利により，中国の社会民主主義者の視線が，西欧の社会民主党の経済的

民主主義からソ連の経済的民主化主義へ移ったためであろう。

　総じてみると，民盟臨時全国代表大会は英・米の政治的民主主義とソ連の経済的民主主義の双方を中国の民主制度樹立のモデルとしており，それを具体化したのが「中国民主同盟綱領」になっていた。こうしてみると，「中国型の民主主義を創造する」民盟の戦後路線は，明らかに穏健な社会民主主義の思想によって支えられていた[65]。

(2)　急進的政治路線への転換

　民盟臨時全国代表大会が閉会する 2 日前，国共重慶会談の合意文書「国民政府と中共代表会談紀要」(「双十協定」と通称)が公表され，これに基づいて政治協商会議が開催されることになった。このような情勢に対応して，民盟の内部に大きな変化が見られた。

　1945年12月 2 日に青年党は十全大会を開き，民盟指導者の一人でもある左舜生[66]が青年党の中枢から退いたこともあり，青年党は単独で政治協商会議に参加し民盟から離脱した。同12月16日に職業教育派と民族ブルジョアジーの勢力が結集し，「中国民主建国会」を設立した。また政治協商会議後，民盟と国共間の調停失敗により郷村建設派の梁漱溟はみずから民盟秘書長から身を引いた。さらに民社党の主流派は，国民大会に参加したことで民盟を脱退させられた。このような変化を背景に民盟の穏健的社会民主主義路線は後退し，第三党の急進的社会民主主義路線がしだいにイニシアチブを取るようになった。

　まず民盟指導部人事の変化である。第二次国共合作が決裂した後の新しい情勢に対応するため，民盟は46年12月24日に常務委員会会議を開き，従来の方針に反して国民大会に参加した民社党党員の追放決議を行なった。また同25日に二中全会を準備するために中央常務委員会予備会議を開催し，黄炎培，沈鈞儒，章伯鈞，羅隆基，周新民の五人からなる二中全会準備のための五人委員会を成立した。このような準備作業が進められているなかで，47年 1 月 6 日から10日にかけて，民盟二中全会が開催された。二中全会は民盟の指導部を強化するため，張東蓀が梁漱溟の代わりに秘書主任，沈鈞儒が財務委員会主任に就任した。

章伯鈞は組織委員会主任に留任し，羅隆基は宣伝委員会主任のほかに国外関係委員会主任を兼任する。そのほかに黄炎培は新設の基金募集委員会主任，鄧初民は民衆教育委員会主任，彭沢民は華僑委員会主任に，それぞれ就任した。この人事から明らかなように，民盟内では青年党と民社党の主流派が離脱したため，民主建国会，第三党と救国会派を中心とする勢力がしだいに主流派となっていった。

　第二に，民盟方針の再検討である。二中全会では民盟組織の新たな情勢下の民主運動と組織の強化が討議され，その独立性が強調された。その独自性とはすなわち，「民盟は大衆の立場に立ち，大衆の要求に従い，仕事をしなければならない」[67]ということである。また国共両党の闘争に対し中立的立場を守るが，独立の政治団体として「民主と反民主，真の民主と偽の民主の間にたつ」[68]との従来の両党に対する調停者としての中間的な政治的立場からは後退した。

　その独自性を保つため，組織を強化する措置として，民盟組織の党派と個人加盟の二重構造から，完全に個人の資格による民盟に加盟する体制に切り替えた。この目的は「完全な独自性，自由性，民主性を発揮させ，またより多くの中間階層の自由民主的な分子を組織内に結集させる」ことにあるという[69]。

　このような方針の転換に伴って，二中全会は民盟の組織内に「政治計画委員会」を設け，政治・法律・外交，財政・経済，土地改革，文化教育などの問題を再検討することを決めた[70]。二中全会後に展開された「中間派の政治路線」論争は，民盟路線の再検討を背景に繰り広げられたのである。

　中間路線はそもそも政治協商会議の後，46年5月22日に張東蓀が天津青年会で「一つの中間的政治路線」という講演のなかで提起したものである。その要点としては次の通りである。国際的には資本主義と共産主義の折衷，国内的には中国共産党と国民党の間に第三の政治勢力があるべきことを目的としており，政治面では英米型の自由主義と民主主義を多く採り入れ，経済面ではソ連型の計画経済と社会主義を多く採り入れる[71]。

　ここに述べられた張東蓀の中間派の政治路線は，46年3月にイギリス前首相

チャーチルの有名な「鉄のカーテン演説」がな行われた直後，東北接収をめぐる国共軍事衝突の拡大を背景に提出されたものである。そのねらいは国際上での米ソ対立，国内での国共対立に民盟自身が巻き込まれないように，民盟二中全会前の政治路線を強調したものと受け止められる。

　これに対し民主建国会の施復亮副主任委員は「いわゆる中間派」を発表，中間派の政治路線は，政治面では英米型の民主政治を実現し，経済面では民族資本主義を発展させることにあり，いかなる一党独裁と階級独裁にも反対し，客観的条件が未成熟の時期に社会主義を試行することにも賛成しない，と指摘した[72]。これは明らかに社会民主主義的政治路線とは異なる立場を提示したものであった。これは中国の民族ブルジョアジーの要求を代弁するもので，民盟における民主建国会勢力の政治的主張を代表していると言える[73]。

　ここで強調しておきたいのは，中間路線の論争が第三党を代表とする急進的社会民主主義路線の台頭と密接に関係していることである。前述したように，第三党は47年2月3日に第四回全国幹部会議を上海で開催し，正式に中国農工民主党と改名し，中国革命が欧米的ブルジョア民主革命ではなく進歩的民主革命であり，社会主義を目標とするという方針を打ち出していた。同年3月6日に民盟上海支部の指導者でもある施復亮は「中間派的政治路線」[74]を書き，そのなかで英米型の民主政治，新資本主義的経済，労農との協力を強調すると同時に，左翼的政党との合作を主張しつつも，原則なしに左翼的政党の主張に合わせることに反対するなど，第三党と救国会の動きを牽制しようとした[75]。また羅隆基の手による「中国民主同盟，時局に対する宣言（1947年4月25日）」は，引き続き「資本主義と共産主義が共存・協力ができる」[76]と唱えている。民盟の秘書長である張東蓀は一連の論評を書き，その穏健的社会民主主義の政治的主張を展開したが，それは当時世論を巻き込んだ論争に発展していった[77]。

　注目すべきことは，この論争が，民盟による国共間の調停が失敗し，中間勢力の「政治の民主化，軍隊の国家化」の平和建国構想が破綻したことを背景に展開されたことである。それによって民盟の穏健的社会民主主義路線は後退

し，新しい政治路線を模索することが求められた。しかし，民盟が新しい政治路線を再構築するさなかに事態は急転し，47年10月末に民盟は非合法化され，解散に追い込まれた[78]。このため，香港に逃れた章伯鈞・沈鈞儒・周新民らの主導下に，48年1月5～19日に香港で拡大三中全会が開催された。同会議の出席者29人の内，第三党・救国会および中共に近い民盟南方総支部の関係者がその大半を占めた。会議は民盟の組織を再建し，第三党と救国会を主力とする民盟の新しい指導体制を確立すると同時に，中間路線を排除し急進的政治路線を採択した[79]。

三中拡大全会は，開会初日「緊急声明」を発表して，民盟本部が合法的な会議を経ずに発表した「辞職」，「総部の解散」および「同盟の活動停止」などの声明を受け入れられないとの態度を表明し，南京反動独裁政府を倒し，民主・平和・独立・統一の新中国を実現させるために奮闘せよ，と呼びかけた[80]。この「緊急声明」によって，民盟は組織の回復と南京政府との対決の意志を明らかにし，その路線転換を「政治報告」，「三中全会宣言」として採択した。その立場は，すなわち国民党の政権を粉砕し，平和と民主・清廉と効率の新政権を樹立することである[81]。これは二中全会の「平和統一・民主」の方針から，中共の進める武装闘争を公然と容認する方向への転換であった。そのため，「政治報告」は自らの立場を「革命的民主派」として位置づけ，中間路線とは一線を画した[82]。

ここで指摘しておかなければならないのは，三中全会が，英米的民主政治と新資本主義を掲げる民主建国会の責任者黄元培，穏健的社会民主主義者の羅隆基・張東蓀ら有力な指導者が不在のまま，また民盟が非合法化された状況下で召集されたということである。そのため，三中全会の政策決定は，第三党の章伯鈞と救国会の沈鈞儒の主導[83]下に行なわれることとなった。このように民盟三中全会における方針の転換が第三党の急進的社会民主主義路線に色濃く染められたことは明らかであった。

おわりに

　以上のように，本稿は，第三党と国家（民主）社会党の社会民主主義的側面を確認するとともに，民盟の戦後構想と社会民主主義の関係を検討することで，以下の問題を明らかにした。第一に，第一次国共合作分裂後に結成された第三党と国家（民主）社会党はともに社会民主的政党である。これは両党の政党創始者の理論が色濃く西欧の社会民主主義の影響を受けたことによる。第二に，国家（民主）社会党が穏健的社会民主主義を掲げているのに対して，第三党は急進的社会民主主義を主張している。国家（民主）社会党の社会民主主義は，計画経済的民主主義によって英米型の民主政治に生じた不平等をなくそうとするもので，南京国民党政府の一党独裁を合法的手段により改変しようとした。これに対し第三党は，職業階層による国民会議と国家資本主義を通じて社会主義社会を実現しようとした。すなわち，国家（民主）社会党が計画経済を重視したのに対して，第三党は西欧の社会民主主義の経済的民主化における市場経済を強調しており，また前者が英米型の民主政治を主張しているのに対して，後者は労農重視の国民会議を強調し，レーニン主義を受け入れたことに重点を置いている。第三に，民盟は中間党派の連合体として，その戦後構想と路線が深く社会民主主義的影響を受けている。第二次世界大戦の勝利は，中国の社会民主主義者の目を欧米型の政治的民主主義とソ連型の経済的民主主義に目を向けさせるようになり，これは「中国民主同盟綱領草案」と「中国民主同盟綱領」に具現化された。そのため，社会主義に賛成しない青年党は民盟から離脱し国民政府と合流した。また民盟の調停による国共会談が失敗した後，民社党の主流派は民盟から離脱したため，民盟は穏健的社会民主主義から後退し，同組織内には第三党と救国会を主力とする急進的社会民主主義路線が台頭した。結果として，この路線をめぐり，民主建国会の中間的政治路線論，民社党系の中間派路線論，第三党の急進的社会民主主義者との間に世論を巻き込んだ論戦が展開されることになった。民盟の非合法化により1948年1月に民盟拡大三中全会

が開かれ，第三党と救国会を主力とする新しい指導体制が確立されると同時に中間路線が排除され，第三党の急進的社会民主主義路線が台頭するにいたった。最後に，中間党派戦後構想は戦後中国の政治発展に大きく関わっている。民盟の動向は直接に戦後の国共交渉，政治協商会議，国民大会の政治的力学に大きな影響を与えたばかりではなく，戦後国民党の「中華民国憲法」の制定と国民党・青年党・民社党の連合政府の成立および49年以後中共の「中国人民政治協商会議共同綱領」の誕生と「多党合作」の政党構造の形成に密接に関係している。また民盟戦後路線の変化と論争はその余韻として，49年の民盟四中拡大全会の「羅隆基グループ事件」，50年代初期の「劉王立明反ソ事件」，張東蓀の「米国スパイと結託，売国事件」に連なり[84]，さらに57年の反右派闘争および中共の中間路線批判に連なっていくのである。

1) 水羽信男「抗日統一戦線運動史」（『日本の中華民国史研究』，汲古書院，1995年）99-121頁。
2) 例えば，Wen-Shun Chi, *Ideological conflicts in modern China-democracy and Authoritarianism,* Transaction Books. などが挙げられる。「左翼反対派」については斎藤哲郎『中国革命と知識人』（研文出版，1998年）があり，「中間路線論」に関しては，平野正と水羽信男が一連の論争的文章を発表している。この問題については，平野正『中国革命と中間路線論問題』（研文出版，2000年）参照。
3) 近年，許紀霖らは新自由主義の枠組みから，中間党派の一部の人物に関する社会民主主義的思想の性格を指摘した（許紀霖「現代中国的社会民主主義思想」『二十一世紀』，第42期，1997年8月号）が，これは主に思想・文化論からの視点で，政党論ではない。この点については水羽信男「近代中国のリベラリズム」（『アジア社会文化研究』第2号，2001年3月，55-74頁）も併せ参照されたい。
4) 拙著『中国革命と第三党』（慶應義塾大学出版会，1998年）87-93頁。
5) 張君勱「我従社会科学跳到哲学的経過」（『中西印哲学文集』，台湾学生書局，1981年），また『張君勱集』（群言出版社，1993年）44-45頁。
6) 張君勱『社会主義思想運動概観』（稲禾香出版社，台北，1988年）3，6頁。
7) 「羅隆基復信致施滉」（聞黎明・侯菊坤編『聞一多年譜長編』，湖北人民出版社，1994年）225-227頁。
8) 羅隆基「我在天津『益世報』時期的風風雨雨」（『愛国名人自述』花城出版社，広州，1998年）384頁。
9) 謝氷編『羅隆基—我的被捕経過与反感』（中国青年出版社，1999年）11-12頁。

葉永烈編『王造時―我的当場答復』(中国青年出版社, 1999年) 77-80頁。
10) 羅隆基「専家政治」(『人権論集』, 新月書店, 上海, 1930年) 169-184頁。記者「我們要説的話」(『再生』創刊号, 1932年5月20日) 16頁。
11) 左玉河『張東蓀伝』(山東人民出版社, 済南, 1998年) 18頁。
12) 張東蓀『理性与民主』(上海商務印書館, 上海, 1946年) 4頁。
13) 張東蓀「第三種文明」(『解放与改造』, 第1巻第1号)。
14) 張東蓀「世界共同之一問題」(『時事新報』, 1919年1月15日)。
15) 張東蓀「現在与将来」(『改造』, 第3巻第4号, 1920年12月15日), 同「一個申説」(『改造』, 第3巻第6号, 1921年2月15日)。
16) 前掲『理性与民主』, 4-5頁。
17) 前掲『張東蓀伝』, 293頁。
18) 菊池貴晴『中国第三勢力史論』(汲古書院, 1987年) 172頁。
19) 「中国国家社会党簡史」(「中国民主社会党等党派全宗彙集檔案」, 中国第二歴史檔案館編『中国民主社会党』檔案出版社, 1988年, 2頁) 参照。
20) 陳独秀「社会主義批評」(『新青年』第9巻第3号)。
21) 記者(張東蓀)「我們要説的話」(『再生』創刊号, 1932年5月) 1-60頁。
22) 張君勱「国家民主政治与国家社会主義」(『再生』第3期, 1932年7月) 30-39頁。
23) 黄嶺峻「30-40年代中国思想界的『計画経済思潮』」(『近代史研究』2000年第2期), 陳先初「評張君勱的『修正的民主政治』主張」(『湖南師範大学社会科学学報』1999年第4期)。
24) 前掲「我在天津『益世報』時期的風風雨雨」, 371-386頁。また「解決閩変的合理途経」(『益世報』, 1933年11月23日)。
25) 張東蓀「評共産党宣言並論全国大合作」(『自由評論』第10期, 1936年2月7日)。
26) 『国聞周報』第14巻29期, 1937年7月20日。
27) 「国家社会党代表張君勱致蔣介石汪精衛書」(前掲『中国民主社会党』) 79-85頁。
28) 「蔣介石汪精衛復張君勱書」, 同上, 82-83頁。
29) 張君勱「『立国之道』新版序」(前掲『中国民主社会党』) 186頁。『立国之道』商務印書館, 桂林, 1938年) 2頁。
30) 俊生「中国国家社会党」(『再生』第34期, 1945年12月)。
31) 『黄炎培日記摘録(徴求意見稿)・中華民国史資料叢稿』(以下黄炎培日記と略す)増刊第五輯, 1979年12月, また前掲張君勱「社会主義思想運動概観」, 9頁。なお, 薛化元「張君勱与中華民国憲法体制的形成」(中央研究院近代史研究所編『近代中国歴史人物論文集』, 中央研究院近代史研究所, 台北, 1993年, 225-266

頁）を参照のこと。

32) 「中国民主社会党政綱」（「国民政府国史館檔案」）（前掲『中国民主社会党』）152頁。また張君勱「民主社会党的任務」（『再生』週刊第160期，1947年4月）3-5頁。

33) 王厚生「中国民主社会党的政治路線」（『再生』週刊第186期，1947年10月）10頁。

34) 前掲「中国民主社会党政綱」（「国民党政府国史館檔案」）。

35) 前掲張君勱「民主社会党的任務（続）」（『再生』週刊第164期，1947年5月）2-4頁。

36) 毛以亨「民主政治下之計画経済」（『再生』週刊第183，184，185期），前掲黄嶺峻「30-40年代中国思想界的『計画経済思潮』」。

37) Roland Felbert ünd Ralf hubner, Chinesische Demokraten und Revolutionäre in Berlin (1925-1933), Wissenschaftliche Zeitschrift, der Humboldt-Universitat zu Berlin, 37. Jg. 1988. Hettz. また拙著「従国家資本主義到社会主義市場経済論」（梅日新・鄧演超主編『鄧演達新論』華文出版社，北京，2001年，297-317頁）参照。

38) トマース・メール著，殷叙彝訳『社会民主主義導論』（中央編訳出版社，1996年）。

39) 王捷・楊祖功『欧州民主社会主義』（社会科学文献出版社，1991年）。

40) 梅日新・鄧演超主編『鄧演達文集新編』（広東人民出版社，2000年）462頁。

41) 「中国国民党臨時行動委員会政治主張」（『革命行動』第1期，1930年）62頁。

42) F.ナフタリ著，山田高生訳『経済民主主義―本質・方途・目標』御茶の水書房。

43) エドゥアルト・ハイマン（1889-1967），1924年にハンブルク大学の教授，社会民主主義の理論家。33年以後，ナチのユダヤ人圧迫から逃れ渡米。

44) 前掲『社会民主主義導論』。また野尻武敏他訳『近代の運命』（新評論，1987年）参照。

45) 同論争については，鄭樹清著，江頭数馬訳『社会主義市場理論の系譜』（日本大学商学部，1993年），鈴木春二『20世紀社会主義の諸問題』（八朔社，1997年）参照。

46) 『第三党與民族革命』（抗戦行動社，1938年）1-12頁。また「臨時行動綱領（1935年11月10日）」（章伯鈞主編『中華論壇』第10-11期，1945年12月1日）19-23頁。

47) 『中国農工民主党簡史（徴求意見稿）』（中国農工民主党党史資料研究委員会，北京，1982年）6頁参照。

48) 「中華民族解放行動委員会抗日戦争時期的政治主張」（1938年4月），（前掲『中国農工民主党歴史参考資料』第三輯）50-66頁。

第 4 章　中間党派の戦後構想と社会民主主義　129

49)　章伯鈞「中国農工民主党第四次全国幹部会議党務報告」（1947年 2 月 3 日），（前掲『中国農工民主党歴史参考資料』第四輯，1981年）4 頁。
50)　前掲『中国農工民主党歴史参考資料』第四輯，1-21頁。
51)　主に中国青年党，中国国家社会党，第三党，救国会，中華職業教育社，郷村建設派を指し，一部の無党派の有力者も含む。
52)　民主政団同盟の時期，青年党の勢力が主力となっている。羅隆基「従参加旧政協到参加南京和談的一些回憶」（『文史資料選輯』第20輯，1961年）、また梁漱溟「記中国民主政団同盟」（『梁漱溟自述』漓江出版社，桂林，1996年）246頁の注を参照。
53)　例えば平野正は戦後民盟の路線を「中国型の民主主義を創造する」ととらえ（平野，前掲書112頁），また西村成雄は政治的民主主義と解釈している（西村，前掲書215頁）。
54)　「中国民主同盟綱領草案」（『中国民主同盟歴史文献（1941-1949）』文史資料出版社，1983年）26-30頁。
55)　左舜生「近三十年見聞雑記」（沈雲龍主編『近代中国史料叢刊』第五輯，文海出版社，台北，1967年）530頁。さらに張君勱と「綱領草案」の関係については，薛化元，前掲論文，232頁，が詳しい。
56)　「訪問章伯鈞先生」（『重慶新民晚報』1945年12月22日）。
57)　中国民主同盟臨時全国代表大会政治報告」（前掲『中国民主同盟歴史文献（1941-1949)』）76頁。
58)　同上，75頁。
59)　ラスキ「中国勝利展望に関する感想（Reflections on the Prospects of Chinese Victory)」（『大公報』，重慶，1944年10月 8 日）。その他に『大公報』は，公孫度「認識蘇聯」（1944年 5 月21日），翁秀民「民主政治と計画経済」（10月22日），威洛克（Wilfred Wellock）「向中国進一警告」（1945年 1 月24日），斯密爾諾夫「蘇聯民主的経験」（1 月28日），「社評　今後的蘇聯」（6 月22日），伍啓元「民主経済和経済民主」（1946年 2 月10日）などを掲載した。
60)　津野田興一「羅隆基の戦後民主主義構想」（『近きに在りて』19号，1991年），6 頁。
61)　前掲「我們要説的話」，23頁。国家社会党のソ連計画経済の見解については，張君勱「我之俄国観」（『再生』第一巻第五期），「経済計画與計画経済」同第二巻第二期参照。
62)　祝世康「戦後経済民主化之我見」（『中華論壇』第 3 期，1945年 3 月16日）。
63)　前掲「中国民主同盟臨時全国代表大会政治主張」，84-85頁。
64)　「中国国民党臨時行動委員会政治主張」（『革命行動』第1期，1930年，59頁)。
65)　「訪問張君勱先生」（『重慶新民晚報』，1946年 1 月21日）。前掲「黄炎培日記」

48頁。梁漱溟「予告選災・追論憲政①」(『大公報』1947年9月21日)。
66) 抗日戦争中は左舜生が実質的に党首の責務を果たしていた(沈雲海『曽慕韓(琦)先生年譜日記』中国青年党党史委員会,台北,1983年,174頁)。
67) 「中国民主同盟二中全会政治報告(代宣言)」(『大公報』,1947年1月31日)。
68) 同上。
69) 「中国民主同盟中央組織委員会関於拡大加強組織推進民主運動通知」(前掲『中国民主同盟歴史文献(1941-1949)』)301頁。
70) 「中国民主同盟今後組織工作計画(1947年1月10日)」(前掲『中国民主同盟歴史文献(1941-1949)』)370-371頁。
71) 「一個中間的政治路線」(『再生』週刊,第118期,1946年6月22日)。
72) 施復亮「何謂中間派」(『文匯報』1946年7月14日)。またこの問題に関しては,平野正と水羽信男の「中間路線論」に関する論争の関連論文を参照。
73) この時期,『文匯報』には民族ブルジョアを代表する論評が多く掲載された。陶大鏞「論工業的民主主義」(1946年5月12日),「経済民主之路(星期座談)」(1946年7月6日)。また前掲「黄炎培日記」163頁。
74) 施復亮「中間的政治路線」(『時与文』,1947年3月14日)。
75) 民主建国会の第三党や救国会に対する不満は前掲黄炎培日記138頁参照。
76) 「中国民主同盟対時局宣言」,(前掲『中国民主同盟歴史文献(1941-1949)』323頁。
77) 関連文献は蔡尚思主編『中国現代思想史資料簡編』(第五巻)浙江人民出版社,1983年に収録。また前掲『中国革命と中間路線論問題』を参照。
78) 『華商報』,香港,1947年10月28,29日。
79) 民盟の新指導部は沈鈞儒と章伯鈞を中心とし,中共秘密党員の周新民が代理秘書長,南方民盟総支部委員の沈志遠が宣伝委員会主任代理,民盟港九支部主任委員の馮裕芳が国内関係主任代理,南方民盟総支部委員の薩空了が国外関係委員会主任代理,救国会系の劉王立明が財務委員会主任に就いた。南方民盟総支部と三中拡大全会の関係は李伯球・郭翹然・胡一声『南方民盟闘争史略』(陳宏文整理,謄写版,出版年不詳)参照。三中全会時の民盟内の分裂状況と上海の動きについては前掲「黄炎培日記」164頁も参照。「社評 民盟的新政治路線」『華商報』1947年1月21日の論評記事も参考になる。
80) 「中国民主同盟一届三中全会緊急声明(1月5日)」(『華商報』1947年1月6日)。
81) 「民盟三中全会宣言」『華商報』1947年1月21日。
82) 同上。
83) 三中全会に際しては,沈鈞儒が全体の協調,章伯鈞が政策の作成,周新民が総務を担当した(民盟中央文史委員会『中国民主同盟簡史』,112頁)。

84) 楚図南「我的片段回憶」(『多党合作紀実』中国文史出版社,1993年,340-341頁),また前掲『張東蓀伝』,428-448頁参照。

(周　偉　嘉)

第5章　戦後の憲政実施と立法院改革

はじめに

　一国の統治形態を論ずる場合，国家意思の形成・決定・遂行に関わる制度的な構成を統一的に取り上げなければならないが，その分析の核心は，何よりも三権分立の態様，とりわけ立法権と執行権の関係如何という点にある。その際，憲法こそが一国の統治形態を分析する最良の素材となってくることはいうまでもない。1946年12月，制憲国民大会によって「中華民国憲法」が制定され，中華民国は孫文のいう「憲政」期への第一歩を踏み出した。抗日戦争前から戦後の憲政実施に至るまで，同憲法の内容については，国民党だけでなく共産党・民主諸党派も加わって様々な検討が加えられたが，そこで重要な論点の一つになっていたのも，ここでいう統治形態の問題であった[1]。

　ところで，「中華民国憲法」の制定に至るまで，統治形態，とりわけ中央権力の制度的構成において問題となったのは，孫文の所謂「政権機関」に当たる〈国民大会〉と「治権機関」の一つである〈立法院〉との関係，そして両者とやはり「治権機関」に属する〈総統－行政院〉との関係であった。上に述べた統治形態論の観点からみた場合，〈国民大会〉・〈立法院〉・〈総統－行政院〉の制度的な関係こそが，統治形態の憲政的改革において重大な焦点となりうるものだったのであり，来るべき憲政期中国の立法権と執行権との関係を指し示すものにほかならなかったのである。

　「中華民国憲法」では，孫文の意図に忠実ならば強大な権力をもつはずだった国民大会の権限が大幅に縮小され，その代わりに立法院が「民主国家の議会」

の性格に接近して，総統と行政院に対する権限も，議院内閣制的なものに少しでも近づけようとする配慮がなされている。同憲法が規定した憲政期の統治形態は，表面上，孫文の「五権分立」的な体裁を維持しつつ，実際には三権分立の〈大統領－議院内閣制〉に接近した形となっていたのである。その意味からすれば，憲政期のあるべき民主的な政治運営において，枢要な役割を担うのは立法院になるはずだったといっても過言ではない。それでは，抗日戦争前から戦後の憲政実施に至る過程において，立法院の制度的位置づけはいかなる変容を被り，いかにして「民主国家の議会」に接近した機関となっていったのだろうか。

そこで，小論では立法院をめぐる代表的な構想・改革(案)を概観することによって，この問題について初歩的な考察を試みることにしたい[2]。

1．孫文の立法院構想

そもそも孫文にとって，憲政期において「民意」を代表する機関として想定されていたのは，政治を管理する国民の権力，つまり選挙・罷免・創制・複決の四権を行使する「政権機関」の国民大会であり，立法院は，あくまで行政・立法・司法・監察・考試の五院から構成される「治権機関」（政府機関）の一つに過ぎなかった。したがって，その構成員は国民大会の選挙によって選ばれるとはいえ，あくまで「行政的官吏」に過ぎず，その点で，立法権を執行権から独立して行使する「議会」と立法院とは，およそ異なる存在であったといわねばならない。

たしかに，孫文は五権憲法に関する1921年の講演において，立法院を三権分立下の「国会」に比定し，「五権憲法下の立法人員は国会議員である」とも述べている[3]。だが，政府行政機構のなかに国会的組織が組み込まれることはあり得ないから，彼がもし本気でそう述べたのなら，それは三権分立に対する無理解に基づくものというべきだろう。ちなみに，五権憲法に関する別のテキストでは，上の発言に対応する部分は，「五権憲法下の立法人員は立法治権機関

における立法技術専門家に当たる」となっている[4]。孫文の「権能分離論」（政権と治権の分離）を前提にするならば，この発言の方が論理的には妥当である。つまり，法律の創制・複決権を有し，選挙権・罷免権を通じて政府の統治・行政を監督する国民大会が，通常われわれが理解するところの「立法権」を行使する「議会」としての役目を果たし，立法院は国民大会と「立法権」を分掌しつつも，あくまで国民大会が最終的に確定する法律を，技術的・専門的な観点から立案・作成していく政府事務機関である，と考えるのが，おそらく彼の構想には忠実となるだろう。

したがって，孫文の権能分離論に忠実であろうとすれば，「五五憲草」の作成に関わった張知本のように，次のような解釈を提出せざるを得ない。「いわゆる治権とは，事務を処理する権であり，いわゆる政権とは政府を監督する権である。立法権が五種治権の一つであることは，孫中山先生がすでに民権主義と五権憲法の講演において説明している。ただ，ある人は各国代議制度の慣例が染みついているため，立法機関は人民を代表する機関であり政府を監督する最高権力をもつと考え，立法権は政権に属すべきであると主張している。しかし，こうした主張が出てくるのは，孫中山先生の説く立法権の作用がもっぱら立法の事務を処理するところにあり，他国の立法機関が政府を監督する政権を兼ね備えているのとは異なっていること，政府を監督する政権を行使する機関として，別に人民を代表する国民大会があることを知らないからである」[5]。

以上の紹介から明らかなように，孫文の権能分離論を大前提とするなら，立法院はけっして「民主国家の議会」となるべき組織ではなかった。しかしながら，上にも紹介したように，孫文は立法院を国会とみなすような解釈も提出していただけに，彼の言説には，一方において立法院の「議会」化を許容しうる曖昧さが同時に孕まれていたのである。この点が，以下に概観していく制憲論議のなかで，立法院の制度的位置づけが転変していく一因となった。

2．戦前・戦中の立法院構想

　周知にように，本来ならば憲政実施とともに設立されるべき「五院政府」は，実際には1928年10月の「訓政綱領」と「国民政府組織法」の公布にともなって成立した。このときに成立した立法院は，「国家最高の立法機関」ではなく「国民政府最高の立法機関」であり，訓政期における「以党治国」的な政治理念に基づいて，同院院長は国民党中央政治会議が任命し，同院委員は院長の申請によって国民政府が任命することになっていた。ところが，1931年の九一八事変（「満州事変」）の後，分裂していた南京・広東両国民政府が統一されるに及んで，「国民政府組織法」が修正され，立法院委員は監察院委員とともに，その半数を「法定人民団体」が選挙することになった。しかし，この規定は翌32年12月の国民党四期三中全会において，再び両院院長が国民政府主席に申請して任命すると改められ，実際は実施されるに至っていない[6]。

　憲政期の立法院のあり方について本格的に議論されるようになるのは，いうまでもなく「五五憲草」（1936年5月5日公布）の起草過程においてであったが，「草案初稿試擬稿」（1933年6月），「初歩草案」（33年11月），「草案初稿」（34年3月），「初稿修正案」（34年7月），「第一次草案」（34年10月）等々の試案から「五五憲草」に至るまで，立法院の組織・権限は，ほぼ孫文の権能分離論に忠実な形で考えられていた[7]。すなわち，各案において異同はあるものの，立法院は，基本的に国民大会によってその委員を選出され，また法律・予算・戒厳・大赦・宣戦・講和・条約案等の議決権を有していたが，こと法律案に関しては，必ず国民大会による複決権の掣肘下に置かれていたのである（後述するように，国民大会の権力を強化しようとした「初稿修正案」になると，国民大会に立法原則の創制権と立法院が議決した上記各案全ての複決権まで与えられている）。

　ただ「草案初稿」では，総統が実際の政治に責任を負わず，行政院に対して立法院の不信任決議権を認める議院内閣制的な規定が設けられていた[8]。だが，立法院に行政院院長任命の同意権や不信任決議権を与えることについては異論

も多く，結局，「五五憲草」では「総統実権制」が確認され，議院内閣制的な規定を導入することは否認された[9]。1940年に立法院中華民国憲法草案宣伝委員会が刊行した「五五憲草」の説明書は，立法院を国会とみなすような孫文の言説を引用しつつ，「立法院の任務は大体のところ国会と同じである」としながらも，議院内閣制的な規定を導入できない理由を，「外国議会が有する不信任権は本来政府を規制する方法だが，五権分立の精神と一致しないので立法院が有すべき職権ではない」[10]と説明していた。立法院を国会と同一視する孫文の断片的な言説よりも，五権憲法の精神との整合性が重視されたのである。しかし，実現することはなかったものの，すでに「五五憲草」審議のときから，立法院を議院内閣制下の議会に接近させようとする考えが存在していたことは注目すべきだろう。

　さて，以上のように，五権憲法の理念によって立法院が総統・行政院を掣肘することができない以上，政権機関たる国民大会の政府監督機能が問題となってこざるを得ない。このため，「五五憲草」の起草過程においては，たとえば「初稿修正案」のように，国民大会の召集間隔を2年ごととして極力縮め，また閉会期間には代行機関として「国民大会委員会」を設置し，しかも立法院の予算・戒厳・大赦・宣戦・講和・条約に関わる議決案件まで，総統に国民大会・同委員会への提出とその複決を義務づけるなど，政権行使の機会を可能な限り拡大しようとする構想が示された場合もあった[11]。しかし，「五五憲草」においては，国民大会の召集間隔が3年に改められるとともに，代行機関の設置が否認され，「初稿修正案」で規定されたような複決権をはじめとする広範な政府監督機能も著しく制約された[12]。つまり，治権機関──とくに総統・行政院を中枢とする執行権力──の政権機関に対する地位が強化されたのである。この事態は，一面において，党・政府内部で蒋介石が権力を強化させつつあった政治状況を反映したものだったが，他面において，国民大会に強大な権限を与えれば，治権機関の弱体化を招き，執行権中枢の安定性・機能性が損なわれるという判断も作用していた[13]。

　「五五憲草」の公布後，その修正が公的な政治舞台において論議されたのは，

抗日戦争に入ってからの国民参政会においてであった。国民党・共産党・民主党派の参政員によって組織された憲政期成会が協議し，1940年4月に国民参政会を通過した「五五憲草修正草案」がその成果である。この修正草案の特徴は，「五五憲草」における国民大会の在り方に根本的な修正を加えたところにあった。すなわち，3年ごとに開会する国民大会の閉会期間に，同会代表の互選メンバーによって構成される「国民大会議政会」を設置し，議政会に，①戒厳・大赦・宣戦・講和・条約案の議決権，②立法院が議決した法律・予算・決算案の複決権，③立法原則の創制権，さらには④行政院院長・副院長・各部部長・各委員会委員長の不信任決議権まで与え，総統が行政院長・副院長の不信任案に同意しない場合は臨時国民大会によって可否を決定し，臨時国民大会が議政会の決議に同意しなかったときに議政会を改選する，とされたのである[14]。

この規定に従えば，国民大会が本来有する総統罷免権と相まって，議政会が総統・行政院（執行権中枢）に対して強力なチェック機能を発揮することになる。一方，当然のことながら，立法院の機能は議政会と重複するため，その権限は議政会の複決権を前提とした法律・予算・決算案の議決権に縮小された（ただし，法律案の複決については，総統が議政会に要請した場合に限られる）[15]。憲政期成会が修正草案に付した「修正案説明書」によると，この修正の意図は，「五五憲草の最大の欠点は，人民の政権の運用が不十分で，立法院が政権機関でないばかりか国民大会もまた3年に一度召集されるため，〔人民は〕政権を行使する術がない」という認識に基づいていた（〔　〕内は金子の補足）。また，「立法院を立法技術上の専門機構にすれば，立法院は『能』を有し議政会は『権』を有することになる。これは中山先生の権能劃分・五権並立の遺教・精神と甚だ符合する」という判断から，立法院の権限を「議会」に接近させることは明確に否定されていた[16]。憲政期成会の修正案は，いわば孫文の権能分離論本来の意図に忠実な形で，国民大会議政会に三権分立下の「議会」的機能を委ねようとしたものであった，といえるだろう。

憲政期成会の修正案，とりわけ国民大会議政会の規定は，民主派知識人のなかでも張君勱・羅隆基・周炳琳らの主張に基づいていたといわれるが[17]，抗

日戦争中において，国民大会の権力を強化し国民の政権行使の機会を拡大しようとするこうした考えは，民主派知識人にほぼ共通する見解だったと思われる。戦時中に刊行された彼らの憲法に関する出版物でも，やはり四種政権に加えて，宣戦・講和・大赦・戒厳・条約案や一切の財政案の議決権ないし複決権を国民大会に与えるべきだとする議論がみられ，治権機関である立法院にこれらの議決権を与えることは，政権と治権とを混交し五権憲法の精神に背馳するとも主張されている。抗日戦争中の知識人は——少なくとも，後述する憲政実施協進会の審議まで——，立法院の機能を孫文の権能分離論の枠内で理解し，あくまで「立法技術上の」政府機関と位置づけていたのである[18]。

3．憲政実施と立法院の制度的位相

ところが，戦後になると，以上のような民主派知識人の立法院理解は大きく変転する。それを明確に示すのが，政治協商会議の「憲草修改原則」であったが，そこでは立法院を「国家最高の立法機関」として，「選挙民が直接これを選挙し，その職権は各民主国家の議会に相当する」と位置づけられていた。「五五憲草」では「中央政府が立法権を行使する最高機関」と規定されていた立法院が，「国家最高の立法機関」となったところに，「修改原則」の西欧的三権分立論への傾斜を読みとらねばならない[19]。

この構想は，政協憲草審議委員にも選ばれた傅斯年（無党無派代表）が，『文匯報』1946年1月20日紙上において，「立法院を下院とし監察院を上院とする」と主張し，「われわれは孫中山先生の精神を尊重するが，必ずしもその形式には拘らない」と指摘していたように，孫文の五権憲法構想の組織的枠組みを換骨奪胎するものだった[20]。傅斯年のような発想は，彼だけに限られたものではなく，中国青年党の曽琦もまた，同日の重慶『中央日報』紙上において，「五院制はただその精神を採用すべき」との立場から，考試権を行政院に，監察権を二院制の国会に移すべきであると提案していた[21]。

一方，国民党政協代表の一人であった孫科は，政治協商会議開催期間中に，

憲政期の「立法院は実は英米の議会と異なるところはない」と述べ，五権制度の維持を大前提としつつも，立法院を「議会」とみなすことに同意していた[22]。他方，共産党の立法院に対する直接の見解は明らかにできないが，同党政協代表の一人であった呉玉章は，「五五憲草」について立法院を含めた五院に実際の権力がなく総統権が絶大であると批判し，「英米等先進民主国家が行っている国会制度の経験を採用すべきである」と述べていた。五院の権限の弱さを指摘した上での発言であることから考えて，この場合も，立法院を念頭に置いて国会制度の採用が語られていたとみてよいだろう[23]。

ただし，以上のような立法院を「議会」とみなす論調は，必ずしも抗日戦争勝利後になって突然現れてきたものではなかった。おそらく，そうした論調は，戦争中に組織された憲政実施協進会の，「五五憲草」に対する検討作業あたりから有力になっていたのではないかと思われる。1943年11月に成立した憲政実施協進会は，国民党中央委員と国民参政会の各党派参政員及び学識経験者から構成されていたが，政治協商会議の開催に先立つ1945年末にはその検討作業を終えている。同会が作成した「五五憲草研討意見」は，会員中に国民党員が多数を占めたこともあり，「根本上，なお五五憲草の大原則を維持していた」といわれ[24]，国民大会議政会の組織をうたった1940年の憲政期成会による修正案とは，はっきりと趣を異にしていた。

しかし，それにもかかわらず，「研討意見」が「憲法実施後の立法院は，実に一般憲政国家の議会に非常に近く，したがって国民大会代表の任期・召集次数等は憲草の原案を維持すべきである。国民大会閉会期間に常設機構を設置すべきか否かという問題は，立法委員が国民大会から選出され部分的に政府を監督する責任を負っている以上，設置する必要はない」と述べていたのは注目すべきことであった。つまり，「研討意見」は，憲政期成会が主張していた「国民大会閉会期間の常設機構」＝国民大会議政会の設置を一方において否認しつつ，他方，議政会に委ねられたような「議会」的機能は，立法院が「一般憲政国家の議会」に近似しているという判断から，立法院が担うべきであると暗に匂わせていたのである[25]。

さて，政治協商会議は「五五憲草」に対して12項目の修改原則を提起したが，小論の内容に関わる限りで重要なポイントとなるのは以下の点であった。第一に，「全国の選挙民が四権を行使することを，名づけて国民大会という」という指摘から明らかな如く，国民大会は「無形化」すなわち実体ある組織を構成せず，事実上，選挙・罷免・創制・複決の四権に関わる「国民投票」を意味するものに過ぎなくなった。これは，立法院が「各民主国家の議会」的機能を果たすことから招来される必然的な結果であった。第二に，立法院には，総統が任命する行政院院長に対する同意権と行政院に対する不信任決議権が与えられ，他方，立法院に責任を負うこととなった行政院には，立法院の不信任決議権に対抗して総統に同院の解散を提議する権限が付与された。第三に，五院の一つであった監察院も，立法院委員が国民の直接選挙によって選出されるのに対応して，その委員を各省議会・民族自治区議会の選挙によって選出することとなり，また従来から有していた弾劾権・監察権に加えて，国家最高法院となる司法院の大法官と考試院の委員を総統が任命する際には，同意権を行使することとなった[26]。

つまり，選挙方法からみる限り，国民が直接選挙する立法院は議会のうちの「下院」の役割を，地方議会が選挙する監察院は「上院」的な役割を果たすことが想定されていたのである。これは，先述の傅斯年の主張からも明らかなように，民主派知識人の意向が「修改原則」に反映されていたことを意味する。もし，これらの原則通りに統治機構が組織されれば，五権憲法の名残は孫文が案出した組織名称のみとなり，実質的には三権分立に基づく，ほぼ完全な〈大統領－議院内閣制〉が中国に出現するはずであった（「ほぼ完全な」というのは，監察院に立法権が与えられず，完全な「上院」とは言い難いからである）。

しかし，周知のように，この「修改原則」に基づいて「五五憲草」は修正されなかった。一方においては，国民党が1946年3月の六期二中全会で，①憲法制定は孫文の「建国大綱」に依拠しなければならない，②国民大会は「有形」とし「建国大綱」が規定する職権を行使しなければならない，③立法院は行政院に対して同意権及び不信任権を，行政院は立法院解散の提議権をもってはな

らない，④監察院は同意権をもつべきではない等々の，統治形態の根幹に関わる修正意見を決定し，他方においては国共間の軍事衝突が拡大していったからである[27]。当然，「五五憲草」の実質的復活を目論んだ国民党二中全会の決定に対して，共産党は激しく反発した。胡縄・張友漁らは，議院内閣制的な立法・行政両院の関係を否定することは，「修改原則中の民主精神」に「大損害」を与えるものであり，また国民党が国民大会だけでなく五院まで無力化し，「総統の独裁」・「個人独裁のファシズム統治」をめざそうとしているとして激しい批判を展開した[28]。

この結果，「五五憲草」の修正審議は共産党と民主同盟の代表を除いて行われ，そこで起草された修正草案が，国民党中央常務会議と立法院の審議をへて1946年11月の制憲国民大会に提出された[29]。この「政協憲草」は，以上に述べてきた経緯から窺えるように，政治協商会議の「修改原則」を一方で踏襲しつつ国民党二中全会の決定にも配慮した，極めて折衷的な性格を有していた。小論に関わる限りで，その特徴を指摘すれば大要以下の通りである。まず，国民大会は「有形」の機関として復活したが，「五五憲草」よりもさらにその権限が縮小され，事実上，総統・副総統の選挙・罷免権と憲法修正の提議・複決権をもつのみとなった（「五五憲草」では，このほかに法律の創制・複決権をはじめとして，立法院・監察院の院長・副院長及び両院委員の選挙・罷免権，司法院・考試院院長・副院長の罷免権等々が，国民大会の権限として認められていた）。ただし，国民大会の弱体化は，「五五憲草」のときのように総統の権力強化がめざされた結果ではなく，五権憲法の枠組みを前提にしながら，立法院と行政院を，何とか議院内閣制下の立法府と行政府に近い形で残そうとしたためであった。

つまり，立法院は「修改原則」に従って国民が直接選挙する「国家最高の立法機関」とされ，他方，「五五憲草」で「中央政府が行政権を行使する最高機関」と規定されていた行政院は，「国家最高の行政機関」として行政権のほとんど全てを集中するに至った。しかし，立法院は総統の行政院院長任命に対する同意権を有しながら，行政院に対する不信任決議権が否定され，また行政院の立法院解散を提議する権限も取り消された。その代わりに，立法院が行政院

の重要政策に反対の場合は，行政院に政策の変更を強制することができ，行政院が総統の裁可を得て覆議しても，立法院が再び拒否すれば行政院院長はそれを受け入れるか辞職しなければならなくなった。この点は，行政院が立法院議決の法律・予算・条約案に対して覆議を行った場合も同様である。なお，監察院については，「修改原則」の規定が踏襲されている[30]。「政協憲草」の統治形態は，「五五憲草」のような「総統実権制」を排しているが，さりとて立法院の不信任決議権と行政院の解散提議権を否定したことによって，「議院内閣制」と称することもできなくなった。行政院は，あくまで議院内閣制下の行政府に近い存在，立法院と監察院は，議会としてはあくまで「下院」と「上院」に接近した機関であるに止まったのである。

　国民大会では，この「政協憲草」に対して，立法院の権限が強すぎて総統・行政院（執行権中枢）がその専横下に置かれてしまうこと，それに対応して国民大会の権力が著しく弱体化されてしまっていること，に対する批判意見が数多く出された[31]。おそらく，これら批判意見の多くは，「五五憲草」の復活を狙う国民党右派の代表から出されたものと推測されるが，なかには，草案中に立法院を掣肘する規定がないことを理由に，立法院がいかなる国家の議会よりも強大となり「議会専制」「立法独裁制」の危険が生じるという，真実の一面を突いた意見もあった。

　たとえば，宋述樵は「議院内閣制の国家では，内閣が議会を解散することによって議会と対抗することができる。大統領制の国家も，行政首長は一定の任期内に議会の牽制によって進退問題が生じることはない。しかし，憲法草案中の行政院は，立法院の覆議案件に対して，ただ『従えば留まり』『従わざれば去る』の一途しかなく抵抗の武器がない」と主張する。また，陳茹玄も「立法院は一院制であって二院制ではない。そして，その決議する法律を人民は複決することができず，国民大会もまた複決する権限がない。その上，三分の二の多数で総統に執行を強制することができ，上院がその緩衝となることもない」と，その弊害を指摘していた[32]。

　たしかに，立法権と執行権のチェック・アンド・バランスを欠く「政協憲草」

の統治形態が，もしその規定通りに機能すれば，行政院を掌握する政党が立法院において他の政党と安定した協調関係にあるか，もしくは絶対優位を確保ないし議席を独占するという条件でもない限り，政治運営の不安定と不能率をもたらしかねなかった[33]。もちろん，「政協憲草」の規定上，総統は立法院内の各政党から必ず行政院院長を指名するという義務はない。だが，その任命に立法院の同意を必要とする以上，そうした人選を行うことは甚だ困難である。仮に，立法院で少数政党が乱立し勢力が均衡する事態にでもなれば，行政院は多党連立的な構成をとらざるを得ず，その場合，行政院院長の死命は立法院内各党派の離合集散に左右されて，政治運営の不安定さは深刻なものとなってくる。こうした制度上の問題も，議院内閣制を志向した政治協商会議の「修改原則」と孫文の五権憲法理念とを，無理やり折衷したことによってもたらされたものだった。

国民大会に提出された批判意見のなかには，この問題を解決するため，「修改原則」に依拠して総統に立法院の解散権を与えるべきだとする主張もあれば[34]，総統から国民大会に複決を要請して，国民大会に行政院改組あるいは立法院解散の最終的判断を委ねるべきであるとする主張もあった[35]。しかしながら，結局これらの意見は取り上げられるに至らず，「政協憲草」はほぼ原案通り国民大会を通過して「中華民国憲法」の内容が確定し，ここに憲政期における立法院の制度的位置づけも確定された。おそらく，来るべき立法院選挙において国民党が絶対多数を確保することは確実であり，それによって上述したような「議会専制」的弊害は生じないという現実的判断が，こうした決着をもたらしたものと推測される。

おわりに

1930年代から戦後の憲政実施に至る，立法院が「民主国家の議会」に接近していく過程は，孫文の権能分離論に立脚した五権憲法構想が実質的に解体されていく過程でもあった。戦後における統治形態の議院内閣制への傾斜は，国民

大会の無形化ないし職権の縮小と表裏をなしており，そこに五権憲法構想の形骸化されていく様が集中的に現れていた。立法院が三権分立下の議会に接近した機能を担うことになった結果，国民大会は有形の組織として存続したとはいえ，事実上，立法院に屋上屋を架す存在に過ぎなくなった。ただし，戦前の「五五憲草」においても，国民大会の権限が制約されたことから窺えるように，国民党が総統権力の独立強化をめざす場合でさえ，強大な国民大会は無用なものだった。その意味で，制憲過程において統治形態の内実が「議院内閣制」と「総統実権制」のどちらに転ぶにせよ，孫文が描いた国民大会の権限が矮小化されることは不可避であったといえる。

　立法院を議会とみなす発想が本格的に出てくるのは，憲政実施協進会の「五五憲草」検討作業あたりから政治協商会議の「修改原則」立案に至る過程であり，そこに民主派知識人の要求が作用していたのは争えない事実と思われる。しかし，それにしても，それ以前はひたすら国民大会の「政権」強化を訴え，立法院を「立法技術上の専門機構」としかみていなかった知識人たちが，戦後になって立法院と「民主国家の議会」とを重ね合わせるようになった理由は何処にあったのだろう。おそらく，その理由の一つには，立法院に議会機能を与え国民大会の職権を代行させれば，当時紛糾していた国民大会代表問題を解決できるという，政治情勢に対応した戦術的思惑があったはずである[36]。

　けれども，そうした戦術的判断だけでなく，彼らの民主主義理解に関わるような要因はなかったのだろうか。この点は，民主諸党派だけでなく，立法院の「議会」化に同意した国民党と共産党の民主主義理解にも通底する問題である。今後，民主派知識人をはじめ，国民党・共産党など各種政治勢力の思惑・意図にまで考察を深め，小論で取り上げた立法院をめぐる構想・改革(案)の変転を，政治過程分析のなかに組み込んでいくことが，戦後中国政治史研究の一課題となるだろう。

1)　中国近代史において統治形態を問題にする場合，もちろん中央権力の制度的構成が検討素材となるが，同時に〈中央－地方〉的政治秩序の在り方も特殊中国的

な意味で素材となってくる。これは，近代中国においては「統治」権が各省に分散していたため，「統治」権の中央への一元化を前提とした中央・地方間の「行政」的連携が未熟であったことに由来する。「地方制度」が制憲論議の今一つの焦点となっていたのは，それなりの現実的根拠があったのである（「五五憲草」における地方制度問題については，曽田三郎「政治的ナショナリズムと地方行政制度の革新」西村成雄編『現代中国の構造変動 3 ナショナリズム―歴史からの接近』東京大学出版会，2000年，所収，を参照のこと）。しかしながら，小論では立法院を中心とした中央権力の制度的構成を問題とするため，地方制度については触れない。

2) 小論が扱う時期の包括的な憲法史的考察には，すでに石川忠雄『中国憲法史』（慶應通信，1952年），荊知仁『中国立憲史』（聯経出版事業公司，1984年）等の優れた研究があり，大いに参考とした。

3) 「在広東省教育会的演説／附：同題異文」（『孫中山全集』5，中華書局，1985年）。

4) 「五権憲法」（『国父全書』国防研究院，1958年）。

5) 張知本「憲法草案委員会之使命及草案中応行研究之問題」（『東方雑誌』30-7，1933年4月1日）。

6) 前掲，『中国憲法史』96-99頁。四期三中全会において立法院委員の半数民選が覆ったのは，同会で組織することが決定された「国民参政会」に民選代表が加わることになったためだった（「請定期召集国民参政会並規定組織要点交常会切実籌備以期民意得以集中訓政早日完成案」『革命文献』第79輯，1979年，299-300頁）。なお，立法院委員の半数を民選にするという構想は，これより前に国民の側からいち早く提出されていた。1928年に全国商会聯合会が国民党に突きつけた要求がそれである（詳しくは，拙稿「馮少山の『訓政』批判と『国民』形成」曽田三郎編『中国近代化過程の指導者たち』東方書店，1997年，所収，を参照）。

7) 「五五憲草」起草過程における試案・草案の内容を知るには，繆全吉編著『中国制憲史資料彙編―憲法篇』（国史館，1989年）が便利である。なお，同史料については，以下『資料彙編』と略記する。

8) 「国民政府立法院発表之憲法草案初稿」（前掲，『資料彙編』492頁）。

9) 前掲，『中国憲法史』120頁。

10) 立法院中華民国憲法草案宣伝委員会編『中華民国憲法草案説明書』（正中書局，1940年）46頁。

11) 「国民政府立法院発表之憲法草案初稿審査修正案」（前掲，『資料彙編』505-508頁）。

12) 「中華民国憲法草案」（前掲，『資料彙編』550-551頁）。

13) 前掲，『中国憲法史』114-119頁。

14) 「国民参政会憲政期成会五五憲草修正案」(前掲,『資料彙編』570-573頁)。
15) 同上, 575-576頁。
16) 前掲,『中国立憲史』432頁。
17) 金良本『憲政問題底論争与批判』(青年出版社, 1945年) 109-110頁。
18) 沙千里「対於『憲法草案』的意見」(鄒韜奮等『憲政運動論文選集』生活書店, 1940年), 同「関於中央政府」及び張友漁「関於国民大会」(鄒韜奮等『我們対於「五五憲草」的意見』生活書店, 1940年) 等を参照されたい。
19) 以上,「政治協商会議憲草修改原則」(前掲,『資料彙編』590-594頁)。
20) 馬叙倫「国民党二中全会閉幕後」(『周報』29, 1946年3月23日)。
21) 「曽琦代表中国青年党提出関於憲法問題的四項主張」(重慶市政協文史資料研究委員会・中共重慶市委党校編『政治協商会議紀実』上巻, 重慶出版社, 1989年, 423-25頁, 原載は重慶『中央日報』1946年1月20日)。
22) 「孫科対《五五憲草》的説明」(前掲,『政治協商会議紀実』上巻, 416-20頁, 原載は重慶『中央日報』1946年1月20日)。ただし, 孫科の場合, 立法院長として「五五憲草」起草過程を主宰した抗日戦争前にも, 三権分立下の「国会」は実質的に五権憲法下の立法院に「相当する」と述べているから(孫科「中国憲法的幾個問題」前掲,『中華民国憲法草案説明書』156頁), 戦後のこのような発言が突如として出てきたものとはいえない。
23) 「呉玉章関於憲法原則問題的意見」(前掲,『政治協商会議紀実』上巻, 421-22頁, 原載は, 重慶『新華日報』1946年1月20日)。
24) 前掲,『中国立憲史』436頁。
25) 「国民参政会憲政実施促進会五五憲草研討意見」(前掲,『資料彙編』586頁)。
26) 前掲,「政治協商会議憲草修改原則」。
27) 前掲,『中国立憲史』443頁。
28) 胡縄「在憲法問題上争的是什麼」(『民主』24, 1946年3月30日), 張友漁「憲草修改原則不容変動」(同『憲政論叢』上冊, 群衆出版社, 1986年, 295-296頁, 原載は『新華日報』1946年3月20日付社論) など。
29) 前掲,『中国憲法史』142-144頁。
30) 「中華民国憲法草案(政協憲草)」(前掲,『資料彙編』599-606頁)。
31) 小論では, その内容を一々詳しく紹介することはできないが, 国民大会秘書処『国民大会代表対於中華民国憲法草案意見彙編』上・下冊(発行年不詳)——以下,『意見彙編』と略記する——を参照されたい。なお, 国民大会における全般的な制憲審議過程の状況については, 横山宏章『中華民国史——専制と民主の相剋——』(三一書房, 1996年) 186-196頁を参照のこと。
32) 「宋代表述樵対於憲法草案第五十八条之意見」「陳代表茹玄対於憲草所規定関於行政与立法両院之関係之意見」(前掲,『意見彙編』下冊)。

33) この点は，本来，孫文が想定した強力な国民大会の議員構成にあてはまる問題だった。しかし，政治協商会議以後，国民大会の機能が著しく縮小されたため，国民大会の議員構成如何が政府運営の安定性を損なう可能性はなくなっていた（拙稿「中華民国の国家統合と政治的合意形成」『現代中国研究』3，1998年）。その代わり，「政協憲草」は立法院の権限について同様の問題を生じさせたわけである。
34) たとえば，「張代表辛南対於中華民国憲法草案之意見」「羅代表心冰対五五憲草修正草案訂正稿意見」（前掲，『意見彙編』上冊），「崔代表唯吾対於憲法草案之修正之意見」（同上，下冊）など。
35) たとえば，前掲「宋代表述樵対於憲法草案第五十八条之意見」。
36) 「評壇／関於両院制」（『週報』21・22合刊，1946年1月26日）。

（金子　肇）

第 2 部　戦後国民政府の経済・社会政策

第1章　地税行政と請願活動

はじめに

　抗日戦争期の国民政府は，本格的な地籍整理に代えて土地陳報（土地所有者による土地の自己申告）を重視することを余儀なくされ，田賦の中央移管とその実物徴収，糧食の強制買い［借り］上げなどの一連の地税（糧食）確保政策を実施した。これらはいずれも戦時体制に即応した政策であり，戦前からの諸展開からすれば著しい断絶を特徴としている。これらの政策の内容分析は，戦後日本の学界では20年近く前の菊池一隆氏による先駆的研究[1]があり，今日では大陸や台湾においてすでに詳細な研究が数多く公表されている[2]。そこでは，これらの政策が，さまざまな矛盾や弊害を伴いながらも，困難な抗戦を支える上で大きく貢献したことが実証的に明らかにされている。筆者もこれらの研究成果を踏まえながら，やや異なった視角からではあるが，抗戦期国民政府の戦時体制としての特質と問題点を論じたことがある[3]。

　ところが，このような戦時体制に即応した政策が，戦争の終結から戦後内戦期にかけてどのような展開を見せたかという点になると，論及されることは極めて少ない[4]。本論が戦後国民政府の地税行政[5]を取り上げるねらいの一つは，かかる研究史上の空白を埋め，戦後国民政府が直面した現実の一端を明らかにすることにある。

　他方，本論は，もう一つの視点の提示を意図している。それは前述の政策についてその内容分析だけにとどまらず，政策を受け止める側の地域社会の動向に着目した点である。このような地域社会側の動向を把握することは，筆者の

旧稿を含めて抗戦期を扱った前述の諸研究においても十分には行われていない。したがって，本論では地域社会の動向を中心に抗戦期にまで溯りながら戦後内戦期への展開をたどりたい。そうすることで，戦後政局理解に新たな視点と素材を提供しえるように思われる。

なお，本論が地域社会の動向をうかがう手掛かりとして利用する主な史料は，台湾の国史館所蔵糧食部檔案[6]である。そこには地域社会のさまざまなレベルから提出された請願書の類いが数多く保管されている。ただ，これらの請願書は，その使用に当たって，若干の注意が必要である。その点を最初に明示しておかねばならない。

すなわち，ここで拾うことができるのは，地域社会からの多様な利害表出のうち，公式の請願という形態をとったものの一部であるということである。たとえば，私的人脈を通じた非公式の成文化されない陳情や圧力は，もちろん檔案としては残らない。また，暴動や反乱等の形態をとった利害表出の場合も，この檔案ではうかがうことはできない。田賦徴収に反対する農民暴動は，たとえばイーストマンの研究で若干の事例が紹介されており[7]，また当時の日本側の調査史料によれば，抗戦末期において重慶政府下の各地で農民暴動が頻発していることに言及し，糧食確保がすでに限界に達していると指摘している[8]。このような形態をとった利害表出についてより立ち入った検討をするためには，また異なった史料発掘が必要であろう。

以上のように，本論で使用する請願書の類いのみでは，地域社会の全般的な動向を描き出すには本来的に限界がある。にもかかわらず，これらが地域社会からの利害表出の重要な一端を間違いなく担っていたことは確かであろう。したがって，史料の性格（限界）を十分考慮し，ほかの史料などを重ね合わせれば，地域社会の実情に接近する重要な手掛かりたるを失わないと思われる。

第1章　地税行政と請願活動　153

1．戦時下の地域社会からの利害表出の特質

(1) 請　願　内　容

　戦後の地税行政と地域社会が直面した状況を理解する前提として，まず抗戦時期に溯り，そこにおいて地域社会からどのような利害表出が行われていたかを見てみよう。抗戦期において提出された地税徴収に関連する請願書の内容は，大きく以下の三つに分類できる。

① 地税負担軽減要求

　まず，抗戦時期の地税負担軽減要求を取り上げよう。国史館所蔵糧食部檔案では，そうした請願案件を9件確認することができる[9]。ここでは，1941年10月頃に四川省潼南・遂寧・蓬渓等各県の省都にある同郷会から提出された田賦軽減の請願がとくに注目すべき事例であろう。これら省北部の各県では，田賦実物徴収の実施に対する反発が強く，騒動が発生しつつある状況が報告されている[10]。残念ながら，その実情や後の展開を明らかにする史料はない[11]が，田賦実物徴収が41年下半期というその最初の段階で，しかも拠点である四川省で騒動に発展しかねない強い反発に直面していたことは注目しておかねばならない。

　しかしながら，請願全体を大きく概観して気づくことは，抗戦期については地税負担の軽減要求がさしたる比重を占めていないという事実である。これは，先に述べた史料的性格とも関連していよう。つまり，一般的な収奪強化反対は，抗戦の大義に対する挑戦になりかねず，そのような要求が公式の請願の中には盛り込まれにくいという事情が考えられる。事実，四川省で実物徴収を開始するに当たって，これを妨害したり不正を働くものには軍法をもって対処することを，蒋介石自らが表明していた[12]。したがって，ここで拾った数少ない事例についてみても，地税負担軽減を一般的に主張するものは決して多くはない。たとえば，1944年9月の陝西省臨時参議会からの請願は山林地帯においては田賦実物徴収を適用しないことを求めたものであり[13]，1945年6月の

表1 地税負担不公平に対する是正請求

時期	地区	請願主体	内容	檔案番号
1943/3	四川省儀隴県	田賦管理処副処長楊大倫	土地陳報の錯誤が多すぎ，短期間で任務（成果を実物徴収に利用）を完成することは困難，指示を請う	271-2827
1943/3	四川省万県	王国棟	本年度の新科則による徴税のための建議	272-314
1943/12	四川省梁山県	土地陳報改進工作監察委員会・県臨時参議会	土地陳報不完全，その成果の利用は延期を請願	271-574-2
1944/1	広西省永福県	県臨時参議会	実態に合わせた賦額の配分を請願	271-582
1944/1	広西省陸川県	業戸代表陳宏烈等29人	田賦紊乱，負担不均等，再整理を請願	271-582
1944/2	広西省桂平県	平石・新合・聯古等郷鎮代表主席劉文澤	土地測量を請願	271-582
1944/2	広西省陸川県	大襖郷民代表戴天武	土地陳報の結果，負担不公平，旧額で徴税し，再測量を請願	271-582
1944/2	広西省桂平県	県民黄徳彰等	土地陳報が不正確，旧賦に比べ更に不均等，派員調査を請願	271-582
1944/2	広西省中渡県	盧春徳等	編査不明確，負担失当，再測量を請願	271-582
1944/3	広西省桂平県	弩灘郷公民駱運良等	土地陳報が不正確，旧賦に比べ更に不均等，派員調査あるいは旧額で納税を請願	271-582
1944/3	広西省横県	雲表郷郷長蒙理等	土地陳報の成果不良，再調査による負担平均の実現を請願	271-582
1944/5	広西省柳城県	県参議会	新科則の利用による賦額配分統一を請願	271-582
1944/5	四川省射洪県	文星郷第2保糧民郭級三等27人	県参議会による飛加（1区糧額を減らし2・3区各郷鎮に配分）の是正を請願	271-2827
1944/5	四川省射洪県	文星郷第15保杜興周等	同上	271-2827

第1章　地税行政と請願活動　155

		39人		
1944/6	四川省射洪県	文星郷第11保糧民馮治清等37人	同上	271-2827
1944/6	四川省射洪県	文星郷第1保糧民任諫章等40人	同上	271-2827
1944/6	四川省射洪県	文星郷第16保糧民杜斗臣等34人	同上	271-2827
1944/6	四川省射洪県	文星郷第3保糧民任玉和等27人	同上	271-2827
1944/7	四川省射洪県	文星郷保長謝盈倉等	同上	271-2827
1944/6	四川省楽山県	安谷・懐沙・古市郷公所郷民代表会［4郷各郷長・郷民代表主席］	土地陳報の錯誤が多すぎ，再調査を請願	271-2827
1944/6	四川省大竹県	城区鎮曁各鎮郷公所会［城区鎮鎮長・副鎮長・鎮民代表主席・鎮民代表・43郷各郷長・郷民代表等72人］	全川賦制会議の召集により県ごとの負担の均等化を請願	271-2827
1944/6	四川省閬中県	玉台郷法団首長（農会・教育会理事長）・保長（全体）・公民（士紳）等27人	田賦負担不公平・錯誤過多の是正を請願	271-2827
1944/6	四川省隆昌県	喩従之等	土地測量の錯誤・強制借り上げの不均等の是正を請願	271-2827
1944/7	四川省射洪県	東岳郷郷民陳道源鍾秉国等	県春季拡大行政会議改進田賦議決案を執行して負担均等の実現を請願	271-2827
1944/7	四川省鹽亭県	金孔郷郷民代表会（主席胥竹成等26人）	各郷の負担額を任意に移し替え／旧糧額を強制／県の党部・参議会等首長各機関人員は1・2区出身者に独占され彼らの利害が優先／各郷糧額決定の会議運営の不当性→県田管処の決定撤回，糧額配分の適正化，公開の土地測量の繰	271-2827

			り上げ実施を請願	
1944/7	四川省鹽亭県	第3区折弓郷郷民彭瑞武等60人	党部・参議会の専断による飛加の是正を請願	271-2827
1944/7	四川省閬中県	石灘郷郷民代表主席王子建	県田管処の額外徴税の摘発／土地陳報の不善の是正を請願	271-2827
1944/7	四川省射洪県	東岳郷中心校	税額と土地が対応しない，是正を請願	271-2827
1944/8	四川省鹽亭県	高燈郷糧民岳潔清等206人	党部・参議会の違法私議飛加の撤回を請願	271-2827
1944/8	四川省潼南県	王家郷郷民代表会主席蔣述周・桂林等21郷郷民代表会主席	土地陳報不善・負担不公平により旧糧により徴税を請願	271-2827
1944/8	四川省江油県	新興郷郷民代表李春銑・保長・糧民	土地の等級設定が高すぎ，税率が過重になっている事態の是正を請願	271-2827
1944/8	四川省蓬溪県	鳴鳳郷第8保周年豊等13人	副保長柯興隆の罷免／税負担の均等化を請願	271-2827
1944/8	四川省広安県	県臨時参議会議長葉濟・副議長・党書記長・農会・総工会・商会理事長・救済院長・民衆教育館長・民報社長・農業推広所主任・県経収処主任・中国紅十字会分会長・県立中学校長・女中学校長・私立儲英中学校長・培文中学校長・恵育中学校長・南城鎮長・中心小学校長・北城鎮長・中心小学校長等50人	税配分の不公平，負担の過重の是正を請願	271-2827
1944/8	陝西省華陰県	県農会理事長趙立甫・三民郷等民衆代表33人	土地陳報・新科則の不公平，負担軽減を請願	271-578
1944/8	陝西省梅邑県	財務委員会主任袁錦章・県農会理事長・公劉	税額を減らし，田地等級を下げて実態に合わせることを請	271-578

第1章　地税行政と請願活動　157

1944/9	陝西省韓城県	郷等8郷鎮代表18人 士紳楊一鶴等	田賦過重，隣県と比較して合理的で公平な科則の改定を請願	271-578
1944/11	陝西省寧陝県	紳民代表呂宗望等17人	測量錯誤によって生じた欠賦の豁免を請願	271-578
1945/7	福建省沙県	大坪村住民陸子嘉等，保長・甲長7人	土地陳報時に山林を農地と誤り，そのために重すぎる税負担の免除を請願	272-1857
1945/9	四川省忠県	永豊郷・凌雲郷・高洞郷・三匯郷小業戸代表田光文等	土地陳報不正確のため土地測量を申請，田賦実物徴収・強制借り上げの基準が不法であり，小地主に不利な実態を訴える	272-850
1945/9	四川省塾江県	公民李星楼等	県臨時参議会の違法決議（強制借り上げによる貧民負担の増加）への抗議	272-199
1946/5	江蘇省太倉県	公民唐文治等44人	隣県に比べ田賦負担過重，軽減を請願	271-1589
1946/6	河南省横川県	県参議会	田賦実物徴収後，税額錯誤による負担増の是正を請願	271-470
1946/8	河南省舞陽県	県参議会	田賦原額を今後の徴税基準として税負担を均等化させることを請願	271-470
1946/9	河南省洛陽県	県参議会議長史梅岑	田賦税額配分の錯誤の是正を請願	271-470
1946/12	江蘇省江陰県	県臨時参議会議長呉漱英・副議長邢介文・参議員全体	隣県に比べ田賦税額超過，軽減して隣県と同じ税率にすることを請願	271-1589
1946/12	河南省中牟県	県党部執委書記長・参議会議長・青年団分団籌備処主任・地方士紳	黄河氾濫被災区域をめぐる田賦税額配分が錯誤，これによる負担過重の是正を請願	271-470
1947/3	湖南省汝城県	県参議会議長何其朗	土地測量不正確，再測量を請願	271-1248

1947/3	湖南省益陽県	濱資郷災民代表呂東園等19人	土地測量の錯誤によって無土地に課税，課税免除を請願	271-1998
1947/5	西康省會理県	江濱郷第6保保長劉書斎・保代表・参議員・紳民等19人	査丈不正確，税額不適切，苛酷な徴税，不正行為，負担過重，調査を請願	271-2153
1947/6	河南省方城県	県参議会議長蕭鄧郷	省の田賦配分額過重，削減を要求	271-470
1947/9	河南省許昌県	県参議会議長蕭松森	税額過重，公平で合理的な是正を請願	271-470
1947/11	江蘇省寶応県	公民呉廷鏞等10人	土地台帳は有名無実，実態に即した徴税を請願	271-1530

注）檔案番号は国史館所蔵糧食部檔案のもの。

浙江省東陽県臨時参議会からの請願や同年7月の陝西省鎮安県臨時参議会からの請願は，戦災や自然災害に対する救済のための地税負担軽減要求である[14]。これらは地域的な特殊事情を理由としたものであって，一般的な地税負担軽減要求としてはとらえられない。

このように，抗戦時期においては一般的な負担軽減要求が請願の形態でストレートに表出する頻度は少なかった。そうした傾向は，後述するように，抗戦が終了するとともに大きく変容していくことになる。

② 地税負担の不公平に対する是正要求

他方，抗戦時期の請願の中で数量的に圧倒的多数を占めるのは，税負担の不公平をめぐる請願類であった。このような請願は，抗戦終結後も変わることなく頻発しているため，戦後の請願も含めて，ここに一括して表1に列挙した。確認し得たのは52件である。

この中で，最も注目すべき点は，土地陳報とそれにもとづいて改定された新しい科則（土地の等級を設定し，その等級ごとに決められた単位面積当たりの税額）の不備に由来するものが多いことである。

注3）にあげた前稿でも触れたとおり，戦前に先進地域で緒に就いた本格的

な土地測量を伴った地籍整理は，抗戦期に入って大きく停滞するとともに，実施対象地域も都市部に重点がおかれた。これに代わって，広大な農村地域で重視されたのが，より簡便な方法である土地陳報であった[15]。表2は，抗日戦争時期に実施された土地陳報の地域的拡がりを示している。ここから，国民政府の抗戦期の拠点であり，糧食確保がとりわけ重視された四川省を筆頭として，国民政府統治区において土地陳報が広範に進展していること，そして，その成果が田賦実物徴収に利用されていたことがうかがわれる。土地陳報は，土地所有者にその所有地を自己申告させる制度であり，そこから得られる土地把握は多分に不正確なものにとどまる。既存の土地把握の不備を根本的に改善するものではあり得なかったのである。そのため，田賦の実物徴収にその成果を利用

表2　土地陳報・科則改定の実施状況

省	中央接管（1941年7月）前完了県数	中央接管後完了県数（1946年まで）	合計	陳報成果を徴実に利用した県数	科則改定を報告した県数
四川	60	53	113	108	報告なし（大部分改定）
広西	37	55	92	92	報告なし
貴州	79	0	79	不明	不明
福建	41	24	65	24	報告なし
甘粛	4	61	65	65	報告なし
河南	28	35	63	45	45
湖南	1	62	63	47	7
陝西	30	28	58	51	31
湖北	7	23	30	24	30
安徽	8	20	28	21	19
浙江	6	17	23	9	5
江西	1	16	17	16	0
広東	0	14	14	9	14
江蘇	10	0	10	不明	不明
西康	8	2	10	不明	1
合計	320	410	730		

出典）『革命文献』第116輯，1-19頁。原載は『財政年鑑』三編，上冊，第5篇，1948年1月出版。

するに当たっては，常に土地陳報の実態を再点検する課題に直面せざるをえなかった[16]。しかし，その効果的な実施は本来的に容易ではなかった。多くの請願は，土地陳報の不正確さ，それにもとづいて改定された科則の不適切さを訴え，その再点検・再調査を求めるものである。

その代表的な事例の一つを紹介しておこう。以下に引用するのは，1944年6月8日に四川省楽山県の安谷・懐沙・古市郷公所郷民代表会から糧食部部長宛てに提出された請願書である。

> 民国32年（1943年）に土地陳報を再点検したが，その結果はなお錯誤があまりに多くて実施が困難であった。改善する時間がなく，しばらく旧来の科則にもとづき徴税を行ったが，人民は巨額の費用を浪費した。本年度は土地陳報の再点検を早期に実施することをただ願っているが，その実施は遅れて今に至っており，徴税の期日が迫っているのに，なお何の消息もない。人民は失望し，続々と実施するように頼みにやってくる。調べによると，四川省各県の糧額の負担の重さは一様ではなく，ただ楽山県がやや重く，楽山県の中でも，また懐・符・古・安などの郷がとりわけ重い。土地陳報を実施して，県と県との負担を公平にし，郷と郷との負担を公平にし，負担の格差を無くし，規定額どおり徴収すれば，人民は自ら喜んで納税し，徴収は順調に行われる。これが最良であって実にこれに過ぎるものはない。しかしながら，楽山県では土地陳報を行って，巨費を使い果たし，2度ともついに［よい］結果はなかった。郷の中には，土地があっても納税しない者があり，悠々と難を免れている。他方，土地がなくて納税する者があり，実にその苦しみはいうに堪えない。土地が少なく納税額の多い者も，負担の不均衡を憂えている[17]。

この請願書は，1944年度に土地陳報の内容を再度点検することを要求しているが，前年度の再点検が巨費を投じながら所期の成果を上げなかったこと，そのため暫定的に旧来の科則にもとづき徴税を行ったこと，そして，44年度においても県政府の対応が緩慢であったため地域社会の不満を呼び起こしていることを示している。このような土地陳報の錯誤是正が滞っている事態は，ほかの

多くの請願書からもうかがわれる。

　さらに，このような問題に対して徴税当局がより明確な回答を示した事例もある。すなわち，1944年2月16日に広西省陸川県大襖郷民代表戴天武は，土地陳報の成果を利用することによって税負担が不公平となったとして，暫定的に旧来の税額で徴税を行い，後に土地の測量を実施することを請願した。ところが，同年3月13日，省田賦管理処の回答は，あくまで土地陳報にもとづく新しい税額で納税することを指示し，口実を設けて徴税を妨害する行為はこれを禁止するという強硬な内容であった[18]。このような請願にきめ細かく対応することは，極めて困難であったと推定できる。

　また，土地把握の不備に由来する税負担配分における不公平という問題は，個別の納税者ごとの不公平として提起されるだけではない。先の引用文にも示されているとおり，県，区，郷などを単位とした地域ごとの負担格差として問題化する場合も多い。この場合には地域間の利害対立といった様相を呈し，これを背景にした紛糾も生じている。このような地域ごとの負担格差を解決するためには，それぞれの地域を所轄する既存の政府機関では対応できないとして，より広域的な利害調整のための会議を召集して解決を図ろうとする要求も見いだせる。たとえば，四川省大竹県下の各郷鎮公所・各郷鎮代表からは省レベルの全川賦制会議を召集して地域ごとの負担均等を実現することが提案されている[19]。

　③　地税行政にかかわる不正行為に対する抗議や告発

　このほか，地税行政にかかわる不正行為に対する抗議や告発の類いも，抗戦時期から戦後にかけて多発していた。抗戦時期についていえば，国史館所蔵糧食部檔案では15件を確認できる[20]。糧食行政の不正や腐敗は，地税＝糧食の徴収，その保管，運搬などの各局面で頻発した[21]が，この15件は主に徴税過程における事件に限定して抽出したものである。したがって，ここで主に告発の対象となっているのは，納税者と直接かかわる県以下の行政末端の徴税機関とその職員である。戦後になると，糧食部が自らの業務を批判的に回顧するようになるが，その場合，こうした諸機関や職員の汚職事件が横行し，これを防ぐ

ことができなかったことに再三論及している[22]。したがって，ここで拾った事件はほんの氷山の一角であったと考えてよかろう[23]。また，このような不正行為は，地方行政の中枢に位置する高官レベルにまで及んでいた。成都市長楊全宇，広東省糧食管理局長沈毅が糧食の買いだめで巨利を得たため銃殺刑に処せられた事件は有名である[24]。

また，こうした地税行政を監督する権限が与えられた地方党部や参議会も抗議・弾劾の対象になっていることにも注目しておきたい[25]。たとえば，1944年5・6月に四川省射洪県文星郷の納税者たちが国防最高委員会に提出した一連の請願書には，県参議会が同県第1区の税額を第2区・第3区各郷鎮に不正に配分した事実を暴露している[26]。同年7・8月には四川省塩亭県でも同じような問題が発生し，県の党部・参議会などの首長や各機関職員が特定の区の出身者に独占され，彼らの出身地に有利なように負担配分がなされている実情を訴えている[27]。後述するように，請願主体の重要な一翼を担った地方レベルの民意機関が，地域社会から逆に告発を受ける事例も珍しくなかったのである。

さらに，納税者自身の不正に対する告発も行われている。それらは9件確認できる[28]。地域住民から告発の対象となった行為は，地方有力者（史料では「劣紳」・「土豪」という用語で登場）による税負担の他者への転嫁，所有地の過小申告，その他各種手段を駆使した税逃れ，糧食の隠匿などである。このような行為は，蔣介石によって早くからその摘発が強く呼びかけられていたものである[29]。

以上，地税徴収に関連する地域社会からの請願内容を見てきた。全体としていえば，これらは国民政府の戦時体制の枠を越えたり，その打破に直接つながるような性格のものではない。むしろ，戦時体制維持に必要な負担配分の適正化という課題に沿った要求が大半である。その意味では，戦時負担の公正で合理的な配分を効率的にきちんと行いえない末端行政の脆弱さを反映したものであった。このような請願活動の中に，戦時体制下における矛盾の蓄積とその表れの一端が確認できるのである。

(2) 請 願 主 体

次に，請願主体について見てみよう。請願案件の中から請願主体をその性格ごとに大きく分類・整理してみると，以下の4種類になる。

① 下級行政機関とその人員…田賦管理処，財務委員会，土地陳報改進監察委員会，県経収処，土地陳報編査隊，郷鎮公所，郷長，保長，甲長
② 各級民意機関とその人員…省・県（臨時）参議会，郷（鎮）民代表会，保民大会
③ 各種団体とその首長………法団—農会，教育会，工会，商会，律師公会
　　　　　　　　　　　　　教育機関—公・私立学校，民衆教育館
　　　　　　　　　　　　　国民党下級党部—省・県党部
　　　　　　　　　　　　　その他—同郷会，新聞社，農業推広所，中国紅十字会分会，銀行，衛生院，糧商，糧民請願団，糧民借穀債権団，人民自由保障委員会
④ 住民個人(自称)……………士紳（代表），紳民，公民（代表），糧民（代表），農民，郷民（代表），民衆代表，業戸代表，小業戸代表，災民代表

ここから，請願主体は，下級行政機関を含め地域社会の様々なレベルの有力団体や住民個人に及んでいることが確認できる。住民個人については，その政治的背景や階層分布などを探る手掛かりはないが，自らをどのように位置づけているかという点も重要であり，各請願者の自称をそのまま列挙した。しかし，これらの請願主体の中でとりわけ請願の頻度が多く，大きな役割を果たしていると思われるのが，地方レベルの各級民意機関である。これらの民意機関は，本来，法制上においてこのような権限を職務として与えられていた存在であった。

省(臨時)参議会，県(臨時)参議会，郷(鎮)民代表会，保民大会などの各級民意機関は，戦時体制の支柱として地域社会から合意を調達するとともに，行政活動をチェックしてその円滑化や効率化を図るために設置された。このうち，

省・県の臨時参議会の場合は，各レベルの行政府・党部が有資格者[30]の中から候補者を推薦し，その名簿の中からメンバーが任命された。これが正式の省・県参議会になると，選挙によってメンバーが選出されることになる。すなわち，省参議会の場合は，省内各県の県参議会からそれぞれ代表者が選出され，県参議会の場合は，県内各郷鎮の郷(鎮)民代表会および職業団体からそれぞれ代表者が選出された。また，郷(鎮)民代表会は，所轄各保の保民大会からそれぞれ代表者が選出され，保民大会は保内の全戸によって構成された（各戸１名）[31]。省・県の臨時参議会を除けば，これらの各級民意機関のメンバーは，保民大会を起点にしてそれぞれ１ランク下の行政単位に設置された民意機関から選挙で選ばれる仕組みになっていたのである。

このような地方レベルの各級民意機関が積極的に請願活動を展開していた事実は，これらの機関が地域社会からの合意調達だけではなく，地域社会からの利害表出においてもリーダーシップを発揮していたことを示している。すなわち，これら各級民意機関は戦時行政と地域住民の中間に位置し，利害表出と合意調達という二重の役割を担っていたのである。

ここで注意すべき点は，これらが地域住民の利害を代表して戦時行政とその弊害に対峙する場合ばかりではなかったことである。ときには，その逆の場合も有り得た。すなわち，戦時行政への加担が行き過ぎたり，自らの保身や私利を追求して地域住民の意向を蹂躙した場合であり，その場合には，当然，地域住民から恨みを買い，「不良分子」，「劣紳」などと呼ばれて糾弾された。先に紹介した四川省鹽亭県や射洪県などの事例はその典型であり，ほかにも同様な事例は散見される。

このような抗戦時期の地方レベルの各級民意機関は，その制度的構成が紹介されることはあっても[32]，現実に果たした役割については，従来，十分に検討されることはなかった。また，中国（大陸）側の研究では，十分な実証をしないまま，これらのほとんどが「有名無実」であるとして一蹴したり[33]，官僚・豪紳・地主・国民党員・ごろつきなどに支配され，民意とは全く無縁であって独裁政治を覆い隠す装飾品に過ぎないとする見解[34]もある。それ故，本論

では地域社会の利害表出機関として積極的に活動していた事実をとくに強調しておきたい。地方レベルの各級民意機関は，一方で苛酷な戦時行政の要請に応えつつ，他方で地域住民の利益にも一定の配慮をしなければならず，その両者の狭間に立って複雑で相矛盾する二面性を帯びていたのである。

2．戦後における地税行政の変容と地域社会の動向

(1) 行政側の対応と認識

さて，1945年8月の日本の降伏による戦争の終結は，苛酷な戦時体制を継続する現実の根拠が喪失することを意味した。戦時行政は当然，解体に向けて変容し，平時の体制への復帰が重要な課題として浮上していく。ここで扱う地税行政も，その例外ではなかった。そうした動向を，行政側と地域社会側に分けてたどることにしたい。

まず，行政側から見ていこう。国民政府は，抗日戦争が勝利した直後の1945年9月3日に，「民に休息を与える」ことを理由に，田賦の豁免を1年間に限って実施することを表明した。すなわち，日本軍の占領を受けた各省は45年度の田賦を豁免し，その他の奥地の各省は1年遅れの46年度の田賦を豁免するというものであった[35]。これを受けて，行政院は45年9月11日に田賦豁免の具体的な実施方法を指示した。それによると，45年度田賦を豁免されたのは，江蘇，浙江，安徽，江西，湖北，湖南，広東，広西，山東，河南，河北，山西，綏遠，チャハル，熱河，台湾，東北9省の25省，南京，上海，北平，天津，青島の5市であり，46年度田賦の豁免が予定されたのは，四川，貴州，雲南，福建，西康，青海，陝西，甘粛，寧夏，新疆の10省，および重慶の1市であった[36]。

次いで，1945年12月30日，糧食部長徐堪は戦時糧食政策を担った糧食部そのものの撤廃を行政院に向けて提案した[37]。そして，糧食部は，田賦の豁免が実施された各省において省・県レベルの実物徴収の実施機関を撤廃するなど，自らの廃止に向けた所轄機関の整理・縮小，人員の削減を徐々に推し進めてい

たのである[38]。

　ところが，戦争終結直後において中南部を中心に飢餓が広がるなど経済状況が極度に悪化し，日本占領地区への軍隊の移動や内戦準備に伴って軍糧不足が深刻化するという事態が進行した。そのような中で，1946年3月，国民党第六期二中全会は経済状況が回復するまでは田賦実物徴収を暫定的に継続・実施することを決議した[39]。この決議にもとづき，同年6月6日から10日にかけて財政部と糧食部が主催する実施改訂財政収支系統会議が開かれ，実物徴収再開の具体的方法が決定された。それによると，46年度は前年度田賦を豁免した各省で実物徴収を復活するとともに，46年度に豁免が予定されていた各省も，豁免の実施は新疆を除いて46・47年の両年度に跨がって半額ずつに変更すること，すなわち46年度については規定の半額分を実物徴収することに変更された。ただし，徴収の方法については，いくつかの重要な緩和措置が盛り込まれている。その主な内容を列挙しておく。①交通が不便で糧食生産が豊かでない地区，あるいは糧食需要が比較的少ない地区においては法幣での徴税が許可された。②省・県・市など地方への配分比率が増加した。すなわち，抗戦中は大部分が中央に集められていた実物徴収の配分は，省においては中央が3割，省が2割，県市が5割に，直轄市においては中央が4割，市が6割にそれぞれ改められた。なお，糧食の強制借り上げは，従来と同じくすべて中央に配分された。③田賦の実物への換算基準が抗戦時期に比べて低くなり，糧食の強制借り上げの割り当て額も大幅に減額された。すなわち，かつての強制借り上げは実物徴収と同額あるいは2倍であったのに対して，実物徴収の2分の1あるいは3分の1とされた[40]。

　他方，共産党軍の活動によって田賦徴収は困難が予想されたため，決定された税額の徴収については以前よりも強力な督促体制がとられた。すなわち，糧食部が「督徴人員」を各省に派遣し徴税機関に協力して田賦の督促を行うとともに，国民参政員，監察委員，財政部・糧食部の高級官僚によって「徴糧督導団」を結成し，税額の比較的多い各省に派遣して田賦の督促と不正の防止・改善に当たらせた[41]。

さらに，1947年3月の国民党第六期三中全会では，47年度からは糧食の強制借り上げを一律に停止することや，法幣で徴収する県・市については既存の田賦徴収機関を一律に撤廃し，その業務を県・市政府に移管することなどが決定された[42]。

　以上のように，1947年前半までは，戦時地税行政は戦後の厳しい現実の中で存続を余儀なくされていたとはいえ，大筋において緩和の方向を確実にたどっていたわけである。

　ここでとくに注目しておきたいことは，糧食部が自ら実施してきた戦時行政に対する自己認識である。前述したように，1945年12月30日に糧食部は自らの廃止を提起したが，その文面には，困難な抗戦を自分たちが後方において支えてきたという自負とともに，その過程で深刻な弊害を生み出し地域住民の「恨みの的」になった事実を強烈に意識していることがうかがえる。糧食部長徐堪は，抗戦時期に十分な条件を欠く中で困難な業務を辛うじて遂行してきたことを回顧した後，次のようにその心情を述べている。

　　伏して思うに，［糧食部が業務を開始してから］4年半，数億石の食糧の統制と分配は，努力して成功したといえるが，……力を労し，費用を費やし，民の恨みはそこここに満ちあふれている。今でも当時を思い出すと，たちまち動悸が高まり胸が苦しくなる。いま，幸いにして日本は降伏し，……あらゆる戦時の措置は，当然，平時の状態に戻すべきである[43]。

糧食部が自らの解体を提起するにあたって，自らが担ってきた戦時行政について，以上のような苦い自己認識を率直に表明していたことは重視しておきたい。

　さらに，糧食部撤廃の提案は，一度拒絶されて先送りされた後，もう一度繰り返される。すなわち，徐堪の後を継いで糧食部長となった谷正倫は，1947年6月30日，再び糧食部の撤廃と他の機関への権限の移管を行政院に向けて提起した。その際，戦時中の糧食部の活動が民生に有利な側面をもっていたにもかかわらず，その点について一般の人民の理解を得ていないこと，戦後の状況は糧食部の存続を必要としているにもかかわらず，糧食部が社会一般の批判の矢

面に立たされ，その風潮は少数者の努力ではとうてい挽回できないことに言及している[44]。ここには戦時行政をなお継続しなければならない現実の要請と，これに対する世論の厳しい批判との狭間に立った糧食部の苦渋が滲み出ている。

次に，糧食部とその業務に対する厳しい批判の世論を創出した地域社会側の動向に目を転じてみよう。

(2) 地域社会側の動向

地域社会側の請願は，抗日戦争の終結を受けて，その内容に新た要素が付け加わる。もちろん，税負担の公正化を求める請願や徴税機関の不正告発などは戦時中と変わることなく継続していた。本格的な地籍整理や行政能力の向上が戦後において急速に進展したわけではないので，以上のような請願が頻発する基本的な状況に変化はなかったのである。ただ，ここではこの時期に新たに付け加わった請願内容に注目しておきたい。それは，以下の3点である。

一つめは，田賦豁免命令への違反追及および各種違法徴税に対する抗議であり，戦後に日本から接収した江蘇省各県を中心に9件を確認できる[45]。これらは中央政府の豁免命令を擁護して，各級地方政府によるその違反，および各種の違法徴税を取り締まるように求めたものである。このような要求の背景には，次のような事情があった。すなわち，田賦の豁免によって政府の財政収入が大きく制約されたにもかかわらず，各級地方政府や軍隊の糧食需要は増大することはあっても減少することはなかった。したがって，各級地方政府や軍隊は，その需要を満たすため，違法な徴税に頼らざるを得なかった。このような制御されない恣意的で違法な収奪の拡がりは，戦争直後の疲弊した経済をさらに悪化させる一因となり，政府への不満を呼び起こしていた。国民政府による田賦豁免の命令は，農民の負担軽減と支持基盤の強化をねらったにもかかわらず，その意図は貫徹しなかったのである[46]。

二つめは，戦時中の糧食の強制借り上げに対する返還要求であり，四川省において5件を確認できる[47]。糧食の強制借り上げは本来，将来の返済を予定

して実施されたのであり，糧食の供出者には糧庫券なる債券が交付されていた[48]。したがって，この返還要求は，債権者として当然の権利を国家に対して提起しているということになる。とりわけ，興味深いのは，四川省の納税者が「四川糧民借穀債権団」という組織を結成して，1947年4月に行政院と立法院に提出した請願書である。それによると，抗戦中に強制借り上げで政府に供出した糧食は本来なら個々の供出者に返還すべきであるにもかかわらず，四川省臨時参議会は1944年秋，72県の県参議会の反対を無視して，これをすべて四川経済建設基金に充てることを決議した。次いで，46年冬に正式に成立した省参議会もこの決議を踏襲して，この基金によって「四川経済建設特種股分有限公司」なる企業の設立を決めた。「四川糧民借穀債権団」はこの決議を民意を踏みにじる法律上の越権行為として，その撤回を要求したのである。その請願に付された宣言書には，四川省内の99県1市にわたる389名の発起人の名前が列挙され，請願書では債権団への参加者を数千名と述べている[49]。国民政府は，戦後も深刻化する糧食不足に苦慮しながらも，このような戦時に蓄積された債務を返済する課題にも直面していたのである。

そして，三つめは，戦時地税行政の中核である田賦実物徴収の廃止にかかわる要求であり，確認し得た25件を表3に列挙した。この三つめの要求が，頻度からしても内容からしても最も重要であろう。前述したように一般的な地税負担軽減要求は大きな比重を占めてはいなかったが，戦後になると，この要求が田賦実物徴収の廃止という形をとって噴出したのである。たとえば，1946年1月15日，浙江省臨時参議会は田賦実物徴収を取りやめて法幣による徴税を求める決議を行ったが，その理由として次のように述べている。

　　抗戦がはじまり，政府は軍糧を供給し民食を調整するため実物徴収に改めたが，この方法は，戦時のやむを得ない措置であった。ここに抗戦は勝利を収めて終結し，中央は各種の戦時法規を相次いで廃止しており，田賦実物徴収も例外ではありえない。況んや，1941年田賦実物徴収を開始して以後，制度は度々変更され，税額もまた次々に増加した。人民は勝利を期すること切実で，負担の痛みを忍んだが，これはただ一時的に維持できるの

表3　田賦実物徴収の廃止にかかわる請願

時　期	地　区	請　願　主　体	内　　容	檔案番号
1945/8	浙江省	省臨時参議会議長朱献文・副議長余紹宋	多年に亙って日本軍の占領を受けた各県は44年度以前の田賦積欠を免除し，45年度は法幣で納税することを請願	272-1777
1945/12	浙江省建徳県	県参議会	山糧は法幣で，地糧は雑穀で納税することを請願	272-1777
1945/12	浙江省永嘉県	羅浮区羅渓郷郷民代表会主席高寿昌・黄田郷・仁渓郷・羅浮郷・礁華郷・象浦郷等各代表	各郷の山雑生産地は税負担軽減，或いは法幣で納税することを請願	272-1777
1946/1	浙江省	省臨時参議会	田賦実物徴収の廃止，46年度より法幣での納税を建議	272-1777
1946/2	四川省	省参議会（第一期第一次大会提案）	田賦実物徴収の廃止，本年度の強制借り上げ免除を請願	272-199
1946/2	浙江省縉雲県	県参議会	田賦実物徴収の廃止，法幣での納税を請願	272-1777
1946/3	浙江省蘭谿県	県参議会議長呉志道	田賦実物徴収の廃止，法幣での納税を請願	272-1777
1946/3	浙江省東陽県	県臨時参議会議長陳大訓・副議長	田賦実物徴収の廃止，法幣での納税を請願	272-1777
1946/4	浙江省永康県	県参議会議長徐達夫	田賦実物徴収の廃止，法幣での納税を請願	272-1777
1946/4	浙江省龍泉県	県参議会	田賦実物徴収の廃止，法幣での納税を請願	272-1777
1946/5	浙江省臨安県	県参議会	田賦実物徴収の廃止，法幣での納税を請願	272-1777
1946/5	江西省	省参議会議長王枕心・副議長	全国の田賦を本年度より一律に法幣での納税に変更，糧政機構を撤廃する建議を議決	271-2563
1946/5	江蘇省嘉定県	県臨時参議会	田賦実物徴収の廃止を請願	272-199
1946/6	浙江省麗水県	県参議会議長周鼎・全体参議員	田賦実物徴収の廃止，法幣での納税を請願	272-1777

1946/6	四川省	各県旅蓉同郷会聯誼会	本年度強制借り上げの免除を請願	272-199
1946/7	四川省永川県	県参議会議長・副議長・党部書記長・青年団幹事長・教育会理事長・農会理事長・工会理事長・商会理事長・中学校長・女中校長・経収処処長・民教館館長・県銀行董事長・経理・衛生院院長	本年度強制借り上げの撤廃を請願	272-199
1946/7	四川省綿竹県	糧民代表徐梓喬等	本年度強制借り上げの停止を請願	272-199
1946/7	四川省資中県	県農会理事長何衡丸	田賦実物徴収の廃止を請願	272-199
1946/7	江蘇省武進県	県臨時参議会	田賦実物徴収，強制借り上げの減免，戦前の実徴数相当まで減額することを請願	271-1589
1946/7	江蘇省江寧県	県臨時参議会	田賦実物徴収の税率軽減，強制借り上げの免除を請願	271-1589
1946/9	四川省崇慶県	県臨時参議会	田賦実物徴収の廃止を請願	272-199
1946/11	浙江省	省参議会在籍参議員葉向陽	孝豊県の「山」「地」「蕩」の田賦は法幣での納税を請願	272-1777
1946/12	浙江省嘉興県	県参議会議長張本舟	「地」「蕩」「灘」の田賦は時価で法幣に換算して納税することを請願	272-1777
1946/12	四川省井研県	県参議会	災害厳重，実物徴収全部の免除を請求	272-199
1947/3	浙江省	省参議会・省政府	「地」「山」「蕩」および沿海未成熟泥地の田賦は法幣での納税を請願	272-1777

注）　檔案番号は国史館所蔵糧食部檔案のもの。

みである。(中略) そのうえ，実物徴収を実施して以来，その期間は短かったが弊害は多発し，汚職事件は次々と起こって尽きることはなかった。(中略) たしかに実物徴収制度そのものが弊害を招きやすいのであり，そうである以上，各級徴収人員の潔白さを求めようとしても自ずから実現しがたいのである。……田賦がもし法幣による徴収に戻れば，民が納税しやすいばかりではなく，手続きが簡単で，徴収人員・機構も大きく削減できる。さらに国庫の支出を節約でき，軍糧・公糧の供給については代金を払って調達すべきである。もとより鈍重で不経済な方法は踏襲すべきではない[50]。

ここに見られるような，田賦実物徴収は戦時においてのみ耐え忍ぶことができる，やむを得ない一時的な措置であって，平時においては即刻廃止すべしという言説は，このほかの表3に掲げた多くの請願の中で何度も繰り返されている。これが多くの請願者たちの共通認識になっていたわけである。また，実物徴収に伴って様々な弊害が多発するのは，制度そのものに構造的な欠陥があるからであり，制度を変えない限り根絶しがたいという認識にも注目しておきたい。こうした認識は，長期にわたる戦時地税行政と向き合う中で培われたものであって，戦時地税行政に対して地域社会の側から示された明確な総括であったと考えてよいであろう。このような請願が各地で頻発したことを受けて，国民参政会においても田賦実物徴収は「戦時の一種のやむを得ない方法であって」「新時代の要求に合わない」として，その廃止が提案されるに至った[51]。

先に紹介した糧食部の苦い自己認識が生み出された背景には，このような地域社会の側からの請願の噴出があったわけである。

3. 国共内戦の本格化と全国糧食会議の開催

以上のような地域社会の動向とも歩調を合わせながら，戦時地税行政は戦後しばらくは次第に緩和の方向に向かっていた。ところが，国共内戦が本格化すると，その動きは中断を余儀なくされる。すなわち，内戦の拡大に伴う軍糧需

要の更なる増大やインフレの深刻化に対処するために戦時地税行政は再び強化されることになった。

　1947年7月4日，国民政府は共産党への軍事攻勢を一層強化して全国総動員を命じた[52]。これに伴って，7月18日，国民政府は実物徴収の継続を改めて確認するとともに，一時は取りやめを決めていた糧食の強制借り上げを復活することを決定した。そして，その決定への合意を取り付け，協力を要請するために開催されたのが全国糧食会議であった。この会議は1947年7月27日から31日にかけて開催され，全国各省の省政府主席と田賦徴税機関の長官とともに，省参議会の議長が招集された[53]。会議の席上，行政院院長張羣は，糧食の強制借り上げの継続がやむを得ない措置であることを次のように訴えた。

　　現在の軍事行動は，少しの間で停止することは難しく，軍糧の需要は減少することはない。本年，中央が徴糧によって得た実物は，省・県で徴収・購入したものを併せても，なお必要な軍糧の半分にも及ばないため，もしすべてを購入で補うとすれば，このような大量の実物を購入しえるか否かが実に問題となる。且つ，大量の貨幣を発行して大量の糧食を購入すれば，物価に与える刺激，民生に及ぼす影響，その他の不良の結果は，どれもこれも顧慮するに堪えない。国務会議はこの問題に対して幾度も詳細に検討して，利害を計り比べた後，糧食の強制借り上げを継続し，その後の不足分は，別に国内外でなんとか購入して補うことを決定した。これは政府のやむを得ない措置であり，また目前の軍糧不足を補う唯一の方法である[54]。

また，同時に，次のように各級民意機関の協力の重要性を強調している。

　　戦時の徴糧が順調に実施できた最大の要因は，各級民意機関が協力したことにある。戦争が勝利した後，民意機関は政府の徴糧政策に対して改善を求める建議を度々行った。このような貢献には，さらに敬服する。現在の内戦工作は対外抗戦と同様に重要であり，省の民意機関は政府の政策を全力で宣伝すべきであって，人民に内戦への動員がやむを得ない措置であることを了解させねばならない。ともに時局の困難を思い，かつて抗戦に熱

烈に協力した精神をもって，一致奮闘し勇躍して納付しよう[55]。
国民政府が各級民意機関の協力をこのように重視したのは，田賦実物徴収，糧食の強制借り上げに対する地域社会の強い反発を十分に意識していたからである。

この会議が開催された前後，国民党中央の機関紙『中央日報』は，戦時中に実施されたこれらの政策が生み出した弊害を厳しく批判し，弊害の除去を訴える記事をいくつか掲載している。その中で，監察委員（前章で触れたように，彼らは田賦徴収の督促・監視に協力していた）の向乃祺・何漢文・王述曾・白瑞・李正榮・馬耀南たちによる実物徴収の改善を求めた建議案が注目される。この建議案は，実物徴収の現状に対して極めて厳しく明解な批判を展開しており，その一節を以下に紹介しておこう。

　　実際の考察で得たところにもとづけば，田賦実物徴収［の欠陥］は，税率の過重にあるのではなく，負担の不均等にある。とりわけ土地陳報の実施以後，人事の不備と技術の拙劣さによって，人民の負担の軽い者はますます軽くなり，重い者はますます重くなるに至っている。そのうえ，軽い者の多くは豪門巨室の大地主であり，重い者の多くは小地主・自作農・半自作農の中下階層である。故に，近年来，土地はますます集中し，本業を失う者は日々増えており，本党の平均地権および扶植自作農の政策と逆行している。……いま，以前のやり方を踏襲して，実物徴収と強制買い上げを並び行えば，政府が「匪」を平定する手段として恃むものが，「匪」を作り出す間接的な原因となるであろう[56]。

また，7月30日付けの社説においても，「豪紳巨富」の大土地所有者は税負担が軽く，貧しい農民は過大な負担を負っているという同様の認識を示している。そして，田賦実物徴収の実行が政府に反対する者にその口実を与えることを強く警戒し，税負担の公正化に努めるとともに，実物徴収に対する監視を強化・徹底することを改めて呼びかけている[57]。国民政府にとっても，戦時地税行政への逆行が社会的反発を招くことは十分に予想でき，これに対して政権内部においても強い危惧が存在していたわけである。

表4　1941-1948年の田賦実物徴収・糧食の強制買い上げ・借り上げ

(単位：百万市石)

年[a]	稲麦総生産量 (1)	実際の徴収額 (2)	予定徴収額 (3)	(2)／(3) %	(2)／(1) %
1941年	808.6	24.1	22.9	105[97.8][c]	2.98
1942年	845.0	67.7	65.0	104[101.6][c]	8.01
1943年	808.7	65.2	64.2	102[93.3][c]	8.06
1944年	923.0	57.9	64.6	90	6.27
1945年	807.6	30.1	35.3	85	3.73
1946年	1,347.5	42.5	54.4	78[43][d]	3.13
1947年	1,402.8	38.3	58.8	65[48][d]	2.73
1948年	1,356.0	20-25[b]			

注)　a 1941-1945年の統計数字は15省，1946-1948年の統計数字は22省。
　　b この数字は1948年11月までに徴収した糧食を示している。糧食部長関吉玉によって提示された。彼は政府は実際上7500万市石が必要であると述べている。
　　c 括弧内の数字は陳友三・陳思徳が作成した表。82-85頁。
　　d 本文参照。
出典)　Lloyd E. Eastman, *Seeds of Destruction*, p. 60, TABLE 3.

　それでは，全国糧食会議を通じて取り付けた地域社会の合意は，実質を伴っていたのであろうか。表4は，イーストマンの研究からの抜粋である。ここでは，政府が設定した予定量に占める実際に徴収し得た糧食の割合に注目したい。実物徴収が開始された41年度から見ていくと，抗戦末期から低下しはじめ，47年度に至って最低点を記録している。47年度の65％，数字の取り方によっては48％という数字（政府が予定した徴収量は当初の額から後に減額されたため，当初の額を基準にすれば48％となる）は，イーストマンも注目しているように，抗日戦争期の100％前後の高い数字と著しい対照を示している[58]。全国糧食会議を通じた合意調達の努力にもかかわらず，その合意は空洞化し，末端行政における地域社会掌握力は限界近くまで損なわれていたのである。
　そして，戦場で追い詰められた国民政府は，1949年1月から4月にかけて共産党との最後の和平交渉に臨むことになるが，その最中の2月24日，田賦の実物徴収と糧食の強制借り上げの停止を発表するに至った。そのとき，行政院長の孫科は，これらの政策が施行以来現在に至っても弊害が百出し，農村の負担

が重すぎて民の生活を苦しめ続けたことに言及し，農村はこれ以上その負担に耐えることはできないことを強調した[59]。国民政府は内戦が終了する時期まで田賦の実物徴収と糧食の強制借り上げを存続させることはできなかったのである。

おわりに

　以上，本論では，抗日戦争期から戦後内戦期にかけての地税負担をめぐる請願活動を中心に検討してきた。従来，取り上げられることのなかったこれらの請願活動は，抗戦時期においては税負担の公正化や不正の摘発を中心とするものであって，戦時体制の枠を超えるようなものではなかった。しかし，それらは戦時下における地域社会の側からの利害表出の一形態にほかならず，戦時体制下における矛盾の蓄積とその有り様を示すものであった。これらの請願活動を担っていたのは，下級行政機関も含む地域社会の様々な有力団体や住民個人に及ぶが，その中軸は戦時下で設置された地方レベルの各級民意機関であった。これら民意機関は，地域住民から批判される場合もあったが，戦時行政の要請と地域住民の利害の狭間に立って，相矛盾する二面性をもっていたのである。

　戦後においては，このような請願活動を通じて，地域社会の側から戦時行政脱却が繰り返し提起されるに至った。それは長期にわたる戦時地税行政とその弊害にさらされた経験を踏まえた，地域社会の側からの戦時地税行政に対する総括にほかならなかった。そして，戦後しばらくの間は，国民政府もこのような地域社会の動向を強く意識し，大筋においてその動向に沿って戦時行政の解除に向けた方向を曲がりなりにもたどっていた。

　ところが，内戦の本格化は事態を一変させることになった。内戦の本格化による戦時行政への復帰は，このような地域社会の動向に全く逆行したものであり，その結果，末端における行政執行能力は著しく損なわれた。地税徴収率が抗戦時期に比べて大きく低下したのは，その端的な現れである。共産党との内戦に臨んだ国民政府は，すでにその足元で空洞化が進んでいたのである。

最後に若干の問題提起をして本論を終えたい。それは，戦後の政局は国共両党や民主諸党派による政争の次元に還元してとらえられることが多いが，このような地域社会の動向もまた，その政局を基底において規定していた一要素として重視すべきではないかということである。国民党が和平交渉の場に臨む場合においても，戦場に赴く場合においても，その背後には，戦時行政の脱却を具体的に求める地域社会の動向が，無視し得ぬ圧力として働いていた。そして，1949年1月から4月にかけて戦場で追い詰められた国民政府が共産党との最後の和平交渉に入ると同時に，田賦実物徴収，糧食の強制借り上げの廃止を早々と決定せざるを得なかったのは，そのような圧力の大きさを物語っている。戦後政局を政治党派間の政争という表層の次元を越えて再構成していくためには，以上のような地域社会の動向をも視野にいれる必要があろう。

1)　菊池一隆「重慶政権の戦時経済建設」『歴史学研究別冊特集』1981年11月。
2)　陸民仁「抗戦時期田賦徴実制度：実施及評估」中華民国歴史與文化討論集編輯委員会編『中華民国歴史與文化討論集』第4冊，1984年，蔣永敬「孔祥熙與戦時財政—法幣政策與田賦徴実—」孫中山先生與近代中国学術討論会集編輯委員会編『孫中山先生與近代中国学術討論会集』第4冊，1985年，侯坤宏「抗戦時期田賦徴実的実施與成效」『国史館館刊』復刊4，1988年，抗日戦争時期国民政府財政経済戦略措施研究課題組編『抗日戦争時期国民政府財政経済戦略措施研究』西南財政大学出版社，1988年，金徳群主編『中国国民党土地政策研究』海洋出版社，1991年，崔国華『抗日戦争時期国民政府財政金融政策』西南財経大学出版社，1995年，など。
3)　拙稿「日中戦争と中国の戦時体制」池田誠ほか編『世界のなかの日中関係』（20世紀中国と日本，上巻）法律文化社，1996年。ここでは，抗戦時期国民政府の末端行政による地域社会掌握の脆弱さに着目した。ただし，史料的な制約のため，政策を受け止める側の地域社会の動向には論及できなかった。この残された課題の追求が本論のテーマの一つである（後述）。
4)　その点で，イーストマンの研究（Lloyd E. Eastman, *Seeds of Destruction : Nationalist China in War and Revolution 1937-1949,* Stanford University, 1985. 特に第3章）はなお貴重であり，本論では多くの示唆を得た。なお，拙稿「戦後国民政府の江蘇省農村土地行政—日中戦争がもたらした変容と遺産—」（『環太平洋圏における地域関係と文化変容』1998年度東京都立短期大学特定研究報告書，1999年）は，江蘇省に対象を限定して戦後地税行政を中心に考察した論考であり，

本論の姉妹編として併読されたい。
5) 本論で使用する「地税行政」という用語について若干の説明を補っておきたい。一般に当時の糧食部が主管した糧食行政は，地税＝糧食の徴収，保管，運搬，分配等の広範な諸領域が含まれるが，本論ではその全領域を扱うわけではなく，その中の地税＝糧食の徴収という領域に焦点を絞っている。しかも，この領域は抗戦末期までは財政部田賦管理委員会の所轄事項でもあった。ここでいう「地税行政」とは，そうした地税＝糧食の徴収（田賦の実物徴収，糧食の強制買い上げ・借り上げ等）にかかわる行政活動を指している。
6) 同檔案は，1941年7月に田賦の中央移管・実物徴収の開始と同時に設置された糧食管理機関である糧食部の文書と，同時期財政部に設置された田賦管理委員会（1941年6月成立，1945年3月糧食部田賦署に統合）の文書とを合わせたものであり，戦時期から戦後内戦期にかけての土地税関連の政府文書が集成されている。合計で7,960巻にのぼる（『国史館現蔵国家檔案概述』1997年12月2版，57-64頁）。ただし，文書の破損状況がひどく，使用に耐えないものも多い。
7) イーストマン・前掲書，68-69頁。
8) 『重慶経済戦力ニ関スル報告』（第3部奥地研究室）第4編・農業，1944年，23頁。
9) これらの請願書の概要については，本論とほぼ同趣旨の中国語の拙稿「戦後国民政府的地税行政和地域社会—囲繞地税負担展開的請願活動—」（『1949年：中国的関鍵年代学術討論会論文集』国史館，2000年）に表1として掲載した。なお，同論文は，本論では紙幅の関係で省略した請願書のすべてを分類して掲載しているので，参照されたい。
10) 「為据報川北各県徴収実物将起騒動□請査照由（民国30年10月4日）」（国史館所蔵糧食部檔案272-3464，川北各県徴収実物将起騒動巻）。なお，□は判読不能文字。
11) 同時期の『中央日報』や『大公報』でも関連記事は見いだせない。
12) 『大公報』1941年9月16日。
13) 「陝西省政府呈為該省参議会函以林山徴実農民賠累不堪請変通辦法以蘇民困案（民国33年9月12日）」（同檔案271-578，陝西陳報訴願）。
14) 浙江省東陽県臨時参議会の請願は「快郵代電・東陽県臨時参議会（民国34年6月9日）」（国史館所蔵糧食部檔案272-1777，浙江各界請将田賦改徴法幣）。陝西省鎮安県臨時参議会の請願は「為本県旱災厳重秋収無望謹会銜據実縷陳懇請頒振免賦恵予救済由（民国34年7月）」（同檔案271-457，陝西省各県民衆団体請更正及減軽田賦）。
15) 拙稿「日中戦争と中国の戦時体制」（前掲），127頁。また，拙稿「中華民国時期の農村土地行政」（日本上海史研究会編『中国近代の国家と社会—地域社会・

地域エリート・地方行政―』[1998年夏季シンポジウム報告集], 1999年3月) も参照。

16) たとえば, 1943年2月に四川省田賦管理処長石体元らが財政部に提出した報告は以下のような事実に言及している。すなわち, この時期までに四川省において土地陳報がほぼ完了した県はすでに113県にのぼり, そのうち, 8県で土地陳報の成果が実物徴収に利用されたが, 実施後に土地所有者から再点検による訂正が申請されている。また, 残りの105県についてはいずれも業務の改善が必要であるとされている (「為擬具四川省各県市局土地陳報改進辦法四川省邊遠各県市局土地陳報実施辦法暨経費概算呈請核示由 (民国32年2月10日)」 [国史館所蔵糧食部檔案271-1272, 四川省土地陳報巻])。

17) 「為土地陳報延不実行糧額無従平均協懇轉飭従速覆査以抒民困而符功令由 (民国33年6月8日)」(国史館所蔵糧食部檔案271-2827, 四川省陳報訴願)。

18) 「呈復擬陸川県大襖郷民代表戴天武呈報徴糧負担不平請照旧額完納並再査丈畝積一案辦理情形請察核由 (民国33年3月13日)」(国史館所蔵糧食部檔案271-582, 広西陳報訴願巻)。

19) 「為新科則已行配賦額仍旧負担失平懇轉四川省政府迅開全省賦制会議按各県産糧実際分等課税用達県與県平旦的以符法令而利推行由 (民国33年6月16日)」(国史館所蔵糧食部檔案271-2827, 四川省陳報訴願)。

20) 拙稿「戦後国民政府的地税行政和地域社会」(前掲) に掲載した表4, 参照。

21) 侯坤宏・前掲論文, 162-168頁, 参照。

22) 「糧食部紀念週, 徐堪検討糧政」『中央日報』1946年10月21日, 「糧食部長谷正倫呈報糧政機関裁併方案―民国36年6月30日」(行政院檔)『糧政史料』第6冊, 317-321頁, など。

23) たとえば, このことを裏付ける以下のような数字が公表されている。すなわち, 1944年1月から8月までのわずか8カ月間に糧食部が汚職や政令違反で摘発した事件で, 軍法機関で有罪とされた者は, 合計167人であった。その内訳は, 死刑4人, 無期懲役7人, 10年以上の懲役24人, 5年以上10年未満の懲役36人, 1年以上5年未満の懲役14人, 軽微な処分82人である。ただし, 本論で問題としている徴税過程における犯罪よりも, 糧食の運搬や保管にかかわる事件が多く, 両者で67件以上にのぼる (「社論・糧政的整飭」『中央日報』1944年9月4日)。

24) 拙稿「日中戦争と中国の戦時体制」(前掲), 131頁。

25) 「四川省各県市局土地陳報改進辦法草案」第9項によれば, 土地陳報の改善業務には, 県参議会, 県党部, 地方機関, 法団が協力し, 実地に監督する責任が与えられている (「為擬具四川省各県市局土地陳報改進辦法四川省邊遠各県市局土地陳報実施辦法暨経費概算呈請核示由 (民国32年2月10日)」前掲)。

26) 「為破壊糧政搗乱後方請予厳懲以維治安由 (民国33年5月31日)」, 「為非法累糧

協懇厳電制止以維成令由（民国33年6月）」，「為違法妄議搗乱政策聯名協懇令飭撤銷議案以昭平允而符法令由（民国33年6月）」，「為藐視法令衵護累糧協請制止以維成令由（民国33年6月）」など（いずれも国史館所蔵糧食部檔案271-2827，四川省陳報訴願）。

27)「為会議違法賦額失平協請令飭県田管処依法実行改進以均負担而維地政由（民国33年7月）」（国史館所蔵糧食部檔案271-2827，四川省陳報訴願）。

28) 拙稿「戦後国民政府的地税行政和請願活動」（前掲）に掲載した表5，参照。

29) 拙稿「日中戦争と中国の戦時体制」（前掲），131-132頁。

30) 省臨時参議会の場合でいえば，有資格者は満25歳以上で中等教育を受けた男女の中で，以下のいずれかの資格をもつ者である。①本省の籍貫（原籍）をもち，省内県市公私機関あるいは団体で2年以上服務し信望著しい者，②省内の重要文化団体あるいは経済団体で2年以上服務し信望著しい者。ただし，現任官吏は除かれていた（馬起華『抗戦時期的政治建設』近代中国出版社，1986年，366-367頁）。

31) 抗戦時期における地方レベルの各級民意機関について，制度史的側面から概説的に言及した研究は数多い。台湾では，馬起華・前掲書，張俊顕『新県制度之研究』正中書局，1988年，等。中国（大陸）では，陳瑞雲『現代中国政府』吉林文史出版社，1988年，李進修『中国近代政治制度史綱』求実出版社，1988年，袁継成・李進修・呉德華主編『中華民国政治制度史』湖北人民出版社，1991年，等。

32) 同上。

33) 朱玉湘『中国近代農村問題與農村社会』山東大学出版社，1997年，420頁。

34) 李進修・前掲書，346頁。

35)『中央日報』1945年9月3日・4日。

36)「行政院呈送豁免田賦実施辦法─民国34年9月11日」（国民政府檔）『糧政史料』第6冊，213-215頁，谷正倫「一年来的糧政─自35年3月起至36年4月止」（原掲は『糧政季刊』第5・6期合刊，1947年9月）同上，409頁。

37)「糧食部長徐堪呈請裁撤糧食部─民国34年12月30日」（行政院檔）『糧政史料』第6冊，219-222頁。なお，徐堪（1888-1969年，四川省三台県）の糧食部長在任期間は1941年5月から46年10月までである。徐は，清末光緒年間に秀才となり，1907年に中国同盟会に加入して政治活動を開始し，国民革命期には国共合作に反対するなど国民党右派の立場にあった。南京国民政府成立後は，財政部内の要職（金融管理局副局長，銭幣司司長，常務次長，政務次長）を歴任し，35年には国民党第五期中央執行委員に選出された。糧食部長辞職後も，主計部主計長，財政部長，中央銀行総裁などを歴任した後，49年10月に米国に逃れ，その後，台湾で病死した（劉寿林ほか編『民国職官年表』中華書局，1995年，李盛平主編『中国近現代人名大辞典』中国国際広播出版社，1989年，参照）。

38) 「二中全会11次大会徐部長糧食問題報告」『中央日報』1946年3月10日。
39) 「対於糧食問題報告之決議案――民国35年3月14日」『革命文献』［中国国民党歴届歴次中全会重要決議案彙編（二）］第80輯，中国国民党中央委員会党史委員会，1979年9月，423-425頁。
40) 谷正倫「一年来的糧政――自35年3月起至36年4月止」（前掲），409-411頁。
41) 同上，410頁。
42) 「経済改革方案――民国36年3月24日通過」『革命文献』第80輯（前掲），472-485頁。
43) 「糧食部長徐堪呈請裁撤糧食部――民国34年12月30日」（前掲），220頁。
44) 「糧食部長谷正倫呈報糧政機関裁併方案――民国36年6月30日」（前掲），318頁。なお，谷正倫（1890-1953年，貴州省安順県）の糧食部長在任期間は1946年10月から47年7月までの1年足らずに過ぎない。谷は，民初に日本の陸軍士官学校に留学しており，財政金融関係の要職を歴任してきた前任者の徐堪とは異なって，国民党の軍人としての経歴を重ねた政治家である。その後の糧食部長の職は，兪飛鵬（48年5月まで），関吉玉（49年3月まで）に引き継がれた（劉寿林ほか編『民国職官年表』中華書局，1995年，李盛平主編『中国近現代人名大辞典』中国国際広播出版社，1989年，参照）。
45) 拙稿「戦後国民政府的地税行政和地域社会」（前掲）に掲載した表6，および拙稿「戦後国民政府の江蘇省農村土地行政」（前掲），参照。
46) イーストマン・前掲書，73頁。
47) 拙稿「戦後国民政府的地税行政和地域社会」（前掲）に掲載した表7，参照。
48) たとえば，「民国30年糧食庫券条例」によれば，1941年の糧食庫券と交換で借り上げた糧食は，1943年から5カ年に分けて償還される予定であった（侯坤宏・前掲論文，158頁）。
49) 「四川糧民借穀債権団呈送請願書――民国35年4月」（行政院檔），「四川糧民借穀債権団為催討還穀本息向立法院陳情――民国35年4月」（行政院檔）『糧政史料』第6冊，249-266頁。
50) 「浙江省臨時参議会第二期四次大会第11次会議決議（民国35年1月15日）」（国史館所蔵糧食部檔案272-1777，浙江各界請将田賦改徴法幣）。
51) 「関於物価工潮工業敵偽物資財政金融黄金外匯及田賦徴実案（審4第95号，汪参政員寶瑄等12人提，1946年8月21日）」（国史館所蔵糧食部檔案272-924，国民参政会有関田賦徴実案）。また，これ以前に「擬請建議国民政府廃止田賦徴実制度，以減軽公私耗費案（冷参政員□等提）」も国民参政会第四期20次会議（1946年4月2日）で通過している（『中央日報』1946年4月4日）。
52) 『中央日報』1947年7月5日。
53) 「糧食会議明開幕」『中央日報』1947年7月25日，「糧食会議延明日挙行」同上

1947年7月26日,「糧食会議開幕」同上1947年7月28日。なお，糧食の強制借り上げの復活が決定される前日の7月17日，谷正倫が糧食部長を辞職し，代わって兪飛鵬がその職に就任した（『中央日報』1947年7月19日）。
54)　「徴実徴借要点」『中央日報』1947年7月28日。
55)　同上。
56)　「改善田賦徴実」『中央日報』1947年7月29日。
57)　「社論・向糧食会議進一言」『中央日報』1947年7月30日。
58)　イーストマン・前掲書，85-86頁。イーストマンはこの数字を紹介した際，政府の糧食資源に対する動員能力の減退は，その政治的衰退の兆候にほかならず，政府の財政破綻に重要な作用を発揮したのであり，そして，その財政破綻が最終的に政府を崩壊させる決定的な原因となったであろうと述べている。
59)　「財経改革方案公布」『中央日報』1949年2月25日，「徴兵徴糧制度政府決定取消」同上，1949年3月4日。

（笹川裕史）

第2章　全国的土地改革の試みとその挫折
　　　——1948年の「農地改革法草案」をめぐる一考察——

はじめに

　国民政府が1930年代半ば以降，中国大陸において実施した土地政策に対する研究は近年急速に進展した。その結果，国民政府により土地税制改革・地籍整理事業，そして実験区における土地改革などが実施されつつあったことが明らかにされた[1]。また，ここから国民政府内部には土地行政官僚など土地政策に対し積極的な勢力が存在していたことも確認された。それでは，国民政府の存続が危機に陥りつつあった国共内戦期において，彼ら土地行政官僚は当時深刻な政治問題として浮上していた土地改革に対していかなる対応をみせたのであろうか。本稿においてはこの問題について検討していきたい。

　国共内戦が終盤を迎えつつあった1948年3月，土地行政官僚を中心として結成されていた中国土地改革協会（以下，土地改革協会と記す）は，独自の土地改革案を発表し，早急な土地改革の実施を訴えた。続いて同年9月には土地改革協会の指導者蕭錚（国民党中央常務委員兼立法委員）は，その他84人の立法委員を連署人とし「農地改革法草案」（以下「草案」と記す）を憲法施行後第一期立法院院会に提出した。これら一連の動きは，それまで一部実験区に限定されてきた土地改革を一挙に全国的に展開することにより，急速に増大していた共産党による土地改革の圧力に対抗することを念頭においたものであった。

　これにも関わらず，立法院内における反対派の抵抗により「草案」が立法化されることはなかった。その後も1949年にはアメリカの対中国農村援助資金を

利用し，土地行政官僚の技術的指導の下，四川省，広西省及び台湾省では小作料の減額措置が比較的大規模に実施され，局地的ではあるものの一定の成果を収めた[2]。ただし，これらは地方的な行政命令を根拠としたものであり，行政長官の異動によっては即座に中止される恐れのある臨時的な措置に止まっていた。それゆえ，土地改革が永続性・安定性を獲得するには立法院における正式な立法化が必要であり，その成立は台湾への撤退後の「実施耕者有其田条例」（1953年1月）を待たなければならなかったのである。

ところで，従来国民政府は地主の利益を代弁する政権であったため大陸では土地改革を実施できなかったと考えられてきた。もちろん「草案」の立法化に失敗したという結果に着目すればこうした説はなお相当の説得力を持つものと思われる。しかし視点を政府内部の政策決定過程にまで掘り下げた場合，当該時期における土地改革に対する意見は決して一様なものではなかったことに気づくこととなる。事実，土地行政官僚による「草案」は立法化にこそ至らなかったものの，立法院において土地改革に対する活発な議論を呼び起こした。政権の生き残りのためにはもはや地主的利益の擁護に固執してはいられないとの考えは，土地行政官僚という専門職の枠を超え，政権内で一定数の賛同者を集めつつあったといえよう。それゆえ本稿において「草案」をめぐる議論を検討することにより，①当時の国民政府内各勢力の土地改革に対する姿勢，②当該時期における国民政府の政策決定過程の実態，を浮き彫りにすることができるのではないかと考えられる。

また，その際特に注目したいのは「草案」が審議される舞台となった立法院の性質である。憲政実施後，一般国民による直接選挙で選出されることとなった立法院は事実上の中央民意機関としての地位を獲得し，国民党中央党部や行政院による統制の及び難い機関となっていた[3]。さらに，その内部では国民党各派による激しい派閥対立が展開されていた。それゆえ土地政策に関する政策決定過程を検討するに当たっては，こうした立法院内部の事情に対しても慎重な考察を行なう必要があろう。

ところで，「草案」に関しては中国において若干の論稿が存在する[4]。しか

し，これらは条文の規定と審議内容の表面的な紹介に止まるものであり，政策決定過程に対する本格的な分析に踏み込むものではなかった。こうした先行研究の不充分さを補うため，本稿では先ず当該時期において土地行政官僚が有していた土地政策理念の全体像を明らかにした上で，引き続き「草案」をめぐる政策決定過程の詳細な分析を行なっていきたい。

なお，紙幅の都合により本稿では土地行政官僚の指導者蕭錚の個人的事蹟について詳しく紹介することはできない。これに関しては笹川裕史氏の先行研究を参照されることを望みたい[5]。

1．国民政府による戦後構想と土地改革

(1) 国民党六全大会及び中華民国憲法における土地政策理念

日中戦争開始以降も，国民政府は土地行政専門人員の充実や土地行政機構の整備を行なっており，土地改革も重慶郊外北碚実験区，福建省龍岩実験県，甘粛省湟恵渠実験区などにおいて実施に移された。これらの実験区での土地改革の特徴は，土地測量・登記を実施し，近代的土地所有制度を確立した後に中国農民銀行土地金融処からの資金を利用し，有償で地主の土地を買収したことにある。また自作農創設後の農場経営合作化も重視された。結局，国民政府の台湾への撤退までに全国で約48,300戸が自作農化され，それに伴い約1,176,000市畝の土地が買収されたという。ただこの時期の土地改革の問題点は，①土地測量や登記による地権の確定を土地改革の前提としたため，作業が複雑となり量的な展開が困難であったこと，②土地改革が行政命令を根拠としたため，民法における私的所有権の保護規定を盾とした地主側の抵抗を受けた点，などにあった[6]。

以上の基礎の上に国民党は1945年5月，戦後の国家構想を決定する党六全大会において蕭錚が提起した「土地政策綱領」を通過させた。その内容は①政府は徐々に土地債券を発行し，小作地徴収のための費用に備え，並びに土地の整理再分割の後は，可能な限り原耕作の農民及び抗戦兵士に優先的に耕作させる，

②自作農場に対しては合作経営を指導する，③土地賃貸契約は必ず主管の土地行政機関での登記を必要とし，並びに法律によりその小作料を制限する，④私有地は地価に照らして買収することができ，並びにその分割を制限できる，⑤専業の土地銀行を設立し土地債券を発行させ，自作農創設を実行させる[7]などであり，日中戦争中の実験区で行なわれた自作農創設の方針を再確認するものであった。

引き続き，蕭錚は国民経済に関する規定を審議した憲法制定国民大会第七組の召集人として，1946年12月に制定された中華民国憲法の第13章「基本国策」第2節「国民経済」に対し土地政策に関する以下の条文を盛り込ませることに成功した[8]。

第142条—国民経済は民生主義をもって基本原則とし，地権の平均及び資本の節制を実施して国家政策，国民生活の充足を図らなければならない。第143条—①中華民国領土内の土地は国民全体に属する。人民が法により取得した土地の所有権は，法律の保護と制限を受けなければならない。私有地については地価に応じて納税しなければならず，かつ政府は地価額に従ってこれを買収することができる，②土地に付帯する鉱物及び経済上公衆の利用に供される天然の資源は，国家の所有に属し，人民が土地所有権を取得したことによって影響されない，③土地の価値が所有者による労力，資本の投下による理由以外で増加した場合は，これに対し国家が地価増加税を徴収してその増加価値分を人民に共同享受させなければならない，④国家は土地の分配及び整理について自作農及び自ら土地を使用する者を扶助することを原則とし，かつその適当な経営面積を規定しなければならない。

このように六全大会では土地改革の基本方針が規定された。さらに中華民国憲法第143条では土地に対する私的所有権は法律的に保護されると同時に，国家の必要により制限を受けるものであることが明文化された。しかし，その一方で中華民国憲法には第15条での「人民の生存権，就業権，財産権は保証を与える」との条項も存在し，第143条と第15条との矛盾についての解釈は示されてはいなかった。そのため，この財産権の保護と制限をめぐっての解釈が，後

の立法院における「草案」の審議で重要な論争点となるのである。

(2) 中国土地改革協会の政策理念と共産党による土地改革に対する認識

　以上のように日中戦争期に実験的に開始された自作農創設政策は，戦後国家建設の基本構想を決定した六全大会での議決や中華民国憲法に取り入れられることにより，その継続的かつ拡大的実施が確認された。しかし，理念から実現への前進こそまさに最も困難な一歩でもあった。そこで，土地改革の実施に執念を燃やす蕭錚は，従来学術的な方面または政府内部の政策立案にその活動を限定してきた中国地政学会を社会団体としての土地改革協会に改組した。こうして1947年4月に土地改革協会は成立宣言を発表し，私的所有権是認の下で「耕者有其田を実現し，地主階級及び租佃制度を徹底消滅する」を訴えることとなった。土地改革協会の会員は設立当初3,600人，翌年には16,000人にも達し，各省市に23箇所の分会が設置されたという[9]。

　では，土地改革協会はいかなる国家建設の青写真を有していたのであろうか。「土地改革協会成立宣言」がその一端を明らかにしている。そこでは農地農有，市地市有，天然資源の公有が謳われた後，「農業改革と郷村建設は経済繁栄と工業化の基礎である。我々は農業の進歩を阻害している旧式耕作制度と郷村組織を根本的に改革しなければならず，佃耕制度は迅速に終止させなければならない。貧農及び小作農はその転業を導く他は，直ちに土地を獲得させなければならない。並びに国家の力量をもって農業人口を緩和することと，農民が広汎な郷村建設に従事することを助けなくてはならない」と農村における土地改革実施の経済的意義とその後の目標が説明された。また同時に「経済の平等は経済発展と全民衆の福祉の中心原則である。我々は「計画経済」の下，国家資本を発展させ，工業化を迅速に実行することにより，人民の衣食住の問題を解決する。(中略) 我々は資本家の専制たる「自由資本主義」に強く反対する。また官僚資本の公私企業に対する操縦にも反対する」と[10]，土地改革実施後の統制色の強い経済体制までもが構想された。

　こうして国民政府内部の土地改革推進派は全国的土地改革に向けての具体的

な行動を開始した。しかし，内戦において国民政府側が軍事的に後退すると同時に，政治的な脅威と認識されたのは共産党による土地改革の動きであった。これは1948年以降，共産党の土地改革を批判する論文が相次いで土地行政官僚により発表されたことからも明らかである[11]。その中でも，当時地政部政務次長の地位にいた湯恵蓀による「中共土地改革運動的本質与矛盾」（『地政通訊』3巻7期，1948年8月）は中共土地改革に対して本質から分析した批判を加えており，彼らの共産党に対する認識をよく示しているため以下に紹介する。

①中共土地改革は中共革命の基本策略である——中共は工業生産中の資本家と労働者の階級闘争を農村の中に応用し，農民に無産階級の役割を演じさせ，膨大な革命勢力を作り出した，②中共の土地改革は手段であり目的ではない——中共は土地改革をもって政権を奪取するための基本策略としている。それゆえ，土地改革は革命の手段であり，それ自体は決して政策の目的ではない。事実上，中共の土地改革は土地生産制度に着目した経済政策にあらずして，闘争・清算などに着目し，反封建制度の階級闘争をアピールするものである，③中共の土地改革は客観的な状況により，随時その政策の目標を改変する——政策は必ず確定不易の主張と目的がなくてはならない。しかし，中共の土地改革には常に一貫した政策と方針が欠如しており，状況の変遷により随時その政策と方針を変更している。

このように土地行政官僚たちは共産党側の土地改革を政権奪取のための政治手段であるとみなしていたが，その民衆に対するアピール力に対しては強い脅威を感じていた。1948年以降，土地官僚たちが土地改革の立法化においてその政治的意義をより重視するに至るのはこうした共産党からの脅威を強く意識してのものであった。

2．全国的土地改革案の成立と各界の反応

1947年4月の土地改革協会の成立後，土地行政官僚たちは全国的な土地改革の具体的方法の研究に着手し，1948年3月に「土地改革方案」（以下，方案と記

す）を公開するに至った。さらにその半年後には立法化のために「方案」をより具体化した「草案」が立法院に提出されることとなったのである。

(1)　「土地改革方案」及び「農地改革法草案」の成立

　以下では土地改革協会による土地改革案の具体的内容を検討していきたい。ただし，紙幅の都合で「方案」と「草案」をともに掲載することは困難であるため，以下では先ず土地改革の精神とその実施方法の骨子がより簡潔に示されている「方案」の全文を紹介し，「草案」については「方案」との異動部分を指摘するに止めることとする[12]。

「土地改革方案」

　第一章——土地改革の目標——土地改革の目標は「耕者有其田」であり，全国の農地は即日一律に現耕作の農民の所有に帰す。

　第二章——小作農制度を廃止し，小作農を自作農とする——現在他人の土地を耕作している農民には年賦で地価を返済させ，土地所有権を取得させることにより，自作農化する。上項の地価は現小作額の七倍とし，十四年間かけて分割返済させる。現小作額が主要生産物の千分の三七五を超過する場合でも小作額は千分の三七五で計算する。

　第三章——地価の返済と土地所有権の取得——①現耕の小作農が土地を取得する際には，郷鎮小作農協会を通じて地方政府に対し登記を行わなくてはならない，②地価を返済するために分年で納める代価は，郷鎮小作農協会が代収して原土地所有者に支払う。またその状況を地方政府に報告しなければならない，③現役軍人の直系家族で小作である者が取得した土地の代価は政府がこれに代わって返済する。

　第四章——土地権利の移転と債務の返済——①土地取得者が地価の返済を開始したその年より，原所有者の土地所有権は失効し，所有権は土地取得者に移転される。原所有者は地方の土地行政機関に土地所有権証を提出し，七年分の小作料に等しい額の地価証券を取得する。土地を取得した旧小作農は毎年地価の十四分の一の代価を納め，原土地所有者の保有する地価証券の一部を毎年引

き換えに受け取る。十四年目に至って地価を完済した後，土地行政機関に対し旧所有者から受け取った地価証券を提出して，引き換えに土地所有権状を取得する，②原所有権者が土地を手放し，土地税の納入を終了した後は，その取得する地価補償額に対して政府はいかなる税も課さない。③土地を取得した新自作農は土地税を納める義務を負う。地価補償額を納め終わる以前にあっては，土地税は毎年の生産額の百分の十を超えてはならない。

　第五章——小作料の支払いの免除と資金の融通——①「方案」が実施される以前からの小作農の内，小作料の支払い能力がなく欠納がある者に対して，欠納額を追徴することを許さない，②新自作農が農業経営のために生産資金を借り入れなければならない時には，各地の国家金融機関が融資の責任を負う。この債務は土地収益のみを担保とすることができ，欠債により土地建物やその他の生産手段を没収することはできない。

　第六章——土地兼併を根絶し，農業経営を健全化する——①凡そ自ら耕作に従事しない如何なる者も耕地を購入することを許さない，②元来の自作農であるか新たに創設された自作農であるかに関わらず，各地の農村合作社に加入しなくてはならない，③農地の再区画を実行し，農場の面積を調整並びに拡大する。

　第七章——小作農協会を組織し土地改革を推進する——土地改革を徹底的に実行するために各地の小作農は小作農協会を組織し，農民個人に代わって土地登記と地価の納入を代行しなければならない。小作農協会の組織方法は他に定める。

　以上のように「方案」の最大の特徴は第一章及び第六章第一項に規定された徹底した農地農有方針であった（両規定はそのまま後の「草案」にも採り入れられた）。なお，土地改革後の農業経営の合作化や金融機関による農業融資は，土地改革実験区ですでに実施されていた方法であった。その一方，日中戦争期以来の実験区の方法と最も乖離したのは土地測量，土地登記及び土地の徴収・分配を政府が自らは実施せず，土地登記や地価の回収の過程を小作農協会の管理に委ねるとした点である。

また，第二章の現小作額の半額を14年かけて納めるとの規定は，小作料の法定上限額である主要生産物の37.5％（実際の額がそれ以下の場合はその額を基準とする）の半分の18.75％を返還すべき地価とした場合，これに土地税（主要生産物の10％）を加算しても，負担率は主要生産物の28.75％となり，以前の37.5％より8.75％も負担が軽減される[13]，との計算を根拠としたものであった。

　なお，「草案」が作成されるに当たって「方案」と比較的大きく異動した部分は以下の規定であった。すなわち自作農の土地保有の制限については「方案」では規定がなかったものの，「草案」では1家8人の生活に必要な範囲とされ，具体的には当地の状況に合わせて各地方が細則を決定すると規定された。この場合，たとえ自作でも土地の保有量が上記の範囲を3分の1以上超過した場合には，その超過分は小作農や雇農に売り渡されることとされた。自作農の土地保有制限が1家8人の生活を維持するに足りる広さと規定されたのは，その土地の肥沃さの度合いによって当然生産力に差異があり，一律に分配面積を規定できないと考えられたためである[14]。また土地改革後の地価税の徴収に際しては「土地を対象としたいかなる捐派も有ることを得ず」との条項が付け加えられ，新自作農の税負担に対する配慮が示された。さらに「草案」において規定された「小作農協会」は「郷鎮農地改革委員会」と改名された。同委員会は小作代表三人，自作代表一人，元地主代表一人，政府代表一人，農業専門家一人，土地或いは農業に関する社団代表一人により構成されるとして，土地改革の過程における小作の発言権が重視された[15]。

　その他「草案」では，①軍人（現役の期間に限る），②戦死軍人の遺族，③退役栄誉軍人，に対して1家8人の生活に必要な範囲に限り非自作でも農地所有権の保留を認める例外措置が付け加えられた。①は軍人に除隊後の帰農の可能性を残した措置であり，動員体制解除後の軍人の復員を考慮すれば必要な措置であったとみなせよう。②についても遺族の生活の保障を図るためには当然の措置であった。③のみは軍人に対する純粋な優遇措置といえるが，地主に一律水田3甲（約2.9ヘクタール），畑地の場合6甲（約5.8ヘクタール）もの保留地を認めた後の台湾での農地改革と比較した場合，保留地の承認はごく例外的かつ小

規模なものに止められていたということができる[16]。

このように「方案」・「草案」では例外的な措置を除いて原則的に地主の保留地は認められず,なおかつ自作地に対しても厳しい保有面積制限が設けられた。ここから比較的徹底した農地農有の方針が主張されたことが理解される。なお土地行政官僚は「草案」を実施するための資金についてアメリカの対中農村援助に期待を寄せていた[17]。この資金は実際にその翌年の1949年に西南各省や台湾省で実施された減租のために多額が支給されることとなった。それゆえ1948年段階で「草案」が立法化されていた場合には,アメリカからの資金援助を受けて特定の数省において「草案」が重点実施された可能性も十分あったと推測される。

(2) 「土地改革方案」及び「農地改革法草案」に対する各界の反応

それでは,土地行政官僚による土地改革の方針に対して,国民党内他派閥や民主諸党派はいかなる反応を示したのであろうか。本節では「方案」が議論された1948年3月末から「草案」が提出された10月初旬までに各新聞,雑誌に掲載された反響を紹介したい。

先ず国民党内の反応を見てみたい。「方案」が提出された直後の3月31日,国民党中央の機関紙『中央日報』(南京)は社説において,最短期内に法律を制定し,超過限度額を超えた一切の地主の土地を現耕作か耕作能力を有する農民に与え経営させ,地主には別の適当な方法により合理的な保証を与える,との方針を主張した[18]。しかし,同社説は直接「方案」には言及せず,総論として土地改革の実施を支持するに止まっていた。さらに,翌日の4月1日,『中央日報』は「方案」に批判的な呉景超の「土地改革方案を評す」を掲載した。これは元小作人が土地所有権証書を取得する以前には土地税は原土地所有者が納めるべきであり,また政府が農村を安定させ,農民の好感を得るためには土地改革だけでなく賦税改革も同時に実施すべき,との土地改革実施方法細部への批判であった[19]。

次に国民党各派閥系の媒体による報道を見ていきたい。先ず戦後の接収によ

り親CC派の新聞となっていた上海『申報』は3月22日の社説で「全面的土地改革を実行しよう」を発表し「方案」への支持を表明した。また，やはりCC派の新聞とされる南京『大剛報』も「草案」を全面的に肯定する社説を1948年9月27日に掲載している[20]。これに対し，旧三民主義青年団（以下，三青団と記す）及び黄埔系・復興社系勢力の影響が強いとされる南京『和平日報』は1948年4月1日に「主動的土地改革を論ずる」を社説として発表したが，この社説は「方案」については言及せず，ただ一般的に土地改革の推進を主張するに止まった[21]。続いて同紙は5月12日に曹世光という人物による「土地改革方案を評す」を掲載している。そこで曹は総論では土地改革に賛成しつつ，各論で「方案」の不備を指摘するという形式で議論を展開した。さらに9月に「草案」が立法院へ提出された際に『和平日報』は「草案」反対派の中心人物である陳紫楓立法委員の「私が蕭錚立法委員の提出した―「農地改革法草案」―に反対する意見と理由」を掲載している。その後同紙は「草案」に対する賛成及び反対意見を一編ずつ「寄稿」という形で掲載したが[22]，「方案」，「草案」に対して好意的であったとは考えられない。以上から国民党系各メディアは土地改革実施自体に対しては総論として賛成するものの，"土地改革協会による土地改革案"に対しての態度には，その属する派閥により温度差があったことが明らかとなった。

では民主諸党派系のメディアは同方案をどのように評したのであろうか，以下に見ていきたい。儲安平主編の『観察』は4月3日に笪移今の「目下の土地問題を論ずる」を掲載した。そこで笪は農民の負担を軽減するためには無償で土地の均分を行なうべきであり，「方案」が債券を用いて地主の土地を換取する中心目的は「地主階級の利益の維持・擁護にある」ときめつけた。次に『時与文』に掲載された林滄白「耕者有其田を如何に実現するか」は新自作農に田賦の実物徴収・借り上げ・攤派などの諸負担を課せば以前より負担が増加してしまうのではないか，との批判を展開している。また章乃器，馬寅初，馬叙倫などを撰稿人としていた『経済周報』が掲載した西超「政府の土地改革を略論する」は，土地改革実施後新自作農に各種の税負担が課せられることを問題と

し,「農民は名義上,土地を得たとしても実際には負担が増してしまう恐れがある」との批判を加えた[23]。

このように民主党派系雑誌に掲載された論文の多くは土地改革後にも農民負担がなお重いものに留まると考え「方案」を批判した。正税以外の攤派などの負担が農民に課される可能性について蕭錚は「現在いかに重い実物徴収といえども（政府の）実収は全国農産物の三十分の一に至っていない。（中略）過去においては一つには税制が混乱していたためと，二つには地主が種々の方法で欠税・逃税したため政府の税収は「目標額」の半数にも達しなかった。我々の方法（地価税を主要生産物の十分の一とすること—引用者）に地価及び税を集団で納入する組織を組み合わせれば，政府の税収は数倍増加し，一切の攤派を取り消しても支出に対応できなくなることを心配する必要はない」と述べている。蕭錚のこの言説に「草案」の条文を合わせて勘案すれば，たとえ主要生産物の十分の一である地価税を新自作農に課税したとしても，計算上その負担は小作時代よりも軽減される。さらに，土地改革に合わせて実施される土地登記を通じて納税者を正確に把握し，徴税の効率を上昇させれば，その結果税収全体にも余裕ができ，正規の地税以外の攤派の課税も禁止可能である，との見通しをもっていたものと考えられる。一方，民主党派人士の要求した土地の無償分配に関しては「我々の国家は小地主が多く，地主の生路も少しは顧みないわけにはいかない。これにより我々は無条件の土地没収は主張しない」[24]と，その実施を拒否している。

3.「農地改革法草案」の立法院への提出とその挫折

(1) 政策決定の背景—国民党及び立法院内部の派閥闘争

その後土地改革協会は「方案」をより具体化した「草案」を立法院に提出することとなるが，当時立法院内部では激しい派閥対立が発生していた。そこで本節では「草案」の審議に大きな影響を与えたと思われる国民党内派閥対立の背景を簡単に紹介しておきたい。

すでに明らかにされているように中央政治学校（以下，中央政校）関係者により中核が占められていた土地行政官僚は政治的には陳果夫，陳立夫兄弟を指導者とするCC派に属していた[25]。そして彼らと国民党内他派閥との確執は日中戦争以前に行なわれた土地税制改革での路線対立に遡った。特に長らく財政部長を務めた孔祥熙との間には深い確執が発生していた。さらに蕭錚は抗戦期に経済部長を務めた翁文灝に対してもその敵愾心を隠さなかった。その回想録『土地改革五十年』においては「当時財政経済の大権を握っていた孔祥熙，翁文灝二氏の思想の落伍，能力の薄弱はとりわけ党内青年同志の不満となっていた。（中略）このゆえに孔と翁が去らなければ政府は全般的な改革を行なうことができず，国家の前途も甚だ危ういと認識したのである」と孔祥熙と翁文灝を罵っている。さらに蕭錚はCC派の齊世英，谷正鼎などや，また他派の反孔祥熙・反翁文灝分子と共に「革新運動」を起こし，孔祥熙，翁文灝の追い落としを図ったが，これは成功しなかったという[26]。そして，蕭錚らがまさに全国的土地改革を実施に移そうと試みた1948年，彼らにとっての政敵翁文灝が行政院院長に就任することとなった（5月就任）。これは土地行政官僚にとって大きな打撃となったといえよう。

　以上述べたように蕭錚を中心とする土地行政官僚は孔祥熙や翁文灝と犬猿の仲にあった。これに加えて彼らが属していたCC派は党六全大会における中央執行・監察委員選挙，そして国民大会代表及び立法委員選挙における党推薦候補者の選定をめぐり三青団勢力とも衝突していた。さらに事態を悪化させたのは1948年5月の立法院副院長への陳立夫の選出をめぐっての派閥対立であった。陳立夫を嫌う勢力はその副院長就任に最後まで反対したため，両派の確執が激化した。特に元三青団中央常務幹事の黄宇人と同派の湯如炎，朱家驊派で党中央執行委員の甘家馨は反対派の代表格であった。陳立夫擁立のため奔走した蕭錚は彼らの恨みを強く買うこととなってしまったという[27]。

　こうした状況の中，新しく選出された立法院でも派閥を背景とした院内会派の設立が進み，旧三青団及び黄埔系・復興社系の立法委員は康澤，劉健群，黄宇人などを中心として「新政倶楽部」を設立した。当時国民党籍立法委員が

700人余りであった中で、その勢力は最高200人前後に達したという。これに対しCC派も陳立夫、張道藩、蕭錚、程天放、齊世英、谷正鼎、邵華を中心に「革新倶楽部」を旗揚げしたが、その実力は200人から300人に及んだという[28]。

こうした政治状況に対し台湾の研究者王良卿は「三青団は立法院の内部において一つの政治団体である新政倶楽部を成立させ、時に院内のその他の派閥と相結合し、CC派の「革新倶楽部」を政敵とした。そのため、党機構は明らかに機能不全に陥った。当時中国の内戦は最も激化しており民生の動揺もますます激しくなっていた。蔣介石の指導権威も党内外の異なる勢力からの侵犯を受け、党権は弛緩し疲労した。このことは政権が深刻な挑戦に直面していた際に国民党政府の官僚が権力の源泉（領袖や党であり人民ではない）から有力な支援を受けて、有効な反応を適切かつ即座に行なうことを極めて困難としたのである」[29]、との見解を示している。そして、こうした政治的混乱は「草案」の立法院での審議にも極めて深刻な影響を与えることとなった。蕭錚自身、その回顧録で「草案」を立法院に提出した際に数々の妨害を受けたことは、陳立夫による立法院副院長当選以来の派閥対立の余波であったことを告白しているのである[30]。

(2)　「農地改革法草案」の支持勢力

このように党内が事実上分裂した状態において土地改革法案が立法院に提出されることとなった。土地改革協会は3月20日に「方案」を発表した後、7月4日には「方案」をより具体的にした「草案」を発表した。しかし、立法院はその後7月24日に第一会期を終了し、9月まで休会とされたため、同法案は9月21日になりようやく第二会期に提出された[31]。では「草案」はいかなる勢力の支持の下、立法院に提出されたのであろうか。

同法案の提案人・連署人となった立法委員85人の名簿と主要経歴（必ずしも立法委員当選直前の職務とは限らない）、選出選挙区・選出職業団体、確認できた派閥的背景は以下のようである[32]。

(a) 諸文献から親CC派（革新倶楽部）と考えられる者——蕭錚（党中央常務委員：浙江），張道藩（中央政校教育長，党中央常務委員：貴州），谷正鼎（党中央組織部代理部長，中央執行委員：貴州），程天放（中央政校教育長，党中央監察委員会常務委員：江西），齊世英（中央執行委員：遼寧），邵華（党中央監察委員会常務委員：安徽），李永新（党中央監察委員会常務委員：蒙古），劉文島（党中央監察委員会常務委員：湖北），皮以書（谷正鼎夫人，陝西省婦女新生活運動促進会：陝西），王寒生（ハルビン市党部主任：松江），趙允義（行憲前立法委員，中央執行委員，綏遠），李秀芬（広東省立文理学院教授：チャハル），霍戰一（天津『益世報』総編集：吉林），白建民（国民政府蒙蔵委員会：寧夏），郭紫峻（中統局副局長：天津），張清源（中央政校訓練処主任，候補中央執行委員：河北），張之江（陸軍上将，党中央執行委員：河北），葛華（青島市党部主任委員，山東），張子揚（中央党務学校卒，中央政校教授：山西），周伯敏（中央執行委員，陝西），楊一峯（中央政校訓導，土地改革協会会員：河南），莫萱元（中央政校教授，湖南省党部書記長：湖南），黃強（中央党務学校卒，南京『大剛報』社長：江西），劉百閔（中央政校教授：南京），仲肇湘（中央政校主任秘書，軍事委員会侍従室第三処専員：江蘇），相菊潭（教育部参事：江蘇），張道行（中央政校教授：江蘇），金鳴盛（紹興参議会議長：浙江），仝道雲（軍事委員会政治部設計委員：安徽），曲直正（国防設計委員会専員：湖北），錢雲階（湖北省政府教育庁長，漢口市党部委員：湖北），王孟隣（中央政校教授：湖北），金紹先（廸化市長：湖北），陳際唐（国立第十三中学校長：江西），謝澄宇（中央党務学校卒，中央政校訓導：福建），潘衍興（中山大法学士：広東），馮均連（西南日報発行人：四川），宋述樵（党中央監察委員：貴州），趙珮（訓政期立法委員：青海），江一平（弁護士：律士公会），程其保（中央政校教授：教員），呉望伋（中央党校卒，土地改革協会会員：農会），程滄波（『中央日報』社長，党中央宣伝部副部長：新聞記者公会），彭爾健（党中央組織部秘書：工人塩鉱業公会），戰慶輝（青島市政府秘書：青島），李鈺（国民参政会参政員：福建），蔡培火（台湾省党部委員：台湾）。

(b) 専門性により「草案」に賛同したと思われる者——楊家麟（雲南省地政局長：雲南），李慶麘（中国土地改革協会理事：農会），趙連芳（中華農学会理事：農会），鄒樹文（国立中央大學農学院長：技師）。ただし趙連芳，鄒樹文は革新倶楽

部の成員でもある。

　(c) 他派閥の者，①三青団及び新政倶楽部——劉明侯（中央政校卒，中央信託局専員：合江），盧宗濂（資源委員会：興安），富静岩（社会部会計処科長：遼北），張翰書（天津市党部簡任秘書：河北），易伯堅（河南省立第一女師校長：河南），楊玉清（中央政校教授，三青団中央幹事：湖北），陳顧遠（訓政期立法委員：陝西），鄭彦棻（三青団中央常務幹事，党副秘書長：広東），房殿華（三青団興安支団書記長：興安），王董正（三青団甘粛支団幹事：甘粛），汪少倫（三青団安徽支団幹事：安徽），韓同（江蘇省政府秘書：江蘇），陳紹賢（湖北省党部主任委員，党候補中央執行委員：広東），②朱家驊派——汪漁洋（大連市党部委員：大連），尹述賢（中央通訊社長：貴州），李文齊（候補中央執行委員：山東），楊公達（重慶特別党部主任委員：四川），③親政学派——関大成（興安省党部主任委員：安東），鄭豊（経済部広州市商品検験局長：広東）。

　(e) 派閥的背景を十分には確認できなかった者——杜苟若（中央訓練団党政班卒，吉黒両省抗日聯軍総指揮部秘書長：黒龍江），劉漢（綏遠省党部委員，綏遠），成蓬一（中央政校計政学院卒，熱河省政府委員：熱河），崔璞珍（楚南女子職業学校校長：河北），劉杰（山西省地方行政幹部訓練班教育長，山西），羅貢華（候補中央執行委員，湖北），黄夢飛（経歴不明：安徽），陳海澄（南京市党部委員：江蘇），陳成（浙江省参議員：浙江），陳克文（行政院会計処長：広西），趙懋華（ベルリン大学博士，国防設計委員：四川婦女），黄国書（陸軍中将：台湾），葉溯中（正中書局編纂，中央執行委員：教育会）。謝娥（東京女子医科大学医学士：台湾），凌英貞（社会部顧問：工会婦女）。

　以上から連署人の派閥的背景としては，「革新倶楽部」(CC派) の成員が中心を占めていたことが明らかとなった。もちろん同派立法委員全てが「草案」に賛成していたわけではなく，後に述べるように「草案」に対する強硬な反対者も存在した。蕭錚にCC派を完全にまとめる力はなかったのである。しかし，連署人名簿に「革新倶楽部」の主要幹部の大半が名を連ねていることから，少なくとも同派の核心幹部は「草案」に協力的であったとみなせよう。また，「新政倶楽部」やその他の派閥の立法委員も「草案」の連署人となっているが，

第 2 章　全国的土地改革の試みとその挫折　199

その中で鄭彦棻，汪漁洋，楊公達，関大成は蕭錚と個人的に親交があったという[33]。ここから「草案」の提出において蕭錚は自らの派閥的背景と個人関係を通じて支持者を獲得していったものと推測される。

なお，革新倶楽部から「草案」に反対者が出，一方「新政倶楽部」からも「草案」の支持者が出ていることから，院内会派としての両派が土地改革政策をめぐって組織的に対立した訳ではないようである。しかし，先に紹介した蕭錚の回顧録が述べているように立法院副院長選挙，延いてはそれ以前からの対立により各派閥の成員間には感情的な確執が生まれていた。その結果，党内の意見調整，そして立法委員の統制は極めて困難なものとなっており，黄宇人や甘家馨のように徹底的に「草案」に反対する者も現れたのである。

(3)　立法院における「農地改革法草案」の審議過程

以上の勢力基盤の上に「草案」は立法院に提出されたが，それに先立ち土地改革協会の機関誌『土地改革』は，国民政府が存続して初めて個人の財産も維持可能となるとの論理で，個人の利害に囚われず土地改革案に賛成するよう立法委員に呼びかけた[34]。さらに本会議での法案提出の趣旨説明において蕭錚は「人口が最も多い農民を我々の側に立たせなくてはならない」と土地改革の政治的必要性を強調し，より多くの立法委員の支持を求めたのである[35]。これに対し，土地の私的所有権を擁護する一部の立法委員からは直ちに激しい攻撃が開始された。陳紫楓（江淮大學卒，1941年以降訓政期立法委員，革新倶楽部）は『和平日報』に「草案」に対する批判を発表した。そこで陳紫楓は憲法第143条は明白に「中華民国領土内の土地は国民全体に属する」と規定しており，決して「全国の農地は一律自ら耕作する農民の所有とする」，「自作農でなければ耕地を購入することができない」とは制限していない。また，憲法第15条の「人民の生存権，就業権，財産権は保証を与える」との規定にも違反するため「草案」は違憲であり根本的に成立させることができないと批判した。さらに共産党への対抗についても，①共産党により土地改革が実施されているにもかかわらず，国民政府統治下の北京や天津，上海などの大都市に（共産党統治地

区から）難民が流れ込んでいる，②共産党の土地改革は最近穏健化した，との二つの認識から共産党の土地改革は失敗したときめつけ，失敗したものに対抗する必要はないと主張した[36]。陳紫楓は土地法大綱による左傾化の混乱とその是正の動きを指して共産党の土地改革は失敗したとみなしていたものと思われる。

次いで，劉士篤委員（四川高等法院検察官，監察院監察委員を歴任，革新倶楽部）も憲法第15条を例に挙げ，私的所有権の保障と齟齬をきたすとして「草案」を批判した。劉はさらに憲法第143条の「土地所有権は法律による保障と制限を受けなければならない」との規定における「制限」とは土地所有の過度の集中を指すものであり，決して所有権の取り消しを意味するものではない。また「草案」には地価を補償するとの規定があるものの，これは地価自体に補償が及ぶものではなく，小作料の半額を14年間支払わせた後に無償で地主の土地を没収するのと変わらないものである，との批判を発表した。このように，私的所有権の保障が批判の中心的論点となった。また，その他甘家馨委員（朱家驊派）は土地改革を実施するのならば農地ばかりでなく都市でも実施すべきであり，都市における土地改革を含まない「草案」は不徹底なものである，との批判を加えた。さらに孟廣厚委員（元国防最高委員会経済専門委員，新政倶楽部）は「草案を実施した場合，疑い無く中国の農地制度を小自作農的制度に変えてしまう。これでは農業の工業化に対して大きな障害となることを免れない。農地がこの種の無制限の分割を経た後には新式の農具，進歩的生産方法はみな採用が難しくなる」と，農業経営の規模の零細化を問題とした[37]。

これらの批判に対して蕭錚は『中央日報』紙上に「農地改革法案を論ずる」を掲載し，①財産権の保障は憲法第15条において規定されているというが，特別法は一般法に優先する。財産権の保障は一般的な規定であり，第143条の土地に対する特殊規定に対抗できるものではない，②共産党問題に対しては，国父は革命の初めから「平均地権」と「耕者有其田」の実行を再三説いてきた。それゆえ我々は国父の主張を改めて取り戻し，共産党の煽動の武器を消滅させなくてはならない，③中小農業経済の固定につながるとの批判に関しては，自

作農制度下の中小農経済は小作制下の中小農経済に勝るものであり，中国の現在の経済は中小農を支柱としている。それゆえ我々の方案もこの段階を維持し，不合理な小作制度下にその没落を加速させないことに重点が置かれるのである[38]，との反駁を加えた。

　一方，立法院内部での審議は以下の経過をたどった。「草案」は9月21日に立法院に正式に提出された。これに対し反対派立法委員の陳紫楓は「草案」に対し「違憲」，「共産党の尻尾」とのレッテルを貼り，攻撃を加えた。次いで9月28日，立法院において第二回審議が行なわれたが，ここで潘廉方（土地改革協会会員）を中心とした43人の立法委員が「農地を農有とし，市地を市有とし，資源地を国有として，早急に禍乱を消滅し，永く国の基礎を固める」案を提出した。潘廉方は土地改革協会側の別働隊とみなせるので，土地改革派の勢力はより強まったと言えよう。なお，潘廉方案には蕭錚も連署人となっており「草案」との重複連署人は16人であった。そのため「草案」の連署人と合わせると立法院内には土地改革積極賛成派が少なくとも112人いた計算となる。しかし，第二回審議でも議論は紛糾し，日を改めての継続審議とされた[39]。

　立法院での論争の模様を紹介した雑誌『土地改革』の記者何超航によれば審議の過程で立法委員の態度は，①擁護派，②反対派，③研究派，④高潮派の四種類に分かれたという。「草案」の提案人・連署人や潘廉方以外の擁護派には張金鑑（中央党校卒，中央政校教授，革新倶楽部）がいたが，張は財産権を無条件の自然権とみなすのは18世紀の考えであり，20世紀以来の政治思想では私有財産権を絶対視しておらず，その保障にも制限が加えられる，と主張した。また広西派の雷殷（元内政部次長）も軍事問題が今日厳重であることは周知のことであるが，軍事問題は結果でしかなく政治経済社会問題こそがその原因であるとして，農地農有に賛成した。他方，反対派は「草案」に対し常に「違憲」・「総理の遺教に背く」・「共産党の尻尾」などのレッテルを貼り私的所有権の絶対擁護を訴えた。研究派には専門家が含まれ，「草案」に対しては盲目に反対するわけではなく慎重な態度を維持し，高潮派は「土地国有」や「集団農場の設立」などのより高度な措置の実施を要求したという。高潮派の態度は土地改

革そのものには反対しないが蕭錚提案の「草案」には反対するとの立場であったと考えられ，黄宇人（新政倶楽部）や反CC派で有名な劉不同（新政倶楽部）がその代表格であった[40]。またすでに指摘したように黄宇人や甘家馨は立法院副院長選挙においてCC派と激しく対立した人物であり，特に黄は議事進行の節目節目で「草案」の成立に強く反対した。これに対し何超航は日ごろ国民党の進歩派を自称し，改革を談じている者が却って土地改革に反対するのは改革に反対しているのではなく，人に反対しているのだ，として彼らに対し激しい批判を加えている[41]。

　引き続き，「草案」に関する第三回目の審議が10月1日に行なわれた。そこで，孔庚（日本陸軍士官学校卒，派系不明，人民共和国成立後は自宅にこもり外界との接触を絶ち餓死した強硬な反共派），陳紫楓，劉士篤等34人は土地問題に対する具体的解決策をほとんど含まない形式だけの新提案を提出し，「草案」に関する審議を事実上妨害した。その後，「草案」及び潘廉方案を孔庚・陳紫楓案と三案抱き合わせで専門委員会に送付し，継続研究させるべきとの主張がなされた。表決の結果，在場立法委員255人中151人の賛成で地政，財政，金融，資源，農林，糧政，法制等の七委員会における共同審査に付すことが決定された[42]。しかし，この委員会への送付に対する賛成票151票の中には抱き合わせ審査とされた孔庚・陳紫楓案の提案人・連署人票34票も当然含まれたはずであり，「草案」及び潘廉方案への純粋の賛成は120票ほどであったと推測される。

　ともかく，以上の経緯をたどり「草案」は専門委員会での審査に付されることとなった。しかし，内容が大きく異なる孔庚・陳紫楓案との抱き合わせ審査が「草案」に有利に働くはずはなかった。その後立法院は「草案」に対する結論を出すことなく，戦局の悪化にともない首都南京から撤退してしまったのである[43]。

　このように反対派は憲法第15条における財産権の保障をその論点の中心に据え，土地改革の実施を違憲と批判した。これ対して蕭錚は第15条を一般規定，第143条を特殊規定とし，特別法は一般法に優先するとの論理で切り返したが，その結果議論は憲法の解釈論争に陥ってしまった。ただ，このような私的所有

権を絶対視する保守派の反対や派閥対立にも関わらず，国民党の最高指導層が調整能力を発揮し，国民党籍立法委員を有効に統制できていれば「草案」を通過させることは不可能ではなかったかもしれない。しかし，一連の激しい派閥対立は最大派閥のCC派幹部から党内調整能力を奪っていた。一方，党と政府の最高実力者蔣介石は当時土地改革の必要性に対して一応の理解を示していたという[44]。しかし，9月末から10月初めにかけての時期，蔣は北京に赴き華北・東北戦線に関する軍事会議を主催しており[45]，立法院における「草案」の審議に積極的に関与した形跡は見当たらない。これに加えて当該時期においては蔣介石の権威自体が急激に低下しつつあった。党内高級幹部を集めて1948年8月に開催された党務座談会においては党総裁の権限縮小までもが提起されるに及んだ[46]。台湾への撤退後には抵抗する立法院内勢力を叱責するなど個人的影響力を行使して積極的に「耕者有其田条例」の成立を支援した蔣介石であるが[47]，1948年秋の段階では土地改革実施に向ける熱意も反対派を押え込む権威も後の台湾におけるほど強いものではなかった。なお，蔣介石が党内における圧倒的権威を回復するのは台湾での国民党改造後のこととなる。

おわりに

　日中戦争時期の土地改革実験区設立以来，土地行政官僚は一貫して土地改革の拡大実施を希求してきた。その結果，戦後の国家再建の青写真を規定した国民党六全大会での決議や中華民国憲法にも自作農創設は国策として導入された。さらに土地行政官僚の指導者蕭錚は土地改革協会を組織し，全国的土地改革の実施を目指した。しかし，土地改革協会が独自の土地改革案を完成させる前に，内戦の帰趨は国民政府にとって極めて不利なものとなっていた。それにともない，共産党による土地改革も強い政治的脅威と感じられるようになった。このような状況の下，土地行政官僚は即効性があり，広範囲において実施可能な「方案」そして「草案」を作成することとなったのである。

　1948年の9月に立法院に提出された「草案」はごく一部の例外を除き，原則

的に地主の保留地を認めない厳格さをもつ一方で，有償での土地徴収という温和な側面をも有していた。また，「草案」提出の支持基盤となったのは立法院内最大派閥の「革新倶楽部」（CC派）を中心とした勢力であり，立法院での審議も白熱したものとなった。しかし，結局「草案」が立法院を通過することはなかった。これは，①「草案」の審議において反対派委員が私的所有権一般の保護に固執したこと，②共産党の土地改革に対して反対派委員が十分な危機感を抱いていなかったこと，③憲法施行後，中央民意機関としての権限を強めていた立法院内での派閥対立が国民党立法委員間の意見調整を阻む深刻な障害となっていたこと，④党最高指導者蔣介石の，土地改革実施に向ける熱意と反対派を押え込む権威が，後の台湾におけるほど強いものではなかったことなどに起因する。これにより国民政府は国共内戦期の中国大陸において全国的土地改革案を立法化する機会を失ってしまったのである。

1) 主な研究には川村嘉夫「『地政月刊』と国民党の土地政策」（『アジア経済資料月報』17-11，1975年）。笹川裕史「1930年代国民政府の江西省統治と土地税制改革」（『歴史学研究』631，1992年）。同「1930年代浙江省土地税制改革の展開とその意義―蘭谿自治実験県と平湖地政実験県」（『社会経済史学』59-3，1993年）。同「日中戦争前後の中国における農地土地行政と地域社会―江蘇省を中心に」『アジア研究』43-1，1996年）。萩原充「中国の土地改革」（長岡新吉・西川博史編『日本経済と東アジア』ミネルヴァ書房，1995年）。拙稿「抗日戦争時期国民政府の扶植自耕農政策―四川省北碚管理局の例を中心にして」（『史潮』新40，1996年）。拙稿「日中戦争期から国共内戦期にかけての国民政府の土地行政―地籍整理・人員・機構―」（『アジア経済』39-12，1998年），などがある。
2) 拙稿「国共内戦期国民政府の二五減租政策―中国農村復興連合委員会の援助による1949年の四川省を例として」（『中国研究月報』586，1996年）。拙稿「中国農村復興連合委員会の成立とその大陸での活動1948-1949」（『中国21』2，1997年）。
3) 曾済群『中華民国憲政法制与党政関係』台北，五南図書出版有限公司，1995年，76-77頁。
4) 金徳群主編『中国国民党土地政策研究（1905-1949)』北京，海洋出版社，1991年。成漢昌『中国土地制度与土地改革―20世紀前半期』北京，中国檔案出版社，1994年。徐穂「試論抗戦勝利後国統区土地改革大弁論」（『民国檔案』1993年第3期）。

第2章　全国的土地改革の試みとその挫折　205

5)　笹川裕史「蕭錚と中国地政学会―もうひとつの中国土地改革の軌跡―」(曽田三郎編『中国近代化過程の指導者たち』東方書店，1997年)。
6)　行政院新聞局編印『扶植自耕農・保障佃農』，1947年。「地政部工作報告」，1948年10月，(『内政部檔案』全宗号12 (重) 474，南京中国第二歴史檔案館蔵)。地主側弁護士による土地改革に対する法律的批判は『新蜀報』(重慶)，1943年11月26日。
7)　「土地政策綱領―民国三十四年五月十九日第六次全国代表大会通過」(栄孟源主編『中国国民党歴次代表大会及中央全会資料第六冊』北京，光明日報出版社) 1985年，925-926頁。蕭錚『土地改革五十年』台北，中国地政研究所，1980年，259頁。
8)　前掲『土地改革五十年』，278-279頁。「中華民国憲法 (民国36年1月1日公布)」。なお憲法条文の日本語訳については張有忠訳監修『中華民国六法全書』日本評論社，1993年を参照した。
9)　前掲『土地改革五十年』，284-285頁。「土地改革協会成立宣言」(『土地改革』1巻1期，1948年4月)。
10)　前掲「土地改革協会成立宣言」。
11)　郭漢鳴「喝破中共土改的假面具」，趙仲良「共匪土地政策的剖視」(『地政通訊』3巻3期，1948年4月)。湯恵蓀「中共土地改運動的本質与矛盾」(『地政通訊』3巻7期，1948年8月)。羅醒魂「国共二党土地政策之比較研究」(『地政通訊』3巻8期，1948年9月)。
12)　「土地改革方案」(『土地改革』1巻1期，1948年4月)。
13)　張丕介「土地改革方案的分析」(『地政通訊』3巻3期，1948年4月)。
14)　「農地改革法草案」(『土地改革』1巻8・9期合刊，1948年8月)。萬国鼎「農地改革法草案要旨説明」(『土地改革』1巻8・9期合刊，1948年8月)。
15)　前掲「農地改革法草案」。
16)　前掲「農地改革法草案」。なお，以下において1家8人の生活を維持するために必要な土地面積を参考までに試算してみる。天野元之助の研究によれば中農1戸あたりの経営面積は華北の河北省では21.1畝，華中の江蘇省では16.78畝，華南の広東省では11.7畝であった。さらに全中国における1戸の平均家族数は5.55人であることから (天野元之助『中国農業経済論』龍渓書社，1978年改訂復刻版，第1巻197頁，第3巻149頁)，これをもとに1家8人の生活を維持するために必要な土地面積を算出すると河北省では30.3畝 (約2ヘクタール)，江蘇省では24.1畝 (約1.6ヘクタール)，広東省では16.8畝 (1.12ヘクタール) となる。
17)　「社論　運用美援実現土地改革」(『土地改革』1巻4期，1948年5月)。
18)　「戦士授田与耕者有其田」(『中央日報』(南京) 社説，1948年3月31日)。
19)　呉景超「評土地改革方案」(『中央日報』(南京)，1948年4月1日)。

20)「實行全面的土地改革」(『申報』社論, 1948年3月22日)。「農地改革法草案平議」(『大剛報』(南京)社評, 1948年9月27日)。両紙の政治的背景については王桧林・朱漢国主編『中国報刊辞典（1815-1949）』山東, 書海出版社, 1992年。

21)「論主動的土地政策」(『和平日報』社説（南京）1948年4月1日)。『和平日報』の政治的背景については王良卿『三民主義青年団与中国国民党関係研究』台北, 中国近代出版社, 1998年, 384頁。

22) 曹世光「評土地改革方案」(『和平日報』(南京) 1948年5月12日)。陳紫楓「我反対蕭錚委員所提「農地改革法草案」的理由与意見」(『和平日報』(南京), 1948年9月26, 28, 29日)。厳錚玉「論土地問題並商於陳紫楓先生」(『和平日報』(南京) 1948年10月1, 2, 3日。張希孟「対於立法委員蕭錚等提議土地改革案意見」(『和平日報』(南京) 1948年10月7日)。

23) 笪移今「論當前的土地問題」(『観察』4巻6期, 1948年4月3日)。林渝白「如何実現耕者有其田」(『時与文』3巻5期, 1948年5月14日)。西超「略論政府的土地改革」(『経済周報』6巻16期, 1948年4月15日)。なお, 雑誌の選稿人や政治的背景については前掲『中国報刊辞典（1815-1949）』, を参照した。

24) 蕭錚「解釈土地改革方案」(『地政通訊』3巻4期, 1948年5月)。

25) 前掲「日中戦争期から国共内戦期にかけての国民政府の土地行政」。

26) 前掲『土地改革五十年』, 99-102頁, 252頁。

27) 王良卿「派係政治与国民党第六次全国代表大会——以第六届中央執行, 監察委員選挙為中心的探討」(『国史館館刊』復刊21期, 1996年)。前掲『三民主義青年団与中国国民党関係研究』, 369-370頁, 373-374頁。周維朋「戦後国民党派系関係之研究—以党政革新運動為中心的検討」国立政治大学歴史系修士論文, 1998年, 145-155頁。前掲『土地改革五十年』, 303頁。

28) 羅俊強「行憲第一届立法委員之研究（1948-1949）」国立台湾師範大学歴史研究所修士論文, 2000年, 86, 108, 109頁。梁粛戎口述『梁粛戎先生訪談録』台北, 国史館, 1995年, 74, 75頁。

29) 前掲『三民主義青年団与国民党関係研究』, 377-378頁, 444頁。

30) 前掲『土地改革五十年』, 303-305頁。

31)『大公報』(天津), 1948年7月25日, 9月7日

32) 法案提出人, 連署人の名簿については立法院秘書処編印『土地改革法案』重慶, 1948年, 21-22頁。学歴, 経歴については, 立法院立法委員名鑑編輯委員会編印『第一届立法委員名鑑』, 1953年。「立法院立法委員□□省当選人暨候補人名冊」, 以下「□□省名冊」と略記,「四川省名冊」,「広西省名冊」,「浙江省名冊」,「湖北省名冊」,「江蘇省名冊」,「河南省名冊」山東省名冊」,「甘粛省名冊」, 共に1948年—『内政部檔案』(マイクロ), 档号0513.21/6022, 0513.21/0010, 0513.21/3231, 0513.21/3711, 0513.21/3144, 0513.21/3140, 0513.21/2250,

第 2 章　全国的土地改革の試みとその挫折　207

0513.21/4450, 台湾, 国史館蔵。熊鈍生主編『中華民国当代名人録』台北, 中華書局, 1978年。徐友春編『民国人物大辞典』河北人民出版社, 1991年。李雲漢主編『中国国民党職名録』台北, 中国国民党中央委員会党史委員会, 1994年。派閥的背景については「革新倶楽部発表対時局主張」『中央日報』(南京) 1948年11月10日。前掲『梁粛戎先生訪談録』及び陸寶千訪問『黄通先生訪問紀録』台北, 中央研究院近代史研究所, 1992年。黄嘉樹『国民党在台湾』南海出版公司, 1991年, 233, 415頁。龐鏡塘「中央倶楽部―CC の組織及其罪悪活動」(中国人民政治協商会議全国委員会文史資料研究会文史資料編輯部編『文史資料選輯』北京, 中国文史出版社, 1986年, 第18輯, 合訂本第 5 冊)。劉不同「国民党的魔影―CC 団」(前掲『文史資料選輯』第45輯, 合訂本第16冊)。趙澍「CC 的拡張活動」(前掲『文史資料選輯』第37輯, 合訂本第13冊)。羅俊強「立委所属党籍, 派系概況表」(前掲『行憲第一届立法委員之研究 (1948-1949)』) 所収。なお, 以下本稿で紹介する立法委員の経歴派系は以上の文献による。

33)　蕭錚の元部下で蕭錚の後任として中国土地改革協会理事長を務めた李鴻毅氏からの聞き取り (2000年 1 月 4 日, 台北) による。
34)　社論「我們対於立法委員的要求」(『土地改革』 1 巻 5 期, 1948年10月)。
35)　何超航「農地改革法案立院舌戦記」(『土地改革』 1 巻12・13合期, 1948年10月)。
36)　前掲, 陳紫楓「我反対蕭錚委員所提「農地改革法草案」的理由与意見」。
37)　「劉士篤談土地改革」,「劉士篤再談土地改革」(『益世報』(南京), 1948年 9 月24日, 9 月26日)。甘家馨「土地改革要徹底」(『益世報』(南京), 1948年 9 月28日)。孟廣厚「我対於農地改革法案幾点建設性的批評意見」(『益世報』(南京), 1948年 9 月28日)。
38)　蕭錚「論農地改革法草案」(『中央日報』(南京), 1948年10月 1 日)。
39)　何超航「農地改革法案立院舌戦記」(『土地改革』 1 巻12・13合期, 1948年10月)。
40)　同上。何超航「農地改革法案立院舌戦記補遺」(『土地改革』 1 巻14・15期合刊), 1948年11月。劉不同の政治的立場については前掲「国民党的魔影―CC 団」, 234頁。
41)　前掲「農地改革法案立院舌戦記補遺」。
42)　前掲「農地改革法案立院舌戦記」及び「農地改革法案立院舌戦記補遺」。「本院委員提議請確定農業政策将生産問題与土地問題同時解決以期達成民生主義案」(前掲立法院秘書処編『土地改革法案』), 26-29頁。
43)　前掲『土地改革五十年』, 305-306頁。
44)　1948年夏, 蒋介石から農復会主任委員への就任を依頼された蒋夢麟は実験区での土地改革の実施を要請した。これに対し, 蒋介石は必要があれば軍を動員して

も土地改革を支援すると述べたという—蔣夢麟『新潮』台北，伝記文学出版社，1967年，25頁。
45) 潘振球主編『中華民国史事紀要（中華民国三十七年七月至十二月份）』台北新店，国史館，1995年，509-518頁。
46) 「党務座談会意見要点」（『中国国民党第六届中央執行委員会常務委員会第160次会議記録』附件，1948年8月19日），台北，中国国民党党史委員会蔵，檔号6.3/162-4.
47) 松田康博「台湾における土地改革政策の形成課程—テクノクラートの役割を中心に」（『法学政治学論究』第25号，1995年），79頁。

（山本　真）

第3章　中紡公司と国民政府の統制
——国有企業の自立的経営方針とその挫折——

はじめに

　第二次大戦終了直後に中国政府に没収された旧在華日本紡績資本を基盤にして成立した一大国有企業としての中国紡織建設公司（以下，中紡公司と略称）に関する研究はいくつかの業績が散見されるものの，その蓄積はまだ薄い。従来の中国における研究は概説的であり，その論点は中紡公司の所有制の性格および役割をめぐって検討されてきた。見解はほぼ二つに分かれる。ひとつはいわゆる「官僚資本」説であり，もうひとつは「国家独占資本」説である。前者は中国大陸の研究において伝統的な説であり，その論点は，中紡公司は形式的には政府資本であるものの，その実態は官僚の私的資本であるとするもので，紡織業界および経営面における中紡公司の役割・機能に対して否定的に評価する。1980年代までの中国学界はほぼこのステレオタイプの「官僚資本」説に独占されていたといってよい[1]。

　他方，後者の見解は近年，比較的若手の研究者たちにより提出されたもので，所有概念としての「官僚資本」のあいまい性を批判し，中紡公司などの国家資本企業は一面で特権性や独占性をもつものの，他面で後発国の工業化建設において積極的な役割を担ったと主張する[2]。つまり，評価は二面的である。この二面的評価においてどちらの側面を強調するかについて論者により多少の差違がみられる。中紡公司がこのような二面的な存在であったとする見方は中紡公司の役割を一面的に否定する「官僚資本」説に比べれば真実により近いと思わ

れる。しかしながら、従来の研究では「官僚資本」説であれ、「国家独占資本」説であれ、中紡公司の性格概念の設定とその検証に注意が注がれ、中紡公司の経営管理面に関する具体的分析はまだきわめて不十分な状況にあるといわざるをえない。

特に従来の中国大陸での研究では中紡公司は国家政府と一体としてみなされ、国家政府の意思につき従う存在であり、中紡公司にはそもそも経営自立化の意思があるものとは考えられていなかった。従って、中紡公司と政府とのあいだには応諾の関係と同時に一定の緊張関係が存在していることはほとんど検討されてこなかった[3]。本稿は、国有企業としての中紡公司と国家政府との関係の側面から、中紡公司の経営自立性への指向が国家政府の統制強化のなかで挫折する過程を検討する。具体的な課題は以下の諸点である。第一に、中紡公司には経営自立性への指向が存在していたのか、それはどのような考えを含んでいたのか。第二に、中紡公司の経営は国家政府により具体的にどのような統制・制約をうけたのか。第三に、中紡公司の経営自立化の挫折はどのような歴史的意味をもっているのか。

1. 中紡公司——自立的経営方針と組織的位置

(1) 「純粋商業会社」経営方式

中紡公司は100％の国家資本による事業体であるが、発足当初においてその経営は「純粋な商業会社」として追求することが意図された。この商業会社方式の採用は以下のような考えを反映していた。

第一に、国営事業を一般の行政系統から厳格に区分すべきであるということ。一般の行政管理系統の任務は国家の政策法令を遂行することにあるが、国営事業は営業性のものであって企業原則に基づいて機敏な運営が不可欠である。国営事業は会社組織を採用し、政府当局が選任した董事により最高意思決定機関としての董事会を組織し、董事会が会社の総経理を提案し政府がこれを任命する。政府は董事会に対して指導と監督を行なうが、会社の経営業務に対して直

接に関与しない。つまり，経営の意思決定と責任の主体は行政機関としての経済部紡織事業管理委員会ではなくて，公司董事会に置かれた。これは当時中紡公司の創立工作を主導した宋子文行政院長の考えを反映していたと考えられる。宋子文は旧来の経済部資源委員会の直接経営方式に反対して，中紡公司を政府機関（経済部紡織事業管理委員会）から独立した商業経営企業として位置づけ，政府機関が公司を直接指導する経営体になることを避けようとした。宋子文によれば，政府機関は経営指導体ではなく，行政管理上の指導監督機関として位置づけられた。彼はその主要な理由として，政府機関が直接に事業を経営することになると官僚主義に陥り，経営効率が落ちるという弊害を指摘している。すなわち，「もし政府行政機関が接収して直接に経営すれば，種々の行政手続きにより制約を加え，いたずらに官僚機関の形式となり，仕事の効率向上と事業の発展は望みがたい。従って，経営は独立した純粋の商業会社の方式でなければならない」[4]。

第二に，「商業会社方式」とはすなわち，独立した経営体として営業納税等は一般の民営会社と同様であり，国営だからといって特殊な利便と権益をもってはならないことだと説明されている。つまり商業会社方式とは民営企業にみられるのと同様な自立的な経営を指している[5]。そして，そこには以下のような要素が考えられていた[6]。

1．意思決定の独立性と経営人材の専門性

　　企業の最高意思決定機関は公司の董事会であり，董事会は公司の経営方針政策について独自に決定し，経営者（総経理／副総経理）を選出する。公司の経営者は紡織事業方面の専門家を充てる。

2．職員の考課制度と「同工同酬」原則の待遇

　　公司の職員・労働者に対しては厳格で明確な考課制度を実施し，賃金は同一職務同一賃金の原則を適用する。

3．効率性の増大

　　企業の収益性をあげるために経営管理の効率性を図ること。この点は「中紡公司経営大綱」のなかにも規定されている。

4．資本金確定と自己資金留保

企業の法人資産として資本金を確定すると同時に将来の事業拡大の原資として自己資金を留保する。財務面での一定の自主権をもつ。

商業会社方式の採用は，国有企業における経営の自立性，営利性を重視したものであり，中紡公司はその意味において一般の民営企業と同類の企業であるべきだと位置づけられたのである。

(2) 政府の統制

前述のように中紡公司は政府行政機関から区別された自立的会社として「純粋な商業経営」方式を採用すべきこととされたが，他方で中紡公司は国有企業としてその出資者である政府に対して責任を負う立場にあることはいうまでもない。政府は資本所有者として中紡公司の経営に対して統制する権限を留保していた。

この統制は組織的には経済部および同部所属の紡織事業管理委員会が中紡公司の董事会に対して指導監督を行なうという点に表現される。具体的には第一に，董事会のメンバーの任命権を経済部（部長）が握っていたことである。この人事権をもつことによって経済部は董事会の人員構成，そしてさらに董事会によって選出される公司総経理，副総経理の人事を間接的に影響を及ぼすことが可能であった。実際，経済部によって任命される公司董事会メンバーと紡織事業管理委員会などの行政機関のメンバーはかなり重なっていた。公司董事長はかならず経済部長が就任することになっていただけでなく，他の多くの董事も経済部紡織事業管理委員会などのメンバーが就任した。以下，具体的にみてみよう[7]。

紡織事業管理委員会委員（1945年11月-47年6月）
  主任　束士方*（のち呉国楨），副主任　李升伯*，
  委員　呉味経*，楊錫仁*，尹任元（のち王仰先*）
紡織事業調節委員会（1947年6月-47年12月）

主任　鄒秉文（代理　劉泗英*），副主任　童季齡，王啓宇
　　　委員　袁仲達，李升伯*，張文潜*，劉国鈞，劉攻芸*，束士方*，郭棣
　　活，石鳳翔*，栄爾仁，呉味経*，唐星海*
全国綿花綿糸布管理委員会（1948年1月-）
　　　主任　袁良，副主任　劉泗英*
　　　委員　劉攻芸*，顧毓瑔*，胡竟良，王嵐僧，劉文騰，顧葆常，龍大鈞
　　（*印を付した者は公司董事会メンバーと確認できる者）
　以上の組織構成は，つまり政府機関の官員が中紡公司の経営者（董事）を兼任していたことを示している。この人的配置からみるかぎり経済部紡織事業管理委員会（およびその後の管理機関）と中紡公司董事会は事実上一体的な関係にあったといえ，この関係を通して経済部は公司董事会に対する指導監督を行なうものと考えられていた。
　政府経済部の公司董事会に対する指導監督の組織的チャネルは上にみたとおりであるが，このチャネルを通して経済部は紡織事業面の政策措置を中紡公司で実施させていくことが可能であった。実際，後でみるように政府経済部の政策決定が中紡公司の経営および経営環境に対して大きな影響力を及ぼすことになるのである。こうした意味で，政府経済部は中紡公司と密接な関係をもち，公司に対するコントロールを行使できる立場にあった。中紡企業は自立した商業会社として位置づけられたものの，他方で政府経済部の指導のもとで国家政策の執行組織としての性格を兼ね備えていたのである。この二面的な性格はどのように統合されていったのであろうか。

2．流通管理面の統制強化

(1)　限価政策

　中紡公司は当初からその任務のひとつとして綿糸布の市場価格の安定を図ることが政府当局より要請されていた。それは綿糸布のインフレに対する暫時的な対策であった。中紡公司の製品の販売価格は原則として一般に市場価格より

表1　綿糸（20番手1件当り）の市場価格と中紡販売価格

(単位：千元)

	1946市価	1946販価	1947市価	1947販価	1948市価	1948販価
1月	648	599 (92.4)	2137	2062 (96.5)	34900 32800	34750 27880
2月	937	893 (95.3)	3234	3155 (97.5)	58000 32700	45700 32500
3月	987	930 (94.2)	3335	3187 (95.6)	91500 76500	83890 76250
4月	925	900 (97.3)	5080	3650 (71.8)	147000 130000	141000 127000
5月	1102	1077 (97.7)	6592	5091 (77.2)	212000 202500	182000 202000
6月	1169	1127 (96.4)	8401	5677 (67.6)	610000 303000	578000 296000
7月	1163	1134 (97.5)	10669	8800 (82.5)	1140000 710000	1060000 700000
8月	1212	1134 (93.6)	10722	9750 (90.9)	1860000 1420000	1780000 1390000
9月	1537	1270 (82.6)	13671	12400 (90.7)		
10月	2163	1615 (74.7)	21233	15972 (75.2)		
11月	2025	1750 (86.4)	26871	22324 (83.0)	8450 6100	8000 6000
12月	2212	1750 (79.1)	30300	27371 (90.3)	15000 6300	13500 6000

備考：1946年-46年の各月の価格は月平均。1948年各月の価格は上段が最高価格，下段が最低価格を示す。また1948年11-12月の数字単位は金円元。カッコ内の数字は同期の市価に対する比率(％)を示す。

出典：中紡公司1946，47，48年度工作報告の添付表。

も5％前後低くすることが求められた。また制限価格と市場価格との差額は7％を超えてはならないとも指示された[8]。しかし，それは実際には守られて

いない。実際の動向は表1に示したとおりで，インフレが急進した状況ではその差額は10-20%以上になることもあった。もっとも，インフレ時には中紡公司の製品価格も値上げせざるをえないが，10%幅以上の値上げに際しては政府機関の綿糸布価格審議会に申請してその許可を得なければならなかった。この価格制限政策は後の配給制のもとでいっそう徹底して実施された。

限価政策は公司側からみていろいろな問題があった。この点に関して中紡公司経営者側は47年に次のように述べている。すなわち，

「綿糸販売は十分需要に応えることができない。さらに制限価格と市価とのあいだには常に大きな価格差があり，供給が困難だ。調査によれば，本公司の綿糸販売は完全に制限価格に基づいて処理しているが，市場での一般の綿糸取引はまだ確実には制限価格を遵守しておらず，そのため黒市（闇市場）が発生している。本公司の綿糸生産は自家用，輸出用と軍用布を除くと利益は多くなく，需要に十分応えられない。しかし，各地の生産工場・商人は本公司の価格制限綿糸を購入すれば，コストを抑えることができるので，競って本公司に対して購入申込みをしている。そのため本公司は対応できない。さらには法規を守らない工場・商人は本公司の綿糸をまとめて購入し漁夫の利を得ている。故に綿糸供給は限価政策と統一的な調整をすべきであり，そうでなければ本公司はいたずらに犠牲を払い，国庫収入を減らすばかりで，物価〔抑制—引用者〕のためにならない」[9]。

中紡公司は限価政策に対していろいろ疑問・不満を投げかけているが，公司経営者が指摘している問題点は整理すれば以下のとおりである[10]。第一に，限価政策は実行が困難であり，それによって市場を徹底的にコントロールすることはできないこと，第二に，その結果として一部の者は価格差を利用して中紡公司から安く購入し闇市場で高く売り不法な投機利益を得ていること，その意味で限価の実施は投機を奨励していることと変わらないこと，第三に需要の増大に対してメーカー側がすぐに供給を増やすことは困難（原材料調達難，調達コストの値上がりなど）であるために綿糸の市場価格がさらに高騰し，その結果，制限価格と市場価格（闇価格）とのギャップがさらに拡大すること。つまり，

価格制限政策は供給が困難な条件のもとでは市場価格を抑制安定させるのではなく，市場価格をいっそう高騰させる結果（悪循環）となること。第四に公司側の「損失」をもたらすこと。つまり公司は制限価格と市場価格との差額利益を失うことによる損失である。安価な制限価格で売上総額が増大する可能性はあるものの，需要に対して供給がネックになっている現状ではそれも大きな制約が伴った。また公司の大きな販売シェアによっても市場価格と制限価格との差額を収斂させることは不可能であった。第五に公司の損失と利益の減少によって，国家財政収入の減少をもたらすこと。

　限価政策（配給販売を含む）によって中紡公司が事実上被った「損失」は公司側の試算では，1947年9月までに計1000余億元と見積もられている[11]。これは46年度中紡公司の純益の約20％にあたり，利潤上納額800億元を上回る大きな規模であった。また1947年度の公司活動報告によれば，中紡公司が政府の政策に協力したために被った損失は原綿50余万担（1担：100斤）に相当したという[12]。

　従って，中紡公司はこのあいだ一再ならず政府当局に対して限価方法の改善を要請していた。47年6月に紡織調整委員会が成立した後には，紡織品価格を市場価格の変動により機動的に対応して協議決定する方法が採用されて，事態はやや好転し始めたともいう。しかし，市場価格よりも低く設定する限価政策そのものが継続されるかぎり，限価で販売することによる一定の負担，損失は避けがたかった。48年度前半において綿糸布の限価による配給販売で中紡公司が被った「無形損失」は7兆億元に達すると推計されている[13]。48年度の公司活動報告は限価政策による「損失」に関して「本年度，業務方面で最も打撃をうけたのは，ひとつには価格制限下で命令に従ってダンピング販売を執行したこと」であるとし，8月19日から10月末までの制限価格での販売によって「その損失はもとよりきわめて大きかった」と述べている[14]。

(2)　綿糸の調達販売統制

　1946年12月27日，経済部紡織事業管理委員会は宋子文行政院長の指示に基づ

いて「綿糸価格安定辦法」を制定し，翌年1月1日より実施した。この政策のねらいは要するに綿糸の一定量を政府が公定価格で強制的に買上げるというものである。この政策の要点は第一に，すでに外国綿花を購入したか，または購入予定の製糸工場が47年1月1日以降その輸入綿花で製造した綿糸は，その半数を政府が買上げる。第二に，すべての製糸工場が政府の供給した外貨により購入した綿花で製造した綿糸の半分は政府が購入する。第三に，政府の買上げ価格は紡織管理委員会代表一人，中紡公司および民営紡績企業の代表各一人からなる審議会で決定するが，コストに20％の利潤を加えたものを基準とする。第四に，政府に買上げられた後の残りの綿糸（国内綿花で製造された綿糸を含めて）は各工場が市場を通して公開取引できるが，売買当事者の名前，数量金額，用途については日ごとのデータ表を作成し10日ごとに主管機関に送付し，その審査を受ける，というものである。この買上げ政策は当面，上海市区内の国営（中紡公司）および民営36企業（計55工場）で実施されることになり，政府の買上げ手続きはすべて中紡公司が代行することになった[15]。

この政策のもとで中紡公司が代理購入した綿糸は47年1-4月の間で民営企業から68319件，中紡公司自体から46680件で，計114999件に達した[16]（同期の上海での綿糸生産総量538446万件の約21％に相当）。政府の買上げ協議価格（20番手綿糸1件あたり）は47年1月平均で197.5万元，2月250万元，3月315万元，4月460万元であった[17]。いずれも市価に比べて低いことは言うまでもない。政府の買上げた綿糸は綿糸価格を均衡させるために用いられ，買上げた綿糸はすべて中紡公司により代理販売された。綿糸の販売価格より買上げ価格が低く剰余がでた場合には，政府（経済部紡織事業管理委員会）の専用口座に貯蓄し綿花生産への補助と紡織業の発展のために用いることとされた。政府報告では47年1-4月に政府の剰余額は約970億元に達したという[18]。

1947年6月になると，新設された紡織事業調節委員会のもとに綿糸布の連合配給政策が再び実施された。今回の配給政策の統制範囲は46年よりもいっそう拡大された。例えば，今回の統制対象になった綿糸は国産綿花から紡いだ綿糸を除いて，①UNRRA（国連善後救済総署）による配給綿花から紡いだ綿糸の半

分，②1947第一四半期（1-3月）の輸入綿花で代理紡績された綿糸の半分，③同年第二四半期（4-6月）の輸入綿花で代理紡績された綿糸の全部であり，これらをすべて政府の代理として中紡公司が協議価格で買上げ，中紡公司が協議価格で配給販売することが要求された。中紡公司の代理購入と代理販売の範囲は47年当初に比べて明らかに拡大した。さらに④47年第二四半期以降に輸入した綿花および UNRRA による配給綿花はすべて政府が所定の紡績企業に代理紡績，代理紡織させること，その際企業は工賃コストおよび20％の合法利潤を得られることが決められた[19]。これ以降，輸入綿花を使用した綿糸生産に関するかぎり紡織企業は政府の完全な下請代理工場として位置づけられるようになったといえる。中紡公司にしても，政府の代理機関としての性格が強まり，自立的な商業会社経営の可能性はいっそう後退していった。

(3) 配　給　制

綿製品の供給不足と価格高騰に対応して，政府は限価政策につづいて1946年8月以降，綿製品の配給政策を採用し始めた。まず，綿糸の連合配給が経済部紡織事業管理委員会の指導のもと1946年8月30日から47年1月6日までの時期に一定量の綿糸について実施された。連合配給は上海市区における中紡公司および36民営企業が連合して毎月綿糸3万件を認可されたユーザー企業（複製企業）に対して協議価格に基づき配給するというもので，供出綿糸の量は中紡公司（上海）が月1万件，民営企業が2万件と指定された。配給の範囲と対象は上海市区内の各綿糸複製企業で，配給方法は綿糸複製品工業公会によって組織された綿糸配給委員会が経済部紡織事業管理委員会の議定した価格に基づいて各複製業公会を通して各会員企業に配給するというものである。この間，計4期に分けて綿糸81795件を配給した。各期の配給量と協議価格（20番手1件あたり単価）は以下のとおりである[20]。第1期（8月30日-9月18日）は8回に分けて25779件を配給。第1-2回の単価は140万元，第3回は132万元，第4-8回は130万元。第2期（9月23日-10月18日）は7回に分けて17966件を配給。第1回の単価は135万元，第2-7回は155万元。第3期（10月28日-11月21日）は4回

分けて19842件を配給。第1-4回の単価は175万元。第4期（12月2日-翌年1月6日）は4回に分けて18208件を配給。第1-3回の単価は155万元，第4回は197万元。

配給価格は紡織事業管理委員会のもとに上海の関連機関団体の代表7人からなる綿糸布価格審議会が2週ごとに協議決定したが，いずれも当時の市価に比べて低く設定された。この配給政策は綿糸需要の抑制と需給の調節を目的としていたが，そもそも配給量自体がかぎられていて配給総量81795万件は46年9-12月期の上海での綿糸総生産量519951万件の約16%にすぎなかった。その効果はきわめてかぎられたものであった。紡織管理委員会自身，この時期の綿糸配給は所期の効果を収めることができなかったと述べている[21]。

中紡公司と民間紡績企業との綿糸の連合配給は46年末でいったん取りやめとなった。47年初からは，前述のように外国綿花によって紡がれた綿糸の半分を紡織管理委員会の委託を受けて中紡公司が代理購入する制度が開始されたのをうけて，中紡公司が代理購入した綿糸を必要に応じて紡織企業に配給するようになった。配給方法は以下のとおりである[22]。

1. 中紡公司は毎月，各紡績企業の必要とする綿糸を配給する。配給基準は，各企業が登録票に記入報告した実際の稼動紡績機械数を基準とし，現在の供給可能な数量を参考にして各企業の毎月の綿糸購入限度額を定める。配給は紡織事業管理委員会の決めた協議価格による。
2. 各企業の購入申請に基づいて毎週3回（月,水,金）業種別に配給する。
3. 綿糸生産にかぎりがあるので，新設または新規稼動の紡績機に対してはしばらくのあいだ配給しない。

綿糸の配給に関しては，同年6月から中紡公司と民営企業が連合して自社生産の綿糸の一部を配給販売することが再び実施された。今度は中紡公司と民営企業が毎月各1万件の綿糸を認可された複製企業に配給することが求められた。しかし，前年同様それが効果を発揮したという証拠はみあたらない。

その他，綿布の配給については公務員・教員に対する配給が実施された。いうまでもなく，その配給価格は市価よりも低く設定された。

(4) 軍用供出

　中紡公司は軍用綿糸布を公定価格で政府国防部に納入する任務を負っており，これは内戦の勃発，拡大でいっそう重要な任務とされた。中紡公司の納入実績は1946年で綿布33万疋，47年で綿布350万疋，綿糸8440件，綿花17万担であった[23]。1947年の軍需品供出量が生産量に占める割合は，綿布で28.3％，綿糸で1.6％であったが，47年前半においては，中紡公司の供出量は平均して公司上海各工場の総生産量の50％以上にのぼったといわれる。これの代金支払いは国防部と財政部の委託を受けて中央銀行が責任を負うことになっていたが，公司に対する支払いは遅れに遅れた。中紡公司側の文書は次のように述べている。「所定の代金はたいてい現金化されず，いずれも勘定の振替の性質をもった。この巨額はすべて本公司の長期間の立替えとなり，そのため原材料の購入，賃金の支払いおよび資金全体の回転はいずれも融通がきかなくなり，生産への影響は深く大きい」[24]。

　1946年末までに軍用綿布の未払い残高はすでに1000億元に達していたが[25]，47年7月までにその支払いの延滞額は計5000億元に達した[26]。47年の軍用夏服に対する未払い部分は同年10月末で全体の94％にのぼった。1948年9月に束士方総経理はこの点につき改めて次のように提案している。

　「これまで軍布および公務員教員の綿布の供給について政府は毎回代金を滞納してきたために本公司の資金は回転できず，原材料も補充できなくなっている。今後もし引きつづき供給すべきであるならば，業務が進展できるように一般の商業慣習に基づいて処理すべきである」[27]

　束士方は同月に中紡公司が株式会社に改組される機会をとらえて，軍需用綿布と公務員教員への綿布配給を一般の商業ベースで行ない代金回収を厳格にやるべきことを強調したのである。しかし，内戦の激化による情勢の悪化で中紡公司の要望は実現しなかった。1948年11月に束士方の後を継いだ顧毓瑔総経理によれば，49年の共産党軍の占領直前には中央銀行の未払い額は2万億金円にも達したという。滞納の後払いがあったとしても，超インフレの進行のために金額の価値は大幅に減価しており，これによる2年間（46-47年）の損失額は綿

花約80万担分に相当するという[28]。このように中紡公司は政府向けの軍需綿において多額の不良債権を抱え込んだのであり，それは中紡公司の経営を財務面から大きく制約することになった。

　他方，軍需綿が政府にとって重要な収入源であったことは全国綿花綿糸布管理委員会の1948年前半期営業予算をみると分かる。それによれば，管理委員会の販売総収入の約70％が軍布綿・軍用綿であり，特に軍布綿は52％を占めていた。しかも，同期の純利潤見積り12兆8759億6659万元の98％相当は綿花販売による営業利益であった[29]。つまり，政府にとって綿花，とりわけ軍需綿の販売はきわめて重要な利潤源泉とみられていたのである。しかし，中紡公司にとって軍需綿の対政府取引は上述のとおり多額の不良債権をもたらしており，ここに中紡公司が政府当局に従属的な立場にあったことがみてとれる。

(5) 輸　　出

　中紡公司は当初の「中紡公司経営大綱」にもみられるように，綿紡織製品の輸出を積極的に図ること，特に東南アジア方面を中心に国際市場を開拓し貿易の基礎を固めるとともに，工業原材料・設備輸入のための外貨を獲得することを経営目標の一つとしていた。1946年7月から47年9月までのあいだ綿製品の国内需給の逼迫を背景に政府は綿紡織製品の輸出禁止策をとった。しかしながら，中紡公司は例外扱いで唯一輸出を認められた。この点は中紡公司の特権的地位を示す一例である。1946年の市況では国内ではインフレが進行しつつあったとはいえ，綿糸布は他の工業製品よりコストが低く，かつ海外特に香港や東南アジアでの市価は国内よりはるかに高かったので紡織品輸出は大きな利益を得られる客観的条件があった。しかし，中紡公司は輸出計画目標を達成できなかった。すなわち，1946年度活動報告のなかで，今後中紡公司は全生産量の10％を輸出に向けること，そうすれば来る1年間（47年度）に7500万-1億米ドルの外貨を稼ぎ，貿易赤字を改善できるとの方針を提起した[30]。しかし，中紡公司の47年の輸出実績は綿糸14000余包，綿布867000余疋で，当年の生産量に占める割合は綿糸で2.4％，綿布5.4％であり，獲得外貨も1400余億米ドルで

それぞれ目標値を大幅に下回った[31]。1947年8月に作成された政府の綿糸布輸出計画では，中紡公司が政府当局の委託をうけて積極的に輸出を伸ばすことに責任を負い，来る1年間に公司は生産量の20％（綿糸13万包，綿布1080万疋）を輸出し，外貨を1億2000万米ドル獲得することが規定された[32]。しかし，47年から48年8月までの輸出実績は綿糸51036件，綿布194.6万疋で，獲得外貨は3791万米ドルにすぎなかった[33]。1948年度の年間実績では直接および代理販売分をあわせて綿糸が29911件，綿布255.4万疋で，前年度の2倍余りに増えたものの，依然として計画目標に達しなかった[34]。

1947年9月の公司業務報告によれば，これまでの輸出は毎回欠損を出し，輸出業務の収支は大幅な赤字であった。このために47年夏以降，中紡公司は中央銀行の代理で輸出する形がとられた。すなわち，中央銀行は中紡公司が生産した製品の10％（1948年1月以降20％）をいったん国内価格で買取り，そしてそれを中紡公司に委託して輸出させ，その欠損部分は中央銀行が補填し，中紡公司が獲得した外貨はすべて中央銀行が買上げることとなった[35]。これで中紡公司は輸出の損失リスクから免れることができたものの，綿製品の輸出業務は実質的に政府（中央銀行）のコントロールのもとに置かれ中紡公司はその単なる代理機関にすぎなくなったといえる。対外輸出面でも中紡公司は自らを自立した商業会社として確立することができなかったのである。

3．紡織事業の全面的統制へ

1948年1月，政府は内戦の激化のなかで紡織事業に対する統制を一段と拡大強化すべく，紡織事業調節委員会を廃止し，全国綿花綿糸布管理委員会を設立した。この委員会は従来の紡織事業に対する部分的統制を改めて全面的統制を実施するために設立された。その統制管理の基本方針は原料・製品の統一購入・統一販売および綿糸布の代理生産を実施して，原料（綿花綿糸）購入から製品（綿糸布）の生産，販売，消費に至るまでを全面的に統制することであった[36]。これは，従来の部分的統制が予想したほどの成果をあげられなったこ

と，その原因として，国産綿花を統制外に置いたために国産綿花の掌握が困難であったこと，綿糸流通に対する統制が不徹底であったこと等が指摘された。この統制策の新たな特徴は，従来統制外に置かれていた国産綿花に対して統一購入・販売する政策を採用したこと，綿糸布の購入販売に対して厳格な統制を課したこと，綿糸布生産は企業に委託して代理生産を実施し，それにより生産面に対しても統制をかけたことなどである（代理生産の方法はすでに前年の7月時点で立案され同9月に行政院会議で採択されていた）。

　第一に，綿花の統一購入・販売について。すべての国産綿花は管理委員会が公定価格により統一的に購入する。実施にあたっては一部を中紡公司や綿花商に委託して代理購入させる。1948年度上半期の管理委員会の営業計画によれば，原綿購入量42.55万担，そのうち中紡公司の代理購入32.5万担，綿花商の代理購入3.05万担，農民銀行の代理購入2万担，そして管理委員会自身による購入5万担とされた[37]。注目される点は，計画購入総量の大半（76％）を中紡公司が担当するものとされ，統一購入策において中紡公司が大きな役割を期待されていたことである。外国綿花の購入（バーター取引による綿花取得を含む）はすべて管理委員会が統一処理する。これにより，民間の綿花商は購入した綿花をすべて管理委員会またはその委託代理機関に販売しなければならなくなり，私的な売買は禁止された。

　統一購入された綿花は管理委員会またはその委託機関が配給するものとされ，48年上半期の国産綿花の配給計画では指定紡績企業の代理生産のための配給16.8万担，軍布生産のための配給10万担（これは中紡公司へ支給），投売り用の在庫綿花6万担および軍用綿絮2万担とされた[38]。

　第二に，綿糸布の代理生産について。まず綿糸の代理生産は主要な地域（江蘇，浙江，安徽地区，天津，青島，漢口）で紡績設備3000錘以上の工場に代理生産させ，製造された綿糸は管理委員会に供出し，その代りに必要な綿花をうけとる。代理生産の条件として綿糸1件あたりの綿花使用量453ポンドを標準とする。代理生産の工賃利潤（統税などを含む）は20番手綿糸1件あたり259ポンドの綿花（20番手原料）を計算の基準とし，管理委員会の規定に基づいて価格を

定める。また工賃利潤収入の10%を改善基金として留保することが規定された[39]。

綿布の代理生産は動力織機30台以上をもつ工場あるいは管理委員会が合格と認定した工場に委託して代理生産させるもので，工場は規定の綿布製品を提出した後に管理委員会から必要な綿糸の供給を受ける。代理生産する棉紡織品の種類，規格，生産性，工賃利潤などの条件は代理契約のなかで規定すべきこととされた。また綿糸，綿布の生産企業には管理委員会が随時監察員を派遣駐留させ，監督する。このように代理契約を締結する形をとりながら，企業の生産管理過程に対して大幅な統制をかけるものであった。中紡公司が代理生産の主要な担い手であったことはいうまでもない[40]。

第三に，綿糸布の政府調達と配給。代理生産された綿糸布はすべて管理委員会の統制計画のもとで管理委員会の委託機関または中紡公司が代理購入し，販売計画に基づき配給販売されるものとされた。配給販売の方法は前年度と基本的に同様である。

紡織事業に対する全面的統制の実施により，各紡織企業は中紡公司を含めて経営上の自主経営権を大幅に制約され，基本的に経済部全国綿花綿糸布管理委員会の下請代理工場に変質していったといえる。そこにおいては生産計画，価格，原料調達，販売先，財務予算などの基本的経営項目の意思決定を事実上，綿花綿糸布管理委員会が行なうことになった。こうして政府機関が各企業に代わって直接経営主体になり，紡織事業を経営支配することになっていった。内戦下における紡織事業の全面統制への移行のなかで中紡公司は国有企業として政府の統制政策に最も同調していかざるをえない立場に身を置くことになる。

4．資金分配面の統制

(1) 利益分配

中紡公司は当時の国有企業のなかで最も収益性の高い企業のひとつであるといわれる。従来，それは中紡公司が特権的，独占的な地位を占めたことの反映

表2　中紡公司の分配構成

（単位：46-47年は億元，48年は金円元）

	1946年	1947年	1948年1-9月[5]
資本官利	1408.9560[1]	1400[3]	31817.00
所得税	1575.4245[1]	4800[3]	16387181.02
純益	1232.4680[2]	5932.2511[4]	19293940.26
純益の分配			
積立金		593.2251[4]	
資本官息		230.3238[4]	
奨励福利基金		1021.7404[4]	
配当		4086.9617[4]	

出所：(1)は「中紡公司35年度工作報告」，(2)「紡建要覧」189頁，(3)「中紡公司36年度工作報告」，(4)「紡建要覧」190頁，(5)「中紡公司37年度工作簡報」。

であると理解された。しかし，中紡公司がどの程度の利潤をあげたのかは実は概略的なことしか分からない。年度の損益計算表（特に決算報告）は一部しか利用できない。この制約を前提のうえで，ここでは公司の利潤が国家と企業のあいだにどのように分配されたのかをみてみたい。現在，判明している中紡公司の各年度の利潤とその分配状況は表2のとおりである。資料にある「純益」とは，利潤総額から所得税と資本官利を控除した後の純利潤を指す。

中紡公司の利益分配について注目されるのは，第一に国家への上納額が多額にのぼり，その意味で国家財政にかなり貢献していることである。国家上納額は二つの部分に分けられる。ひとつは出資者に対するリターンとしての資本官利，資本官息および利益配当（「紅利」）であり，もうひとつは国家に対する税金支払い（所得税など）である。国営紡織事業の収益としては前者がその対象になる。もっとも，投資事業収益と租税収入が国家財政において厳密に区別され運用されていたかはよく分からないので，広義には両者を合わせて考えることもできる。ここでは国家事業収益の投資者（国家）に対するリターンという面からのみ考える。

1947年度の政府財政予算において政府出資の公共事業収益は7941億元と見積もられ（歳入全体の8％），その内訳は経済部所管の中紡公司の収益が4100億元，

財政部所管の四行一局の収益が1505億元，資源委員会所管企業の収益300億元，交通部所管の交通機関の収益1850億元，その他の事業収益165億元とされた[41]。つまり，政府予算において中紡公司の収益は公共事業全体のそれの52%を占めており，政府にとって公共事業収入のなかで中紡公司が最も重要な収入源とみられていたことを示している。1947年における中紡公司の事業収益の上納額は5717億元であった（5880億元の説もある）。47年度の公共事業全体の収益実績は不明だが，中紡公司が最大の収益源であったことは間違いない。このような多額の収益が，前述のようなさまざまな統制政策による「損失」にもかかわらず達成されたことに注目したい。もしも統制政策による損失がなければ，中紡公司の収益はもっと増大していたにちがいない。

第二に，中紡公司の純利潤の分配において国家への上納分が大きな比重を占め，内部留保分はかなりかぎられていたことである。比較的詳しい数字が利用できる1947年度の事例では，純利潤5932億元の73%にあたる額が資本の官息および利益配当として国家に分配され，残りの27%が積立金（10%）および従業員奨励福利基金（17%）として内部留保されている[42]。仮に資本官利分（1400億元）を含めて利潤分配を考えるとすると，内部留保分は22%に低下する。これはかなり低い内部留保比率というべきであろう。こうした利益分配構造をみるとき，中紡公司は出資者である国家へのリターンを行なうことが最優先目標であるとされ，公司自身の拡大発展のための内部留保は二次的な目標にすぎなかったことを示している。この結果，中紡公司の新規設備投資は一定の制約を受けざるをえなかった。

(2) 従業員賃金

中紡公司の給与制度に関しては，1945年12月の中紡公司董事会第1回会議で採択され，翌年2月の第5回会議で修正された「中紡公司職員待遇規則」がある。それによれば，職員の月給は基本給部分と手当部分とに分かれており，基本給部分は最低の25級50元から最高1級600元までの等級賃金（ただし総経理と副総経理は除く）である。特徴的なのは手当が基本給に比べて圧倒的に高いこ

とであり，基本給80元に対して一定の生活費指数（1946年1月の場合は900）を掛けあわせた額72000元を基本手当とし（22級以上の者に適用，23級-25級の者は別基準），さらに各等級の基本給に対応して補助手当を併せて支給するというものであった[43]。46年1月時点で第1級の給与は基本給600元に基本手当72000元，補助手当21万600元で，総計28万3200元となった。最低の第25級の給与は基本給50元，基本手当45000元，補助手当13500元で総計58550元である。

　中紡公司の職員労働者の賃金待遇についての問題点は経営者側からの指摘では以下の諸点にある。第一に，中紡公司の賃金待遇の低さである。政府国営の機関で働く職員待遇はもともと他に比べて低かったが，そのなかで「特に中紡が最も低い」といわれる状態であった[44]。中紡公司の総経理束士方もこの点を認めており，「本公司におけるすべての職員労働者の待遇は，現在わずかに民営紡績工場の五分の一にすぎない」（1947年5月）と述べている[45]。具体的に数字で確認できるのは1948年の事例である。それによると，中紡公司の給与水準は次のとおりであった[46]。

　　労働者　　基本給最高ランク72元　月給総額5000万元（6月分）
　　　　　　　平均基本給46元　月給総額平均　4000万元近く
　　技術者　　中級　基本給　130元　月給総額6000万元足らず
　　　　　　　初級　基本給100元以下，月給総額　2000余-4000万元
　　職員　　　平均基本給　150元
　　工場長　　月給総額　1億5000万元
　　工程師　　月給総額　1億1000万元

　これに対して，民営の紡績企業では工場長が最高8億元でこれは中紡公司の5倍余りの水準であった。中級技術者は2億元で，中紡公司の約3倍余りであった。民営の労働者について具体的数値は不明だが，これも中紡公司の水準を上回っていたはずだ。中紡公司の職員給与が綿糸1件あたりの生産費に占める比率は最低レベルにあるといわれ，具体的には民営の紡績工場が1.9％前後であったのに対して，中紡公司では47年2月時点で1.4％，48年6月時点で0.5％

に低下したという[47]。ここからは職員の給与コストが相対的に抑えられている状況がみてとれる。また戦前では工場の職員の給与水準は最低でも労働者の賃金の最高水準より上であったが，中紡公司職員技術者の月給の最低水準は労働者の月給の平均を下回るまでになった[48]。つまり，職員技術者の待遇レベルの相対的低下が進んだといえる。このような低い給与水準のなかで大多数の従業員が中紡公司に留まったのは，おそらく巨大な国有企業として経営が比較的安定しており，それに福利厚生面が比較的優れているとみられていたためであろう。しかし，中紡公司には多くの有能な職員技術者も存在しており，特に彼らからみれば中紡公司の給与条件は不満の対象であったであろう。

第二に，1947年2月の政府の経済緊急措置法案によって職員労働者の給与が物価とともに47年1月の水準に凍結されたことである。これにより，もとからの低い給与水準に加えて，1月以降のインフレに伴う生活費指数の急上昇が手当に反映されなくなったため，実質賃金の大幅な減少が進んだ。この事態に対して，47年5月，総経理をはじめ上海中紡公司のすべての工場長が経済部長の王雲五に対して賃金調整による待遇改善を要請した。しかし，政府の対応は遅れ，同年7月に再び中紡公司の各工場長が経済部長に対して待遇の改善を要請した。その結果，経済部はようやく従業員の低い賃金の凍結を解除し，生活費指数に基づいて改めて手当を計算し，手当の額をこれ以上削減させないことを認めるに至った。

生活指数賃金が回復した後も，毎月適用される生活費指数と日々上昇する実際の物価指数とのあいだのギャップは日増しに拡大し，実際の物価水準からみた賃金の価値はさらに低下した。ある推計によれば，1948年半ば時点における中紡公司の高級職員の月収は実質価値で戦前の同一基本給額の13％にすぎず，下級職員の月収価値も同25％にすぎないという[49]。

第三に，待遇の低さために，職員技術者のあいだにモラールの低下と民間企業への転出の動きが進んだ。具体的な数値は不明だが，この点は束総経理自身が47年5月，中紡公司の待遇条件が民営紡績企業よりかなり悪いために「一般の技術が優れた技師はみな次々と民営紡績工場に移っている」と述べてい

る[50]）。また一部の工場長のなかにも「雑役夫よりも低い」待遇のために引退を表明している者もいたことが48年2月の董監事会で報告されている[51]）。中紡公司の従業員の待遇を改善すべきことは総経理をはじめ各工場長など経営者側にほぼコンセンサスがあった。しかし，国有企業として経済部の強力な統制に服する中紡公司にとって，董事会で決定すればすぐに実行できるという身軽な体制にはもはやなかった。束士方総経理は辞職直前の1948年9月21日に改めて待遇改善の課題を提起して，「本公司が株式会社に改組されたからには一般の民営会社と性質は同じであり，すべての職員の待遇もおのずから現地の民営紡績工場と同一労働同一賃金であるべきで，そうして仕事の士気を奨励すべきだ。」[52]）と述べているが，そこに待遇を改善してせめて民間と同じレベルの待遇を実現したいとの切実な願望をみてとることができる。

5．商業会社経営の挫折

　以上みてきたように，中紡公司は設立当初，政府機関からは独立的な純粋商業会社としての発展を企図しつつも，その意図は政府の経済統制強化の過程で挫折していった。1947年5月束士方および上海の37名の工場長は連名で，商業ベースの会社経営が挫折したこと，中紡公司の民営への改変が依然として明示されないこと，職員労働者の待遇が低いことの三点を理由にして，辞職の申請を行なった。彼らは商業会社経営の挫折に関して次のようにいう。

　「本公司の設立時に最高当局は完全に商業性質で公司を組織し，業務を展開し，その最高機構は董事会とすべきことを決めた。しかし現実には，董事会は経済部の統制を受け，さらに監察院会計監査部等もみな公司に対して政治権力を行使しなければならず，商業組織は実質的にひとつの政府機関となり，そのため無意味な牽制がきわめて多く，業務を展開するのが困難になった」[53]）。

　この点は彼らの心情を率直に語ったものと思われる。彼らの辞任申請は経済部に受理されなかったが，彼らは将来の会社の商業会社化を改めて王雲五経済部長兼公司董事長に請願した。しかし，中紡公司の政府機関化の傾向はその後

も変わることはなかった。中紡公司1947年度活動報告においては「形式的な制約は次第に重くなり，手続きも厳しくなり，いわゆる"商業方式の経営"の原則は現在すでに有名無実となってしまった」との厳しい評価をしている[54]。

1948年に至って政府経済部の紡織事業に対する全面的統制が始まり，中紡公司の自主的な商業会社としての経営の可能性は完全になくなった。中紡公司1948年度活動報告は，「公司の"商業会社方式で経営する"との規定は，政府はいまに至るも重視できず，あらゆる措置が牽制を受け，突発事件に対処するのが常態となったために，公司はもはや機動的な対応をすることにより困難を処理することができない。このために，束前総経理は本年11月についに決然として辞職したのである。」と述べている[55]。

国有企業としての中紡公司の「商業会社方式」の経営が挫折したことの理由についてはいくつかの面から考えられる。第一に，外的環境の変化（内戦の勃発と激化）とその影響である。1945年末における中紡公司の設立と商業会社経営の方針は，第二次大戦の終結により戦時統制経済が終了を迎え，戦後の経済自由化に向けた平和的環境のなかで決定された。しかし，1946年半ばの内戦勃発という環境変化は再度経済統制化を進めることになった。この環境変化は国民党政府に対して軍事政策を最優先課題とさせ，それに対応して経済資源を総動員するために経済に対する統制政策を強化させた。この結果，企業の自主的な経営を内容とする商業会社経営の方針は統制経済政策とその強化により決定的に制約されることになったのである。皮肉なことに中紡公司はほぼ当初の予定通りに1948年9月に国有企業から株式会社組織に改組され，民間資本の参入により「民営化」されたけれども，それは内戦の激化で国家の紡織業統制が全面化した後のことであった。株式会社への転換はもはや本来の民営企業化を意味するものではなく，政府の代理機関としての性格になんら変化はなかった。

第二に，政府機関と公司の経営主体である董事会とが形式上区別されながらも，実質的には一体的な関係にあったことである。経済部紡織事業管理委員会と中紡公司董事会のメンバーは基本的に同一であり，政府官員が公司の董事を兼ねていた。この場合，政府官員は所有者の代表としてだけではなく，行政機

関（政府経済部）の代表として政府当局の政策を執行監督する立場にあった。すでにみたように，この条件は公司の設立当初から設定されていた。内戦にともなう政府の経済統制強化のなかで中紡公司の董事会が経済部の統制下に政府代理機関として機能し，行政機関化していくのは必然であった。これは自立的な経営主体としての実現を制約する組織的要因となった。

　第三に，国有企業の性格の変化である。一般に国有企業はある程度二面性をもっている。すなわち，個別利潤を目的とする企業性と国家政府の政策実現を目的とする国家性であり，中紡公司もこの両面の性格を与えられていたが，設立当初はどちらかといえば前者のほうに重点が置かれており，この文脈から商業ベースの経営方式が提唱されたと考えられる。しかし，戦争の激化および統制経済の強化とともに後者に重点が移行していき，中紡公司は国家政府の政策遂行のための行政代理機関としての性格を大幅に強め完全な国策会社となっていった。

おわりに——歴史的含意

　こうして国有企業である中紡公司が純粋な商業会社経営を追求する試みは挫折した。この経験はその後の現代中国における国有企業の経営管理の歴史をみるとき，その前史としての意味を含んでいると思われる。

　新中国の成立前夜において中国共産党は国民党政府から接収した国有企業（中紡公司もその一つ）の「民主化」および「企業化」の方針を提起したが，この経営の「企業化」とは政府機関化と対立する概念であると把握され，国有企業が行政機関とは異なる組織行動原則に基づくべきであるとし，独自の営利事業体として経済計算制，標準ノルマ制，管理上の各種責任制，厳格な科学的管理を確立し，そうしてコストを軽減し生産性を向上させることを意味していた[56]。こうした「企業化」方針の内容はすでにみた「商業会社方式」の内容と一定範囲で重なっていた（ただし，共産党のいう企業化は計画経済や党の指導制と不可分とされる点，また会社董事会制や資本金制度を想定していないなどの点で違い

もある）。国有企業の「企業化」方針は人民共和国建国後も継続されたが，企業の経営の意思決定権が政府当局や党組織に掌握されるなかで企業化の課題は徹底化されなかった。そして国有企業自体が社会主義計画経済の確立とともに政府機関化（または政府機関の従属組織）して，自立した企業法人としての地位を確立できなかった。言いかえれば，国有企業の国家性（国家政策の達成）が強調され，企業性（利潤追求する自立した企業の確立）の追求は従属的な地位に置かれた。こうして歴史的文脈からみると，国民党政権下の中紡公司は共産党政権下の国有企業と同質な問題を抱えていたといえ，いわばその前史として位置づけられる。国有企業の自立的経営は基本的に困難な課題であった。改革開放の平和的環境の下で現在進行中の国有企業の改革がはたして自立的な商業会社経営をもたらしうるかどうかはいまだ明確な結論は出されていない[57]。

1) 伝統的な「官僚資本」説は，孟憲章『中国近代経済史教程』中華書局，1951年。湖北大学政治経済学教研室編『中国近代国民経済史講義』，高等教育出版社，1958年。日本における研究として中嶌太一「戦後に於ける中国官僚資本の基本性格」『社会科学研究』（東京大学）第22巻第1期，1972年がある。
2) 国家独占資本説については，陸迎淵・方慶秋主編『民国社会経済史』中国経済出版社，1991年。陸迎淵「中紡公司的建立及其性質」（『近代史研究』1993年2期），朱亭「中紡公司―国家壟断資本企業的特徴，作用及影響」（『上海経済研究』1999年4期）など。
3) 拙稿「大戦後の中国棉紡織業と中紡公司」（『愛知大学国際問題研究所紀要』97号，1992年）の第3節は部分的にこの面を検討している。なお中紡公司の成立過程については拙稿「戦後中国紡織業の形成と国民政府―中国紡織建設公司の成立過程」『国際関係論研究』（東京大学国際関係論研究会）6号，1987年を参照されたい。
4) 中国紡織学会編『紡織週刊』第7巻第1期，29頁。
5) 「中国紡織建設公司簡介」（上海市商会商業月報社編『紡織工業』1947年）L1頁。
6) 「戦後我国経済制度及貿易制度」，中国第二歴史檔案館（南京）所蔵中国紡織建設股分有限公司檔案，全宗号475案巻号233［以下，中紡公司檔案475-233と略記］）。
7) 経済部，工商部の各紡織管理機関のメンバーは，「紡織事業管理委員会人事案」中央研究院近代史研究所（台北）所蔵経済部紡織管理機構檔案18-26d，宗号2

(以下，経済部紡管檔案18-26d，2と略記)，「紡織事業調節委員会交接案」経済部紡管檔案18-26d，8(1)，『紡織週刊』第9巻第5期，79頁。
8) 『中紡公司天津分公司業務報告36年4月分』中紡公司檔案475-5110。
9) 「中紡公司辦理業務困難述要」中紡公司檔案475-22。
10) 「本公司出廠価格与市価之比較」(紡建要覧編輯委員会『紡建要覧』，1948年)，157頁。
11) 「中紡公司業務報告」『紡織週刊』第8巻第22期，638頁。
12) 「中紡公司36年度工作報告」，中紡公司檔案475-22。ただし，この額が限価政策だけによるものなのかどうかは不明。ちなみに1947年度の中紡公司の綿花購入総量は390万担であった(『中華年鑑』民国37年，下冊，1564頁)。
13) 「中国紡織建設公司37年度上半年度紗布配銷報告」経済部紡管檔案18-27，17(4)。
14) 「中紡公司37年度工作簡報」，中紡公司檔案475-22。
15) 「経済部紡織事業管理委員会業務報告」中紡公司檔案475-73。「紡管会決定穏定紗布市価新辦法」『紡織週刊』第8巻第1期，30頁。
16) 『紡建要覧』，155頁。
17) 1947年1-4月の各月の平均価格。
18) 「経済部紡織事業管理委員会業務報告」中紡公司檔案475-73。
19) 「発展紡織工業調節紗布供需実施方案」経済部紡管檔案18-26d，7(2)。
20) 「経済部紡織事業委員会業務報告」，中紡公司檔案475-73。
21)22) 同上。
23) 顧毓瑔「回憶中紡公司」(『工商経済史叢刊』第四輯，文史資料出版社，1984年)，153頁。
24) 『紡建要覧』，137頁。
25) 「中紡公司35年度工作報告」，中紡公司檔案475-22。
26) 「中紡董監事会聯席会」での副総経理呉味経の業務報告『紡織週刊』第8巻18期，538頁。
27) 「束総経理建議」中紡公司檔案475-19。
28) 顧毓瑔「回憶中紡公司」，前掲，153頁。
29) 「花紗布管理委員会37年度営業予算」(上半期)経済部紡管檔案18-26d，13。
30) 「中紡公司35年度工作報告」中紡公司檔案475-22。
31) 「中紡公司36年度工作報告」中紡公司檔案475-22。
32) 『紡織週刊』第8巻第18期，539頁。
33) 顧毓瑔「回憶中紡公司」，153頁。
34) 「中紡公司37年度工作簡報」中紡公司檔案475-22。
35) 『紡織週刊』第8巻第18期，539頁。

36) 上海社会科学院経済研究所編『栄家企業史料』下冊,上海人民出版社,1980年,583頁。全国花紗布管理辦法及び実施細則については「花紗布管理委員会業務」経済部紡管檔案18-26d, 12⑴,「花紗布管理実施細則暨有関方案建議」経済部紡管檔案18-26 d, 10⑴。
37) 「花紗布管理委員会37年度営業予算及計画案」経済部紡管檔案18-26 d, 13。
38) 同上。
39) 「代紡棉紗実施細則」経済部紡管檔案18-26 d, 10⑴。
40) 「代織棉布実施細則」同上。
41) 『中国経済年鑑』1947年版,太平洋経済研究社,上編77頁。
42) 『紡建要覧』,190頁。
43) 「中紡公司職員待遇規則」「中国紡織建設公司職員職級薪津対照表」中紡公司檔案475⑵-51。
44) 『紡織週刊』第8巻17期,514頁。
45) 『紡織週刊』第8巻11期,334頁。
46) 「中紡公司職員待遇報告」経済部紡管檔案18-27, 17⑷。
47)－49) 同上。
50) 「紡建経理廠長請辞,赴京請願要求三点」『紡織週刊』第8巻第11期,334頁。
51) 『紡織週刊』第9巻6期。
52) 「束総経理建議」中紡公司檔案475-19。
53) 「紡建経理廠長請辞,赴京請願要求三点」『紡織週刊』第8巻第11期,334頁。
54) 「中紡公司36年度工作報告」,中紡公司檔案475-22。
55) 「中紡公司37年度工作簡報」,中紡公司檔案475-22。
56) 当時の中国共産党の企業化方針については,拙著『中国企業とソ連モデル――一長制の史的研究』アジア政経学会,1991年,18-21頁。
57) 1980代以降の国有企業改革については,拙著『中国企業改革の研究』中央経済社,1996年,林毅夫・蔡昉・李周,関志雄・李粋容訳『中国の国有企業改革』日本評論社,1998年などを参照。

(川井伸一)

第4章　対外経済政策の理念と決定過程

はじめに

　近年，民国史研究が進展するにつれ，中華民国国民政府に対する歴史的な評価は次第に高まってきた。中国の対外的主権の回復強化と経済発展の促進に向け，同政府が大きな役割を果たしたことが承認されてきている。しかしそうした評価が高まれば高まるほど，一つの大きな疑問が膨らんでこざるを得ない。ではなぜ国民政府は戦後わずか4年間で大陸を失い，台湾地域を支配するだけの政権になってしまったのか，という疑問である。

　この場合，共産党に指導された革命勢力の力量が反人民的な政策を進めた国民政府を圧倒したから，という通説的な説明では，十分といえない[1]。全国的な統治権力であり，抗日戦争を勝利に導いたという権威を持っていた国民政府が，なぜ国民の反発を買うような政策を推し進めなければならず，なぜ革命勢力に圧倒されてしまうほど急速に弱体化したのかという疑問は，依然として残るからである。

　本章は，この疑問に対する一つの答を国民政府の対外経済政策をめぐる諸問題に求めようとしている。第2次世界大戦の末期からアメリカは戦後国際経済の主導権を握る意図を込め，自由な貿易体制と自由な国際金融取引を軸とする自由主義的国際経済秩序を形成しようとしていた。1946年に成立したIMF（国際通貨基金）と1947年に調印されたGATT（関税と貿易に関する一般協定）は，それを端的に象徴するものにほかならない[2]。こうした潮流に中国はいかに対処していくべきか。それが当時，国民政府の対外経済政策の根本問題になった。

対外経済政策をめぐる諸問題は，最高意志決定機関たる国防最高委員会を頂点に[3]，財政部・経済部・外交部などの行政諸機関を統括する行政院，経済政策の主管官庁である経済部，関税政策の主管官庁である財政部，財政部内で関税貿易政策を担当していた国定税則委員会と貿易委員会，さらには行政の諮問機関的な性格と民意を反映する代議機関的な性格とを兼ね備えた立法院など，国民政府の機構の様々なレベルにおいて，繰返し議論された。その議論を追い，政策決定の過程を考察していくことによって，我々は，当時，国民政府の対外経済政策が直面していた困難の大きさを知るであろう。

かつて筆者は「中国は十分な主体的条件を整えることができないまま，当時の国際的経済体制の潮流に従い，貿易と資本の自由化に踏み切ってしまった。1940年代の経済政策が失敗した一つの大きな原因は，ここにみいだされる」と書いたことがあった[4]。実は近年，中国で出版された経済史関係の専門書にも類似した説明を見いだすことができる[5]。このような一連の問題について具体的な考察を試みることが，本章の課題である。

1．政策理念をめぐる対立

戦後経済政策の基本的な政策理念をめぐり，国民政府内部には深い亀裂が走っていた。それはすでに戦前から，民間主導の穏健な輸入代替工業化路線をとった財政部や全国経済委員会等の勢力，国家主導の戦時統制経済をめざし資源委員会に結集していたグループ，輸出志向工業化路線に近い方向を模索した実業部の一部などの間に存在していた。抗日戦争に突入すると，重慶国民政府にとっては戦時経済の維持が至上課題になったこと，輸出志向工業化路線を模索する勢力は重慶国民政府から離反していったこと，などのため，そうした政策対立があまり表面化せずに済んでいた面がある。しかし抗日戦争が終結するとともに「戦時経済の維持」といったそれなりに明確な経済政策の共通の目標が失われ，その一方では，様々な経済勢力が戦後国民政府の下に再結集することになり，異なった経済政策理念をめぐる対立も先鋭化した。

1945年11月の最高経済委員会の設立は，元来，そうした経済政策をめぐる対立を調整するところに狙いがあったと見られる。にもかかわらず行政院長・宋子文の説明と資源委員会主任・翁文灝の説明とは，明らかに異なった政策意図を提示していた。たとえば宋子文が，①民間の自助努力を前提とした政府の経済政策，②政府と民間，並びに各経済部門間のバランスをとった発展，③友好国との協力の3点を指摘するとともに，とくに最後の点に関し「外国貿易・外国為替の両面で中国と外国の双方に有利な協調関係を築く」と重視する姿勢をとっていたのに対し，翁文灝は対外経済関係にはほとんど言及せず，国内の資源開発推進と経済計画策定の重要性を力説していた[6]。

いま本章で取りあげる対外経済政策に即していうならば，財政部系の雑誌『財政評論』や中央銀行出版の『中央銀行月報』など政府系刊行物の誌上に於て異なった政策論が展開されていた。一方には，国内産業の保護を重視しつつも，対外貿易に過分な障害を設け国際経済協力の潮流に反することのないように注意すべきだとする論者，さらには戦後の国際経済情勢に対応して適宜貿易自由化を進め，国際貿易全体の拡大を図りながら経済発展を実現していくべきだとする論者がいた[7]。他方，国際的な規模での貿易自由化をめざすアメリカの政策文書に言及しながらも，その後進国に対する例外規定に着目し，国内産業の保護育成を軸にした経済発展の必要性を力説して，戦時期に形成された管理統制貿易の維持強化にあくまで重きを置こうとする主張も有力であった[8]。

以上の点を政府部内の文書によって検討してみると，財政部と資源委員会の間に相違があっただけではなく，同じ財政部の内部に於ても国定税則委員会と貿易委員会の間に相違が存在していたことが判明する。さらにいえば，財政部貿易委員会の内部に於てすら分岐が生じていた。

財政部国定税則委員会は，中華民国北京政府時代の財政部駐滬貨価調査處の業務を継承し，国民政府の発足直後から財政部直属の機構として上海の江海関ビル内に置かれた機関であって，委員長は関務署長が兼任し，関税行政全般の政策原案を策定する権限を持つ，きわめて重要な財政機構の一つであった[9]。

国定税則委員会は，すでに抗戦中から，戦後アメリカは自由貿易を強く主張

するようになる，との見通しを持っており，その場合，中国に可能な政策的選択肢は統制貿易ではありえず，国内産業に対し若干の保護関税を設置するのが可能な程度であろうと判断していた。「アメリカが戦後国際貿易で保持しようとする政策が著しく自由主義に傾いたものになることは明白である。……我国の戦後貿易政策に於て，多数の商品を対象に個別に輸出入を禁止して貿易統制を実施したとしても，それを有効に運用していけるか否か，また英米両国が認めるところになるか否か，予断は許されない。……我国が戦後〔貿易統制を実施せず〕保護関税を設けながら対外貿易政策を進め，国内工業の発展を促すのであるならば，それについてはアメリカの賛同を得られるであろう」[10]。

こうした判断に立てば，戦後，貿易統制の継続は避けるべきであったし，実施すべき関税政策はかなり保護主義的性格を抑制したものにならざるを得ない。戦後の関税税率に関する方針をまとめた別の文書は「この件は多方面に関係することなので，戦後の然るべき時期に，その時点の状況に対応した妥当な税率を決めることによって，はじめて実用に適したものになるであろう。戦争終結以前の現在は暫定的な原則を提起するだけにとどめ，実際の税率案はまだ提出しないことにしておく」と断った上で，戦後の復興建設事業と国産化の進展状況を考慮し，輸出を促進すべき28品目，輸出を抑制すべき5品目，輸入を促進すべき12品目，輸入を抑制すべき36品目の名を挙げた[11]。それによると，輸入税率を引上げ輸入を抑制する予定品目は，綿製品，生糸絹織物，海産物，漢方薬剤，朝鮮人参，薬品類，酒・清涼飲料類，タバコ，アルコール，石鹸，紙及び紙製品，靴底用皮，皮革製品，レース服飾品類，香料類，陶磁器・琺瑯製品・ガラス類，琥珀・珊瑚類，ボタン，レコードプレイヤー，ゴム靴，化粧用品，香水白粉類，玩具などである。ほとんどはすでに戦前に保護関税を設置されているものであって，戦後，新たに保護の対象を広げ輸入量を減らそうとする意図は認められない。むしろ戦後の復興需要も念頭に置きながら，輸出入を規制する品目は必要最小限な範囲にとどめるべきだという姿勢が，鮮明に打ち出されている。このように保護主義的性格を抑制した関税政策の原則は，戦後に予想されるアメリカ主導の貿易自由化の動きに十分対応し得るものになっ

ていたといえよう。

　一方，こうした国定税則委員会の判断とは対照的な戦後構想を提示していたのが，同じ財政部の中の貿易委員会の議論であった。実は同じ財政部の中にある機構だとはいっても，この貿易委員会は成立の経緯からして国定税則委員会とは異なっている。貿易委員会は抗日戦争が始まった1937年10月，国民政府軍事委員会の下の貿易調整委員会として設立され，翌1938年2月16日，国民政府の組織改編により，名称を改め，財政部に所属することになったものである。抗戦終結後の1946年1月26日に撤廃された。

　貿易委員会が1944年にまとめた戦後の貿易政策に関する文書には，次のような文章がある。「抗戦期間中に実施された輸入品の管理統制は相当の成果を収めた。政府が従来とってきた自由放任の態度はついに転換され，中国経済は受動的な立場から主動的な立場へと次第にその地位を変え，ここに対外貿易の基礎が確立された。戦後は当然この既往の経験に基づき，国内の生産状況をよく考察して輸入貿易の改善を図り，将来の発展を期して完全に国内の必要性に基づいた輸入貿易を実現する」[12]。

　もっとも「戦後」を実際に迎える頃になると，財政部貿易委員会内部に於ても意見の分岐が生じた。一方には統制貿易論を依然として堅持しようとする立場があった。「抗戦が始まってから，政府は国際貿易に於て統一的な買付け・統一的な販売という政策を採用してきた。今までのところ部分的統制を実施してきただけであるにもかかわらず，すでに相当の成功を収めてきている。……我国の商工業は全般的に未発達であり，国家，並びに商工業者全体の利益を考えるならば，戦後我国は必ず保護関税と貿易管理統制の政策を採用し実行しなければならない。……戦後，政府は，国際貿易について，厳格に監督し全面的に統制する政策を必ず採用し実行しなければならない」[13]。

　しかし他方に於ては，国際情勢に適応し貿易の管理統制政策を撤廃し，民営化を進める議論も提起された。「現在，抗日戦争が勝利のうちに終わりを告げ，国際的な交通ルートがまさに全面開通しようとしており，国際市場獲得をめざす競争も始まろうとしている。〔この情勢に対応し〕これまで政府が統一的に

販売してきた主な輸出品についても，民営化を認めるべきであるように思われる。各種の統一的な買付け・統一的な販売という政策手段を撤廃し，輸出貿易の拡大を促したい」[14]。

財政部の中にも政策的対立が生じた一つの理由は，戦時期に財政部が何度か改組された結果，本来は軍事委員会に所属していた統制経済論者が貿易委員会の一員として，新たに財政部の中に組み込まれたことに求められる。こうした戦時期の政府組織再編が戦後にどのような問題を生じることになったのかは，一つの検討課題であろう。

いずれにせよ戦後国民政府の内部に於て，財政経済政策をめぐり深刻な意見対立が生じていた事実は否定できない。そして一方の側には，自由主義的な戦後国際経済秩序への対応を最優先させようとする財政部国定税則委員会などの政策担当者がおり，他方の側には，戦時統制経済の成果を踏まえ，極端に保護主義的な管理統制貿易を維持強化しようとする政策担当者がいた。その間にあって様々なヴァリエーションの見解が提起され，議論が闘わされる中，個々の具体的な政策が決定されていった。

2．国内産業の利害関係

政策理念をめぐる対立の背後には経済的利害関係の相違も横たわっていた。戦後中国には，国内経済の側にも国際経済の側にも，戦間期とは大きく異なる状況が生じていた。国内産業についていえば，紡織業など軽工業分野に於て最も有力な競争相手だった日本資本の工場が中国側の手に接収されるとともに，中国資本が相当の国際競争力を備えるようになった。しかし戦後の大きな復興需要を想起するならば，なお相当部分の工業製品などについて，輸入に頼らざるを得ない状況も存在していた。また中国政府の下には，戦時期に在華米軍が払った必要経費や戦後の旧日本関係資産の接収などによって，8億5800万ドル以上という巨額の金・銀・外国為替資金等が蓄積されていた[15]。一方，国際経済に於ては，アメリカ主導の下，IMF-GATT体制と呼ばれるようになる自

由主義的な国際経済秩序を築く動きが着々と進んでいた。この潮流に乗って経済発展を図ろうとしたのが，先に述べた宋子文らの自由主義的な経済政策だった。それに基づき国防最高委員会は1946年2月，戦時期に制定された輸入規制の大部分を撤廃し輸入を自由化するとともに外国為替市場を開放する方針を決めた。この政策の実施以降，外国品の輸入が激増した。

　このような状況の中にあって，中国の産業界の一部にも，保護貿易政策によって中国の国内市場を守ることよりも，むしろ世界的な関税引下げ，貿易障害撤廃の潮流に乗り，外国から必要な原料や生産手段を調達するとともに海外市場へ進出することも重視しようとする勢力が生まれていた。たとえば上海など沿海地域の綿紡織業界がそうである。上海の綿紡織業は1946年2月の貿易自由化以降，大量の棉花をアメリカから輸入し，国内はもちろんのこと，東南アジア市場に対しても多くの綿製品を輸出しようとしていた。上海にあった新裕紡の経営史料は，この時期のことを次のように描き出している。「外国為替レートが低く，商工業者は自由に外国為替を購入して安い原棉を手当できたし，外国の商社は"3カ月先の後払い"という有利な条件でアメリカ棉を安く売込んでいた。民間の銀行の手持ち資金にもゆとりがあり，流動資金を得るのも容易だった。しかも当時は綿糸価格が正常な範囲内にあり，20番手糸1梱〔約180kg〕を原棉8～12担〔約480～720kg〕に交換することができ，コスト的にかなり余裕があった。これらはいずれも紡織工業の復興に有利なことばかりであった。……1946年8月以前の生産・経営は，時期こそ短かったとはいえ，確かに相当の利益を得ることができた。これが人々に羨望された紡績工場の黄金時代であった」[16]。

　一方，国内の新興産業を中心に保護関税の設置を求める声も強かった。その特徴の一つは，1930年代半ばから戦時期にかけ，新たに勃興した工業分野が多く含まれていることである。表1でいえば，電線被覆用ゴム，紙巻タバコ用紙，スピーカー，家電製品などであり，当時施行されていた34年関税が制定された時点では，まだ有力な国内産業がほとんど育っていなかった分野が多い。34年関税以降の産業発展が，新たな保護関税要求を生んでいた。第2の特徴は，毛

表1　工業製品の輸入関税引上げ要求*一覧

46. 3.26	利盛橡膠製造廠[2]	電線被覆用ゴム
4.24	上海市毛絨紡織整染業工業同業公会	毛織物製品
4.27	上海市餅乾・糖果・罐頭・麺包業同業公会	ビスケット等［6月再要求］
5. 8	民豊造紙廠〔上海市商会経由〕	紙巻タバコ用紙
5.29	亜達無線電公司	スピーカー等
6.21	上海市電工器材工業同業公会	家電製品
7. 1	(税務署)**	紙巻タバコ
7-8月	中国標準鉛筆廠等3廠[2]	鉛　　筆
7-9月	中華水泥工業聯合会[1]	セメント
8. 7	新華玻璃廠等〔上海市国貨工廠聯合会経由〕	ガ ラ ス
8.29	上海市製薬工業同業公会	薬　　品
8月	(上海牛乳場聯合会)**	粉ミルク
8月	中国製釘公司	釘
8.30	天津市製革工業同業公会〔天津市政府経由〕	皮革製品
9. 3	上海鐘廠等7廠〔中国全国工業協会経由〕[2]	時　　計
9.20	上海市草幍業同業公会〔同上〕	フェルト帽
11. 1	天津市商会〔中華民国商会聯合会経由〕	毛 織 品
11.28	大滬銅廠等7廠[1]	銅製品
47. 1.10	企華鉄工廠等16廠	ボルト
10月頃	中華全国火柴研究社[3]	マッチ

注：　*国民政府財政部国定税則委員会により検討された要求のリスト。
　　　**工業資本以外からの要求。
出所：下記に注記する以外は二史館税則檔578/53（313⑵/93）による。
　　　(1)については二史館関務檔179⑵/561にも綴じ込まれている。
　　　(2)については二史館関務檔179⑵/563にも綴じ込まれている。
　　　(3)については二史館関務檔179⑵/561のみに綴じ込まれている。

　織物製品から鉛筆，ビスケット，粉ミルクなどに至るまで，アメリカの援助物資や低価格製品が大量に市場に溢れだし，国内産業が危機に陥った分野から関税の新設，もしくは引上げが要求されていたことである。

　こうした動きを背景として，1946年8月，上海経済界の代表団が南京に乗り込み，財政部の政策担当者たちと会談した。商工業者側の請願事項は，①輸入税を引上げ保護関税を実施すること，②奢侈品の輸入禁止品目を増加すること，③密輸取締を強化し非必需品と奢侈品の輸入を取締まること，④輸出税を免除

すること，の４点であり，そのほか関税納付時に於ける海関職員の高すぎる貨物評価額に対しても，相当の不満が寄せられた[17]。

なお数こそあまり多くなかったとはいえ，財政部には肥料用の硫安，顔料製造用原料の酸化鉛・塩基性炭酸鉛，マッチ製造用原料の黄燐などに対する輸入税引下げ要求も寄せられた。とくに後述する48年関税により各種品目に対する税率が大幅に引上げられた直後は，セメント包装用紙袋などについても税率引下げが求められている[18]。こうした動きが存在したことも，関税貿易政策をめぐる利害関係を複雑に錯綜させる一因であった。

3．関税立法原則の決定過程　1946.6～1947.4

関税立法原則とは，その名のとおり輸出入関税を制定する際の原則（「進出口関税税則立法原則」）であって，最終的には1947年３月，国防最高委員会第225回常務会議で決定された８項目の規定である。国定税則委員会の当初案に対し，立法院での審議を通じて保護主義的な批判が出され，若干の修正が施された。しかし決定された内容を見る限り，基本的にはなお自由貿易主義的な骨格を保持していたことが，注目されなければならない。

最初にこうした原則を決める必要性を提起したのは国定税則委員会であった。46年２月の貿易自由化と外為市場開放以降の輸入激増を一つの契機として，先にみたとおり，新たな保護関税制定を求める声が民間の商工業者や世論の間に広がっていく。そこで1946年６月，国定税則委員会は主管官庁の立場から「関税に関しては，国防最高委員会専門委員会の関税立法原則・六全大会で採択された工業建設綱領・立法院の予算案審議時の文書・中米貸与法の中の関税関係条項などがあり，その要綱や原則が甚だ漠然としている上，一致しない部分も見られるので，詳細に事情を斟酌し慎重に審議しなければならない。我国の経済・財政上の要請に応えるとともに，経済・関税に関する国際協定上の義務も顧慮するようめざし，ここに輸入税改訂の際の原則案を起草する」として，次の５項目の原則を提起したのである[19]。

① 戦後復興需要への対応。民生上必要な物資について税率を軽減もしくは免税。
② 建設事業の推進援助。経済建設にかかわる重要器材・原料でまだ国産化されていないもの，あるいは国内生産量が少ないものについて税率を軽減もしくは免税。
③ 既存国内産業の振興発展。同種類の産品で税率が低いものについて適宜増税。
④ 国際収支のバランス維持，入超減少。奢侈品及び非必需品について増税。
⑤ 国の財政充実。直接消費財及び税負担能力の大きなものについて適宜増税。

この原則を見ると，減免税品目を拡大し増税品目を限定しようとする志向が見られること，その理由として国内事情に加え国際協調的な精神が強調されていることが注目される。これに対し財政部長の兪鴻鈞が「大まかで漠然としている」とより具体的な説明を求めたことから[20]，さらに詳細な内容の説明文書が起草されることになった。

一方7月初め，南京では「戦後の経済衰退と民族工業不振に鑑み，関税金融政策と密輸取締り強化策について検討すべきである。」との財政部長の指示を受け，同部主催の下，関係部局が会議を開いていた。関務署（＝国定税則委員会）を代表して発言した副署長朱偰の意見に対し，経済部長の王雲五や一般の出席者からは，1945年8月に国定税則委員会自身が作成した文書に基づき保護関税を強化せよ，との主張が多く出されたという[21]。朱偰から報告を受けた上海の張福運は，国定税則委員会の立場から，改めてこうした意見に強く反論していく考えを示した。彼のまとめた覚書には，①もし国産品を保護する税率を定めようとすれば，目下の状況では税率100％以上というものが多数必要になり，それが果たして国際的反響を生まないかどうか，よく考慮すべきである，②関税を短期間の内に随時変更するのは好ましくない，③保護関税の対象産業を限定すべきである，④アメリカ政府は計画中の国連貿易雇用会議（1946年8月以

降,ロンドン・ニューヨークなどで準備委員会,1947年10月30日のジュネーブ国際貿易会議で GATT 成立)の開催まで,各国に対し関税を暫時増加しないよう求めている,⑤保護関税対象品目に関する1945年の国定税則委の文書は破棄し,経済部が保護対象産業に関する提案を作成すべきである,等々の論点が提示されている[22]。

　このような経緯を経て,国定税則委員会は,7月末,先の財政部長の指示を踏まえた詳細な説明文書を作成した。同文書は,まず当時施行されていた輸入税率が1934年に財政収入と国内産業保護の両者に配慮し制定されたもの〔いわゆる34年関税〕であって,その税率は5〜80%,平均27%と「各国と比べ決して低くない」水準に達していた,との認識を提示する。その上で戦後の税率調整に際しとくに配慮すべき事項として,①中米貸与法の中の関税引下げ条項,②発展初発段階にある重要な国内工業に対する保護関税設定,③財政収入の増加,並びに入超減少による国際収支の均衡化,を挙げるとともに,当面の経済情勢に触れ,アメリカが開催を呼びかけている国連貿易雇用会議では関税引下げが提起される見通しであり,その時の交渉に備えあらかじめ減税可能品目を用意しておく必要があること,最近,アメリカ政府は国連貿易雇用会議が開会されるまで各国に対し関税引上げを見合わせるよう要請してきていること,中国国内の物価水準が国際的な物価水準の二倍以上に高騰しているため,合理的範囲内の関税引上げによっては,とうてい必要な水準の保護関税税率には達し難いこと,戦後復興のために不可欠の物資がなお多く存在しており,外国からの供給に頼らねばならない部分は大きいこと,等の点を記していた[23]。ここに見られるのは国定税則委員会の中に存在した輸入税引下げへの強い志向性であって,その一方,輸入税引上げの対象品目は極力少なくすることがめざされている。このような認識を踏まえ,改めて輸入税改訂の原則6項目が提示された。

　①　国防及び経済建設に必要な重要器材でまだ国産化されていないもの,あるいは国内生産量が少ないものについて税率を軽減もしくは免税。
　②　政府が決めた基本工業分野及びその他の保護すべき工業分野の国産品と

の間で競争になり，その〔国内工業の〕合理的発展を妨げる恐れのある輸入品については，やや高めの関税徴収。
③　工業用の必需原料品であって国内の供給量が欠乏状態にあるものについて税率を軽減もしくは免税。
④　民生上の必需物資であって国内では不足気味のため，なお国外からの供給にも頼らなければならないものについて税率を軽減もしくは免税。
⑤　奢侈品及び節約すべき非必需品については高率関税徴収。
⑥　直接消費財及び税負担能力の大きなものについては適宜財政関税を増徴。

原案の5項目が6項目に増え，より詳細な説明が付されているのを除き，大きな変更点はない。

一方，この間に立法院では，立法委員陳長蘅の提案に基づき，関税制定に関する原則案の審議が始まっていた。提案者の陳長蘅は，国民政府が初めて編成した輸入税率である30年関税の審議時にも立法委員として積極的に発言しており，それ以来，一貫して立法院で関税問題に携わってきた有力な経済学者の一人である[24]。そうした経緯を踏まえるならば，この提案には国定税則委員会の動きを牽制する狙いも込められていたものと思われる。両者の政策的立脚点にそれほど大きな差異はなかったとはいえ，国定税則委員会の提案説明に明示されたほど強い輸入税引下げへの志向性は，立法院審議の中では認められない。

提案は「修正進出口関税税則之立法原則草案」と題され，下記の8項目から成っていた。
①　関税は海・陸・空の領域ごとに区別せず一致させるべきである。
②　輸入税に関し，特別の条約や互恵協定を結んでいない一般の国に対しては国定税率を採用すべきである。互恵協定がある国に対しては特定の税率を採用することができるが，その詳細は法によって定める。
③　工業・農業関係の機械・設備・計器・工具類で国産化されていないものの輸入については，輸入関税を減免することができる。

④　国防民生上の必需品については，低率関税を徴収することができる。
⑤　発展初発段階にあって保護すべき工業分野の製品については，やや高率の関税を徴収すべきである。
⑥　奢侈品については，禁止的な高率輸入税を採用すべきである。
⑦　輸出を奨励すべき輸出品については，すべて輸出税を減免する。
⑧　空輸・陸運の交通機関については，船舶の例に照らし噸税を徴収すべきである[25]。

　立法院のこの委員会に列席した財政部代表は，陳提案を聞いた後に発言し，国防最高委員会法制経済財政専門委員会の関税立法原則草案，国民党六全大会の工業建設綱領実施原則に関する決議，中米相互貸与協定，国連貿易雇用会議に向けアメリカ政府がまとめた白書（貿易の障害除去に関する建議）などを「参考にすべき資料」として列挙するとともに，立法院に対し二つの点について注意を喚起した。それは，①「国連貿易雇用会議は関税税率の引下げをめざしており，この情勢の下にあっては，関税調整といっても際限のない関税引上げは困難だと判断されること」，②「アメリカ側は，その会議前に我国が関税税率を変更することのないよう望んでいること」の２点であり，立法院が過度な保護主義的政策に走るのを牽制する内容だった[26]。しかし同年７月30日，立法院を通過した最終案は，若干の字句修正，並びに新たに４番目に「国内で加工製造する手工業・機械工業製品や組立てる工業製品で国外に販売するものについては，必要な原料・機械部品等の輸入税を減免すべきである。」との項目が付け加わり，以下陳提案の第４〜７項目が最終案の第５〜８項目になるとともに陳提案の第８項目が削除されるという変更があったにとどまる[27]。加工輸出産業に対し配慮が加えられたこと，並びに航空機輸送と陸上輸送に対する課税方針が削除されたこと以外，基本的な性格には変化がなかったといってよい。言い換えれば，国定税則委員会が立法院に対し試みた牽制は，目に見えるような大きな効果は挙げなかったことになる。重要な点は，そうした立法院案が国内世論からは強い支持を受けていたという事実である。たとえば戦後中国経済の危機打開に向け保護関税政策の必要性を力説した一論者は，この決議を「時

宜を得たもの」ときわめて高く評価した[28]。

その後関税制定の原則をめぐる議論はしばらく棚上げ状態になった。8月に外国為替レートの大幅切下げが断行され，輸入の激増にとりあえず歯止めがかけられたことも一つの理由であろう。そして10月，行政院長宋子文からの指示に基づき，国定税則委員会は改めて立法院の関税税則立法原則草案に関する内容的検討を行うことになった[29]。立法院の決議を国防最高委員会の審議にかけるための準備にとりかかったわけである。

国定税則委員会は立法院案に対し次の5点にわたって修正案を提起した[30]。

① 立法院案第2項の修正……最恵国条項に抵触すると誤解される恐れがあるので，「互恵協定締結国に対して」ではなく，「互恵協定の対象品目に対して」特定の税率を適用するという文言に修正する。

② 立法院案第4項の修正……輸出向け製造業の機械・原料等の輸入に対する減免税の範囲が広すぎ，弊害が生じる恐れもあるので，政府が戻し税対象品目とその額を特定できるという文言に修正する。

③ 立法院案第6項の修正……国内産業保護のためには関税制定・交通整備・資金貸与・利息保証など様々な方面からの総合的な施策が必要であり，関税政策だけに頼っていては，効果があがらないだけではなく様々な矛盾や弊害も生じる。関税による保護が必要だと政府が確定した産業分野についてのみ，保護関税を設定するように文言を修正する。

④ 立法院案第8項の削除……輸出税の免除はすでに国防最高委員会で決定されていることなので，改めて記す必要はない。

⑤ 新規項目の追加……直接消費財及び税負担能力の大きなものについては適宜関税を引上げ，税収を確保できるようにする。

立法院案の骨子を残しながら，実は巧みにその強烈な保護主義的性格を薄めようとする修正案だったといえよう。これに対し財政部次長の李儻は，①特定税率の適用対象を互恵協定締結国に限定する文言を残すこと，②適用税率の水準を明示すること，③国防最高委員会の現在の輸出税免除政策は暫定的な性格のものなので，こんどの関税立法原則中に輸出税減免という項目を明記したほ

うがよいと考えられること，の3点を指示した[31]。この指示に対し国定税則委員会は，改めて詳細な説明を加え反論している[32]。①の特定税率適用対象の文言については，李次長案ではやはり最恵国条項との抵触という問題が発生すること，②の税率水準の明示については，国産品のコスト次第で30～40％で保護に十分な場合もあれば，100％でも足りない場合もあるので，税率を具体的に明示するわけにはいかないこと，③の輸出税免除規定については，一律に免税となっている現在，輸出税のことに敢えて言及する必要はないこと，などである。財政部次長と国定税則委員会との意見のズレは，財政部参事庁によって調整が図られた。参事庁とは参事8人で構成され，財政部長の意を受け，財政部関係の法律，命令，計画案などについて審議する機関である。その結果，①と②については国定税則委の主張を容れ，③については李次長の意見を採ることで落着した[33]。一連の経緯を振り返ってみると，国定税則委員会が自らの主張に強い自信を持っていたことが窺え，一方，それに比べ財政部次長の李儻の方がむしろ十分問題を把握しておらず，やや見当違いの発言をしていたようにも思われる。

　こうして立法院がまとめた関税立法原則に関する草案は，行政院財政部国定税則委員会の主張に沿って第2・4・6項目などの文言に修正が施された後，1947年3月26日，国防最高委員会第225回常務会議に提出され採択された[34]。

① 関税は海・陸・空の領域ごとに区別せず一致させるべきである。
② 輸入税には国定税率を採用すべきである。但し互恵協定がある関係者は，協定で取り決められた品目について，特定の税率を採用することができる。その詳細は法によって定める。
③ 工業・農業関係の機械・設備・計器・工具・部品・医薬品・器材類で国産化されていないものの輸入については，輸入関税を減免することができる。
④ 国内で加工製造する手工業・機械工業製品や組立てる工業製品であって国外に販売するものについては，政府が品目名を指定し，必要な原料や半製品の輸入税の一部もしくは全部を払戻すことができる。

⑤　国防民生上の必需品については，低率関税を徴収することができる。
⑥　発展初発段階にあって政府が保護すべきだと確定した工業分野の製品で，競争的性格の輸入品があるものについては，やや高率の関税を徴収すべきである。
⑦　奢侈品については，禁止的な高率輸入税を採用すべきである。
⑧　輸出を奨励すべき輸出品については，すべて輸出税を減免する。

　最終的には，自由貿易に配慮した国定税則委員会の主張が多く容れられ，立法院の保護主義的な主張が抑制されたことからすれば，この時点では，関税政策の策定・実施官庁である国定税則委員会が，立法院と比較してみてもより大きな発言力を保持していたといってよい。しかしその後1948年夏，48年関税の策定時になると，この立場が逆転した。

4．48年関税の決定過程　1948.2〜1948.8

　1948年の夏，国民政府の経済的政治的な危機がきわめて深刻な段階を迎えつつある中，新たな輸入関税が8月6日に公布され，翌7日から実施された。以下この48年関税の決定過程を考察する。あらかじめ指摘しておくと，そこに於ける一つの大きな特徴が，財政部国定税則委員会がまとめた原案が幾度も修正されていったことであり，とくに立法院による修正はきわめて大幅で広い範囲に及ぶものであった。経済財政政策の基本理念をめぐる政府部内の亀裂は，もはや修復し難い程度までに深まりつつあった。

　財政部長から国定税則委員会に対し，「8月15日までに」という期限を切って輸入関税改訂案の編成が指示されたのは，この年の2月であった[35]。

　これを受け同年4月から5月にかけ，国定税則委員会は関連部局の代表者を集め，修改進口税則草案会議を開催した。4月20日の会議は，①新税率表には前年10月にジュネーブで結ばれたGATT（関税と貿易に関する一般協定）の税率を併記し，協定未参加国並びに中国との間に最恵国条項を結んでいない国に対し新税率を適用する，②現下の貿易統制により輸入許可品は経済建設に有益な

第4章　対外経済政策の理念と決定過程　251

表2　経済部（工商部）の税率修正案

品　目　名 （　）内は税則番号	現行 税率	税則委 原　案	工商部 修正案	備　　　考
綿　布(1-70)	25	45	65	国産保護
綿　糸(75)	12.5	22.5	32.5	国産保護
レース編物類(80)	50	80	90	奢侈品かつ国内生産量多数
蚊帳用布(81)	30	45	70	国内生産量多数
メリヤス織綿布(82)	30	45	70	国内生産量多数
起毛メリヤス織下着(83)	30	50	70	国内生産量多数
メリヤス織シャツ類(84)	30	50	70	国内生産量多数
メリヤス織クツ下類(85)	30	50	70	国内生産量多数
綿織敷物・毛布(90)	30	50	70	国内生産量多数
ハンカチ(91)	40	60	80	国内生産量多数
その他衣類(93)	40	60	80	国内生産量多数
その他綿製品(94)	30	50	70	国産可（但し医療用を除く）
アセチレン(426)	12.5	50	80	電気溶接用，カーバイド供給可
塩　酸(430)	10	40	80	内需6000箱/月に対し国産2万
無水アンモニア(437)	10	50	80	国産品で内需カバー
液体アンモニア(438)	10	50	80	国産品で内需カバー
漂白粉(444)	15	50	80	内需1.5万箱/月に対し国産1.6万
クツ底用皮(564)	20	45	70	国産品の品質優秀，内需カバー
セメント(618)	40	60	70	国産11.5万トン/月で内需カバー

出所：工商部対於棉布等19項擬増税率意見表〔下記の簽呈に付された『立法院財政金融委員会第1届第1会期第8・9次会議議事日程』という議案書に綴じ込まれたもの〕，潘鋕→署長・副署長，簽呈，1948年7月21日，二史館税則檔578/45（313(2)/85）。修改進口税則草案会議で審議された工商部（経済部から5月13日に改称）修正案は，これであろう。

ものや国内で不足しているものに限られているとはいえ，関税収入の確保は政府財政にとって重要なものなので，将来に備え，輸入許可品以外の品目も適宜税率を引上げる，ただしその増加程度が高すぎ〔輸入を激減させ〕税収に悪影響を及ぼさないようにするのが望ましい，③国連貿易会議に参加した中国が極端に高い税率を設けるのは困難であり「国際的にも良からぬ印象を生じる」ので，酒タバコに対する税率を80％から120％に引上げるのを最高限度とし，他の奢侈品に対する増税率はそれより低く抑える，④国民生活に関係が深い米穀，小麦，小麦粉などの輸入品は引続き免税もしくは低税率とする，⑤経済建設に

必要な機械工具類は低税率とする，⑥国産品の保護が必要な品目と税率水準について，経済部から出席している張天澤・高叔康両名に意見提出を求める，の6点を確認している[36]。全体として国定税則委員会の考え方を強く反映したものだったといってよい。

一方，経済部（1948年5月13日に工商部と改称，なお49年5月10日，再び経済部に戻っている）は上記⑥の確認を踏まえ，19種類の品目に及ぶ修正案を作成した。国内産業があるものについては，相当に高い保護税率を提起した内容である。

この経済部の品目別保護税率案（表2）に対し，5月14日・15日の修改進口税則草案会議で詳細な検討が加えられた。会議は，本来，適切な保護税率水準は国産品と外国品の生産コストを個々に比較して決めるべきである，とした上で，経済が失調状態にあり外為レートも市場の実態を反映していない今日，依拠すべき税率水準は経済が正常な時期に制定された現行34年税率である，との認識を税率案検討の前提として確認した[37]。この前提，すなわち34年税率の部分的手直しにとどめることを前提に置くならば，経済部が提起したような大幅な税率引上げ案を48年関税に盛込むことは困難になる。経済部の修正案は，こうして国定税則委員会ペースの議論により封じ込まれた。

以上のような修改進口税則草案会議に於ける議論を経て，6月9日，財政部長の下へ国定税則委員会の48年関税草案が提出された。同委員会は草案の趣旨を次のように説明している。「発展初発段階にある工業を保護する問題について。……抗戦勝利の後，国内経済は未だに正常な状態に戻っていない。……国産品の製造コストは外国品に比べきわめて高くなっている。もし関税による保護だけに頼ろうとするならば，その税率は必ず異常に高いものとなってしまうであろう。……現行の輸入税率は元来戦前に制定実施されたものであって，綿糸布・セメント・マッチ・針・釘などに対する税率は，すでに国内産業保護の顕著な効果をあげている。そこでこのたびの関税改訂に当たっては，おおむね今後保護していくべき工業分野の製品に対し，個別に検討を加えながら税率を引上げている」[38]。

保護関税政策の限界を冷静に見きわめながら，かなり対象品目を絞り，増税

の程度も抑えながら税率改訂する方針を提示していたことが知られよう。

　財政部は参事庁の議論に基づき若干の手直しを加えたほかは，ほぼ国定税則委員会の草案を承認した。なお参事庁による手直しは，レース編物類（税則委草案80%→財政部案100%，以下同様），フカひれ（80%→100%），アワビ・干し牡蠣・ナマコ等（50〜60%→80%），他の水産物（30〜45%→45〜60%），燕の巣（80%→100%），冷凍果汁類（70%→90%），紙巻タバコ等（120%→150%）で，若干の高級食品，奢侈品類の税率引上げ幅をさらに20%前後上積みした程度のわずかな修正である[39]。工商部の修正案を容れた部分は，レース編物類の項目のみにとどまる。参事庁の審査結果は，やや日時を経て国定税則委員会にも通知されている[40]。参事庁による手直しに対し，国定税則委側にもさしたる異存はなかった。同委がまとめたメモによれば，同委草案の120%のままの酒類と参事庁により150%に引上げられたタバコ類の税率とが異なってしまうことに対し「酒タバコを同一に扱う原則に適合しない」と指摘している程度である[41]。

　こうして財政部は6月14日の行政院会議に対し国定税則委草案を若干修正した48年関税案を提出した[42]。行政院はこれを承認し，立法院の審議に付した。ここまでは国定税則委員会の考え方，すなわち戦後世界経済の貿易自由化の動きにできるだけ対応するとともに，限定された範囲の保護貿易主義により関税を編成しようとする考え方が，ほぼ貫かれてきたように思われる。

　ところが今回はこのままでは済まなかった。行政院を通過したこの財政部案に対し立法院がきわめて批判的な立場をとり，大幅な修正を施してしまったからである。立法院財政金融委員会の7月12日の審査会では，税率案作成の過程で経済部が提出した保護関税必要品リストに言及し「それが実情に適合したものであったか否か，改めて審議しよう」という意見，さらにより一層具体的に，修改進口税則草案会議に提出された「工商部対於棉布等19項擬増税率意見表」をとりあげ「原則的にはこれを受け入れるべき」という意見が出された。いずれも保護貿易主義的な傾向を濃厚に漂わせた主張である[43]。7月14日の会議では「出席した立法委員から当局者に対しとくに質問がなければ，あとは立法

院が独自に審査を進める」と司会が発言し，財政部の担当者は中途退席を余儀なくされた[44]。行政側の官僚を締め出して討論するという立法院の審議風景は，かつて30年関税や34年関税の際には見られなかったものであった[45]。7月15日の会議でも，免税対象品目が全体の25%を占める理由と国連からの救援物資に対する免税措置について質疑が交わされた後は，前日同様，官僚を退出させ審議が進められた[46]。そして7月20日，立法院は48年関税の最終案を採択し，27日付の文書で正式に蔣介石総統へ報告した[47]。

立法院による修正の要点は下記のとおりであり，一部を除き，全体として財政部案を様々な形で引上げる結果になった[48]。

① 最高税率の200%への引上げ。
② 冷蔵庫，人参，果物，映画フィルム，酒タバコなどのやや大幅な税率引上げ。
③ 食品，水産物関係の多数の品目に対する税率引上げ。
④ 工商部の税率修正案の大部分の採用（アセチレン，無水アンモニア，液体アンモニアを除く）。
⑤ 船舶本体の輸入税免税，ディーゼル油の税率18%据置。

これに対し国定税則委員会は，改めて同会が作成した本来の48年関税草案を擁護するとともに，立法院修正案の内容を厳しく非難する言葉を書きつづった。「現在の〔中国の〕貿易管理体制の下，奢侈品と非必需品はすべて輸入禁止となっている。高率関税は実際には何の利益もなく，しかも世界各国が関税引下げを盛んに提唱している中にあっては，むしろいたずらに国際的な反感を招き，報復関税を課せられることになりかねない。そこで本会の草案に於ては，120%の最高税率を酒タバコに適用し，あとは絹織物関係の数品目に100%の税率を適用しただけであった。ところが立法院の修正案は最高税率を200%にし，40品目以上に100～120%の税率を適用している。……保護関税という点についていえば，本会は国産品と外国品の間のコストの比較を，保護関税設置の重要な根拠にすべきだと考えている。……その主旨は適切な保護政策を実施することにあり，過分な保護政策によって少数の製造業者が座して高収益を得る一方，

多数の消費者が高物価を負担するような事態を招かないことにある。しかも現在，綿布・セメント・マッチ等多数の品目に於て外国品が輸入されておらず，国産品との競争をとやかく言うような状態にはない。国産品は自ずから順調に発展していくことが可能なはずであって，一層の高率関税による保護政策などまったく必要なくなっている。ところが立法院の修正案は，保護が必要だから関税を引上げる，と多くの品目を列挙しながら，その理由たるや，国産品があるから，もしくは国産品が多いから，という程度のものであって〔国産品と外国品の間の〕コスト差を根拠にしたものではなく，保護関税の原則に符合していないように思われる。しかも綿布に対する65％という税率のように，現行税率の3倍近くにも及ぶものがあるが，いったい何を根拠とするのか，まったく説明されていない。世界の先進各国が施行している保護政策は，大部分，発展の初期段階にある若干の工業分野に対し，関税面での支援により外国品との競争力を与えるものであって，国産品を何もかも保護するというようなものではない。ところが立法院の修正案が保護すべきだと認定した品目には，干し魚・海老・塩漬け豚肉・塩漬け牛肉・シナモン・麝香・荔枝・野菜などがすべて含まれ，あまりにも広い範囲に及んでいるため，国内産業を保護するという本来の意味にそぐわないものになっているように思われる」[49]。

　立法院修正案に基づく48年関税がすでに公布施行された段階で，この国定税則委員会意見書がどのような効果を持ったのか，いやそもそもこの文書が正式に提出されたものか否かさえ，今のところ確かめる術はない。しかしこの原稿には，国民政府の成立以来，20年余り関税行政に関わってきたベテラン財政官僚たちが，1948年の立法院の動きに対し，憤懣やる方ないほどの不満と懸念を抱いていたという事実が反映されている。

　そうしてみると，なぜ立法院がこのように大幅な修正を加えたのか，誰が何を意図して行ったのかが一つの問題になる。その場合，憲政実施以降，1948年5月7日から任期が始まったばかりの「行憲」第1期立法委員の顔ぶれに注意を向けざるを得ない。従来のメンバーは一新されていた。立法院に於ける48年関税の審議に参加したことが前掲の諸文書によって確認される立法委員は，下

記のとおりである。高廷梓，陳正修，劉友琛，王子蘭，謝澄宇，宋宜山，何佐治，楊徳昭，劉通，劉平，呉幹，張道行。この中には経済行政に携わった経験を持つものも多少はいたとはいえ，関税貿易問題の専門家の姿を見いだすことはできない。その結果，経済財政政策としての妥当性を問うよりも，むしろ民族主義的な姿勢を際立たせ世論の支持を受けることが重視され，行政府に対する立法府の主張の独自性を鮮明に打ち出すことが優先される傾向が生じていたものと思われる[50]。

おわりに

　1945～49年には国民政府と世論の間だけではなく，実は政府内部に於ても対外経済政策をめぐる対立が深刻化しており，国民政府の大陸統治が崩壊する最終局面を迎えるにつれ，それはもはや明確な分裂状態を呈しつつあった。

　対立の基本軸は端的にいって，自由貿易主義に配慮するか，それともあくまで保護貿易主義に徹するのか，というところにあった。前者は自由主義的な戦後世界秩序をめざすアメリカなどの動きに協調し，国際経済に対してもできる限り開放的な姿勢で臨もうとするものである。それに対し後者は，中国の国内事情を優先させ，国家による経済統制という方法も含むきわめて保護主義的な政策によって経済発展を図ろうとした。様々な利害対立の調整は当時の内外条件に照らせば容易な課題ではなかったのであり，最終的には保護主義的な経済論が自由主義的な経済論を圧倒していったように思われる。とはいえ実施に移されたきわめて保護主義的な経済政策が，長期的持続的な発展を可能にする明るい展望を描き得たわけでもなかった。その具体的事例として，関税立法原則の策定を経て極端に保護主義的な性格を帯びた48年輸入関税の決定に至るまでの，関税貿易政策をめぐる政策決定過程が位置づけられる。

　アメリカ主導の自由主義的な国際経済秩序は，長期的に見た場合，西ヨーロッパや日本の経済復興を助け，世界経済の順調な発展を支えるものになった，と言われている[51]。しかしながら戦後直後の中国にとって，自由主義的な国

際経済秩序に積極的に参加することはきわめて負担の大きな課題だったのであり，国内の支持を獲得しにくい方策であった。

対外経済政策をめぐる自由主義的傾向と保護主義的傾向との対立は，実は人民共和国期になってからも様々な局面で再燃した。近現代中国経済の発展過程に於て，それは常に避けがたい矛盾だったのであり，それを調整していく力量如何が政治権力の安定性を大きく左右した，と考えられる。

戦後国民政府の統治が直面した困難の一つは，以上のようなものであった。

1) こうした通説的な見方には根強いものがある。たとえば最近出版された一般向け読み物として啓躍『国民党怎様丟掉了中国大陸？』新疆人民出版社，1997。
2) 石見徹『世界経済史　覇権国と経済体制』東洋経済新報社，1999，第4章など参照。
3) 国防最高委員会は戦時の国民党・政府・軍隊を統一的に指導する最高政策決定機関として，1939年2月に成立し1947年4月に撤廃された。劉維開「国防最高委員会的組織与人事初探」『紀念抗日戦争勝利五十周年学術討論会論文集』香港珠海書院亜州研究中心，1996。本論文の閲覧に際し，土田哲夫氏の御援助を得た。
4) 久保亨「国民政府の政治体制と経済政策」池田誠・上原一慶・安井三吉編『20世紀中国と日本（下）　中国近代化の歴史と展望』法律文化社，1996所収。
5) たとえば許滌新・呉承明主編『中国資本主義発展史第3巻　新民主主義革命時期的中国資本主義』人民出版社，1993の指摘。「抗戦勝利之初，挙国歓騰，全国物価下跌，人心思治。這時，政府手中至少有値八九億美元的黄金和外匯儲備，比"七七"抗戦前的発行儲備大両倍。同時，接収了価値5億元的敵偽産業，其中存貨，物資，貴金属総値数千億元。当時法幣発行量5500余億元，為収兌華中華北偽幣増発至1万億元，為数尚非太多。若善為処理，是可以医治至少緩解戦時的通貨膨張，導入正常金融軌道的。但是，国民党当局……従事拡軍備戦……向東北解放区進攻。同時，在経済上実行開放外匯市場，低価供応外匯，鼓励自由進口，拡大信貸等大手大脚的支出政策。……通貨悪性膨張之勢已成，一切穏定幣値的機会都已成過去了」（683頁）。
6) 以上の経済政策をめぐる対抗関係については拙稿「近現代中国における国家と経済─中華民国期経済政策史論─」山田辰雄編『歴史の中の現代中国』勁草書房，1996参照。（なお同論文注15に引いた「統制経済与全国経済委員会」の筆者は翁文灝ではなく，翁に近い論者の一人趙守愚だった。お詫びし訂正する。加藤桂代氏の御指摘に感謝する。）
7) 洪逸生「論今後我国対外貿易保育政策」『財政評論』第14巻第2期，1946年2

月。鐘兆瓊「対於国際貿易就業会議之観察与商権」『中央銀行月報』新第1巻第4期，1946年4月。
 8) 雷志貼「国際貿易就業会議与我国対外貿易政策」『中央銀行月報』新第1巻第3期，1946年3月。章友江「協助工業化之進出口貿易政策」『中央銀行月報』新第1巻第5期，1946年5月。徐爾信「論関税税則的改訂与運用」『財政評論』第15巻第3期，1946年9月。最後の徐論文は執筆時期が他よりもやや後であることもあって，若干ニュアンスを異にしている。徐は自由貿易の重要性を認めながらも，深刻な経済危機に直面している後進国の中国では，当面，管理貿易政策と連動した保護関税政策が不可欠だと論じた。
 9) 拙著『戦間期中国[自立への模索]―関税通貨政策と経済発展』東京大学出版会，1999年，234-235頁参照。
 10) 国定税則委員会→関務署，公函，1943.5.7，二史館税則檔578/54（313(2)/94）。以下，第二歴史檔案館（南京）所蔵の文書史料は下記の略号を用いて表記する。
　　　第二歴史檔案館所蔵財政部関務署檔案　→　二史館関務檔　179/…。
　　　第二歴史檔案館所蔵財政部貿易委員会檔案　→　二史館貿易檔　309/…。
　　　第二歴史檔案館所蔵財政部国定税則委員会檔案　→　二史館税則檔　578/…。
　　　但し重要部分は313(2)のNo.も持っているので，（　）内に追記。
 11) 国定税則委員会→関務署，公函，1944.2.5，二史館税則檔578/54（313(2)/94）。
 12) 財政部貿易委員会「財政復員計画草案（七）貿易」，1944年1月，二史館税則檔578/54（313(2)/94）。
 13) 貿易委員会統計組〔民国〕34年第15-16次小組会議記録，1945年8月25日，二史館貿易檔309/309。
 14) 貿易委員会出口貿易組〔民国〕34年第20次小組会議記録，1945年10月31日，二史館貿易檔309/309。
 15) 前掲，呉承明等主編『中国資本主義発展史　第3巻』582頁。
 16) 「誠孚企業公司与管理新裕紡織第一，二両廠歴年経営概況」1949年？上海市檔案館198(1)/1。
 17) 関務署副署長朱僩→署長，1946年8月12日，二史館税則檔578/53（313(2)/93）。なお「上海工商業晋京請願団代表対改訂関税之意見」が二史館税則檔578/44（313(2)/84）にある。新聞・雑誌等でも詳しく報じられた。「上海工商請願団晋京請願始末」『経済周報』第3巻第8期，1946年8月22日。
 18) 二史館関務檔179(2)/561。
 19) 国定税則委員会→兪鴻鈞財政部長，密簽呈，1946年6月20日，二史館税則檔578/45（313(2)/85）。
 20) 原文は「略嫌空泛」。前掲「密簽呈」に付された兪鴻鈞財政部長の「批」，二史館税則檔578/45（313(2)/85）。

第4章　対外経済政策の理念と決定過程　259

21)　朱偰→張福運，電，1946年7月11日，二史館税則檔578/45（313(2)/85）。朱偰→張福運，密文，1946年7月13日，同上。「自由貿易の潮流」を強調する財政当局の話が報道記事にも散見される。「改善関税政策在研究中」『経済週報』第3巻第1期，1946年7月4日。
22)　前掲朱偰→張福運，密文，1946年7月13日付け文書に対する張福運の批，1946年7月15日，二史館税則檔578/45（313(2)/85）。
23)　国定税則委員会→兪鴻鈞財政部長，簽呈稿，1946年7月24日，二史館税則檔578/45（313(2)/85）。なおこの文書は簽呈の草稿であり，実際に清書され財政部長に提出されたか否かは不明。国定税則委員会の考え方を示す史料としては十分価値を持つ。
24)　前掲拙著『戦間期中国［自立への模索］』第2章，とくに62-64頁参照。
25)　関務署→財政部長・次長，報告，1946年7月22日，7月19日に開催された立法院財政・経済委員会の審議経過報告。二史館税則檔578/45（313(2)/85）。
26)　同上。
27)　7月30日の立法院決議は，ここでは行政院宋〔子文〕院長辦公室→関務署長張福運，1946年10月4日，二史館税則檔578/45（313(2)/85）から引用。なおこの時の関務署署長（＝国定税則委員会委員長）を張福運とする文書は他にも多い。しかし張朋園・沈懐玉合編『国民政府職官年表』中央研究院近代史研究所，1987年，120-123頁，萬仁元等編『民国職官年表』中華書局，1995年，532-535頁等は一致して，1944.9.7～1948.5.17の関務署署長を李儻とし，1948.10.23以降を張福運としている。前掲拙著235頁の表もそれに従ったものだが修正を必要とするかもしれない。注31)参照。
28)　張白衣「関税政策論」『財政評論』第15巻第3期，1946年9月，20頁。
29)　行政院宋〔子文〕院長辦公室→関務署長張福運，1946年10月4日，二史館税則檔578/45（313(2)/85）。
30)　国定税則委員会・関務署→財政部長・次長，呈（稿），第2696号，1946年10月24日，二史館税則檔578/45（313(2)/85）。
31)　潘鋥（関務署税則科長）→関務署署長・副署長（＝国定税則委員会委員長・副委員長），簽，1946年10月25日，二史館税則檔578/45（313(2)/85）。なお職官年表によれば李儻は当時，関務署長＝国定税則委員会委員長を兼任していることになっており，もしそうだとすると国定税則委員会の委員長である李儻が国定税則委員会に指示する，という奇妙な関係になる。しかし財政部次長と関務署署長の兼任は実際には難しい（主な執務地も違う）。また注27)に記したとおり他の多くの文書によっても，この時期の関務署長は張福運だった。職官年表に誤記があるのか，「副署長」でも「署長」と呼ぶ類のことか。
　李儻は偶軍と号した財政学のベテラン教授で中央銀行経済研究處事務長，財政

部秘書長，同国庫署長など歴任。「時評　両位新次長」『財政評論』第15巻第1期，1946年7月。また日本の外務省の人名録によれば1883年生まれの湖南省湘潭県人。ドイツ留学，ベルリン大学卒業。湖南高等学堂教務長，北京大学教授，民国北京政府国務院法局参事，同司法部参事，国民政府農鉱部秘書，同財政部秘書等を歴任。外務省情報部『現代中華民国・満州帝国人名鑑』東亜同文会，1937年549頁。(湘潭県文史資料第3輯，1988年は未見)

32) 関務署・国定税則委員会→財政部李次長，簽(稿)，1946年11月6日，二史館税則檔578/45（313(2)/85)。

33) 参事庁→部長・次長，簽呈(抄)，1946年11月16日，二史館税則檔578/45（313(2)/85)。参事庁については財政部編『財政年鑑三編』1948年，第二篇　財務機構与人事　第一章　財務機構などを参照。

34) 国民政府→行政院，1947年4月7日，訓令，處字第321号。但し財政部→国定税則委，訓令，財関字第11304号，1947年5月21日，二史館税則檔578/45（313(2)/85)に引用された部分による。この訓令は『国民政府公報』には掲載されていない。また3月26日の国防最高委員会第225次常務会議記録には，「立法院の進出口関税則立法原則草案修正案を修正通過した」とあるのみで草案の内容自体は収録されていない。議事録とする際に削除された部分が正確であるならば，修正されたのは第1項の文言（注21の草案と照合してみると，海陸空関→陸海空関とした程度か？)。『国防最高委員会常務会議記録』影印版，第9冊，1995-96年，198頁。

35) 財政部長→国定税則委員会，密令，財関則字第22953号，1948年2月19日，二史館税則檔578/45（313(2)/85)。

36) 修改進口税則草案会議紀録，1948年4月20日，二史館税則檔578/44（313(2)/84)。

37) 修改進口税則草案会議紀録，1948年5月14日，二史館税則檔578/45（313(2)/85)。

38) 国定税則委員会→財政部，呈　滬字第402号，1948年6月9日，二史館税則檔578/45（313(2)/85)。

39) 参事庁→財政部長，審査意見，1948年6月11日，二史館関務檔179(2)/559。なお文書に署名した参事は周德偉，程大成，姜書閣の3人（なお参事庁はこの日の会議で内戦用軍費確保に向け「戡乱時期付加税」を創設する案も提起した。これは本税の40％にあたる額を上乗せするもので，行政院の承認を得て，同年8月26日，海関に対し徴収が指示された。財政部→海関総税務司，訓令第34421号，1948年8月26日，二史館関務檔179(2)/559)。

40) 財政部→国定税則委員会，指令，財関則第685号，1948年6月22日，二史館税則檔578/45（313(2)/85)。

41) 対於参事庁所提修正各項新税率之意見，簽（稿），日付不明，二史館税則檔578/45（313(2)/85）。
42) 財政部→行政院，提案，第2057号，1948年6月14日，二史館関務檔179(2)/559。提案の付属文書として『各類進口貨品修改税則概要』，『中華民国三十七年海関進口税則草案』などが綴じ込まれている。前者の『…概要』は二史館関務檔179/362にも収録。
43) 修正海関進口税則草案第3次初歩審査秘密会議，潘錚〔関務署税則科長〕→署長・副署長，出席報告，1948年7月12日，二史館関務檔179(2)/559，また二史館税則檔578/45（313(2)/85）。
44) 修正海関進口税則草案第4次初歩審査秘密会議，潘錚→署長・副署長，出席報告，1948年7月14日，二史館関務檔179(2)/559。
45) 30年関税の審議経過は前掲拙著67頁を，また34年関税の際の状況は115-116頁参照。
46) 修正海関進口税則草案第5次初歩審査秘密会議，潘錚→署長・副署長，出席報告，1948年7月15日，二史館関務檔179(2)/559，また二史館税則檔578/45（313(2)/85）。
47) 立法院→蔣介石総統，咨(抄)，憲院議事第827号，1948年7月27日，二史館税則檔578/45（313(2)/85）。
48) 潘錚→署長・副署長，簽呈，1948年7月21日，二史館税則檔578/45（313(2)/85）。
49) 国定税則委員会委員周典，同曹樹潘「対於立法院修正海関進口税則之意見」（稿），1948年8月13日，二史館税則檔578/45（313(2)/85）。
50) 立法院の性格変化については本書第1部第5章金子論文，第2部第2章山本論文，第3部第2章中村論文など参照。
51) たとえば前掲石見徹『世界経済史 覇権国と経済体制』139-145頁。

（久保　亨）

第5章　教育における「復員」と教職員

はじめに

　抗日戦争の勝利により，国民政府は8年あまり続いた戦時体制をいかに解除していくかという問題に直面する。中国語でいう「復員」（Demobilization すなわち戦時動員の解除）である。「復員」は教育においても，緊急を要する課題であった。

　戦後中国に関する研究の中で，教育は特に遅れた分野の一つであり，日本においては，実証的研究はおろか概説書における言及もほとんどないのが現状である。

　「教育復員」をはじめとする戦後の国民政府の教育政策は，いかなる方針・ビジョンの下に，どのように実施されたのか。また，それは教育事業や教職員にどのような影響をもたらしたのか。本章では，今後の実証研究のための基礎的作業として，当該時期教育研究の課題を整理し，国民政府による「教育復員」計画の策定・実施過程，およびその中での教職員に対する施策について若干の初歩的考察をおこなうことにする。

1．「復員」時期教育に対する従来の見方

　戦後国民政府の教育政策や当時の教育の状況について実証的研究がおこなわれてこなかったのには，いくつかの原因が考えられる。
　日本においては，教育史研究の重点が制度史や教育思想，教育実践に置かれ

てきたため、情勢が流動的で、まもなく中華人民共和国に取って代わられる当該時期は、研究の対象となりにくかったことがあげられる[1]。中国教育史の概説書における言及も多くはない。たとえば斎藤秋男・新島淳良著『中国現代教育史』は、本文全244ページ中わずか2ページを割き、「戦後の弾圧と学生・教師の運動」と題して、戦勝直後から反共教育が強化され、学生・教師が失望から運動を起こす経緯を描くにとどまっている。華々しく喧伝された人民共和国の「人民教育」の展開と対比して、抑圧と混乱に満ちた、いわば「夜明け直前の暗黒」という位置づけとなっている[2]。

中国においても、教育政策はイデオロギーに深く関わるため、さらに直接的には、都市民衆運動の一翼を担った青年学生とあい対したのが教育当局であるため、従来、中国共産党(以下、中共)・国民党いずれの立場に立つにせよ、政治的評価が最優先されてきたことが実証的な研究を妨げてきた。

まず大陸の教育通史・概説におけるこの時期の叙述では、「解放区」の教育実践や都市における学生運動の叙述が大半を占め、国民政府の教育政策や学校教育の叙述は、学生運動の背景として学生に対する統制や学校の荒廃、あるいはアメリカ帝国主義による「文化侵略」に言及するにとどまっていた。

たとえば人民共和国最初の系統立った近代教育通史である北京師範大学の『中国近現代教育史』は、「第九章　第三次国内革命戦争時期的教育」の中で、「一　解放戦争中の中国共産党と人民民主主義政権の国民教育に対する施策と発展」に続いて、「二　国民党ファシズム教育の暗黒と崩壊、青年学生の民主愛国闘争」と題し、「教育の領域において暴力的迫害政策を断行し、極めて卑劣で残酷な手段で青年学生の愛国的な民主要求と活動の破壊と鎮圧を進め、同時に米帝国主義に頼って国家の教育事業を売りに出し、その統治区域内の教育を漆黒の中へ陥れた」と叙述する[3]。

農村部における中国共産党・中国人民解放軍の勢力拡大に呼応するものとして都市部における学生の政治運動をとらえる時、運動を阻む「反動的」勢力として、大学当局や管轄官庁である教育行政機関が描かれるのは当然の帰結である。

第5章　教育における「復員」と教職員　265

　では教育当局は，学生運動の「抑圧」以外に，政策として何をおこなったのか。この点について同書は，戦後，特に1946〜47年の間に「国民党反動政権」の下で学校数・学生数が大幅に増加したことを指摘する。ただそれは「決して国民党反動集団が国民教育の発展を企図したり，計画的に国家建設の人材を育成しようとしたものではなく，国民党反動集団は抗戦勝利後に青年を強奪し，学校を利用して青年を手なずけ，教育によって青年を籠絡して共産党に対抗し青年革命を消滅させようとした」ものだとする[4]。学校・学生数の増加という事実は認めながらも，あくまで「革命運動に対する対抗・抑圧」という政治的文脈の上で評価が下されているのである。

　確かに，学生は都市の運動の先頭に立ち，その中には江沢民のように，のちに中共の指導者になった者もいる。それは「反飢餓・反内戦」という運動スローガンに見るように，現実の学生を取り巻く生活上の諸問題と政治問題とが結びついたものだった[5]。

　生活問題という点では学校教職員も学生同様，政府への不満を募らせていく。教職員の運動に関するまとまった叙述は多くないが，鄭登雲編『中国近代教育史』は，抗日戦争勝利後の上海において多くの小中学教師が失業や飢餓に直面しており，中共地下組織の指導の下，1945年8月27日に上海小学教師聯合進修会（「小教聯」と略称），1946年1月26日には上海市中等教育研究会（「中教会」と略称）を結成したとする。そして「これら上海の教師の民衆団体が相次いで成立したのち，一連の平和・民主・進歩を求め，内戦・独裁・汚職・売国に反対することを主な内容とする各種形式の公開的活動が展開され，広範な小中学教師・大学教授の参加を勝ち取った」とする[6]。

　次に台湾における通史・概説の当該時期の叙述を見てみよう。たとえば大学のテキストである鄭世興『中国現代教育史』は，「中国国家と教育の現代化の挫折期」として一章を設け，「ただ憲政が開始されると，すぐ国家の動乱が起き，憲政の実施はもとよりその影響を受けたが，復員工作も影響を大いに受け，教育復員はほとんど水の泡となった」とする[7]。そして当初交通を破壊し接収を妨害するだけだった中共が，やがて政府各部門に勢力を浸透させ，教育界・

学校にも入り込んで，学生・教職員運動を拡大させたとする。終戦直後で学校の秩序は回復しておらず，「教員学生は流動性が大きく，思想は空虚で，現実に不満を持ち，平和を渇望しており，情緒は不安定で，生活も不安であった。そのため各級学校は共産党の活動の温床となった」と説明する[8]。後述するように興味深い指摘を含むものもあるが，叙述の基調は，動乱や経済問題，中共の思想宣伝などによって「復員」政策が阻害されたとするもので，国民政府の教育政策の「破綻」を前提とした叙述である。

だが，抗戦勝利から国民党の大陸撤退・人民共和国の建国に至る期間は，わずか4年余りではあるが刻々と情勢が変化しており，結果から単純に敷衍して政策の破綻を論じることはできない。事実，上記のような教育政策に対する叙述も，学生運動が活発化する1946年半ば以降に集中し，戦勝前後から46年前半にかけての政策に対する言及は少ない。さらに，当時上海において教職員工作に従事した中共党員や教職員運動の参加者の回想録を見ても，おおむね1946年夏（5月〜7月ごろ）を運動が発展に向かう画期ととらえているようである[9]。したがって戦勝以後の教育をめぐる政府当局や学生・教職員の動向も，段階を追って厳密に検討する必要がある。

当面する「教育復員」について，当時の国民党機関紙『中央日報（重慶版）』の社論は「戦時状態から平時の状態へ戻すことは，平時の状態から戦時状態にはいるよりも，困難ははるかに多い」と述べている[10]。抗戦の8年（東北は14年，台湾は50年）は，教育建設にさまざまな課題をもたらしていたのである。

抗戦中は，勝利がすべてに優先し，教育全体が戦時体制に「動員」されていた。大学・研究機関の多くが戦火を逃れ奥地に「内遷（疎開）」しており，さらに多くの機関や教職員・学生が，さまざまな形で軍や政府機関の工作に参加した。と同時に，奥地には小中学校が大量に新設され，沿海地区より避難してきた子弟の就学機会を確保するとともに，立ち遅れていた奥地への教育普及を促していた。その一方で，日本占領地区にも多くの学齢児童・青年が残留していた。

したがって「復員」＝「動員」の解除は単なる原状復帰ではなく，抗戦中の教

育建設の持つプラス・マイナス両面の遺産を踏まえた新たな教育建設であることが求められた。すなわち「教育復員」は，沿海地区の教育を復興するとともに，抗戦中の奥地における教育発展を維持して戦前の沿海偏重（後述）を是正するため，学校・教育機関を再編・再配置するものであり，「収復区」や，特に長期にわたって「奴隷化教育」を受けてきた（と，当局が認識していた）台湾・東北（「収復区」と区別して「光復区」と呼ぶ）の児童・民衆を再教育・統合するものでなければならなかった。

さらに「教育復員」を考える上で重要な問題の一つが，教職員の処遇である。教職員は国家の教育事業の執行者であり，戦時下に開始された「国民教育」は，国民学校を基層社会の中核に位置づけるもので，教職員は民衆掌握をも担うことが期待された。また彼らは都市中間層・給与生活者・知識人として社会・経済・思想統制等諸政策が直接影響する存在であり，さらに国民党・国民政府の支持基盤でもあった。数的にも，1945年の時点で，小・中・大学を合計すると90万人を超える巨大な職能集団となっていた（270頁の表1）。「教育復員」における教職員の待遇改善・再組織，あるいは「収復区」教職員の審査・再教育は，教育の復興のみならず建国工作全般に関わるものだったのである。

2．「復員」期教育研究の新たな展開

前述のように日本においては，当該時期に関する叙述は極めて少ない。だが日本の敗戦から間もない時期の概説書である小野忍・斎藤秋男『中国の近代教育』は，戦争直後の「戦後建設への希望と期待があふれ」ていた時期のプランとして，「北平をオクスフォードに，上海をケンブリッジになぞらえながら，租界という特殊圏から中国の手に立ちかえった上海に，理想的大学を建設しようという」科学者・劇作家の丁西林の「理想的大学建設論」を紹介し，すぐには原状復帰できない混沌状況，その中で単なる復興ではなく，むしろ積極的に教育建設を進めようという気運があったことを指摘している[11]。そして，国共内戦が勃発し中国の将来が再び不透明になっていく中で，当時北京大学校長

だった胡適の「中国学術独立のための十年計画」(1947年) や，1947年南京中央研究院で開催されたユネスコ基礎教育会議に言及し，梁漱溟や晏陽初らの実践や費孝通の「郷土復員論」などを紹介しつつ，困難な状況下で郷村建設を中心として展開される社会教育に，将来への期待を見出そうとしている[12]。混乱期の叙述のため，教育全体を見渡したものになっておらず，断片的な指摘にとどまっているが，混沌の反面である可能性を看取しているのである。だがこの同時代的観測が感じ取った可能性は検討されることなく，やがて人民共和国建国の衝撃によって忘れ去られてしまう。当該時期と人民共和国期との断絶面が強く意識された結果であろう。

　ところが近年大陸において，1945・46年時点の状況についてより客観的に叙述した民国教育通史が現れ始めた。これらはいずれも『中国教育年鑑』等ごく基本的史料に基づくものではあるが，諸政策の施行を叙述するようになってきている。そして，たとえば教育部が抗戦勝利直後に公布した接収復員のための臨時措置が，「日本占領区の文化教育機関の接収に対する比較的明確な規定をおこない，接収工作が大混乱に陥るのを回避させ，収復区文化教育事業の接収にも積極的な役割を果たし」[13]，次いで開かれた全国教育善後復員会議にて決定された教育復員政策が，「各級各種教育の復員に対し明確な政策規定をおこなった」[14]，あるいは，「国民政府は比較的順調に教育の善後復員工作を完成し，中国の教育は平和的な環境なら振興を加速させることができるようになった」，「国民党は決して教育を軽視せず，民国教育事業の発展のために正反両面の経験を蓄積させ，中国現代化に多くの人材を養成した」[15]と，その施策の積極的意義にも言及されるようになっている。

　このような肯定的評価と，学生・教職員運動中心の従来のとらえ方との整合性が問題になるが，政策に意義はあったが，政治・経済といった教育外の要因，あるいは政権の「階級的本質」により充分成果を上げられず，破綻したというとらえ方になっている[16]。

　台湾では，すでに80年代はじめ司琦『中国国民教育発展史』が，国民教育（初等教育）の通史の範囲内ではあるが，「復員期的国民教育」と題する1節を

立て，国民政府の具体的な施策を紹介した上で，その成果と直面した問題を簡潔に指摘していた（後述）[17]。

さらに90年代にはいると，林桶法氏が，檔案史料や大陸の文史資料も用いた実証的研究を進め，高等教育を中心に「復員」計画の策定から，平津地区を中心とする「復員」実施過程までの考察をおこなっている[18]。そして前者では，国民政府は高等教育の復員に積極的で，若干の成果をあげたものの，多くは設備・経費の不足や教員の質の低下など戦禍がもたらした客観条件により，一部は「復員」工作の当事者の問題により，計画通りに達成できなかったとする。その当事者の問題とは，1．国民政府の政策や法令が，国立大学を主とした原則的なもので具体性に欠き，「収復区」の教職員・学生に不安を引き起こし，「復員」機関の職権があいまいなため，機関相互に争いが生じた，2．「復員」計画では大学・専科以上学校の再配置を計画していたが，各校が計画に従わず学校間で抗争を起こし，原状に復帰するにとどまった，3．当局の「収復区」教職員・学生を「漢奸」視する偏見が人心の動揺を生み，中共に「蠱惑」の機会を与えた，の3点である[19]。

林氏は，学生運動の拡大を中共の扇動によるとする旧説を退け，扇動よりもむしろ「復員」における学校移転や学生審査等の施策が適切でなかったことが，インフレや国共対立と相俟って運動の誘因となったとするなど，当時の実態の解明とそれに基づく議論を展開しようとしている[20]。

3．抗戦勝利時の教育状況

では以下，「復員」政策の展開過程の前提となる抗戦期の状況について概観することにしよう。

前述したように，戦後，学校数や学生数が大幅に増加したことは，大陸の概説書も認めるところである。この発展の基礎には抗戦前・抗戦中の教育建設の蓄積がある。

まず1935年に「実施義務教育暫行弁法大綱」が公布され，国民政府は3期14

270　第2部　戦後国民政府の経済・社会政策

年間で4年制義務教育の実現を目指すことになる[21]。翌36年に公布されたいわゆる「五五憲法草案」では，人民の教育機会の平等，6～12歳の学齢児童の

表1　中国全国初等・中等・高等教育の学生・教職員数（1912-47年）

学年度	初等教育 学生数	初等教育 教職員数	中等教育 学生数	中等教育 教職員数	高等教育 学生数	高等教育 教員数
1912	2,795,475		97,965		4,0111	2,312
1913	3,485,807		117,333		38,373	2,467
1914	3,921,727		119,057		32,079	2,297
1915	4,140,066		126,455		25,242	2,370
1916	3,843,454		111,078		17,241	2,036
1922	6,601,802		182,804			
1925			185,981		36,321	7,578*
1928			234,811		25,198	5,214
1929	8,882,077	386,029	341,022		29,123	6,218
1930	10,943,979	547,469	514,609		37,566	6,985
1931	11,720,596	546,034	536,848	60,594	44,167	7,053
1932	12,223,066	557,840	547,207	61,322	42,710	6,709
1933	12,383,479	556,451	559,320	61,638	42,936	7,209
1934	13,188,133	570,434	541,479	59,260	41,768	7,205
1935	15,110,199	610,430	573,262	60,166	41,128	7,234
1936	18,364,956	702,831	627,246	60,047	41,922	7,560
1937	12,847,924	482,160	389,948	33,497	31,188	5,657
1938	12,281,837	432,630	477,585	38,340	36,180	6,079
1939	12,669,976	427,454	622,803	40,114	44,422	6,514
1940	13,545,837	490,053	768,533	52,700	52,376	7,598
1941	15,058,051	547,737	846,552	59,541	59,457	8,666
1942	17,721,103	669,616	1,001,734	75,393	64,097	9,421
1943	18,602,239	696,757	1,101,087	84,850	73,669	10,536
1944	17,221,814	655,611	1,163,113	90,635	78,909	11,201
1945	21,831,898	785,224	1,566,392	124,622	83,498	11,183
1946	23,813,705		1,878,523		129,326	16,317
1947					155,036	20,133

1917-21, 23, 24, 26, 27年は統計なし。
*は職員も含む。
出典　『第一次中国教育年鑑』（開明書店，1934年）丁編102，161頁，『第二次中国教育年鑑』（教育部，1948年），1400，1402，1428，1437-1438，1455，1459頁（いずれも宗青図書公司『中国年鑑集成』所収の影印本）。

基本教育の無料,「失学国民」(教育機会のないまま成人した国民) の補習教育の無料, 高等教育の機会均等・全国文化の均衡的発展, 中央予算の15%・省区県市予算の最低30%を教育経費とすることなどが定められた[22]。

これらの方針決定は, 国民政府の実効支配地区の拡大や経済建設の進展とも相俟って, 表1に見るように教育普及を加速させることとなった。

この発展に大打撃を与えたのが日本軍の侵攻である。高等教育機関108校中91校が奥地へ「内遷」した以外は, 中等学校3264校中40%が占領され, 初等教育機関約29万か所中約13万か所が閉鎖されたという[23]。沿海地区の大半の学校は日本占領下, ないし交戦地区に置かれることになり, 国民政府の把握する就学児童も激減することになる (表1)。奥地へ逃れた高等教育機関でも, 公費学生は義務として, 医科系卒業生は軍医へ, 工科系は軍工路の建設へ, 外国語系は米空軍の通訳, 法科系は各部隊の法官にそれぞれ動員された (彼らを「戦時服役学生」と呼ぶ)[24]。

だが戦況が膠着し, 後方が安定してくるに連れて, 奥地における教育建設が軌道に乗り始め, 特に新県制の施行に対応して, 新たな義務教育普及策が打ち出される。すなわち「国民教育」の実施である。

それは, 郷鎮に6年制中心国民学校, 保に4年制国民学校を設置し, 郷長・保長にそれぞれ校長を兼任させて教育普及への責任を負わせ, その一方で各校の教職員は郷鎮公所・保弁公処協助とし, 学校を普通教育・成人に対する補習教育および「地方自治」の中核とするもので, いわゆる「政教合一」(政治と教育, 政府機関と教育機関の一体化) により, 義務教育を実現させると同時に, 国民学校を通じて基層の民衆を把握しようとするものだった[25]。

国民教育の第1次五カ年計画は1941年より, 後方19省市で実施された。1944年度の教育統計によると, 1936年度に比べ全国では, 国民学校・小学校数でマイナス20.52%, 就学児童数でマイナス6.22%, 教職員数でマイナス6.70%だったのに対し, 計画実施19省市について見ると, それぞれプラス19.11%, プラス38.85%, プラス37.34%となった[26](表2)。

このように, 抗戦勝利直前には後方の教育建設が進展を見せていたが, それ

表2　抗戦前後の国民教育の比較

2-1　全国の国民学校および小学校の校数・児童数・教職員数

学年度	民国25学年度	民国33学年度	増 減 数	増 減 比
学 校 数	320,080校	254,377校	−65,703校	−20.52%
児 童 数	18,364,956人	17,221,814人	−1,143,142人	−6.22%
教職員数	702,831人	655,611人	−47,220人	−6.70%

2-2　国民教育を推進した19省市の国民学校および小学校の校数・児童数・教職員数

学年度	民国25学年度	民国33学年度	増 減 数	増 減 比
学 校 数	194,546校	231,722校	+37,176校	+19.11%
児 童 数	11,670,588人	16,204,080人	+4,533,492人	+38.85%
教職員数	447,163人	614,126人	+166,983人	+37.34%

2-1の民国25(1936)学年度の初等教育の数値は，全国28省5省2区の資料に基づく。
　　抗日戦争勃発後の民国33(1944)学年度の数値は，江蘇・浙江・安徽・江西・湖北・湖南・四川・西康・河北・山東・山西・河南・陝西・甘粛・青海・福建・広東・広西・雲南・貴州・綏遠・寧夏・新疆・重慶市24省市の資料に基づく。
2-2の数値は，国民教育を推進した19省市，浙江・江西・安徽・湖北・湖南・四川・西康・陝西・河南・甘粛・青海・福建・広東・広西・雲南・貴州・寧夏・新疆各省および重慶市の資料による。
出典：『大陸淪陥前之中華民国』（原名『民国三十七年中華年鑑』中華年鑑社，鼎文書局影印本）1662頁。

は「政教合一」に象徴されるように，民衆統制政策の一環としての性格が強く，教職員にとっては耐乏生活に加えてさまざまな負担を強いるものであり，後述するような弊害も内包するものだった。

4．「復員」計画の策定

さて，以下に国民政府のとった「復員政策」を見ていくことにしよう。

林桶法氏は「教育復員」の計画策定過程を，1945年6月の教育復員計画と，同年9月の教育善後復員会議の決議の2段階に分けている。第1段階は，1945年6月に教育部が中央設計局の意見に基づいて策定した「復員」計画で，18項目の「工作計画」と12項目の「事別計画」とからなっていた。「工作計画」には，内遷各教育文化機関の処理，「収復区」・「光復区」教育機関の接収および

復旧・改組,「敵偽（日本・傀儡政権側）」教育行政人員・教職員・学生の審査,「奴隷化教育」・「不正確教育（正しくない教育）」の「清除（一掃）」,「戦時服役学生」（前述）の復学および転校方法, 教育資産の整理, 等の内容を含んでいたが, この段階では実施のための細部を詰めておらず, そのまま終戦を迎えることになる[27]。

　1945年8月15日, 教育部長朱家驊は日本の降伏を受けて, ただちにラジオ放送で「収復区」の教育界に向け「暫時現状を維持し, 接収を待つ」よう通告し,「戦区各省市教育復員緊急弁理事項」14条を各省市教育当局へ通知する。14条の内容は,「教育復員」工作に即日着手し, また各県・市教育局・科を復旧する,「敵偽」教育文化機関や, 特にまず教育関係の檔案を接収する, 各種教育資産を整理し,「復員」時の経費を準備する, 公立学校や社会教育機関は活動を停止せず現状を維持するが, 教育行政の人員や教職員に対しては審査をおこない, 半年以内に戦前の各級学校・社会教育機関をすべて復旧する,「収復区」の学生に対して「正確思想（正しい思想）」の訓練をおこない,「敵偽」の教科書や宣伝品は焼却する, などというものだった。また同時に, 各「収復区」で当局の工作に協力する機関として「教育復員輔導委員会」を設置した[28]。

　すでに44年7月31日の「復員計画綱要」において, 教育文化関係工作の重点は, 奥地に「内遷」した各級国立私立学校・社会教育機関および交戦地区の学生を収容するために設立された各級学校に対し, 各校の歴史や性格を斟酌し, 実際の必要に応じて調整・改組・移転あるいは復旧することであると規定されていた[29]。抗戦前, 中国の学校・教育機関は北京や上海を中心とする華東地区, 広東などに偏在しており, 特に高等教育機関である大学・専科以上学校では, その20％以上が上海に, 15％が北平に集中し, 一方で内陸の陝西・甘粛・四川・貴州などでは各省に1校あるかないかという状況だった（表3）[30]。林桶法氏によれば,「教育復員」が単なる原状復帰ではなく,「国家民族の教育文化の均衡的発展という立場に立」ち,「あらゆる学校および文化機関に対し, 地域における合理的な平均的分布に注意して, 過去の奇形的状態を改変するべきである」という朱家驊の見解は, 蔣介石をはじめ多くの指導者の共通認識と

表3 大学・専科以上学校の地域的分布状況（民国20年度，民国36年度）

地域別	民国20年度					民国36年度第1学期				
	国立	省市立	私立	計	%	国立	省市立	私立	計	%
江　蘇		1	4	5	4.85	2	4	4	10	4.83
浙　江	2	1	1	4	3.88	3	1	1	5	2.42
安　徽		1		1	0.97	1	1		2	0.97
江　西		4		4	3.88	2	5	1	8	3.86
湖　北	1	1	4	6	5.83	3	2	5	10	4.83
湖　南		1	1	2	1.94	3	2	1	6	2.90
四　川	1			1	0.97	4	3	7	14	6.76
西　康	―	―	―	―	―	2			2	0.97
河　北	1	6	1	8	7.77	1	2		3	1.45
河　南		1	1	2	1.94	1		1	2	0.97
山　東	1		1	2	1.94		2	1	3	1.45
山　西		6		6	5.83	1	2		3	1.45
陝　西						1		1	2	0.97
甘　粛		1		1	0.97	4			4	1.93
福　建			4	4	3.88	3	3	3	9	4.35
広　東	2	1	5	8	7.77		1	1	2	0.97
広　西		2		2	1.94	2	3	1	6	2.90
雲　南		2		2	1.94	2	1		3	1.45
貴　州						3			3	1.45
新　疆		1		1	0.97	1			1	0.48
遼　寧		2		2	1.94	3		2	5	2.42
吉　林		1		1	0.97	2	1		3	1.45
察哈爾		1		1	0.97	―	―	―	―	―
台　湾	―	―	―	―	―	1	3		4	1.93
南京市	1		2	3	2.91	7		4	11	5.31
北平市	4	3	8	15	14.56	5	1	7	13	6.28
上海市	5	2	15	22	21.36	8	4	24	36	17.39
天津市	―	―	―	―	―	3	3	2	8	3.86
青島市	―	―	―	―	―	1			1	0.48
重慶市	―	―	―	―	―	3	1	3	7	3.38
西安市	―	―	―	―	―	2	3	1	6	2.90
広州市	―	―	―	―	―	1	5	8	14	6.76
香　港	―	―	―	―	―			1	1	0.48
総計	18	38	47	103	100.00	74	54	79	207	100.00

大学・独立学院・専科学校を合計した学校数。
出典：『第一次中国教育年鑑』丁編40-41頁，『第二次中国教育年鑑』1401頁。

なっていたという[31]。

　だが「教育復員」の具体的な進め方については不明確な点や見解の不一致が多く，教育部教育計画委員会は，方針確定のため8月27日全国教育善後復員会議（以下，復員会議）の開催を決定し，その籌備委員として黄炎培・傅斯年・羅家倫・王雲五ら専門家21人と教育部次長・各司司長を推挙する[32]。復員会議は，「教育部が戦後全国教育の善後復員実施方針を討論するために召集する」もので，9月20日より1週間にわたって重慶で開催された[33]。「復員」計画策定の第2段階である。

　国民政府は，1926年の中央教育行政第1次大会以来，中央教育行政の必要に応じ大小さまざまな教育会議を開いてきた。特に1928年の第1次全国教育会議，30年の第2次全国教育会議は，中央・地方の教育行政担当者や各種教育の専門家が一堂に会した大規模なもので，それぞれ教育政策の基本方針や具体的な発展策を決定した。戦時中も，39年に第3次全国教育会議が重慶で開催され，抗戦期の教育実施策を策定している[34]。復員会議は，教育部部長・次長・各司長等のほか，党・政・軍の代表や，国立教育文化研究機関代表，公私立大学校長，各省市代表，各種専門家が出席して，戦後中国の教育のあり方を決めようとする点で，名称こそ違うが第4次全国教育会議に相当するものといえる。出席者も191人と，過去の全国教育会議をしのぐ規模になった。黄炎培のように民主同盟の活動では国民党と対立すらしている人物まで籌備委員に入れ，実際の会議にも「規程」を大きく上回る専門家が出席している（表4）[35]。広汎な教育界のコンセンサスを獲得し，焦眉の課題だけでなく，長期的視野に立って教育建設の基礎を築こうとする姿勢である。その一方で，国民党中央党部や三青団，教育部以外の行政院各部代表が出席している。「教育復員」が政府・軍関係機関の広汎な協力なくしてできないのはもちろんだが，それだけではなく，この会議が軍事・治安，さらには戦後中国の復興政策全般に関わる重要会議であることを示している。

　復員会議の開会にあたり蔣介石は，「今後の建国時期において教育が全国の基本問題となることは今までと同じである。教育建設がうまくいかなければ，

表4　全国教育善後復員会議構成メンバー

1. 教育部部長，次長，参事，司長，簡任秘書，督学，および教育部部長が所属各委員会委員中より指定した4人（計21人）
2. 〔中国国民党〕中央党部各部会代表5人*
3. 〔三民主義青年団〕中央団部代表3人*
4. 行政院各部・会・署代表各1人（中央各部会代表計20人）
5. 〔国民〕参政会代表5人（5人）
6. 軍〔事〕訓〔練〕部代表1人*
7. 国立中央研究院代表3人（3人）
8. 国立北平研究院，国立編訳館，国立中央図書館，国立北平図書館，故宮博物院，国立中央博物院籌備処代表各1人（各1人**）
9. 公私立各大学校長（計31人）
10. 独立学院長5人（5人）
11. 専科学校校長5人（5人）
12. 各省教育庁庁長
13. 行政院直轄市教育局（あるいは社会局）局長（12・13の計35人）
14. 各省市臨時参議会各1人（計15人）
15. 教育部が選出した専門家10人から20人（40人）
16. 国立中等学校校長3人（5人）

以上各校校長・院長・庁長・局長が公務により自ら出席できない時は，代表を1人派遣し出席させることができる。

出典：「全国教育善後復員会議組織規程（9月）」第2条（中国第二歴史档案館編『中華民国史档案資料匯編』第5輯第3編教育(1)，江蘇古籍出版社，2000年）51-52頁。
（　）は実際の出席者数（『第二次中国教育年鑑』99頁による）。
ただし，*のあるものは実際の出席者数の記載がない。「中央部会代表」に含まれている可能性がある。
**北平図書館は，実際の出席者では西北図書館となっている。

建国の責任を負うことは絶対にできない。抗戦時期は軍事が第一だったが，建国時期は教育が第一である。国家民族のために新しい青年を育て上げて，はじめて現代的国家を建設できるのである」と述べ，教育の国家建設における重要性や，第2期推進国民教育五年計画の重要性を説き，「教育復員」については，性急な帰還を戒め，西部の文化建設の重要性を訴えた[36]。

会議では熱心な討論が展開され，一部で論争があったが，計126提案が議決された[37]。その主な内容は，1．「内遷」機関の「復員」問題，2．「収復区」

教育の「復員」・整理問題，3．台湾区教育の整理問題，4．華僑教育の「復員」問題，5．その他教育の「復員」問題で，これにより今後の基本方針が確定した[38]。このうち，1については，「内遷」機関の「復員」地の配置は教育文化の平均的発展を考慮し，戦時期の臨時措置として設立された国立中学等は各省市に移管するなど，2については，「収復区」に「敵偽」が設立した大学・専科学校は接収し，「収復区」や東北の小中大学の学生・教員や社会教育機関職員は審査・訓練を受ける，などの方針が決まった。3については，特に「台湾同胞の奴隷化」，「皇民化」を問題視し，教育行政機構を現行省制により「徹底的に改組」することから始まり，各学校・社教機関は改組し，教員は審査の上任用するほか，内地からも補充し，教材も国定教材を至急搬入し，教育資産は調査の上，中央・台湾省・各県市に振り分けるとした。教員・青年については，上記のほか5において，「服役学生」の復学・転学の優待，小学教師の生活保障，小中学教師の速成補充，失学青年の復学・職業訓練などが盛り込まれた[39]。

林桶法氏も指摘するようにこれらの議決は6月の復員計画と大きな違いはない[40]。だが，既定方針を教育界全体で確認し，細部を詰めていったという点で大きな前進であった。国民党中央の機関紙『中央日報』も，復員会議の1週間前の社論で「教育復員」計画の早期策定を訴えていたが，復員会議開幕当日の社論で同会議への期待を示し，閉幕の翌日の社論では会議の円満閉幕を歓迎し，これらの良い方案をいかに実施するかが残された課題だと述べている[41]。

ただ台湾問題に顕著な形で示されているように，日本占領下の教育の影響に対する警戒心は根強く，特に教職員に対しては広く「収復区」・「光復区」で審査がおこなわれることとなった。復員会議前に『中央日報』社論が当局に求めた「教育復員」の原則も，7項目のうち4項目は対敵協力者の処分と日本の影響の一掃に関するものとなっている[42]。「収復区」・「光復区」の教職員は大学・小中学を問わず，猜疑の目に晒されていたのである。

5.「教育復員」の実施状況

　こうして,「復員」政策が実施に移される。教育部として具体的におこなったのは, 専科以上学校の復帰, 国立中学の省立化, 被略奪文物の接収・整理, 復員交通の計画と支援設備の収復・補充,「収復区」教員学生の審査, 失学失業青年の指導・救済などである[43]。

　このうち後方に「内遷」していた大学・専科以上学校の復員は46年5月より開始した。そして年内に,「内遷」校のうち45校が原所在地へ, 2校は調整により別の地へ移転し, 戦時に後方で新設された学校も32校は「収復区」へ, 2校はその他の地区へ移転し, また戦時に閉鎖されていた学校も26校が原所在地で再開され, 2校は移転ののち開校した（表5）。その結果, 上海では大学・専科以上学校数は増えたものの, パーセンテージは減らし, 北平は学校数も減少し, その一方で西南・西北各省・市（新疆・甘粛・陝西・西安・四川・重慶・西康・貴州・雲南・広西）は抗戦中に移転・設立された大学・専科以上学校を相当数保持し, その総数は1931年当時の8校（全体の7.77％）から48校（23.19％）となり, 地域的偏差は, 少なくとも数においては大幅に是正された。また沿岸地区では, 従来上海・北平に圧倒されていた首都南京の充実が目立ち, 南京を学術・教育の中心に育て上げようとする姿勢が明確になっている（表3）。

　中等学校では, 戦時期の措置として設立された国立中学672クラス（教職員2,688人, 学生33,600人）が, 本来の規定に従って省に移管された。各省市の学校の「復員」にあたっては, 教育部より各学校・機関に前後計108億元の復員費用が補助された[44]。

　また一方で46年11月中華民国憲法が通過するが, その教育規定は「五五憲法草案」や政治協商会議の草案を踏まえ, さらに一歩前進したものだった。すなわち, 言論・出版の自由（第11条）や人民の国民教育を受ける権利と義務（第21条）のほか, 国民の教育機会の一律平等（第159条）, 6歳から12歳の学齢児童の無償教育, 貧困者への政府による書籍支給, 学齢を過ぎて教育を受けてい

表5　全国専科以上学校の復員状況（民国35学年度第1学期）

	国立	省市立	私立	合計
(1)　移転なし	13	11	20	44
A　後方省市	13	11	8	32
a　戦前より後方	3	1	1	5
b　戦時に移転，後方に残留	0	0	1	1
c　戦時に新設	10	10	6	26
B　交戦区省市	0	0	12	12
a　戦時に設立，交戦区に残留	0	0	11	11
b　戦時に移転，交戦区に残留	0	0	1	1
(2)　移転あり	38	18	27	83
A　戦時に後方へ移転	20	5	22	47
a　原所在地へ帰還	18	5	22	45
b　他の地へ移転	2	0	0	2
B　戦時交戦区に移転，原所在地へ帰還	0	0	1	1
C　戦時に後方に新設	18	13	4	35
a　「収復区」に移転	15	13	4	32
b　他の地へ移転	3	0	0	3
(3)　戦時に閉鎖・合併し，戦後復旧	10	13	5	28
A　原所在地で復旧	10	13	3	26
B　他の地で復旧	0	0	2	2
(4)　戦後に改組	2	1	2	5
(5)　戦時に新設・認可	8	7	10	25
総　　計	71	50	64	185

原注：教育部高等教育司登記冊および私立専科以上学校の復員状況報告より作成。
　　民国35（1946）年12月の所在地を同34年8月の状況と比較したもの。
　　作成時期：民国36年1月。
出典：『大陸淪陥前之中華民国』（原名『民国三十七年中華年鑑』中華年鑑社，鼎文書局影印本）1664頁。ただし原表には大学・独立学院・専科学校ごとの数値も掲げられているが，合計した数値のみを掲げた。

ない国民の無償補習教育と書籍支給（第160条），国家が各地区教育の均等発展に注意し，社会教育によって国民の文化水準の向上に努めるべきであること（第163条）などを定めていた。教育政策にとって最大のネックとなっていた教育予算については，中央は予算総額の最低15％，省は最低25％，市県は最低

表6　中央政府の教育経費支出の推移

	教育文化費予算額(千元)	国家歳出総予算に占める比率(%)	教育文化費指数	国家歳出総予算指数	物価指数
民国25会計年度	55,406	4.15	100	100	100
26会計年度	48,158	3.30	87	110	110
27年下半期	27,617	2.13	50	97	150
28会計年度	69,369	3.27	125	158	300
29会計年度	106,000	2.31	191	344	1,050
30会計年度	230,706	2.15	416	804	2,420
31会計年度	464,534	1.64	836	2,118	7,230
32会計年度	852,556	1.48	1,538	4,311	23,350
33会計年度	5,294,159	3.54	9,555	11,186	61,790
34会計年度	29,592,685	2.20	53,410	100,694	200,300
35会計年度	363,708,353	4.99	656,442	545,521	720,130
36会計年度	1,353,035,896	2.94	2,442,036	3,445,999	10,400,400
37年上半期	6,798,782,065	2.91	12,270,830	17,481,505	105,742,760
37年下半期	66,441	4.17	120	119	…
38年上半期	796,231	3.59	1,437	1,660	…
38年下半期	8,725	3.23	16	20	…

原注：金額単位，民国25(1936)～37会計年度上半期は法幣千元
　　　民国37年下半期～38年上半期は金元千元
　　　民国38年下半期は銀元千元
　　民国27会計年度は制度改定のため，6カ月のみ。
　　民国37会計年度は8月の通貨改定により，半年ごとに計算。
　　民国38会計年度は7月の通貨改定により，半年ごとに計算。
　　教育文化費・国家歳出総予算および物価の指数はいずれも民国25会計年度を100とする。
　　資料出所：教育部主計室
出典：『第三次中国教育年鑑』（正中書局，1957年），1230頁（宗青図書公司『中国年鑑集成』所収の影印本）。

35%とし，法により教育基金・資産を設置して保障することを明記していた（第164条）[45]。熊明安氏も同憲法が規定する教育政策を「時代の発展の要求と進歩的教育界の声を反映し，専門家の建議を採用しており，憲法の教育条文を見る限りでは，進歩性と民主性を備えたものだった」と，高く評価している[46]。

　教育経費の推移を見ると，46会計年度の総予算に占める教育予算は，前年度

の2.20％から4.99％へと倍増しており,「復員」という緊急課題を抱えていたとはいえ,教育経費増額への努力が伺える(表6)。ただそれでも,憲法規定にはほど遠い数値で,前途多難であった。

6．教職員掌握策とその動揺

　最後に「教育復員」工作のうち,特に「収復区」の教職員に対してはどのような施策がおこなわれたか,若干の検討を加えることにする。
　復員会議で議決された方針に基づき,1945年12月以降,「収復区」教職員・学生等に対して教育部より表7のような法令・指示が発せられる。
　このうち国民学校教員を対象とする「収復区各県市国民学校教員登記甄審訓練弁法」(以下,国民学校教員甄審弁法,表8)を見てみよう。まず審査の対象に「敵偽」の工作に関わっていない者も含まれる一方で,対敵協力の程度が著しい者は審査の対象外となっている。「収復区」に残留した者は,好むと好まざるとを問わず何らかの形で「敵偽」と関わらざるをえず,さらに生計のため教壇に立ち続けた教員も多数いたと考えられる。そこでまず教員およびその予備軍である師範卒業生全体を審査し,無実の者は早急に登記証を発給し引き続き任用し,他は協力の程度に応じて短期間の再教育・訓練を施した上で任用しよ

表7　「収復区」教職員・学生等に対する審査・訓練等の法令・指示

収復区各県市国民学校教員登記甄審訓練弁法を頒発（1945年12月 1 日）
収復区専科以上学校教員職員甄審弁法を頒発（1945年12月21日）
収復区専科以上学校畢業生甄審弁法を公布（1945年12月27日）
収復区専科以上学校肄業生学業処理弁法を公布（1945年12月27日）
収復区中等学校教職員甄審弁法を修正（1946年 1 月24日）
収復区中等学校教職員甄審弁法を修正（1946年 1 月24日）
収復区専科以上学校教職員甄審委員会組織章程を頒発（1946年 2 月 7 日）
収復区専科以上学校処理弁法を公布（1946年 2 月 9 日）
甄審敵偽学校畢業生補充弁法を公布（1946年 3 月 8 日）

出典：『中華民国史檔案資料匯編』第5輯第3編教育(1),16-24,27頁。
　　　「甄審」とは審査し弁別すること。

表8 収復区各県市国民学校教員登記甄審訓練弁法（1945年12月1日教育部頒発）

第1条	収復区各県市国民学校教員の登記・審査・訓練は本弁法によりこれをおこなう。
第2条	各県市は国民学校教員登記甄審訓練委員会を設け，委員は5人から7人を置き，教育局（科）長を主任委員とし，県市政府（行政院直轄市教育局）によって督学および関係機関の主管人員，教育界の公正な人士を招聘して委員とする。
第3条	各県市教員で「国民学校および中心国民学校規則」第19条に定める資格を持ち，かつ検定に合格しており，戦時に敵偽の工作に参加していない者は，登記を申請し審査・認可したのち登記証を発給し，国民学校に任用する。
第4条	およそ敵偽が設立した各級各類の師範学校を卒業した学生や，かつて敵偽の学校に在職したことのある教員は，均しく審査をおこない，短期間の訓練を経て考査・認可したのち，はじめて国民学校に任用できる。
第5条	前項の訓練科目は別にこれを定める。 およそ以下の事情を有する教員は，審査をおこなわない。 1．対敵協力の内容が比較的重く，国家民族の利害を損なった事実のある者。 2．かつて対敵協力をし，その道徳的行為が模範に堪えない者。
第6条	審査を申請した教員は，志願書を書かせる。 前項の志願書の書式は，教育部によりこれを定める。
第7条	本弁法により任用し〔た教員は〕，各県市が随時調査・監督指導し，必要時，ならびに定期的に引き抜いてさらに訓練をおこなうことができる。
第8条	本弁法の施行細則は，各省市教育庁局によりこれを定める。
第9条	本弁法は公布日より施行する。

出典：『中華民国史檔案資料匯編』第5輯第3編教育(1)，16-17頁（原史料は中国第二歴史檔案館蔵中央大学檔案）。

うというのである[47]。

　任用のための審査であるため，明白な「漢奸」である第5条該当者は審査の対象外となったのであろう。だが審査対象（＝「漢奸」の疑いあり）とされた教員の心理的圧迫は想像に難くない。さらに問題なのは，審査がどのようにおこなわれるかであるが，登記甄審訓練委員会に「教育界の公正な人士」が含まれているのも，恣意的な審査の防止を配慮してのことであろう。各地における審査の実施状況は，今後明らかにしていく必要があるが，その実施をめぐって当局と教職員との間に摩擦・対立が生じたことは，想像に難くない。

たとえば，上海では1946年5月に小学教員による「反検定闘争」が起きるが，これは一連の「甄審弁法」を受けて，上海市教育局が「別に名目を立てて，すべての教師に審査を拡大し」，「教師検定」をおこなおうとしたことに反発したものだったという[48]。

「収復区」教職員の審査と並行して，教職員全般の待遇改善も進められた。たとえば教育部は「国民学校教員甄審弁法」頒発と同時に，「国民学校教職員任用待遇保障進修弁法」を指令している。同弁法では教職員の任期を明確にし，最低給与水準（現地の個人最低生活費の3倍とするなど）を設定するなど，教職員の身分と生計の安定化を図っている[49]。

ただ教育部も，小学教員の待遇改善が「過去に較べると次第に向上してはいるが，物価も引き続き上昇していて，地方財政は日増しに困窮しており，教育経費はさらに不足してきている。そのため小学教員の実際に得る手当は，生活の必要〔とする額〕にほど遠く，規定の水準への到達は望み難い」と，依然劣悪な実状を率直に認めている[50]。

さらに地方教育予算に至っては，新県制の弊害で，深刻な事態が生じていた。すなわち，「政教合一」によって行政の長が教育経費を掌握した結果，財政逼迫等を理由に教育経費を流用する事態が頻発してきたのである。県長の下に設置されている教育科では流用をくい止められないので，地方教育界からは，新県制にともなって廃止された県教育局の復活を求める声が寄せられることとなり，さらには給与遅配等により教職員のストライキが広がっていったのである[51]。

ここでもう一度，上海の小学教員について見てみよう。抗戦勝利後まもなく上海では各種教職員団体が結成される。これらは国民党による御用団体で，教職員を再組織するものだったという。たとえば，上海市教師聯誼会は上海市立小学校の教職員団体であるが，抗戦前，市立小学の教職員の大多数は穏健な国民党支持者で，国民党としてはその基盤回復が急務だったのである[52]。

中共は，この聯誼会への浸透を図るが，それが功を奏しはじめるのは，教職員の窮乏が問題になってくる1946年春以降である。当時，中共党員として上海

で教職員の組織工作にたずさわった陳育辛は，以下のように回想している。

> 国民党当局は1945年に学校を接収し，1946年初めになって，教師を解雇しようとした。我々は市小教師聯誼会の下の教師代表会を掌握し，活動を展開し，闘争を組織した。当時学校の規模は，一般に10から20のクラスがあり，教職員は少なくとも20人以上，多ければ4,50人いて，わが党が掌握していた学校は20校だった。教師代表会は，各校から2名ずつ推薦された代表からなっており，我々は代表会のなかで相当の勢力を持っていた。そこで教師代表会を使って，職業を保障する闘争を展開し，200名余りの教師を組織して国民党教育局に請願し，街頭デモをおこなって，最後に勝利を勝ち取った[53]。

ともかく上海では，この春以降，教職員の窮乏に対し学生たちが「尊師運動委員会」を結成して，46年5月25，26日，上海全市で街頭募金をおこない，それに呼応して「上海市小教師福利促進会」が結成される[54]。教職員や公務員の待遇改善問題については『中央日報』もこの募金運動の前から注意を促していた。運動後も社論で，教職員・公務員の苦境に同情し，円滑な政策執行のためにも，当局へ早急な改善を呼びかけている[55]。教職員の待遇は，国民党も無視し得ないものになっていたのである。

上海の福利促進会は，教職員の窮状を反映して，当初の会員500人から2年後には1,500人に増大していく。そして，その内部で陳育辛ら中共秘密党員が組織工作を進めるが，48年6月28日の「反飢餓闘争」で同会は非合法化され，中共は教員工作の拠点を失うことになる[56]。

おわりに

以上，抗戦勝利直後の国民政府の「教育復員」政策を，教職員対策を中心に概観してきた。周知のように，敵資産の接収において各機関が争奪戦を演じたことが，国民政府から民心を離反させる発端とされるが，「教育復員」においても，「収復区」・「光復区」教育の接収・処理問題，特に教職員の審査，学

生・民衆の再教育は，生計問題と相俟って，彼らの政府に対する不満を引き起こすおそれがあった。事実上海では，検定や待遇への不満が46年6月以降，教職員運動を活発化させることになるが，これはその後展開される都市知識人・学生の「民主運動」の「種火」の一つとしてとらえることができるだろう。

「教育復員」の計画は，抗戦中に後方と「収復区」・「光復区」双方に築かれた正負の教育遺産を矯正・継承し，今後の国家建設の基礎にしようとするもので，急を要する中，教育界のコンセンサスを得つつ，短時日で比較的目配りの効いたものを策定した点は評価できる。

問題はその実際である。教職員問題に限ってみても，「収復区」，特に上海をはじめとする各都市の旧租界地区において，教員や学校の審査，学校の整理・統廃合が実際どのように進められたのか。また聯誼会のような教員組織は，おそらく教員をある程度保護したり，その利害を代弁して，これらの政策・処理を補完する関係にあったと思われるが，実際どのように機能していたのか。さらに奥地後方の教育は「復員」によってどう変化したのか。刻々と変化する政治情勢の中で，政策として実際に何がおこなわれ，何が不満をもたらしていったのか，詳細に検討する必要がある。今後の課題としたい。

1) 日本の中国近代教育史研究の潮流については，野澤豊編『日本の中華民国史研究』（汲古書院，1995年）第2編第4章教育史（筆者担当）を参照のこと。
2) 斎藤秋男・新島淳良著『中国現代教育史』（国土社，1962年）202-204頁。
3) 教育史教研組編『中国近現代教育史』（北京師範大学，1957年脱稿，油印本），256頁。
4) 同上，259頁。
5) 斎藤哲郎「内戦期上海学生の意識・生活・運動」（『近きに在りて』第7号，1985年）。
6) 鄭登雲編著『中国近代教育史』（華東師範大学出版社，1994年），397-398頁。
7) 鄭世興『中国現代教育史』（三民書局，1981年）263頁。
8) 同上，339頁。
9) 上海歴史研究所教師運動史組編『上海教師運動回憶録』（上海人民出版社，1984年）所収の各回想録。
10) 「学校回郷問題」（『中央日報（重慶版）』1946年3月26日，社論）。

11) 小野忍・斎藤秋男『中国の近代教育』(河出書房, 1948年), 186-187頁。
12) 同上, 188-207頁。
13) 熊明安『中華民国教育史』(重慶出版社, 1990年), 310頁。
14) 同上, 311頁。
15) 李華興主編『民国教育史』(上海教育出版社, 1997年), 14頁。
16) たとえば熊明安, 前掲書は, 全国教育善後復員会議における蔣介石の講話（後述）を高く評価したのち, 以下のように論評する。「抗戦勝利後の教育の実状から見ると, 蔣介石の講話は決して実行されていない。教育は決して第一位ではなく, 第一位に置かれていたのはむしろ戦争だった。数年間の内戦において, 教育経費が不足するだけでなく, 教職員や学生の生活まで維持しがたくなった。この一点だけでも, 蔣介石の講話が口先だけで, 社会世論と教育界をだますための言論も含まれていたことを, 充分説明している」(317頁)。
17) 同上書, 司琦『中国国民教育発展史』(三民書局, 1981年) など。
18) 林桶法「戦後国民政府高等教育復員的困境」(慶祝抗戦戦勝利五十週年両岸学術研討会籌備委員会主編『慶祝抗戦勝利五十週両岸学術研討会論文集 上冊』中国近代史学会・聯合報系文化基金会, 1996年, 以下, 林論文と略す), 同『從接収到淪陥—戦後平津地区接収工作之検討—』(東大図書公司, 1997年, 以下, 林書と略す）。後者は, 平津地区の軍事・経済・交通・教育を含む接収工作全般の事例研究であるが, 「教育復員」を扱った「第四章 平津地区教育的接収」は, 前者の論考をベースに平津地区の事例, 特に小中学校等の状況を加えたもので, 叙述の重複も多い。なお, 前者の存在は, 土田哲夫氏のご教示により知った。
19) 林論文, 275～277頁。なお, 林書では, 2・3はほぼ同じだが, 1は教育部の統括に対する各校の拒否と職権不分明から接収をめぐる争いが生じたとし, なぜか政策・法令の不備には触れていない（林書, 221-222頁）。
20) 林書, 211-212頁。
21) 司琦, 前掲書, 253-254頁。
22) 教育部『第二次中国教育年鑑』(教育部, 1948年), 22-23頁。
23) 多賀秋五郎『中国教育史』(岩崎書店, 1955年) 218-219頁。
24) 小野・斎藤, 前掲書, 221頁。
25) 司琦, 前掲書, 328-330頁。
26) 『大陸淪陥前之中華民国』(原名『民国三十七年中華年鑑』中華年鑑社, 鼎文書局影印本) 1662頁。
27) 林書, 187, 224頁。
28) 前掲『第二次中国教育年鑑』14-15頁。ちなみに中央教育科学研究所編『中国現代教育大事記』(教育科学出版社, 1988年) は「緊急弁理事項」14条を8月15日に電信にて頒布されたとするが (550頁), 林書は同17日に頒布されたとする

(林書，187頁)。
29) 中国国民党党史委員会『中華民国重要史料初編―対日抗戦』第7編，戦後中国(4)（中国国民党中央委員会党史委員会，1981年）365頁。
30) 表4の戦前の数値は民国20年(1931年)のものであるが，大学・専科以上学校の総数は，民国23年の110校が戦前の最高値なので，地域的分布の大勢に変化はないと思われる（前掲『第二次中国教育年鑑』1400頁)。
31) 林論文，253頁，林書，185～186頁。林氏は「全国教育善後復員会議の宴席における朱家驊，蔣介石らの発言（中央研究院近代史研究所蔵『全国教育善後復員会議報告及復員工作』「朱家驊檔」檔号106）を引用している。
32) 林書，188頁。ただし「全国教育善後復員会議籌備委員会章程」によると，籌備委員に招聘する部外専門家は13人となっており（第3条），21人のうち8人は教育部内の者ということになる（中国第二歴史檔案館編『中華民国史檔案資料匯編』第5輯第3編教育(1)，江蘇古籍出版社，2000年，51頁)。
33) 「全国教育善後復員会議組織規程」（前掲『中華民国史檔案資料匯編』第5輯第3編教育(1)，51-52頁)。前掲『第二次中国教育年鑑』99頁。
34) 前掲『第二次中国教育年鑑』59-85頁。
35) 林書，188頁。
36) 前掲『第二次中国教育年鑑』102-103頁。
37) 林書，189頁。同書の復員会議に関する叙述は，多くを前掲『全国教育善後復員会議報告及復員工作』（「朱家驊檔」檔号106）に依拠している。
38) 前掲『第二次中国教育年鑑』99-102頁。
39) 前掲『第二次中国教育年鑑』13-16頁。
40) 林書，189頁。
41) 「教育復員的原則」（『中央日報（重慶版)』1945年9月12日，社論)，「教育復員会議」（同上，1945年9月20日，社論)，「教育第一」（同上，1945年9月27日，社論)。
42) 原則の第2．「甘んじて敵側に付いた者」への厳正処分，第3．教育界内部の民族への裏切り者への処罰と勇敢な闘士への奨励，第4．主管者が敵側に付いた学校を閉鎖し，整理後に再開するか校舎・校産を抗戦堅持校の復興に充てる，などとなっており，第5（短いので全文訳出する)．「〔奴隷化教育の〕中毒が比較的深い学生，特に台湾・澎湖列島・東三省などの学生は，必ず方策を講じてその頭脳を洗浄し，思想復員の工作を進めなければならない」（前掲「教育復員的原則」)。
43) 前掲『第二次中国教育年鑑』，18-21頁。
44) 前掲『大陸淪陷前之中華民国』，1665頁。
45) 前掲『第二次中国教育年鑑』1948年，23-24頁。
46) 熊明安，前掲書，321頁。もちろん，この高い評価には「ただ規定はいずれも

実現されなかった」という限定が付されている。
47) 前掲『第二次中国教育年鑑』には「戦時の淪陥区の教育人員には多くの忠貞の士がいたが，ただ経済やその他の関係で内遷できず，恥辱を堪え忍ぶのもまことにやむを得ないことである。そこで教育善後復員会議は……〔中略〕……詳細に調査し，対敵協力に根拠のある者以外は，ことごとく保障を与え，継続して服務させることを議決した」とあり（20頁），教育部の「収復区」教員に対する配慮がうかがえる。
48) 金立人「小教聯反検定的闘争和学費問題的闘争」（前掲『上海教師運動回憶録』）203頁。
49) 『中華民国史檔案資料匯編』第5輯第3編教育(1)，13-16頁（原史料は中国第二歴史檔案館蔵国民政府教育部檔案）。なお同弁法は翌46年1月5日に公布されている（多賀秋五郎編『近代中国教育史資料』民国編下，日本学術振興会，1975年，941-942頁，原載は『教育法令』民国五十六年度版）。
50) 前掲『第二次中国教育年鑑』228頁。
51) 司琦，前掲書，395-396頁。
52) 陳育辛「抗戦時期和解放戦争時期上海市立小学群衆工作的開闢和発展」（前掲『上海教師運動回憶録』）117，121頁。
53) 同上，122頁。
54) 『現代上海大事記』（上海辞書出版社，1996年）。
55) 社論「公教人員薪津調整問題」（『中央日報』1946年5月15日），同「公教人員待遇急須調整」（同上，1946年5月30日）。
56) 陳育辛，前掲文，123-124頁。

（高田幸男）

第３部　戦後の文化・思想と民衆意識

第1章　上海のマスメディアとナショナリズム
――1946-7年の新聞・雑誌論調を中心として――

はじめに

　中国近現代史の思想・文化を考えるうえで，リベラリズム・ソーシャリズムと並んで，あるいはそれ以上に重要なキーワードはナショナリズムであろう[1]。アヘン戦争以来，長く外国の侵略を蒙ってきた中国においては，ナショナリズムがリベラリズムなど西欧起源の思想の導入の主因となり，またその外来思想はナショナリズムというフィルターによって変形されて受容された[2]。

　ナショナリズムとは本来的に「保守的排他主義的な色彩，非合理的衝動的側面」を持つものである[3]。とすれば民族主義的な変容を蒙った諸変革思想は，愛国心に燃える人びとを政治闘争に動員するうえで有益だったとはいえ，漢族至上主義的な傾向を有しがちで，また個の尊厳などリベラルな諸価値の実現にとって，時に阻碍要因となり得るものであったことも否定できない[4]。

　しかしながら抗日戦争勝利後の中国ナショナリズムとその運動について，従来の日本の研究では1949年革命を成功へ導く基本的な動力とみなし，その役割を肯定的に評価してきた。たとえば知識人の革命への参加の道筋として，「植民地化の危機から反米の意識をテコにして，アメリカと結びついた国民党蒋介石政府打倒の思想を確立し」，「アメリカ帝国主義の排除」を目指していくというパターンが提示されている[5]。

　他方，中国の学界では1978年の改革開放政策の開始以後，中米関係史に関わる新しい論点も提起され始めたとはいえ，依然として内戦期の知識人がいかに

米国に対する幻想を克服し、その帝国主義的本質を見抜いて、中国の民族的独立のために努力したかを叙述するものが少なくない[6]。すなわち当時のナショナリズムは究極的には反米闘争に還元され、それが中国国内の民主化闘争の「母胎」および目的として位置づけられたといえよう。

こうした歴史叙述は反米反蔣介石の「人民民主統一戦線」論に基づいているとみられる。それは1946年夏の中国共産党（中共）の次のような議論を下敷きにしていると判断してさしつかえなかろう[7]。

> 米国反動派は、中国反動派と合作し、日本の地位に代替し、中国を変じて米国帝国主義の植民地としようとしている。……独立・平和・民主を要求する今日の闘争は、依然として全民族性を持つ愛国主義的な闘争であり、人民の力量は抗戦時期に比して幾倍も強大である。

筆者も米国の支援が蔣介石・国民政府の中共に対する内戦の発動に際して、促進要因となったことを議論の前提としている。また米国製品の大量流入が中国人資本の発展に大きな打撃を与えたことを否定する気もない。総じて米国が中国を反ソ勢力の一翼とすべく努力し、中国への政治的・経済的・文化的影響力を強め、可能な限り中国からさまざまな権益を得ようとしたことは厳然たる事実である。

それゆえ多くの中国人にとって、内戦期の米国の行動が"新植民地主義"的な侵略と捉えられ、厳しい批判にさらされたことは当然であった。だからこそ中共党員ないしその支持者＝左派系メディアから発信された反米論は、やがて都市世論を捉え、土地改革を通じて強大化した人民解放軍の軍事行動と結びつき、蔣介石政権の打倒の実現に決定的な役割を果たした。従来の研究で提示された"愛国心の高揚→「アメリカ帝国主義」認識の深化→蔣介石打倒闘争への参加"という知識人の"革命化"のパターンは、基本的にはこうした歴史事実を反映するものであった。

しかし周知のように英米などは、中国政府に対して1943年に治外法権を撤廃するなど原則的に不平等条約を廃棄した。さらに45年8月の抗日戦争勝利は中国を直接的に武力侵略した勢力＝日本の排除の完成であった。それは中国の不

平等条約体制の最終的な終焉を意味したのではなかったのか？

　この点に関して久保亨および奥村哲の「半植民地半封建」概念に対する批判は示唆的である。すなわち経済史研究を精力的に進めて来た両氏は，それぞれの立場から中共の革命論の理論的前提であるこの概念を批判し，国民政府の対外自立性とその指導下の経済発展の有り様とをリアルに捉える視座を提示したのである[8]。また近年の中国の学界を含む外交史研究では，中国国民党（国民党）の対米主権の存在を前提に分析が進められ，米国の戦後の対中政策は国民党との関係のなかで一定の修正を余儀なくされたことが明らかにされている[9]。

　これらの研究の問題意識は当然異なっている。しかしながら本稿の問題関心に引きつけたとき，戦後中国の歴史的展開をありのままに検討するためには，当時の国民党および国民政府を独立した権力として位置づけ，その対外的自律性と国内における権力基盤の存在を議論の前提にする必要性が明らかにされたといえよう。したがって抗日戦争勝利によって，対外的なナショナリズムの問題が一応解決した中国にとって，なによりも重要な課題とは，国家建設・国民統合を民主的に進めることであった。

　この点に関して戦後の日本革命について論じた横山英は，国内の民主化闘争こそが変革主体にとっての戦略＝目的であり，反米を軸とする民族解放闘争はそのための戦術＝方策の一つであると指摘しており示唆的である[10]。横山の議論を筆者なりに敷衍すれば，ブルジョワ民主主義の徹底を目指す中国にとっても，"反米"は運動を組織するうえでの一つの課題であるとはいえ，それ独自で単独の闘争目標とはなりえないものであった，ということになろう。

　如上の研究成果を踏まえたとき，「アメリカ帝国主義」に対する反対闘争に反蔣介石闘争を従属させるかのような，左派系メディアが創り出したイメージ——国民党の自律性を完全に否定し，中国の植民地化の危機を強調する，"蔣介石＝「アメリカ帝国主義」の傀儡"というイメージは，現実から乖離したイデオロギー＝虚偽意識だというべきではないだろうか。筆者はこの点をまず本稿における作業仮説とする。

とはいえ反「アメリカ帝国主義」イデオロギーは，少なくとも都市民衆の政治意識を方向づけていく。それは中国では抗戦を通じてナショナルな国民意識が全国レベルで浸透したことを前提としていた。また1930年代以降，都市においてはメディアによる世論形成が可能な文化状況が成立しており，特に45年10月に国民党が新聞・出版物に対する検閲制度の廃止を宣言したことは，相対的に自由な言論活動がおこなわれ得たことを意味していた。当該時期においてメディアが世論形成に持った影響力は，民国期を通して最も注目すべきレベルにあったと思われる[11]。

したがって反「アメリカ帝国主義」イデオロギーの形成過程が示す都市文化の有り様は，中国における国民国家の形成や，その過程を通じて実現される民主化の特質を規定する一つのファクターとなったといえよう。本稿においてメディア空間とそれが創り出す都市文化について取り上げる所以である。なお本稿ではソ連を「新帝国主義」などとみなす国民党系の反ソ論調をも含んで検討する。国民党系のメディアもまた中国民衆のナショナリズムを組織することを死活的に重要な課題としたのであり，当該時期のメディア空間はさながらナショナリズム一色に染めあげられたのである。

本稿では上述の問題関心に即して，主として46年春から，47年初めまでの上海メディアの対外論調を取り上げる。それはこの時期に中国の都市における世論が，親米から反米へと転換し，反ソ論調が弱まったからである[12]。

具体的には，第1節で上海の左派系メディアの1946年秋までの対米論調を，『周報』・『民主』を用いて素描する。上海の知識青年の一定の支持を得ていた両雑誌は（表1参照），馬叙倫ら抗戦中上海にとどまった知識人の言論の主要な発表場所であり，米国について論じたのは中共党員あるいは中共と密接な関係を持った中国民主促進会（民進）のメンバーが主であった（表3参照）。

また左派系メディアの対米論調の特徴を確認するために，その対ソ論調もあわせ言及するとともに，『上海大公報』および『申報』・『新聞報』の対米・対ソ論調と比較してみる。これらの新聞は当時，上海で多くの読者を獲得しており世論の動向に一定の影響を与えていたと思われる（表2参照）。前者は国民党

表1　上海青年による人気雑誌ランキング（46年2月）

周　報	201
西　風	93
文　萃	66
家　庭	59
民　主	58

表2　同左人気新聞ランキング

大公報	323
正言報	220
新聞報	198
申　報	177
前線日報	53

注：1．上海の大学・中学の男女学生および知識青年、683人に対しておこなわれたアンケート調査。なお斉藤哲郎「内戦期上海学生の意識・生活・運動」『近きに在りて』7号、1985年も併せ参照のこと。
　　2．上海市通志館年鑑委員会編『民国35年上海市年鑑』（中華書局、1946年）によれば、上海で発行された雑誌は13種を越える（Q-1～4頁）。また同年鑑は新聞について54種をあげている（S-9頁）。

出典：孫德鎮「你最愛」『上海文化』2期、1946年2月10日。

表3　『周報』『民主』における対米論執筆者のプロフィール

夏衍	1900-1995	浙江杭州人	：浙江省立甲種工業学校卒、日本へ留学。劇作家。27年、中共入党。
許滌新	1906-1988	広東掲陽人	：中山大学で学ぶ。33年、中共入党。抗戦中は『新華日報』党総支部書記。内戦期は香港工作委員会財委書記。
周建人	1888-1984	浙江紹興人	：北京大学聴講生。魯迅の末弟。民進の創設者の一人。48年、中共入党。
董秋斯	1899-1969	河北天津人	：燕京大学卒、北伐に参加・左翼作家聯盟（左聯）発起人の一人。孤島上海でマルクス主義文献の翻訳に従事、46年中共入党。
潘齊亮	1923-1968	出身地不明	：西南連合大学卒業後、45年秋、上海へ。『周報』の特約選稿人。46年から北京大学で再び学ぶ。
羅稷南	1898-1971	雲南鳳慶人	：翻訳家。『民主』の創刊者、民進の創設者の一人。孤島上海で抗日宣伝に従事。
柳湜	1903-1968	湖南長沙人	：北京大学で聴講生となる。28年、中共入党。抗戦中から戦後にかけては延安で要職につく。
鄧初民	1889-1981	湖北石首人	：1913-17年、日本へ留学。政治学者、中国民主同盟の指導者の一人。62年、中共入党。

出典：陳玉堂『中国近現代人物名号大辞典』浙江古籍出版社、1993年および蔣景源主編『中国民主党派人物録』華東師範大学出版社、1991年などによる。

政学系の新聞といわれるが，その論調は自由主義的だとされる。本稿では『上海大公報』などリベラルなメディア空間の創出を標榜したジャーナリズムを広く「中間派」と呼称する（以下，「　」は省略）[13]。

後二者は1945年8月に「上海敵偽報紙及附逆報紙処置弁法」の対象とされ，1946年3月の「改組申報・新聞報弁法」で全面的に国民党の統制下に入ったメディアである[14]。

第2節では中国世論の対米論調を大きく変える画期となったといわれる，1946年末のレイプ事件（東単事件）をめぐる報道を取り上げる[15]。左派系メディアについては『周報』・『民主』停刊後，重要な役割を果たしていた『文匯報』・『文萃』の論調を素材とする。両雑誌で米国に対する議論を展開した知識人も，表3であげた人びとと基本的に重複している。また第1節と同様に左派系メディアの論調を『新聞報』など国民党系の新聞とともに，中間派的な『上海大公報』や46年9月に創刊された『観察』の報道と比較する。周知のように『観察』は当時の自由主義的傾向を代表する雑誌の一つと評されている[16]。

1．1946年の上海メディアの対ソ・対米論調

(1) 親米論の提起と反ソ運動の高揚

米国は1945年12月15日，国共合作に基づく統一・民主の中国の樹立を支援する「対華政策声明」を出し，中共を含む中国各界の大きな期待のなか22日マーシャルが着任した[17]。当時の上海は親米ムード一色ともいえる状況であり，国民党系の新聞だけでなく左派系メディアも，トルーマンの対華政策の基本は中国の民主的統一の支援であり，それは中国の復興に役立つとの見解を示していた[18]。

1946年1月10日には，今日からみれば1949年革命のオルタナティブともいえる政権構想を提示した政治協商会議（政協）も始まった[19]。中共のいう「平和と民主主義の新段階」の開始である。しかし政協も国共対立の焦点である東北における軍事的・政治的対立には手をつけることができず，全国的な内戦の危

機は現実のものとして存在し続けていた。

　そのさなか2月11日，大連商港の国際化と同港における優先的利益の擁護など，ソ連の中国の主権に対する蹂躙を英米が承認したヤルタ秘密協定が公開された[20]。それは自由主義を標榜する中間派を含め広範な国民諸層の反ソ論調を一気に高めるものとなった。たとえば『上海大公報』は，ヤルタ密約における英米ソ三国の態度からみれば，中国は「支配を受け処分される地位」にしかないと表明し，ソ連のモロトフ外相の発言を引きながら，その領土的野心に警戒心を表わした[21]。またヤルタ密約に端を発した反ソ風潮のなか，東北における内戦の危機の一因としてソ連軍の駐留を問題視する議論が示され，東北における中共の根拠地の設立がソ連の支援でおこなわれているとすれば，これは中ソ友好条約と矛盾すると主張されたのである[22]。

　こうした反ソ感情の拡大をリードし反ソ運動へと方向づけたのが，国民党およびそのメディアであった。反ソ運動は臨時首都・重慶の学生がおこなった22日のデモンストレーションで一つのピークを迎えた。この反ソ運動のスローガンは，「ソ連軍は直ちに東北から撤兵せよ」「内モンゴルの分割に反対する」などであった[23]。

　この反ソ運動の発動には陳立夫ら国民党CC系が関与したことは間違いない。しかし左派系メディア自身が総括したように学生の広範な愛国心を背景にしていたことも否定できない[24]。それゆえ運動は全国で高揚し，上海でも2月23日には上海市学生総会が東北接収作業中に殺害された張莘夫の追悼大会籌備会を開き，反ソ運動を展開した[25]。

　他方，左派系メディアの側はソ連擁護の論陣をはった。ここではその典型として中共党員の劇作家・夏衍の反論を紹介しておく。

　夏衍はもし一党専制の中国政府が帝国主義国のソ連侵略の手先となり，東北がその前進基地になるならば，ソ連軍の東北駐留は中国にとって有益だと断言した。彼のソ連擁護論は独ソ不可侵条約に基づくソ連のポーランド侵攻に対しても，ポーランドが日本と結び，満州国を承認した国家であるとの理由で正当化するなど，のちの"一辺倒"を想像させる強引なものであった[26]。

こうした国民党系のソ連全面否定か，あるいは左派系メディアのソ連全面擁護かという二者択一的な問題の提起の仕方に対して，中間派のメディア，たとえば『上海大公報』は反ソ運動の経過を伝えるとともに，社説でソ連赤軍の建軍記念日を祝賀し，そのバランス感覚を示している。後者においては「優良な伝統と正確な意志」を持つソ連軍の性質は，「進歩的，愛国的，平和的および反侵略的」であり，我々は「スターリンの高明な指導」のもと，ソ連軍の「将来における貢献に限界」などないと信じていると述べている[27]。またソ連に対して中国の主権を擁護することを絶対的に強調する一方で，反ソ運動を進めた重慶の学生が，新華社＝中共の通信社を襲撃したことなどを「過火(ゆきすぎ)」として強く批判した[28]。

(2) 内戦の激化と上海メディアの対外論調

　1946年夏に国共内戦が本格化し，それにともなって上海では国民党系のメディアが反ソ反共キャンペーンを展開した。同年2月の反ソ運動時から，中共はソ連の手先だとの批判は常套句となっていたが，6月以降も中共は日本に投降した汪精衛・陳公博の類と同様の「漢奸」だとされ，「毛沢東の反米論調は〔ソ連のそれと〕時間的に呼応するだけでなく，内容的にも一致している。これは真実の中国人の声なのか？」と，中共の言論をソ連の議論のエピゴーネンであるとする痛烈な批判を展開した[29]。

　また国民党系メディアは，中国・世界の平和と再建には米国の支援が不可欠であるとの認識を示し，中国の内戦の根本要因は，ソ連の世界政策と中共のソ連への追随だと批判した[30]。こうして7月から8月にかけて，「国家観念と民族意識がない」中共を米国の力を借りて徹底して消滅することこそが，中国の平和を確立する方法だと主張されるようになった。たとえば『新聞報』の8月4日付け「社評」は，米国人の最大の誤解は中共と平和的な合作が可能だと考えていることであり，中国の平和の実現のために米国は犠牲を払う必要があることを示唆した。「社評」は駐華米軍の撤兵に反対し，積極的に米軍が内戦へ参加するよう求めたといえよう[31]。

同様に左派系メディアの反米論調も強まった。すでに1946年6月には，ソ連軍が東北から基本的に撤兵しながらも，米軍が駐留を続けている事実を厳しく批判し，米国の対華政策は中国を植民地化するものだとの批判が現われた[32]。また政府の当面の対外政策に対しても，中国を「半植民地化」するものだとの批判がおこなわれた[33]。さらに8月の段階では米軍による中国植民地化戦争さえ想定され，"戦争以外の問題解決の方法を信じることはとてもできない"と抗戦の覚悟も示されるに至る[34]。

こうした両者の対立は米国のアジア政策一般にも広がった。たとえば第2次世界大戦後のフィリピンと米国の関係に対しても，それを左派は米国による植民地化の文脈のなかで理解し，国民党系の論者は世界平和のために必要不可欠のものとみなしたのである[35]。

(3) 1946年夏・上海メディア空間の構造

「惨勝」という言葉は1946年の夏ころから使われ始めたようだが，当時の上海に生活する人びとの怒り・絶望・鬱屈といった実感を象徴的に表わすものであった[36]。上海では内戦の本格化にともない，経済的な混乱にさらなる拍車がかかる一方で，6月23日には内戦停止を求める上海の知識人たちの動きを弾圧する「下関事件」も引き起こされた[37]。7月11・15日の昆明での李公樸・聞一多の暗殺が示しているように，内戦は単に国共の軍事的な衝突だけでなく，国民党統治下の都市における民主と反民主との闘いという様相を示し始めたのである。

こうして前項で紹介した対外論調だけでなく，国内問題をも含めて全面的なメディア内部の内戦というべき状況が現われ始めた。たとえば左派系メディアは，李・聞暗殺に使用されたサイレンサー銃が米国製であることから，米国の支援がなければ二人の暗殺もなかったかのような議論までおこなった[38]。反米＝反国民党的な議論の説得力を高めるために，左派系メディアは李・聞の暗殺を米国の中国植民地化のシンボルと位置づけようとしたといえよう。これに対して国民党系メディアは李公樸らの暗殺は人間を道具としか考えない中共の

自作自演だとする反共宣伝をおこなった[39]。

しかし左派であれ，国民党系であれ，その議論の論理構造は同一であった。すなわち図1で示すように，両者はともに敵対する国内の政治勢力を国外のファッショ勢力の「走狗」だと規定し，自己をその外国の中国侵略から祖国を守る民族主義者だと規定して，軍事力を用いて国内の「走狗」を殲滅する必要性を強調したのである。両勢力ともが共通して主張したのは，中国ナショナリズムの重要性と中国変革のための二者択一的な軍事闘争の必要性だった。だからこそ，この段階の左派系メディアは，米国の中国侵略の姿勢は以前から一貫していたと強調し，「公正な自由主義者」スチュアートの中国大使就任に期待することを戒めたのである[40]。

如上の論調に対抗して，中間派は中共の武装闘争を批判的に捉えながらも，米軍による国民党軍への支援が内戦の激化をもたらすことを危惧した。また米国の内政干渉に対する批判的立場を示して，米ソ両国に対する等距離外交こそが中国の出路だと強調した[41]。たとえば鄧啓は中共は武装闘争を放棄して普通政党として民心を得るよう争うべきだと指摘しつつも，政府の対外政策に関してはソ連との関係改善を求めたのである[42]。

とはいえ当時の上海のメディア空間では，内戦の激化にともなって親国民党＝反ソ連的立場をとるか，あるいは親中共的＝反米的立場をとるか以外の議論を許さない国民党系および左派系メディアの声が，次第に大きくなっていた。それゆえ自由主義を標榜する中間派からは，「混乱と動乱の時代」には「人民の理性，社会正義，そして国家民族の利益も，みなこの狂った潮流［＝国共両党の対立のエスカレート］に呑み込まれてしまう」との指摘がなされた。中間派は「狂った潮流」のなかで人びとの言論の自由・知る権利が奪われ，自由な批判が不可能となり，人びとの自由な選択ができなくなることを強く危惧したのである[43]。

『上海大公報』の論説委員の一人で，復旦大学の教授も勤めていた蕭乾の次のような回想は，当時の中間派の実感であったろう[44]。

当時，「不偏不党」を標榜する『大公報』の立場はまったく芳しくなか

図1

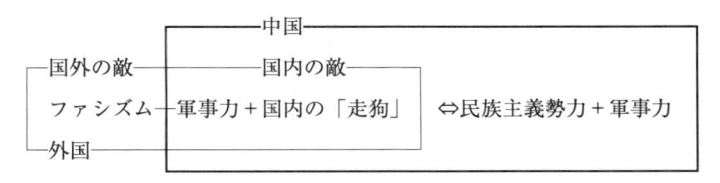

```
        ┌──中国──────────────────┐
 ┌国外の敵─┬国内の敵─┐
 ファシズム─軍事力＋国内の「走狗」  ⇔ 民族主義勢力＋軍事力
 └外国──┘
```

った。左からは，国民党を「小さなことだけで批判して大きなことで助けている」と罵られるし，南京の役所［＝国民政府］からは何回も警告を受けた。

しかしながら1946年夏の段階では，まだ左派系メディアが創出しようとした"ソ連一辺倒"の世論には，少なからぬ抵抗があったといわざるをえない。たとえば米国との経済提携が中国の戦後建設に役立つとの議論が，6月初めの段階で中共党員・柳湜によって示された。彼は米国資本家が中国の安定を望んでいるがゆえに，中国が従属的ではなく主体的・能動的に対応できれば，米国と合作することは利あって害無しと述べたのである[45]。この柳湜の議論は後発国の経済発展を求めるうえで当然のものであり，戦後中国の再建のために米国の経済力に依拠したいという願いは，上海ブルジョワジーに濃淡の差はあれ存在していたと考えるのが妥当であろう。

また『民主』などとともに青年読者のなかで根強く支持されていた『西風』は（表1参照），米国文化を肯定しその紹介に全力をあげていた[46]。また当時ハリウッド映画が上海で大衆の人気を得ていたことは，米国文化の影響力の大きさを象徴的に示している[47]。他方，1946年9月の段階でも東欧における「人民民主共和国」の樹立をソ連の侵略主義の現われとみなし，ソ連をドイツ・日本のファシズム諸国と同一視する観点が中間派の雑誌に現われていた。そこでは中ソ戦争の可能性さえ論じられている[48]。内戦期上海における米国のイメージは，少なくとも46年段階ではソ連に比して魅惑的なものだったと思われ，民衆レベルにおける対米認識が敵対的なものへ最終的に移行するのは，1953年――朝鮮戦争と知識人の思想改造運動の終結の時期――であったといわ

れる[49]。

　それゆえ左派系メディアは当時，国民諸層に根深い米国に対する"幻想"とソ連への"恐怖"に対し，それらを打ち破ることに全力をあげていたのである。左派は「米国はもとより我々の理想とする民主国家ではない」とみなし[50]，さらには米国政府の政策をファシズムと同一視する一方で[51]，ソ連および東欧の「人民民主主義国」を「進歩的な民主勢力」であるかのような言説を繰りかえしたのである[52]。

　しかしながら1946年8月の段階で全面的な内戦が爆発したと捉える左派系メディアの反米反国民党の言論活動は[53]，こちらも全面的な内戦を戦うことの必要性を強調する国民党によって弾圧され[54]，46年8月に『周報』が，10月には『民主』も停刊に追い込まれた。国民諸層の米国への期待の大きさを問題視し続けた左派系メディアは，広範な人びとに支持された二つの雑誌を失ったのである。

　したがって米国と国内の反動派とが結びつき内戦を進めているとする，次のような『民主』の呼びかけは，1946年夏の段階では国民へ十分に浸透することはなかったというべきであろう[55]。

　　今日まず排除しないわけにはいかない障碍とは，間違いなく中国の内部
　　問題であるだけでなく，米国の干渉という外からの力の問題である……
　　我々は決して米国反動派が中国の独立に対して厳重な脅威であることを無
　　視できず，外力による干渉に対する警戒を特に高めよう。

2．上海メディアと東単事件

(1) 1946年後半の政治状況と東単事件

　国民党は内戦を継続しつつ，中共や中国民主同盟（民盟）の反対を押し切って憲法制定のための国民大会を1946年11月に開催し，憲政への移行を開始した。1946年後半期は政協決議の実現性が急速になくなるなかで，いかなる政治変革論を選択するのか，あるいは新たに創出するのかをめぐって，中間派をも含め

て広範な知識人が，それぞれの立場から議論を闘わしていたのである。

　そこでは米国を如何に捉えるかという問題が，国内問題と密接に関連づけられて議論され，中間派と左派との間に，反米の面で共通の論点が形成されつつあった。たとえば1946年11月の「中米友好通商航海条約」調印に対して，左派系メディアが米国による中国支配のさらなる強化をもたらす植民地化の危機として論じただけでなく[56]，『上海大公報』もこの条約を実質的な不平等条約だと論評し，中国経済に与える悪影響を問題視した[57]。1946年の秋以降，世論において反米と反国民党とが密接に結びつきつつあった。

　その1946年の歳の暮，クリスマス・イヴの午後8時過ぎ，北京大学の予科に在学中であった18歳の女子学生が，北平市の繁華街——現在の東長安大街が崇内大街と交わる「東単操場」で，米国海兵隊員二人によって輪姦されるという事件が起こった[58]。

　事件当時は，国民大会で制定された憲法の内容についての報道・論評が，上海メディアの一面を覆っていた。だが国民諸層の念願であった憲政への移行は，実質的には国民党の一党独裁のもとでその第一歩を踏み出したのであり，中間派を含め批判的な眼差しも決して少なくはなかった。そえゆえ，このレイプ事件が国民の反米感情を刺激し反政府感情へと連接することを恐れた国民党は，事件の翌25日，北平の警察局の指示として中央社（国民党の通信社）から次のような通知を出した[59]。

　　　今日，亜光社が発表する某大学の女子学生に対する米兵の陵辱に関する原稿の掲載を見合わすように希望する。この件に関して警察と米国との交渉がすでに始まっているとのことであり，必ずなんらかの結果が出る。［それまでは］当事者の名誉を考え発表しないことを要求し，もって当該女学生の自殺の危機を免れたい。

にもかかわらず国民党は当時，前述したように言論の自由を一定程度認めており，この東単事件についての報道は北平で26日から始められた。同時に学生の抗議行動も組織されていくが，学生運動内部ではリーダーシップをめぐって，左派系の学生と国民党系の学生とが厳しく対立することになった。前者が組織

したのが「抗議美軍駐華暴行運動」(抗暴運動),この動きに対抗して後者が12月29日に組織したのが,「北平市大学生正義会」(正義会)である。

その後,両派による対立は上海など各地で繰り返されたが,東単事件に対する批判運動は全国へ,そして学生だけでなく広く国民諸層の間に拡大していった。というのもこの事件以前にも中国各地で米軍による中国人に対する殺人・傷害・レイプなどの犯罪が相次いでおり,一般民衆レベルにおける反米感情が蓄積されていたからである[60]。さらに被害者が「良家」出身の超エリート校の女子学生であり,被害を受けた場所・時間からいって彼女に「非」がないと考えられたことも,その反響をさらに大きなものにしたと思われる。

それはスチュアート駐華米国大使が,東単事件を早急に処理する旨,1947年1月2日に蔣介石に伝えていることからも伺えよう。また平津地区の司令官ハワードも,翌日,南京のマーシャルのもとへおもむき状況を説明している[61]。

(2) 東単事件をめぐる報道

上海の左派系メディアが,上海の民衆に呼び起こしたかったのは,米軍の中国からの撤兵という世論であった。だが当然,撤兵が即自実現できるわけでないことは,抗暴運動を進める側でも承知していたと思われる。このスローガンは運動の当面の焦眉の目標というよりも,反米世論を高揚させナショナリズム運動の指導権を掌握するためのものであった。

長く日本軍の占領下にあった上海の人びとに対して,左派系メディアが発した次のようなメッセージは,ある種のリアリティをもって,彼ら・彼女らの怒りを呼び起こしたと思われる[62]。

> 日本強盗は最も下劣で,中国人を最も侮辱し,最も熱心に占領者の威風を示そうとしていた。しかし彼らもついにこのように大胆に我国の大都市の街路でわれわれの女子学生を強姦することはあえてしなかった。

また左派系メディアは中国の現状を戦後の日本と比較することで,この事件の意味を説明していく。たとえば馬叙倫は今日の米兵の中国人を侮蔑する行為の頻発は,敗戦国日本でも見られないことである。「五大国」あるいは「四大

国」の一つと称せられる中国は，なぜに日本以下の境遇に置かれなければならないのか？と，強い民族的自負心をもとに米国を批判した。そのうえで米軍の中国駐留を認める政府に，米軍の蛮行の責任があると主張した[63]。また馬寅初はかかる「無恥な政府」を転覆する権利を人民は有すると強調している[64]。

他方，国民党系メディアは当初より，事件を反米運動の起点とせず，あくまで2人の米兵個人の問題として限定的に取り扱うべきだと強調した。また反米運動の背後に中共が存在していることを示唆しつつ，主として正義会系の学生運動を取り上げるようになっていった[65]。それは行政院が1月4日付けで教育部および各地方政府へ示した指示――東単事件により中米関係を損なってはならない，学生を統制せよ――と軌を一にするものであった[66]。北京大学総長の胡適も，この日東単事件を「法律問題」として扱うべきものだと強調した[67]。

こうした国民党系メディアの報道に対して，中間派的なメディアからも国民党による学生運動統制を批判する議論がおこなわれた。たとえば『上海大公報』「社評」は，抗暴運動が全国へ広がったとみなし，「政府はまず学生の行動を異党［＝中共］の扇動と捉えてはいけない」と指摘した。そのうえで抗暴運動は「反米と認識するよりも，むしろ親ソを要求するものと解釈したほうが意味がある」と，政府の親米一辺倒＝反ソ傾向の拡大に対する批判と結びつけて論じたのである[68]。

また積極的な支持の言明は避けながらも，『上海大公報』は全国の学生の抗暴運動の推移について，米軍撤退の要求を含めて紹介していく。同時に正義会の動静について逐次的な報道をせず，この団体については批判的な論評を掲載した[69]。

同じように『観察』誌上で呉世昌は，是々非々で議論を重ねる必要を説き，1946年の反ソ運動が正しかったように，今回の抗暴運動も支援すべきものであるとした。呉はこの事件の責任を犯人の米兵個人の問題に限定しようとする胡適らの考え方を批判し，米軍の駐留そのものを批判する立場に立った。そのうえで抗暴運動を中共の差し金のように捉えることは間違いだと主張したのであ

る[70]。

　1947年の初めの段階では，東単事件をめぐって左派系メディアと中間派的なメディアとの間の共通認識がより強まっていたことが理解できる。

　他方，国民党系の学生運動は事件当初，「強姦された学生は延安から派遣された」「強姦された学生は北平の治安を乱したのであり，処罰されるべきである」などと主張していた[71]。こうした見解は後に示されなくなったが，国民党系の学生運動が，被害者を中共の囮であるかのような宣伝をしたことは，抗暴運動の側から批判されることになった[72]。それは裁判における米軍の不誠実な態度とも相まって，国民党＝"「アメリカ帝国主義」の傀儡"というイメージの強化に一役買うことになったといわざるをえまい。

(3) 1947年1月・上海メディアの特徴

　東単事件は上海における対米論調の帰趨に大きな影響を与えたのであり，この事件を契機とした左派と中間派メディアとの共闘の深まりは，国民党打倒の武装闘争が中共側に有利に展開するなかで，中共が世論を掌握する前提条件となっていったといえよう。しかしながら，この事件に関する上海メディア，殊に国民党系および左派系メディアには，技法上の共通点も見られた。それは被害者のプライバシーへの配慮を欠いてまで，事件の詳細なディテールを描き出そうとしたことである。

　たとえば事件当初の平津地区でも彼女が清末の両広総督の孫娘で，父親も国民政府の交通部幹部であることなど極めて「良家」の出身であることは伝えられていた。しかし被害者側からの要望もあって「沈女士」などという形で最低限の匿名性が貫かれていた。その理由は中国婦女聯誼会北平分会が「当事者を尊重し，しばしその名を隠す」としていたことからも明らかであろう[73]。当時の中国は伝統的な貞操観念がいまだ強固であるがゆえに，匿名性が必要だと考えられていたといえよう[74]。

　だが上海においては国民党系であれ左派系であれ，事件当初から被害者のフルネームを明らかにした。たとえば『文匯報』は46年12月29日，『申報』が翌

30日,『新聞報』でも1947年1月1日から実名を公表している。因みに中間派の対応はやや遅れ,『上海大公報』は1月5日であった。それでも『天津大公報』では47年1月18日になって実名報道に踏み切ったことと比較すれば,上海のメディア情況の特徴は明らかであろう[75]。

また事件の詳細についても,左派系メディアでは「我々の大学の女子学生が……3時間もの長い間2人の米兵によって輪姦されたのである」と事件を説明している[76]。平津地区の報道によれば,事件の発端が8時過ぎ,警察による被害者の保護が10時過ぎとのことであり,上海市学生団体聯合会がいかなる情報源から3時間連続の凌辱という認識に至ったかは不明である[77]。

他方,国民党系メディアは,1月17日から始まったレイプ犯に対する米軍の軍法会議を詳細に報道した。たとえばいかなる手順で2人の米兵よって彼女は輪姦されたのか,また性行為は何度おこなわれたのかなどの犯罪行為の具体的有り様が逐一報道された。さらには米兵の弁護士による犯罪の事実そのものを疑うような発言も取り上げられ,彼女の処女膜裂傷に対する医師の検査結果が俎上にのぼる[78]。

こうした上海メディアにおける情緒的ともいえる過剰報道は,『天津大公報』など平津地区における中間派が,抑制の効いた記事を発表していたこととは作風を異にしていたといわざるをえない。こうした報道姿勢の違いは,平津地区が"現場"であるがゆえに,ビラ・壁新聞・口コミなど様々な媒体を通じて,事件についてのリアリティを高めることができたのに対して,上海では新聞報道の詳細さで事件の"非現場性"を埋めようとしたことに起因したと思われる。

しかし,こうした報道は今日でいうセカンドレイプといわざるをえない[79]。そこまでして上海メディア,殊に国民党系と左派系のメディアは,世論の関心を18歳の女子学生のレイプ事件に向け,それぞれの政治的言論に世論を誘導したかったといえよう。

おわりに

　ナショナリズム運動は「大衆の無定形な国民感情を基盤としてこれを指導者が多少とも自覚的な意識と行動にまで組織化してゆく過程」と説いたのは丸山真男であった[80]。内戦期中国のナショナリズムは，国民政府打倒へ民衆を動員し民主主義運動を進める最大のトレーガーともなりえた。しかしながらその排他的な情動は，個の尊厳などのリベラルな諸価値を人びとの間に定着させることを阻碍する可能性も持ったように感じられる[81]。したがって問われるべきは1949年革命を成功させるうえでの貢献度という尺度ではなく，中国の国民国家形成史という視座から，いかなる政治勢力がいかなるイデオロギーに基づき，民衆のナショナリズムを組織化しようとしたか，という問題だと筆者は考える。

　本稿はもとよりこの課題に全面的に答えるものではないが，少なくとも上海の左派系メディアが，1946年夏以後，国民党＝"「アメリカ帝国主義」の傀儡"とみなし中国人のナショナルな感性に訴えて，反米イデオロギーをテコに国民党打倒闘争へ民衆を動員しようとしたことを確認した。逆に国民党系のメディアは中共の排除を，反ソ世論と結びつけることで実現しようとしていた。上海の国民党系メディアと左派系メディアの論争は，まさしく「宣伝戦」[82]というべきものであった。その「宣伝戦」のなかで，1946年末の東単事件を機に，上海のメディア内部で左派と中間派との間に共通の議論の場が形成され，反米論調はやがて反国民党の闘いを支援する役割を果たしていく。

　しかしながら1946年夏以後，左派系メディアによって喧伝された「アメリカ帝国主義」への批判は，ただ単に米国を批判するだけではなかった。左派のオピニオンリーダーたちは当時の「中間路線論」批判を通じて，政協の道＝立憲的な手続きによる合法的・平和的な政治変革の道を否定しかねない言論活動を展開していった。左派は中共の指導する反蔣武装闘争を合理化し，中間派の弱さを強調したのである。

たとえば夏衍は1946年の8月に，中国には強力な中央政府も中間勢力もないと指摘し，そのことがマーシャルが失望せざるを得なかった要因だとした。その上で彼は次のように述べた[83]。

　　毛沢東先生には一つの名言があり，そのなかで次のようにいっている。中国の社会構造は「ラグビーボール型」で，「頭が小さく中間が大きい」。つまり大ブルジョワジーと無産者階級は少数で，中間層が最大を占めている。しかし同時にこの種の「ラグビーボール型」は，「頭は固く中間は軟らかい」という特徴を持っている。

だが夏衍が拠ったと思われる毛沢東の「在陝甘寧辺区参議会的演説」は，1941年11月に発表されたものであり，知識人など中間層の政治的役割を高く評価し，中間層の中共への支持を獲得する必要性を説いたものであった[84]。筆者の推測が正しければ，夏衍の評論は明らかな誤読でなければ，意識的な書き換えである。いずれにしても夏衍が強調しようとしたのは中間層の動揺性であり，「中間路線論」批判は軍事闘争の必要性の強調と，親米的傾向に対する徹底した批判とをともないながら展開したのである。したがって中間派メディアの側からいえば，反米・反国民党の点で左派系メディアと共闘しながらも，中間層への批判に対しては何らかの対応をとる必要があった。

同時に中間派メディアは東単事件の詳細報道で示された傾向——少女のレイプという屈辱的な事件を利用して，自己の政治的メッセージを社会へ浸透させようとする手法——と，その報道を"商品"として受入れ消費していく上海の人びとという大衆文化情況のなかで，自己のメディアとしての姿勢を問われたといえよう。

なぜなら大衆運動が反米ナショナリズムをテコに高揚し，左派系メディアにおける「中間路線論」批判が二者択一的な選択を人びとに迫るようになればなるほど，また情報の受け手が理性よりも情感に影響されるようになればなるほど，国内の民主化にとって阻害要因となりかねない要素を温存・拡大する可能性があったと思われるからである。人びとの言論の自由・知る権利を保障し，あらゆる権力・権威に対する自由な批判を通じて，人びとが自律的な選択をお

こないうる公共的な政治空間を創り出し維持するのは，さしあたり『上海大公報』や『観察』など中間派メディアの役割だったのではなかろうか。

だが1947年から48年にかけて「中間路線論」批判は広く上海の民衆に受け入れられていく。その要因の一つとしては，雑誌・新聞とは別の民衆運動という異質な政治空間が，従来以上に重要さを増したことを指摘できるであろう。1947年初めから開始された「国産品愛用運動」，同年夏に高揚した「反饑餓・反内戦運動」などは，その一例である。上海の世論は文字を中心とするマスメディアによってだけでなく，多数の人びとが闘いの高揚感を共有する民衆運動の経験のなかでも創出されていくことになった。こうしてリベラルな価値の定着を目指すメディア空間は次第に縮小していった。

東単事件の報道を通じて高まった反米意識は，上海のメディア空間のなかで国民党系メディアの影響力が低下する転機となっただけでなく，上海のメディア空間の構造を変化させていくうえでも，重要な一つの要素となったといえよう。

1) 胡偉希・高瑞泉・張利民は，民族主義・社会主義・自由主義を19世紀の三大思潮として措定し，それらの中国における受容の問題について自由主義を中心に論じた（『十字街頭与搭──中国近代自由主義思潮研究』上海人民出版社，1991年。なお本稿では研究者の敬称は省略した）。また陳儀深『近代中国政治思潮──従鴉片戦争到中共建国』（稲郷出版社，1997年）も参照のこと。
2) 本来，国家の消滅を目指すアナーキズムでさえ，清末の中国では救国のための一方策として受容された（嵯峨隆『近代中国アナキズムの研究』研文出版，1994年，322頁など）。
3) 遠山茂樹「二つのナショナリズムの対抗──その歴史的考察」坂東宏編『歴史科学大系15　民族の問題』校倉書房，1976年（原載：『中央公論』1951年6月号），121頁。
4) 陳儀深「二〇世紀上半葉中国民族主義的発展」中央研究院近代史研究所編『認同与国家──近代中西歴史的比較』中央研究院近代史研究所，1994年など。
5) 平野正『中国の知識人と民主主義思想』研文出版，1987年，203および128頁。
6) 今日の中国における米国研究では従来の中国歴史学界の主流であった"革命史観"にかえて，ポストコロニアルといった新たな理論を念頭においた研究が現われはじめている（張済順『中国知識分子的美国観（1943-1953）』復旦大学出版社，

1999年など)。しかし楊玉聖『中国人的美国観——一個歴史的考察』(復旦大学出版社，1996年)などには，1949年革命における反米闘争の必要性を前提に議論を組み立てる傾向が色濃く残っている。
 7)「中国共産党中央委員会為紀念"七七"九周年宣言」(1946年7月7日)中央檔案館編『中共中央文件選集』巻16，中共中央党校出版社，1992年，233および238頁。
 8) 久保亨「戦間期中国経済史の研究視角をめぐって——「半植民地半封建」概念の再検討」『歴史学研究』506号，1982年。奥村哲「旧中国資本主義論の基礎概念について」中国史研究会編『中国専制国家と社会統合——中国史像の再構成Ⅱ』文理閣，1990年。久保亨「世界史における民国時代」野澤豊編『日本の中華民国史研究』汲古書院，1995年。久保亨『戦間期中国〈自律への模索〉——関税通貨政策と経済発展』東京大学出版会，1999年。奥村哲『中国の現代史——戦争と社会主義』青木書店，1999年など。
 9) たとえば中園和仁「第2次世界大戦後の米英中関係」宇野重昭ほか編『20世紀の中国——政治変動と国際的契機』東京大学出版会，1994年，王偉「論戦後初期美国対華援助 (1945-49)」『東北師範大学報 (哲社版)』1997年6期 (『複印報刊資料中国現代史』1998年1期) など。
10) 横山英「新中国から見た日本の国家権力」石井金一郎ほか『戦後日本の国家権力』三一書房，1960年。
11) 中村元哉・久保亨「『中央日報』紹介」『中華民国国民政府史の総合的研究——第二次世界大戦から中華人民共和国の成立まで』(科学研究費補助金基盤研究(B)(1)研究成果報告書，代表者：姫田光義) 2000年3月，64頁。またこの点についての詳細は，中村元哉「戦後国民政府の言論政策」『史学雑誌』110編4号，2001年4月も参照のこと。
 なお鈴木将久は米国の『パブリック・カルチャー』によりながら，公共圏の萌芽が出現した時期を1880-1917年，1930年代，1980年代中頃の3つの時期とする見方を提起している (「『公論』の可能性——抗戦前夜上海における〈文学〉の位相」日本上海史研究会編『上海——重層するネットワーク』汲古書院，2000年)。しかしながら筆者は戦後内戦期を，メディアを通じて公共的な政治空間が形成されつつあった時期と考えて議論を進めてきた (「施復亮——抗戦勝利後の都市中間層と政治文化」曽田三郎編『中国近代化過程の指導者たち』東方書店，1997年)。
12) 反米世論の高揚は，当該時期の中国民衆の対日イメージと密接な関係を持っていたと思われる (前掲奥村『中国の現代史』108-9頁)。この点については後日，稿を改めて論じたい。
13) Suzanne Pepper, *Civil War in China : The Political Struggle, 1945-1949*, Univ. of California Press, Berkeley, 1978, xiii. また方蒙主編『《大公報》与現代中国——

1926-1949 大事記実録』(重慶出版社, 1993年) も参照のこと。
　　なお中国民主同盟などの民主諸党派を「中間派」と呼ぶことがある。その意味でいえば中国共産党と関係の深い中国民主促進会も民主党派の一つであり, そのメンバーが多く執筆した『周報』なども,「中間派」のメディアに分類できる。しかしながら本稿では, 中共など特定の政治グループを支持している (あるいはその政治グループによって維持されている) メディアといういう意味では「中間派」との用語を使用しておらず, 広くリベラルな傾向を持った新聞・雑誌を指している。本稿において具体的にいえば,『大公報』・『観察』であり, 先にあげた『周報』などは左派系と位置づけて議論を進めている。

14) 馬光仁主編『上海新聞史 (1850-1949)』復旦大学出版社, 1996年, 999-1002頁など。

15) 前掲 *Civil War in China,* 52-8 pp., Jon W. Huebner, "Chinese Anti-Americanism, 1946-48", *The Australian Journal of Chinese Affairs,* No. 17, January 1987. および廖風徳『学潮与戦後中国政治 (1945-1949)』東大図書公司, 1994年, 178-205頁など。

16) 『観察』およびその編集者である儲安平については, Young-tsu Wong, "The Fate of Liberalism in Revolutionary China: Chu Anping and His Circle, 1946-1950", *Modern China,* Vol. 19 No. 4, October 1993. などがある。また当時の中国における自由主義に対する研究の動向は, 次の拙稿を参照のこと。「近年の米国を中心とする中国現代知識人の思想史研究に関する覚書」『広島大学文学部紀要』55巻, 1995年12月,「中国革命の知識人――平野正氏の研究を手がかりとして」『広島東洋史学報』3号, 1998年12月,「近代中国のリベラリズム――近年の歴史学研究の成果に学んで」『アジア社会文化研究』2号, 2001年3月。

17) 以下, 中米ソの三国の関係については, 石井明『中ソ関係史の研究1945-1950』東京大学出版会, 1990年, 山極晃『米中関係の歴史的展開 (1941-1979年)』研文出版, 1997年などに拠る。

18) 尊聞 (羅稷南)「美国対華政策与中国内争」『民主』12期, 1945年12月29日など。

19) 水羽「1940年代後半期における中国民主派知識人の国家統合をめぐる論調」横山英・曽田三郎編『中国の近代化と政治的統合』渓水社, 1992年。

20) 「美報論雅爾達協定」『上海大公報』1946年2月13日。

21) 「読雅爾達秘密協定有感」(社評)『上海大公報』1946年2月16日。

22) 「東北的陰雲」(社評)『上海大公報』1946年2月22日。

23) この外に, 中共を批判するもの――「中共は祖国を愛護すべきである」「一切の非法地方政権［＝中共の根拠地］を取り消せ」「いわゆる『民主聯軍』［＝中共軍］の存在は認めない」も含まれていた。以下, 上海を含む反ソ運動についての

事実経過は，前掲廖書156-177頁を参照のこと。
24) CC系の関与については前掲廖書158頁。この反ソ運動が中国民衆のナショナリズムに基づいていたことについての指摘は,「蘇軍在撤退中」(評壇)(『周報』27・28期合刊, 1946年3月16日)にある。また共青団中央青運史研究室『中国青年運動史』(中国青年出版社, 1984年) 235頁なども, 中共がこの反ソ運動に対しては有効な対応ができず, 受動的な対応を取らざるを得なかった点を承認している。
25) 張莘夫の殺害にはソ連の関与が示唆され続け, 2月下旬からは『中央日報』と『新華日報』で相互批判が繰り返された。
26) 夏衍「論中蘇関係──従蘇聯紅軍節所想起的」『周報』25期, 1946年2月23日および同「再論中蘇関係──答楊慶鐸・謝裕・『愛国公民』諸先生」同前27・28期合刊, 1946年3月16日。なお夏衍は前者において, ソ連の聯邦制を念頭におき, 中国を指導国とする朝鮮・ビルマ・ベトナムなどを含めた「民族大家庭」の組織を展望している。こうした議論の中に中共党員の「大漢族主義的」な東アジア認識の一端が現われているとはいえないだろうか。
27) 「祝蘇聯建軍節」(社評)『上海大公報』1946年2月23日。
28) 「熱情与理智」(社評)『上海大公報』1946年2月26日。
29) 「中国人民的対美態度」(社論)『申報』1946年6月27日。
30) 「中国和平之大梗」(社論)『申報』1946年7月30日。
31) 「安平襲撃美軍案」(社評)『新聞報』1946年8月4日。前掲「中国和平之大梗」なども併せ参照のこと。
32) 郭沫若・馬叙倫・鄭振鐸・景宋(許広平)「時局筆談特輯」『民主』35期, 1946年6月15日。
33) 王坪「航権関権不容喪失」『周報』42期, 1946年6月22日。
34) 丕強(潘斉亮)「給美国人民」『周報』49・50期合刊, 1946年8月24日。なお求思(董秋斯)は, すでに「我們対馬歇爾特使的警告応有的認識」(『民主』23期, 1946年3月23日)において,「現在の中国にはすでに大量の人民の民主的な武力が存在しており, 頑固分子が第1次世界大戦後のファッショ勢力のように荒れ狂うことを許さない」と人民武装こそが民主主義を守りうるとの見解を示していた。
35) 前者は前掲郭沫若ほか「時局筆談特輯」, 後者は「今年的七月四日──菲律浜独立的回顧与前瞻」(社評)『申報』1946年7月4日。
　なお『上海大公報』はアメリカのフィリピン独立承認を高く評価しつつも, フィリピ国内における地主制の残存を民主化にとっての課題だと位置づけた(「菲律賓的展望」[社評] 1946年6月12日)。さらに経済的には未だフィリピンはアメリカに従属している現実を直視し, その現状を打破する方策として中国とフィリ

ピンとの経済関係の拡大を位置づけた（「菲列賓独立盛典」[社評] 1946年7月4日）。
36) 堀田善衞『上海にて』筑摩書房，1969年，180頁。
37) 「下関事件」をめぐる報道の有り様については，前掲「施復亮――抗戦勝利後の都市中間層と政治文化」139-141頁を参照のこと。
38) 周建人「論中美『伝統睦誼』」『民主』42期，1946年8月3日。
39) 「不可解的両件事」（社評）『申報』1946年7月20日。
40) 司徒尚徳「美国対華政策改変了麼？」『周報』46期，1946年7月20日。
41) 「美国政策，安平事件，轟炸延安」（社評）『上海大公報』1946年8月5日など。
42) 鄧啓「国共問題解決的大路」『上海大公報』1946年8月15日。彼は中国の「国情」からいえば共産主義の実現は不可能だとしつつも，現在，中共が国民党よりも国民諸層に支持されうる可能性を示唆した。そのうえで執政党である国民党に対して，率先して民主化を実現するよう要求した。
43) 「籠罩着戦火的毒霧」（社評）『上海大公報』1946年8月23日。
44) 蕭乾・丸山昇ほか訳『地図を持たない旅人』（下）花伝社，1993年，90頁。蕭乾については，丸山昇「中国知識人の選択――蕭乾の場合」『日本中国学会報』40集，1988年10月，同「建国前夜の文化界の一断面――『中国知識人の選択――蕭乾の場合』補遺」『樋口進先生古稀記念　中国現代文学論集』中国書店，1990年を参照のこと。
　彼が『上海大公報』に連載したコラム・「紅毛長談」は，「インテリに異常な人気を博」したという（前掲堀田『上海にて』52頁）。
45) 毅夫（柳湜）「従美国的経済政治看対華政策」『周報』40期，1946年6月8日。
46) 『西風』については，前掲張済順『中国知識分子的美国観』および同（福士由紀訳）「アメリカ文化伝播ネットワークと上海の知識人階級――『西風』を例として」前掲『上海――重層するネットワーク』が詳しい。
47) たとえば『申報』や『新聞報』の映画上映案内を見れば，当時のハリウッド映画の人気の高さは一目瞭然であろう。なお当時の映画評論と米国映画の関係については，汪朝光「中国影評中的美国電影（1895-1949）」陶文釗・梁碧瑩『美国与近現代中国』中国社会科学出版社，1996年も参照のこと。
48) 胡先驌「中美英蘇之関係与世界和平」『観察』1巻5期，1946年9月28日。
49) 前掲張済順『中国知識分子的美国観』12頁。
50) 求思（董秋斯）「美国民意与対華政策？」『民主』47期，1946年9月7日。
51) 翦伯賛「美国反動派走上了希特勒的道路」『民主』51・52期合刊，1946年10月10日。
52) 沈志遠「保障安全乎？製造戦争乎？――抗議美国的世界挑戦政策」『民主』48期，1946年9月14日。

53)　念青（胡縄）「内戦全面化的展開了」『民主』45期，1946年8月24日。
54)　「一年来国共商談的総結」（社論）『申報』1946年8月21日など。
55)　鄧初民「特別提高対於外力干渉的警覚性」『民主』47期，1946年9月7日。
56)　楊培新「美国独占中国経済的開始」『文萃』2巻10期，1946年12月12日。
57)　「評中美商約」（社評）『上海大公報』1946年11月6日。
58)　このレイプ事件およびそれに対する反対行動については，注15)にあげた文献の外に，中共北京市委党史研究室編『抗議美軍駐華暴行運動資料彙編』（北京大学出版社，1989年）も参照のこと。
59)　前掲廖書183頁。
60)　前掲"Chinese Anti-Americanism, 1946-48"など。
61)　「北平美軍案反響拡大／司徒大使曽謁蔣主席／美軍司令何華徳抵京報告」『上海大公報』1947年1月4日。
62)　「上海三十万学生誓為北平同学作後盾」『文匯報』1946年12月30日。なお同史料は前掲『抗議美軍駐華暴行運動資料彙編』には，「上海市学生団体聯合会致全国同胞書」として紹介されている。
63)　馬叙倫「美軍在華暴行的責任」『文萃』2巻14号，1947年1月9日。
64)　馬寅初「挙国人民要求美軍即刻退出」同前。
65)　「北平女生被辱事件」（社評）『申報』1946年12月31日，「忠告学生善用理智」（社評）『申報』1947年1月4日，「北平美兵事件」（社評）『新聞報』1947年1月4日。なお「北平美兵事件」は「某学生団体」の要求として「米軍撤退」というスローガンを紹介したが，それはこのスローガンの非を説くためであった。
66)　「犯事美兵交付審訊」『天津大公報』1947年1月5日。
67)　「胡適対東単事件正研討法律問題」『申報』1947年1月6日。
68)　「従学生的抗議示威説起」（社評）『上海大公報』1947年1月6日。
69)　黎堡「記北平学生大游行」『上海大公報』1947年1月20日。
70)　呉世昌「論美軍事件」『観察』1巻21期，1947年1月18日。
71)　前掲廖書192頁。また前掲黎堡「記北平学生大游行」も，この点について触れている。
72)　李明「冲破反動的閘門――上海学生抗議美軍暴行前的闘争」『群衆』14巻1期，1947年1月7日。
73)　「北平婦聯告全国姉妹書」『文匯報』1947年1月11日。
74)　女性の処女性を重視する中国社会であるがゆえ，この事件について特に「悲憤」するとの立場を表明したものに，北京大学の教授数百人の聯名によるスチュアート大使宛の声明がある（「北大教授擬聯電司徒大使」『天津大公報』1946年12月30日）。
75)　「北平各校抗議暴行／要求美軍立即撤退」『文匯報』1946年12月29日，「平学生

罷課一天」『申報』1946年12月30日,「北平各大学復課」『新聞報』1947年1月1日,「沈×女士家属希望合理解決」『上海大公報』1947年1月5日（本稿では東単事件の被害者のフルネームを記すことを避けた。以下×は筆者による伏字である）,「起訴書要旨」『天津大公報』1947年1月18日。
76) 前掲「上海三十万学生誓為北平同学作後盾」。
77) 「沈女士家属談暴行事件経過」『新民報』1946年12月29日。
78) 「随同生父出廷対質沈×女士愴然涙下」『申報』1947年1月19日,「美兵強姦案昨続審／被害人沈×供詞」『新聞報』1947年1月19日,「北平美兵強姦女生案／公判最後一幕／従弁論到宣判記詳」『申報』1947年1月27日など。
79) 実名報道に踏み切ったとはいえ,『上海大公報』での裁判報道は抑制的な描写に留まっている。『文匯報』に至っては裁判の進行そのものを無視している。その背景には裁判が米軍主導でおこなわれ,中国の主権を著しく損なうものだとの認識があると思われる（馮皓「這法律問題嗎」『文匯報』1947年1月11日）。
80) 丸山真男『増補版　現代政治の思想と行動』未來社,1964年,283頁。
81) ただし筆者はナショナリズムとリベラリズムあるいは民主主義とが,いつも排他的・対立的だと考えてはいない。ナショナリズムがリベラリズムや民主主義の中国への定着の一要因となりうる可能性も重視している。この点については,たとえば以下の拙稿を参照のこと。「抗日戦争と中国の民主主義」『歴史評論』569号,1997年9月,「ある中国共産党員と大正期の東京——施存統における日本留学（1920-21年）の思想的意味」曽田三郎編『近代中国と日本——提携と敵対の半世紀』（御茶の水書房,2001年）。
82) 「宣伝戦」とは『天津大公報』1947年1月20日付社評「論宣伝休戦」から引いた。この社論は国共の和平を実現するためには,まず両党の宣伝戦を止める必要があると主張し,メディアの力の大きさを議論の前提に,両党の宣伝戦を批判して人民の「公共事務に対する濃厚な興味と批判能力を育成すること」が必須だと強調した。こうした議論は施復亮らが提起した「中間派」論と同質のものだといえよう。
83) 東方晦之（夏衍）「美国対華政策的苦悶」『周報』48期,1946年8月3日。
84) 毛沢東「在陝甘寧辺区参議会的演説」［1941年11月21日］『毛沢東集（第2版）』巻8,蒼蒼社,1983年。ただしこの演説にはラグビーボールなる言葉はなく,夏衍の引用の典拠についてはさらなる考証が必要である。

(水羽信男)

第 2 章　憲政実施期の文化論争

は じ め に

　「憲政実施期」思想界（本来は中華民国憲法が施行された47年12月以降を憲政段階として捉えるが，本稿では国民大会代表選挙が実施された47年秋以降を「憲政実施期」と呼ぶ。以下「　」略。）では，憲政実施の是非をめぐって一大論争が発生した。以前，筆者はこの論争を1947年憲政論争と呼称して，その展開過程を詳細に分析したことがある。そこでの分析からは，憲政実施に端を発する種々の改革議論が各個人の文化論と密接に関わっていること，そしてその文化論が民国期思想界全体を逆照射するかのような広がりを持っていたことを指摘した[1]。だが，後者の点については十分な議論を展開しえていない。そこで本稿では，文化論争として1947年憲政論争を捉える視点から，同論争を清末以来の文化論争の系譜へと位置づけ，憲政実施期思想界の再解釈を試みたい。
　だが，過去の文化論争との対比を行うには慎重な姿勢が求められる。なぜなら，文化論争を生み出す時代背景とそこから導き出される主要な争点とがそれぞれに異なるからである。この点を軽視した場合，その分析は「復古派―折衷派―西化派」といった平凡な図式の中に押し止められてしまうことになるだろう。本稿では，紙幅の都合上，特に30年代の「中国本位」派と「西化」派とによる文化論争（以下，「本位・西化」論争と呼称する。）と対比させることで，先のような問題関心に応えていきたい。ここで「本位・西化」論争を比較対象として取り上げる理由は，同論争に関わる梁漱溟・張東蓀・陳序経・胡鑑民が1947年憲政論争にも積極的に参加し，同論争のキーワードである「全盤西化」の語

が1947年憲政論争でも強く意識されているからである。

ところで，つい先ほど，文化論争が背負っている課題はそれぞれの時代によって異なると述べた。だが，各時代の文化論争には不連続性が複雑に交錯する一方で，それらを通底する連続性も同時に存在する。では，「本位・西化」論争と1947年憲政論争とを結びつける連続性とは一体何か。先ずこの点から確認していくことにしたい。

1．文化社会学と文化論争

19世紀半ば以降，文化に対する関心は世界的規模で高まっていった。「文化現象の起源・変化・伝播・構成・本質を専門的に研究する学問」[2]として文化学（Science of Culture）が提唱されたのは19世紀後半のことである（E. B. Tylor, *Primitive Culture,* 1871）。その代表的成果が，第一次世界大戦の文化（Kulture）と文明（Civilization）の衝突の最中に書かれたスペーングラーの *Der Untergang des Abendlands*（1918-1922）であったことは異論がないだろう。「西洋の没落論」として知られる同書は，梁漱溟をはじめとする中国知識人にも絶大な影響を及ぼした[3]。だが，文化学が即座に独立した学問体系として誕生したわけではない。文化研究をカバーしてきた既存の学問——特に社会学——と併存しながら，その後の文化研究は進展していくのである。そして，このような学問的潮流の中から誕生したのが，社会学の一派としての文化社会学であった。

文化社会学とは文化と社会との相互関係を解明していく学問であり，社会領域の中で文化が果たす役割を強調していく点において，他の文化研究とは明らかに異なる[4]。この文化社会学には，更にアメリカとドイツの二大流派が存在する。中国の場合，精神的文化概念を重視したドイツ流のそれではなく，政治・法律・経済・教育などの社会的文化概念を重視したアメリカ流のそれが20年代後半から本格的に持ち込まれるようになった[5]。

ではなぜ，文化社会学の受容が20年代後半から始まったのか。その理由としては次の三点が考えられる。一点目は，20年代以降アメリカ政府および民間団

体が中国への教育文化事業を積極的に展開し，次第にアメリカ留学組みが日本留学組みを凌駕していったこと[6]。二点目は，(不十分であったとはいえ)北京政府後期に 6・3・3 制が，南京国民政府初期に「大学院―大学区制」が実施され，アカデミズムの体制化を促すような状況が生じ始めていたこと[7]。そして三点目は，社会改革を実現する際の文化の重要性を強調することで，一足先に中国思想界に流入していたマルクス主義(経済史観)を牽制しようとする狙いがあったことである[8]。

この時期，アメリカから文化社会学を最も積極的に受容したのが，その後の中国社会学の発展に大きく貢献することになる孫本文であった[9]。ウォリス (Wilson Dallam Wallis, 1886-?)，トマス (William I. Thomas, 1883-1947) らに代表されるアメリカ文化社会学者の中にあって，彼は特にオグバーン (W. F. Ogburn, 1886-1959) の学説を熱心に採りいれた[10]。その学説とは即ち，文化こそが社会の変遷を促し，社会の変遷とは文化の変遷にほかならない，とする新式の学理であった。

この新しい学問潮流を一つの背景に，中国の学術界では，更に一歩踏み込んで，文化そのものを探究しようとする動きが芽生えていく。それが，19世紀後半以来世界規模で続けられていた文化学構築の試みである。黄文山・閻煥文・陳高傭・朱謙之・胡鑑民らを中心とした文化学の構築は，結果的に文化社会学からの完全なる独立を勝ち得たわけではないが，文化論争に新たな地平を切り開くことになった。それはつまり，それまで東西文化(文明)の問題に収斂されがちだった文化論争を，文化の本質に立ち返って，より根本的に解決しようとしたことである[11]。「本位・西化」論争，そして1947年憲政論争がともに文化の本質をめぐる議論を一つの争点としたのは単なる偶然の一致ではない(第 2 節・第 3 節参照)。

このように，20年代後半から中国のアカデミズムを席巻しつつあった文化社会学(文化学)——より広義の意味では社会学——はその後の文化論争に共通の争点を与えることになった。文化社会学を学問的基盤として両論争が繰り広げられたこと，これが連続性に他ならない[12]。

2．「本位・西化」論争

　30年代の文化論争は，胡適・陳序経・陶希聖・潘光旦・呉景超・梁実秋・薩孟武をはじめとする当時の名だたる知識人を巻き込みながら展開していった。その舞台も広州——「全盤西化」論を唱えた陳序経の中山大学での講演「中国文化之出路」（『民国日報』広州版，1934年1月15日-16日）を皮切りにして本格的に火蓋が切って落とされた——から南京・上海・北平・天津を中心とする全国の論壇へと拡大していった。論争が中国全土へと拡大していく契機となったのが，35年1月の王新命・陶希聖・薩孟武・黄文山ら10名の大学教授による「中国本位的文化建設宣言」（『文化建設』第1巻第4期，1935年1月10日）である。

　では，陶希聖ら10教授に代表される全面的西洋化慎重論（「中国本位」論）と胡適に代表される西洋化論（「西化」論）を主たる対抗軸とした「本位・西化」論争はなぜ30年代半ばに発生したのか。その時代背景を考察することから始めたい。

(1) 背　　景

　抗日戦争勃発前後のこの時期，国民党内部では，陳果夫・陳立夫を中心とする党内勢力（実在したわけではないが通例に従ってCC派と呼称していく）[13]が精力的に文化政策を展開していた[14]。例えば，CC派は文化界でのヘゲモニーを奪取すべく「中国文化建設協会」を組織し，「中国本位的文化建設宣言」の執筆にも深く関与したと言われている[15]。つまり，「本位・西化」論争の背後にはCC派を中心とする国民党の文化政策の影響が色濃く読み取れるのである。

　第二の背景は，国民政府が新生活運動・尊孔読経運動を展開したことで，一見復古的とも思える思想潮流が当時の思想界に一層蔓延し始めたことである。新生活運動は，34年の「第五次囲剿」に成功した蒋介石が，反共の立場から，伝統倫理（「礼義廉恥」）を根幹に据えて展開した運動である。この頃，広東の陳済棠，湖南の何鍵も尊孔読経を積極的に提唱しており，論戦の舞台として広

東が登場したのも決して偶然ではなかった。30年代の「中国本位」派と「西化」派とによる熾烈な舌戦は，この伝統回帰的な政治運動に対する一つの反応でもあった[16]。

その第三は，満州事変以来の実質的な対外危機の発生である。当時の思想界に民族の危機意識がいかに強く作用していたかは，各論者の言説の節々からも容易に看取し得る。とりわけ，「中国本位的文化建設宣言」が当面の民族的課題に全く応えていないと各方面から厳しい批判を浴び，それへの対応として同宣言の執筆陣が「我們的総答覆」の中で民族の生存，反帝反封建を強く打ち出さざるを得なくなったことは，このことを象徴的に表していよう[17]。

(2) 争　　点

以上のような時代背景を持つ「本位・西化」論争で何が争点となったのか。ここでは，王中江の整理を借りながら，次の三点にまとめておく。即ち，①文化の本質をめぐる争い，②東西文化をめぐる争い，③文化の再建・創造をめぐる争いである[18]。

〈争点①〉

これは，前節で指摘した文化社会学（文化学）の発展を基礎とする新しい争点である。文化社会学者（文化学者）は文化の本質の解明に全力で取り組んでいたが，そこで得られた結論を敢えて二分するならば次のようになる。第一の結論は，文化とは社会を構成する一要素にしか過ぎないというもの，第二の結論は，文化とは社会全体のあらゆる要素と連鎖しており決して独立した要素ではないというもの。もし前者の立場に立つならば，優良な伝統文化を残しながら部分的な西洋化を達成することは十分に可能だということになる。また，仮に後者の立場に立つならば，文化のみの部分的変革だけは許されず，社会全体の全面的な西洋化をおこなわなければならないということになる。この論争で，前者の立場をとったのが，科学的な方法を用いて西洋文化の選択的導入を主張した「中国本位」派であり，後者の立場をとった代表的知識人が，全面的西洋化論を唱えた陳序経であった[19]。

〈争点②〉

　国民党の文化・社会政策を背景として発表された「中国本位的文化建設宣言」は，単なる伝統回帰論や陳序経等の唱える全面的西化論を斥け，この時この地の必要性（「此時此地的需要」）を基礎とする「中国本位」の文化建設に取り組むべきことを主張した。その文化建設とは即ち，「守旧せず，盲従せず，中国本位という立場に基づき，批判的態度を採り，科学的方法を用いて，過去を検討し，現在を把握し，未来を創造する」ことである[20]。だが，彼ら「中国本位」派の一見「中体西用」論を彷彿させる保守的発言は，すぐさま「西化」派から激しい批判を浴びることになった。例えば，胡適は，「『中国本位の立場に基づき』というのは，まさしく『中学を体となす』ではないだろうか？『批判的態度を採って，吸収すべきところを吸収する』とは，まさしく『西学を用となす』ではないだろうか？」と反論している[21]。

　胡適のこの反論は，「中国本位的文化建設宣言」に対する大反響の一端でしかない。論争が展開していく中で，「中国本位とは何か？」，「守旧せずとは何か？」，「盲従せずとは何か？」，「中国本位と『中体西用』論とは何が違うのか？」，「中国の『この時この地の必要性』とは何か？」……といった疑問と反論が次々に10教授に浴びせられた。特に問題となったのは，この時この地の必要性を基礎とする「中国本位」とは一体何か，という問いである。10教授は「我們的総答覆」の中で，この時この地の必要性とは人民の生活を充実させ，国民の生計を発展させ，民族の生存を勝ち取ることだと回答したが，一部の「西化」派からは孫文の三民主義から民権主義を欠落させたものだと批判され[22]，その後も議論は止むことなく続いていった。

〈争点③〉

　「中国本位的文化建設宣言」では文化の創造が確かに主張されている。だが，「同宣言が，目前の日本の侵略に触れず，ひたすら文化運動に問題を局限する態度」[23]には，一部の論者から激しい批判が加えられることになった。彼ら批判者が30年代の対外的危機を背景に打ち出した文化の再建・創造の語には，中華民族の復興と領土の防衛という意味のみならず，民族そのものの滅亡を是が

非でも食い止めようとする悲壮感さえ漂っていた。

　一方「西化」派も，文化の再建と創造を積極的に主張したわけではない。その度合いはむしろ「中国本位」派以上に低調だったといえる。だが，彼らが文化の建設と創造を全く軽視していたわけではない。彼らは西洋の文化を学習し模倣することで，中国文化の創造を達成しようとしたのである[24]。

3．1947年憲政論争

　憲政実施期の文化論争は，梁漱溟・張東蓀・費孝通・樊弘を主要論者として，全国の論壇を巻き込みながら展開していった。この論争は，47年実施の憲政がいかに中国文化と不釣合いかを論証した梁漱溟「預告選災・追論憲政（上）（下）」（『観察』第3巻第4・5期，1947年9月20・27日）論文に端を発する。以下，前節と同様に，論争の背景とその争点を考察していくことにしよう。

(1) 背　　景

　確認しておくべき第一の背景は，30年代に積極的な文化政策を推し進めていたCC派が，六全大会（45年5月）を通じて，党内における影響力を急速に低下させていったことである[25]。確かにCC派は戦後の文化政策にも一定の影響力を保持するが，その影響力は抗戦期以前ほど強くはなかった[26]。「本位・西化」論争ではCC派の影響力が背後にはっきりと読み取れ，また論客にも国民党系知識人（陶希聖，薩孟武ら）が多数名を連ねていたが，1947年憲政論争では国民党の"影"が全くといっていいほどちらついていない。

　第二の背景は，軍事・経済情勢が暗転する中で憲政が実施されたことである。46年11月の制憲国民大会の開催，47年11月の国民大会代表選挙の実施，同年12月の中華民国憲法の施行，翌年3月の第一回行憲国民大会の開催……といった一連のプロセスを経て，ついに戦後国民政府は訓政体制に終止符を打つことになる。だが，戦火の中での，そして瀕死的経済状況の中での憲政実施は，様々な矛盾を含まざるを得なかった。

第三の背景は，30年代とは対照的に，侵略の危機から解放されたことである。第二次世界大戦の戦勝国として曲がりなりにも国際的地位は向上し，47年には全条約国との完全な不平等条約の撤廃を実現した。従って，30年代のように民族的危機意識から文化が語られることはなくなり，かわって，世界の潮流を意識しながら文化が語られるようになった。「国情・潮流」論争（46年冬〜47年夏）は，まさにこのような問題関心から発生した論争であった。

　同論争は，当初，中国の国情と中華民国憲法の関係とを問う論争であったが[27]，各論者が自らの憲法論を展開する際に使用した国情の概念と，それと密接に関わる潮流の概念そのものが，次第にクローズアップされるようになった。その国情と潮流をめぐる議論は，国民党機関紙の『中央日報』[28]から左派系論者[29]までをも幅広く含むものであった。一般的に，左派系論者は国情を進化・革命を阻害する概念として否定的に解釈し，非左派系論者は国情を現実と認識することで肯定的に解釈する傾向にあったが，各論者は国情の定義如何にかかわらず世界の潮流である民主政治を強く意識し，ここに戦後中国の出路を見出していた。1947年憲政論争が展開される以前から，世界的潮流である民主政治と中国の国情（文化）との関係を問う思想的雰囲気が既に形成されていたのである。

　第四の背景は，政治力学が大きく作用する戦後政治の中で，改めて文化がクローズアップされ，論争が巻き起こったことである（47年1月）。この論争は，国共の調停に失敗し政界から退いた梁漱溟（46年11月，中国民主同盟書記長辞任）が「政治問題はやはり問題の一部であって，その全部ではない。その根本，その全部を論じていくと，それは文化問題なのだ。」[30]と主張したことに始まるが，その後は左派系論者とのイデオロギー闘争という側面をも加えながら，文化の性質を問い直していった。左派系論者は，梁漱溟の文化観に暗黙裡に潜む文化＝民族性の等式を打破し，文化の時代性と階級性を強調することで，民族間の格差・優劣を越えた社会の発展を切り開こうとした[31]。政治問題を政治的次元にのみ還元せず文化の次元からも考察していこうとする動きが，憲政問題を文化問題と直結させる重要な背景となった。

(2) 争　　点

　以上のような戦後中国の状況下で1947年憲政論争は展開していく。ここでは，「本位・西化」論争との対比をより鮮明にするために，同論争の文化論を先の①〜③の争点に沿って整理しておきたい。

〈争点①〉

　文化社会学の発展と上述の第四の背景とから，文化の本質をめぐる争い——つまり，文化と他の要素（政治・経済・社会……）との関係を如何に捉えるか？，文化は民族性に由来するのか，それとも進化する概念なのか？……といった問題群が次々に再燃した。

　1947年憲政論争の口火を切った梁漱溟は，自身の文化観を47年1月の論争以降何ら変化させていない。「中国は民主が必要であるし憲政も必要である。しかし民主憲政は中国ではその固有文化から導き出さなければならない。」[32]と述べ，改めて文化問題をあらゆる問題の根底に据えた[33]。「選挙を悪用する特殊勢力の出現と中国文化の特性とには関係がある。」との前提に立つ張東蓀も，あらゆる政治問題の原因を「文化に求めざるを得ない。」として，梁漱溟に同調した[34]。ここで彼らのいう文化問題とは，東西文化が不調和な「文化失調」状態のことを指す。

　梁・張両者と並ぶ主要論者の一人，社会学者の費孝通は，文化問題を社会各方面（政治・経済・宗教・教育など）に横たわる基本問題と捉え，文化を「ある団体が環境に適応する為に制定した一連の生活様式」と定義した[35]。そこから費孝通は，社会全般の風紀の衰退や行政効率の悪化を政府の責任に帰すと同時に社会・文化問題であるともみなした[36]。儒教的倫理を重視する梁漱溟・張東蓀と社会（制度）との連関性を重視する費孝通との間には，確かに文化理解をめぐって差異が存在するが，眼前に横たわる問題群の底辺に文化問題を位置づけた点においては，費孝通も梁漱溟・張東蓀と似通った立場にあった。

　だが，全ての問題を文化問題に還元しようとする梁漱溟・張東蓀に対して，反発が無かったわけではない。

　先の47年1月の論争以来一貫して梁漱溟の論敵となった蔡尚思は，同論争に

おいても全面的に梁の主張を斥けた。その際の一つの根拠が「政治・文化は経済によって決定される。」との認識であった[37]。また，東西文化に精通した知識人を重視する梁・張両者の見解を「通儒治国」（儒教的教養を身につけた一部の知識人による賢人政治）論として一掃した樊弘も，とりわけ経済環境を重視した[38]。「中国の政治と文化は……中国の国民所得を生み出す主要な生産手段の変化に伴って直ちに変化する。」，「中国と西洋の文化の根本的相違は主に経済機構の相違に由来する。」[39]，と。多言を要すまでもなく，経済をあらゆる問題の派生原因とみなす蔡・樊両者の姿勢は，経済史観に根ざすものに他ならない。

だが，経済環境を重視する姿勢は何もマルキストの専売特許ではない。例えば，フェビアン主義者＝社会民主主義者の司馬懐冰は，「西洋資本主義の民主政治にはもともと文化的経済的基礎があった。」として，経済的側面をも重視した。彼のロジックは次のとおりである。中国では，民主憲政体制（「新」）を確立しようとする際の担い手が依然として農業段階の知識人＝士大夫（「旧」）である為に，「新旧」の摩擦が生じてしまう。今後，「新」制度の担い手が士大夫から「新しい」勢力である「労文」（民主主義の信仰者かつ社会主義の実行者である無産の知識人）へと移行すれば，「新旧」の摩擦も消滅する。従って，中国の固有文化（「旧」）に不適合であるとする理由から民主憲政体制（「新」）を否認していく梁・張両者の主張は間違っている[40]。

30年代以降の代表的文化社会学者である陳序経は，「政治が文化のその他の方面に多大な影響を与えていることを認める必要がある。」，「文化の各方面は相互に関連し影響しあっている。文化のある一部分の，或いは幾つかの部分の変質は，往々にして他の部分の，或いは全面的な変質を引き起こす。」と述べて，梁漱溟の主張を退けた[41]。「生活情態」として文化を捉える郭叔壬も，「憲政政治は人民の日常生活を構成する一部門であって，その実施と更なる発展はその他の部門と相互に関連しあうものである。」と主張して，陳序経とほぼ同等の文化観を提示した[42]。

アメリカ文化社会学者トマス等の業績に依拠する陳仁炳は，文化を社会的基

本問題（飢餓・安全など）を解決する為の一種の道具と定義し，文化が問題解決能力を喪失していく原因を「文化失調」に求めた。だが彼は，梁・張両者のように外国の制度が固有文化（国情）に合致しない点に「文化失調」の本質があるとはみなさず，封建階級が既得権益の維持に固執して誠意をもって民主憲政を貫徹しない点にその本質があるとした[43]。陳序経と学問的基盤を同じくしつつも，搾取階級の排除・撲滅に力点を置く姿勢は，蔡・樊・司馬の主張とも重なり合う。

先の「本位・西化」論争で文化と社会との有機的関係を重視した胡鑑民[44]は，文化を思考様式そのものと捉えた。彼は，新しい思潮・制度等々を積極的に導入して中国に根づかせる為には，旧式の思考様式を新式のそれへと徹底的に変質させる必要があると力説した。これは，伝統文化を不変の真理として把握する梁・張両者の文化理解を激しく糾弾するものであった[45]。

〈争点②〉

憲政実施という政治体制の西洋化を目の前にして，既に世界的な民主政治の潮流と国情（文化）との関係に敏感になっていた憲政実施期思想界は，非国民党系論者を中心に，改めて東西文化の問題を議論することになる。②は同論争の最大の争点でもある。

梁漱溟は中国固有文化を尊重する立場から，外国の制度をそのまま踏襲することに強く反対する。特に西洋型の競争選挙の導入については，「今もしそれに習うならば，それは中国固有の優れた文化と矛盾を引き起こし，かえって伝統文化の優れた精神を低下させてしまう。」[46]と述べ，その実施を大いに危惧した。以前から，民主・自由・平等の要求とそれを法制化しようとする動きの欠如を中国文化の特徴に数え上げていた梁漱溟[47]は，中国と西洋との差異を殊更に強調していくのである。それ故に，英明な哲学者による東西文化の比較研究を通じて，完全に固有文化と符合するような中国型民主憲政体制の創設に固執した[48]。（便宜的に「固有文化」派と呼ぶことにする。）

同じく張東蓀も，中国固有文化の優れた点に抵触するような節度の無い西洋化には反対した。曰く，「凡そ土着の制度は根から育まれるから，……外国の

文明を受容する際には自国の文明と近似しているものから入手する,つまり根を生やすには根を接ぐ必要があるのだ」,と。だが,このような主張は裏返せば,比較文化研究を通じて受け入れ可能と判断した外国の制度についてはその導入も辞さない,という態度の表れでもある。事実,張論文からは,特殊勢力が選挙制度を悪用する「文化失調」状態が克服されさえすれば,西洋型「競選」も実施可能とする柔軟な姿勢が読み取れる[49]。この点において張東蓀は,梁漱溟とは峻別されるべき人物である。(この論点は,後に,費孝通も交えた三者の間で激しく議論されることになった。)[50]

だが,当時の張東蓀は,長い時間をかければ中国固有文化にも必ず根づくような西洋の諸制度も,この時期の国内情勢を鑑みれば決してうまくいかないと判断して,当面の憲政実施には反対した[51]。その為,張東蓀は梁漱溟と同列視され,民主憲政に反対する保守的論者として激しい集中砲火を浴びることになった。「梁・張両先生は均しく憲政を中国文化には相応しくない制度だとみなしている。」[52],「梁・張両先生は,目下の憲政に対する懐疑の念と,中国文化への再認識・再反省とから,『憲政は学ぶべからざるもの』或いは現行の憲政は害有って利無きもの,つまり必ずしも憲政を実施する必要はない,と認識している。」[53],と。

では,梁・張両者の見解を批判する各論者の立場は,どのように評価されるべきなのか。「固有文化」派として梁・張両者に反駁を加える以上,彼らの大多数は西洋型の政治経済体制を容認する点においてほぼ一致する[54]。(便宜的に「西化」派と呼ぶことにする。)例えば,文化をその他の要素と連関する一つの有機体として捉える陳序経は,民主の概念すら存在しなかった中国において,民主憲政体制を創出しようとする梁漱溟の主張は矛盾に満ち溢れていると批判し[55],再度「中国は西洋化,それも徹底的かつ全面的な西洋化が必要である(「徹底的西化,全盤去西化」)。」[56]と力説した。郭叔壬も,同様の文化観から陳序経の全面的西洋化論に賛同している[57]。一方,樊弘・司馬懐冰は,ソ連或いは戦後イギリス政治を念頭に置く改革案を提示した。樊弘は,ソ連の計画経済及びイギリス労働党政権の国営企業化政策が成功を収めている現状を察すれ

ば，今後中国の民主政治も計画的集団労働時代に突入すべきで，農業時代の無為政治は無論のこと，資本主義時代の民主政治さえも必要ないと主張した[58]。司馬懷冰も，社会民主主義（フェビアン主義）路線を直走っていたイギリス労働党政権に心酔しながら，「労文」勢力が指導する政治的民主主義と経済的社会主義の実現こそが中国の唯一の出路であると主張した[59]。

　だが，東西文化をめぐる対立は，〈「固有文化」派—「西化」派〉といった図式でのみ捉えることはできない。例えば，既に指摘したように，政治体制の西洋化を未来に展望していた張東蓀は梁漱溟とは同列視できないし，費孝通も，以下で確認するように，この二項対立の図式からだけでは到底評価しきれない変革案を提示しているからである。

　費孝通は英米型民主憲政の実施を明確に支持した。この意味で，彼は「西化」派に属する論者だったといえる。だが彼は，現状の中国の文化・社会問題を最も効率よく解決する為の一手段として西洋型の民主憲政に賛同したに過ぎない。費孝通は，皇帝による上からの一元的支配と紳士を仲介とする下からの民意の汲み上げを同時に達成してきた伝統的「双軌政治」のうち，既に崩壊してしまった後者の高度な地方自治体制[60]を，民主と憲法を活用することで，現代風に蘇生させようとしたのである。彼は，中国固有の文化を徹底的に破壊するといったニュアンスから西洋型民主憲政を主張しているわけでも，また逆に，固有文化に完全に回帰するといったニュアンスから「双軌政治」の再生を主張しているわけでもなかった[61]（全面的西洋化論とは一線を画しながら西洋近代文明を積極的に活用していこうとするこのような姿勢は，先の張東蓀のそれとも共通する。それ故に，両者の間には論争が存在しないのである）。

　費孝通の改革論の前提には，中国社会と西洋社会とが構造的に異質であるとする認識がそもそも存在する。即ち，公私の境が明確な西洋社会に対して，中国社会は各個人を中心に「公」秩序を伸縮自在に形成し，公私の関係をその都度臨機応変に変化させていく，という認識である（このような構造的特質を費孝通は「差序格局」論として提示している）[62]。従って，伝統から近代への秩序ある移行や農村社会の合理的産業化を実現する為には，中国社会の構造上の特質を

見極めた上で改革論を提示する必要性がある。費孝通は，伝統的「双軌政治」を合理的かつ効率的に転換させる手段として，つまり旧来の「紳権」を「民選による立法代表」へと変質させる手段として西洋の民主政治を高く評価し，その先に「郷土工業論」を柱とする郷村社会の再編を展望したのである[63]。このような選択的西洋化論は，決して「本位」派のようにうわべだけの主張ではなかった。中国の基層社会を長年つぶさに観察してきた費孝通ならではの結論であった。中国の社会構造に深深と根ざすこの改革案を，ここでは「土着主義」と呼ぶことにする。

〈争点③〉

中華世界の危機意識に基づく文化の再建・創造は，この時期，争点とはなっていない。同争点との関連でいえば，争点②にも示されているように，憲政実施期思想界ではむしろ世界の中で中国文化を如何に位置づけるかが争点となった。

おわりに

本稿では，30年代思想界との対比から憲政実施期思想界を考察してきた。先ず確認すべきは，争点①が具体的に物語っているように，両時期の文化論争の根底には文化社会学が横たわっていることである[64]。だが，両時期が単純に文化社会学によって結びつけられているわけではない。それぞれの時代背景の差異から，不連続性も一方で存在する。即ち，憲政実施期思想界では，「本位・西化」論争で一つの焦点となった文化の再建・創造は主たる議論の対象とはならず，世界潮流を意識した東西文化の議論から新たな発想──「土着主義」が芽生えていったのである。

この「土着主義」の発想は，戦後国民政府が言論統制を再強化し論争の舞台そのものを縮小させていったこと[65]，及び中華人民共和国建国直後に社会学が禁止されたことから，十分には深まらなかった。だが，改革開放政策と社会学の復活により，80年代以降東西文化の問題或いは伝統と近代（現代）の問題が

活発に議論されるようになり，再び脚光を浴びるようになった。

　しばしば現代中国の知的景観は，90年代初頭を境にして大きく様変わりしたといわれている。文化論ブームの到来と称された80年代，五四新文化運動期への回帰を連想させる反伝統主義的潮流が文化論の主流を占めていた。だが，90年代知識人は，反伝統主義的な思潮に対して自覚的反省を行うようになり，伝統文化に対しても肯定的な評価を下すようになった[66]。この90年代思想界の文化保守主義的潮流と，それにやや先立つ儒教再評価論の流れに後押しされながら，梁漱溟・張東蓀・費孝通らの過去の言説が再評価され始めたのである。だが，そこには同時に，西洋化の波が否応無しに押し寄せ，中国と西洋，或いは伝統と近代との境界線がますます不分明になっていく現状下で，どこに中国的出路を見出せばよいのかという"差し迫った"問題関心も存在している。だからこそ，「土着主義」的発想に基づく費孝通の「郷土工業論」＝郷鎮企業的近代化論が「内発的発展論」として90年代初頭に脚光を浴びたのである[67]。グローバル化のすすむ現代中国にも十分に通用するような文化論が，憲政実施期思想界には花開いていたともいえるだろう。

1) 拙稿「戦後内戦期中国思想界の一様相―憲政実施期を中心に―」(『中国―社会と文化―』第15号，2000年)。本来ならば，憲政実施という政治問題がなぜ文化論と結びついたのか，/という点を執拗に分析すべきなのかもしれない。だが，この問題は中国近現代思想史の根本的理解にも関わる壮大なテーマであるので，今後の課題としておきたい。なお，本稿では，政治のみならず経済・社会とも一部重複する概念としても文化のタームを使用し，そのような幅広い意味での文化論を分析していくことに主眼を置く。※政治思想と文化思想との結びつきを考えるにあたって極めて示唆的な論考が，左玉河『張東蓀文化思想研究』(中国社会科学出版社，1998年) である。同書は，哲学者・政治家として活躍した張東蓀の文化思想を彼の哲学思想と政治思想とを結びつけるものとして評価している (同書15頁)。
2) 程継隆編『社会学大辞典』(中国人事出版社，1995年) 16頁，高放他主編『社会科学学科大全』(北京理工大学出版社，1996年) 289頁。
3) 葉法青『文化与文明』(黎明書局，1930年) 12-15頁。
4) 前掲『社会学大辞典』17-19頁，前掲『社会科学学科大全』249頁。
5) 朱謙之『文化哲学』(商務印書館，1935年)，倉橋重史『社会学史点描』(晃洋

書房，1994年）。なお，富永健一「社会学理論と中国および日本の近代化」（『季刊中国研究』第15号，1989年）は，社会学が中国に伝播した際，ドイツの影響はほとんどなかったと指摘している。
6) 阿部洋「『解放』前中国における人材育成とアメリカ留学―その『遺産』と現在―」（東亜文化研究所紀要編集委員会『中国近代化の史的展望』，霞山会，1982年）。
7) 「大学院―大学区制」については，高田幸男「南京国民政府の教育政策」（中国現代史研究会編『中国国民政府史の研究』汲古書院，1986年）が詳しい。また，この時期の教育政策を高く評価した研究に陳進金『抗戦前教育政策之研究（民国十七年至二十六年）』（近代中国出版社，1997年）がある。
8) 後に「本位・西化」論争に加わった呉景超は「全面的西洋化論を主張する人々は，文化社会学を根拠とする一派と経済史観を根拠とする一派とに二分できる」と述べている。（呉景超「建設問題與東西文化」馮芳若編『中国文化建設討論集』，龍文書店，1935年）。
9) 孫本文については，園田茂人「孫本文と『社会学の中国化』」（『季刊中国研究』第15号，1989年）が詳しい。
10) オグバーンは中国の文化社会学に最も影響を与えた人物であると言われている（前掲『文化哲学』9頁）。彼の代表的著書 *Social Change,* New York, 1922は，孫本文『社会学上之文化論』（樸社，1927年），同『社会変遷』（世界書局，1929年），同『社会的文化基礎』（世界書局，1929年）を通じて，一部修正されながら中国に広まっていった。なお，先のオグバーンの全訳に費孝通・王同恵訳『社会変遷』（商務印書館，1935年）がある。
11) 初歩的論考にとどまるが拙稿「民国知識人の文化学確立の試み―20年代末から30年代半ばを中心に―」（『中国研究論叢』第1号，2001年）をご参照願いたい。
12) もう一つの連続性は，20年代の文化論争から脈々と続くマルクス主義の影響である。本稿では30年代以降を特に問題としているので，あえて割愛した。
13) 菊地一隆「陳立夫氏へのインタビュー―三民主義青年団，「Ｃ・Ｃ系」の呼称，及び日本人への提言―」（『中国研究月報』第592号，1997年）。
14) 徐詠平『陳果夫伝』（正中書局，1978年）295-332頁。
15) 坂口直樹「『中国本位的文化建設宣言』をめぐって」（『十五年戦争期の中国文学――国民党系文化潮流の視角から』研文出版，1996年）。
16) 前掲『張東蓀文化思想研究』48-49頁。
17) 陶希聖他「我們的総答覆」（『文化建設』第1巻第8期，1935年5月10日）。
18) 王中江は主要な争点を次の四つに分類している。東西文化をめぐる争い（「西化与本位文化」），科学的な方法で文化を選択的に導入できるか否かをめぐる争い（「文化選択与科学方法」），文化の創造をめぐる争い（「文化与創造」），文化と民

族意識をめぐる争い（「文化与民族意識」）。このうち，第二の争点は文化の性質をどのように捉えるかに関わる争点であるので，本稿では「文化の本質をめぐる争い」（①）とし，また第三・第四の争点は民族的危機意識を背景としている点において同列に位置づけられるので，本稿では「文化の再建・創造をめぐる争い」（③）として捉えた（王中江「全盤西化与本位文化論戦」許紀霖編『二十世紀中国思想史論〈上巻〉』，東方出版中心，2000年）。

19) 彼は，文化を人類が創造したあらゆるもの一切（政治・経済・科学・文学・風俗等々）を含む相互関連的な，かつ絶えず進化していく概念と定義する前提の下で（陳序経『中国文化的出路』上海商務印書館，1934年），全面的西洋化論に反対していた張東蓀（注20参照）を次のように批判した。「ある方面の変動は他の方面にも波及するのである。張先生はこの道理を理解していない為に，思想が不変で，かつ西洋の政治・経済制度の導入を主張しながら西洋の思想の導入を主張しないという矛盾と過ちに陥ることになった。」（陳序経「評張東蓀先生的中西文化観」馮恩栄編『全盤西化言論続集』，嶺南大学学生自治会出版部，1935年）。

20) 陶希聖他「中国本位的文化建設宣言」（『文化建設』第1巻第4期，1935年1月10日），訳文は西順蔵『原典中国近代思想史 第六冊』（岩波書店，1976年）358頁より引用。なお，同論争で全面的西洋化論を否定した論者として梁漱溟と張東蓀がいる。この時期の梁漱溟は自らの主義主張——郷村建設運動を実践していく段階にあり，「倫理本位」社会の建設を目指す彼の実践的活動は，実質的に，全面的西洋化論への強烈なアンチテーゼであった（梁漱溟「済南中国本位的文化建設座談会紀事」『文化建設』第1巻第10期，1935年7月10日。梁漱溟の郷村建設運動を分析した論考として小林善文「郷村建設運動における梁漱溟の道」『史林』第81巻第2号1998年がある）。また，張東蓀は，30年代の自身の文化観を総括した「現代的中国怎様要孔子」論文において，西洋文化を如何に吸収していくかが現在の唯一の問題であると断言したが，一方で全面的西洋化論には否定的であった。何故なら，中国の固有文化（儒教の人生哲学）を回復し民族性を復興してこそ，異文化を健全に吸収し他民族の征服を免れ得ると考えたからである。ちなみに彼は，当時の尊孔運動にも否定的であった。それは，孔子の精神を換骨奪胎化させた運動であると彼の目には映っていたからである（張東蓀「現代的中国怎様要孔子」『正風半月刊』第1巻第2期，1935年1月16日）。

21) 胡適「試評所謂『中国本位的文化建設』」（前掲『中国文化建設討論集』）。訳文は前掲『原典中国近代思想史 第六冊』359-367頁より引用。

22) 王西征「中国本位文化要義」（前掲『中国本位文化建設討論集』）。

23) 前掲『原典中国近代思想史 第六冊』350頁。

24) 胡適「信心与反省」（『独立評論』第103号，1934年6月3日），同「三論信心与反省」（『独立評論』第107号，1934年7月1日），王青雲「談陶希聖先生的〈為什

么否認現在的中国〉」(前掲『中国文化建設討論集』)。
25)　裴斐他訪問整理・呉修垣訳『従上海市長到"台湾省主席"(1946-1953年)――呉国楨回憶』(上海人民出版社, 1999年) 243頁。
26)　戦後の文化政策とCC派との関係については今後詳細に論じる必要があるが,差し当たり久保亨・中村元哉「『中央日報』の紹介」(『中華民国国民政府史の総合的研究』〈科研費報告書〉, 2000年) が参考になる。
27)　龐徳「論述中国憲法」(『中央日報』南京版, 1946年12月13日), 韋徳培「論憲法與国情」(『中央日報』南京版, 1947年1月27日), 戴文葆「異哉, 所謂内閣制不合国情!」(『大公報』上海版, 1946年12月23日・24日), 社評「闢「不合国情」説」(『大公報』上海版, 1946年12月23日)。なお, 龐徳とはアメリカ法社会学の創始者パウンド (Roscoe Pound, 1870～1964, 国民政府司法行政部・教育部顧問) のことである。彼の法社会学が中国に与えた影響については, 潘念之主編・華友根著『中国近代法律思想史 (下冊)』(上海社会科学院出版社, 1993年) 214-226頁が詳しい。
28)　傅瑞華「論「国情」問題」(『中央日報』南京版, 1947年1月31日)。その他の反論としては, 蔣学斉「論民族文化及今日中国之路――兼質蔡尚思先生」(『中央日報』南京版, 1947年2月1日) がある。
29)　蔡尚思「貴「順潮流」不貴「合国情」――現在一切病在太合国情」(『大公報』上海版, 1946年12月29日), 何賢春「順潮流」(『文匯報』, 1947年5月3日)。
30)　梁漱溟「政治的根本在文化」(『大公報』上海版, 1947年1月12日)。
31)　社評「文化與政治」(『文匯報』, 1947年1月13日), 蔡尚思「民族文化的新看法」(『大公報』上海版, 1947年1月20日)。なお, この両者に反論を展開したのが, 前掲「論民族文化及今日中国之路――兼質蔡尚思先生」である。同論文は, 蔡尚思らの文化の時代性と階級性を全面否定し, この時この地の必要性に応じて新しい生産方式を確立することが新文化の建設に重要だと主張した。
32)　梁漱溟「預告選災・追論憲政 (上)」『観察』第3巻第4期, 1947年9月20日。
33)　梁漱溟「預告選災・追論憲政 (下)」『観察』第3巻第5期, 1947年9月27日。
34)　張東蓀「我亦追論憲政及文化的診断」『観察』第3巻第7期, 1947年10月11日。
35)　費孝通「中国社会変遷中的文化結症」(ロンドン経済学院での講演, 1947年1月30日→『郷土重建』, 上海観察社, 1948年)。
36)　費孝通「基層行政的僵化」(『大公報』天津版, 1947年9月25・26日)。
37)　蔡尚思「梁漱溟的哲学思想―梁漱溟思想的評介(二)―」(『時與文』第3巻第2期, 1948年4月23日)。
38)　樊弘「従経済的観点論今日幾種錯誤的政治見解」(『知識與生活』第16期, 1947年12月1日), 同「與梁漱溟張東蓀両先生論中国的文化與政治」(『観察』第3巻第14期, 1947年11月29日)。

39) 樊弘「中国経済政治與文化的帰趨」(『時與文』第2巻第20期，1948年1月23日)。
40) 司馬懷冰「政治病源與文化診断並評梁漱溟張東蓀両先生的看法」(『主流』第13号，1948年1月5日)。なお，同論文を掲載した雑誌『主流』がフェビアン主義の専論誌であることは「発刊詞—主流社『一代的意志與行動』—」(『主流』第1号，1947年1月5日) から窺える。
41) 陳序経「憲政・選挙與東西文化(三)—評梁漱溟的『預告選災・追論憲政』」(『世紀評論』第3巻第1期，1948年1月3日)。
42) 郭叔壬「憲政和中国文化」(『観察』第4巻第3期，1948年3月13日)。
43) 陳仁炳「論文化病」(『大公報』天津版，1947年11月30日)。
44) 胡鑑民「従文化之性質講到文化学及文化建設」(前掲『中国文化建設討論集』)。
45) 胡鑑民「伝統作祟—関於無出路的中国出路問題探討—」(『大公報』天津版，1948年3月7日)。
46) 前掲「預告選災・追論憲政（上）」。
47) 梁漱溟「中国文化特徴之研究(中)」(『観察』第2巻第6期，1947年4月5日)。
48) 前掲「預告選災・追論憲政（下）」。
49) 前掲「我亦追論憲政及文化的診断」。
50) 前掲梁漱溟論文「預告選災・追論憲政（上）（下）」に対して費孝通は，英米型の代議制度以外に如何なる代替制度が存在するというのか，と疑問を投げかけた(「再論双軌政治」『大公報』天津版，1947年11月12日)。この問いに対して梁漱溟は全面的な回答を避けつつも，自らは「選挙競争」に反対しているだけであって，決して中国で半永久的に選挙制度が実現できないとは考えていないと主張した。その際，特殊勢力が消滅しさえすれば「選挙競争」も可能だと認識する張東蓀の見解に対しては「同意できない。」としている (「略論中国政治問題—答張費二先生—」『観察』第3巻第14期，1947年11月29日)。
51) 張東蓀「由憲政問題起従比較文化論中国前途」(『中国建設』第5巻第6期，1948年3月1日)。
52) 前掲「與梁漱溟張東蓀両先生論中国的文化與政治」。
53) 前掲「政治病源與文化診断並評梁漱溟張東蓀両先生的看法」。
54) 梁・張両者の理論を「哲人政治」論，「通儒治国」論として厳しく糾弾した樊弘(前掲「與梁漱溟張東蓀両先生論中国的文化與政治」)，徐季明(「中国往那裏去」『時與文』第2巻第15期，1947年12月9日)，蔡尚思(「一年来中国学術思想的論争」『中国建設』第5巻第4期，1948年1月1日)，陳子久(「論儒主政治」『国訊』第444期，1948年1月30日)らの見解も，もう一つの有力な反論点である。
55) 陳序経「選挙・憲政與東西文化(二)—評梁漱溟的『預告選災・追論憲政』—」

(『世紀評論』第 2 巻第24期，1947年12月13日)。
56) 陳序経「選挙・憲政與東西文化(一)—評梁漱溟的『預告選災・追論憲政』—」(『世紀評論』第 2 巻第 1 期，1947年12月 6 日)。
57) 前掲「憲政和中国文化」。
58) 前掲「與梁漱溟張東蓀両先生論中国的文化與政治」。
59) 前掲「政治病源與文化診断並評梁漱溟張東蓀両先生的看法」。
60) 費孝通は，従来の自治体制を県衙門・「公家」(水利・自衛などの公共性の必要性から自発的に組織された自治単位)・民間の三領域に区分し，管事や「郷約」(一般的に郷約とは民間で推挙して指名された村落などの公事を処理するものをいうが，ここでは「公家」の最高責任者の管事に代わって県衙門から命令を受け取るものとされている。)がうまく機能する「公家」組織を中央権力と最末端の民意とを結び付ける仲介の場として高く評価した (前掲「基層行政的僵化」)。
61) 費孝通「再論双軌政治」(『大公報』天津版，1947年11月12日)。
62) 費孝通「差序格局」(『郷土中国』，上海観察社，1947年)。なお，村田雄二郎は，20世紀中国ナショナリズムの創造(想像)過程を分析した論考で，費孝通の「差序格局」論を援用しながら前近代中国の秩序意識を余すところなく説明している(「二十世紀システムとしての中国ナショナリズム」西村成雄編『現代中国の構造変動 3 』，岩波書店，2000年)。
63) 費孝通「後記」(前掲『郷土中国』)，同「対於各家批評的総答覆」(前掲『郷土重建』)。
64) 現在，抗戦期から戦後にかけての時期は中国社会学の建設・発展期，或いは「社会学の中国化がすすんだ時期」として高く評価されている(楊雅彬『中国社会学史』山東出版社，1987年)。事実，両論争に関わる梁漱溟・張東蓀・陳序経もこの時期に精力的な研究を重ね(梁漱溟『中国文化要義』，張東蓀『知識與文化』・『思想與社会』・『理性與民主』，陳序経『文化学概観』)，「実際派」社会学者として名高い費孝通も『郷土中国』・『郷土重建』などの優れた研究成果を後世に残した。本稿では不連続性の一つとして「土着主義」の発想を位置づけたが，中国社会学史の一コマとして捉えた場合，その発想は文化社会学の"発展"の成果として捉えることも可能であろう。その意味で，1947年憲政論争は，「本位・西化」論争と学問的基盤を同じくしつつも，それ以上に"成熟した"議論を展開していた，とも言い得る。
65) 拙稿「戦後国民政府の言論政策」(『史学雑誌』第110編第 4 号，2001年)。
66) 砂山幸雄「転換する知の構図—中国知識人の1990年代—」(『現代中国』70号，1996年)。なお，汪暉著・砂山幸雄訳「グローバル化のなかの中国の自己変革を目指して(上)-(下)」(『世界』1998年10月号〜12月号)，緒形康「現代中国の自由主義」(『中国21』vol. 9，2000年)，砂山幸雄「1990年代中国におけるモダニテ

ィ批判―汪暉の所説を中心に―」(『愛知県立大学外国語学部紀要』第33号,2001年) も適宜参照した。
67) 費孝通の小城鎮建設モデルは,例えば80年代の全面的西洋化論者甘陽によって高く評価された(村田雄二郎「『中国文化論』の現在」『中国年鑑1994年版』,大修館書店)。

(中 村 元 哉)

第3章　戦後地域社会の再編と対日協力者

はじめに

　抗日戦争の勝利は少なからぬ地域において地域社会の再編の始まりをもたらした。とりわけ，日本占領下にあった地域（淪陥区）では，文字どおりの「惨勝」の後，旧支配の残滓を消し去るために，そしてある場合には残滓を継承・再編するために様々な措置がとられた。ここでは，日本＝傀儡政権支配下にあった地域のうち，経済の中心であり続けた都市上海と，もっとも占領時期が長かった東北を対象に考察する。ただし，東北についての考察は，本稿ではまったくの素描にとどまっている。

　本論に入る前に，「対日協力者」という問題と戦後地域社会の再編成という問題との関わりについて，筆者の問題意識を述べておきたい。一般的にいって，戦後，対敵協力者をどのように裁くか，あるいは裁かないかという問題は，戦後社会の指導権争奪・再建問題と密接に関連している。例えば，フランスの場合，レジスタンス派対ドゴール派のヘゲモニー争いが展開されるなかで，ドゴールはあからさまな協力者を除いて多くの対独協力者を取り込み，対敵協力者とその機構を利用することによって主導権を確保した。その結果，専門家・実業家・官僚は殆ど無傷のままで，ヴィシー政権の外交官の3分の2，知事の半数がそのままドゴールの第四共和政に仕え続けた[1]。韓国も事情は同様で，社会主義者の実権掌握を危惧する李承晩など反共派，そして進駐してきた米軍は，切迫した状況のなかで，日本支配下の権力機構をほぼ新しい権力機構に取り込むことによって社会主義者たちを押さえ込んだ[2]。

一般に，対敵協力者の処断という問題は，占領支配の支配のあり方に拠るとともに，戦後の権力再編・社会の再編と密接に関わっていると考える。対敵協力者の処断という点では，対敵協力の中枢にあった「大漢奸」のみでなく中小の「漢奸」が摘発された点において，フランスや韓国と較べて中国はより徹底していた。それは，また戦後中国の政治的帰趨の問題に関わってもいたと思われる。

1．誰が漢奸か？　漢奸問題における国共両党

戦後中国において漢奸問題がクローズアップされるきっかけとなったのは，日本敗戦直前の45年8月14日汪傀儡政権の中心人物周仏海と羅君強が，蔣介石の命を受けて軍事委員会上海行動総部隊総指揮，副総指揮に就任した事件であった。この人事に反発した共産党は，直ちに重慶で発行していた『新華日報』8月15日付に「南京偽政府漢奸名録」を発表，周仏海・羅君強を含む主要漢奸の名簿を掲載した。また，8月17日付『新華日報』(太行版)は「蔣偽合流大陰謀」と題して，地方の治安維持を傀儡軍に委ねる国民党のやりかたを厳しく批判した。重慶版『新華日報』は「厳懲漢奸売国賊」と題する社論（8月18日），「漢奸売国賊必須受審」（8月20日）などの外，「漢奸群醜瞼譜」，「上海文化漢奸名録」，「新聞界漢奸名録」，「金融実業界漢奸名録」，「上海戯劇界漢奸名録」，「華北文化漢奸名録」，「偽軍頭目名録」などを矢継ぎ早に公表して，厳重取締を迫った。これに対して国民党側の『中央日報』も，例えば「厳懲出版漢奸」（8月27日），「厳弁漢奸」（8月28日）などの主張を載せて対応してはいたが，共産党との力関係を優位におくため各所で傀儡勢力を利用しようともしていた。

こうした角逐のなかで，9月20日，行政院は「政府漢奸処置条例草案」を公表した。これに対して9月26日参政会は修正案を提出，共産党も『新華日報』（9月28日）で「行政院と参政会提出の漢奸処置条例草案を評す」を発表，行政院の草案は漢奸の範囲をあまりに狭く限定し，偽軍・特務に言及せず，しかも人民に有利な行動をとったとみなしうる者を減刑するなどきわめて甘いとして

反対し，参政会の修正案を評価しつつこれにも意見を加えた。こうした論争を経て，11月23日，国民政府は「漢奸裁判処理条例」を制定・公布した。同条例中，摘発対象を示した第二条は次の通りである[3]。

　第二条　漢奸として摘発する対象
　　1．傀儡組織の簡任職（首相の任命になる第二等文官）以上の公務員，薦任職（第三等文官，奏任官に当たる）の機関の長
　　2．傀儡組織の特務工作者
　　3．それ以外の文武傀儡組織の公務員で敵の力をかりて他人を侵害し，告発された者
　　4．敵の軍事・政治・特務その他の機関の工作者
　　5．傀儡の専門学校以上の校長，あるいは重要職務に在った者
　　6．傀儡の金融機関・実業機関の社長，あるいは重要職務に在った者
　　7．傀儡組織管轄内の新聞社・通信社・雑誌社・書局・出版社社長・編集主筆・経理で，敵偽の宣伝をした者
　　8．傀儡組織管轄内の映画製作所・放送局・文化団体を主管し，敵の宣伝を行った者
　　9．傀儡党部・新民会・協和会・傀儡参議会及び類似機関の重要工作に参与した者
　　10．敵傀儡管轄内の文化・金融・実業・自由職業・自治団体・社会団体参加者で，その力をかりて他人を侵害し，控訴・告発されている者
　第三条　前条の漢奸で抗戦工作に協力するか，人民に有利な行為をし，証拠が確実な者はその罪を減ずる。

条例では原案にあった「脅迫・圧力によって就任を強制された確固たる証拠があり，人民に不利益な行為をなさなかった者はその罪を減ずる」という条文が削除された。共産党などからの厳しい批判への対応である。しかし，「漢奸裁判処理条例」のなかで依然大きな問題とされたのが第三条で，「抗戦工作に協力するか，人民に有利な行為をし」というくだりがあり，これを利用して戴笠や陳立夫ら国民党の地下工作者が証言すれば，簡単に救済が可能になる仕組

みであった。典型的な例が武漢の高等法院で裁判を受けた傀儡政権の漢口市商会長涂抜丞，漢口市工会理事長倪元，漢口市社会局長王錦霞らで，彼らは自分が「地下工作者」であり，その証拠に陳立夫からの書簡があること等を申し立てた（『新華日報』，46.7.31）。こういう事例は各地で見られる。陳公博や陳璧君の裁判を見た宦郷は，彼らが巧みな弁舌で「和平抗戦論」，「反共和平論」などを宣伝しまくり，検察官までそれに乗せられており，マスコミなども陳らに同情的である，鋤奸（漢奸摘発）闘争としての漢奸裁判は失敗に終わっている，と厳しく批判している[4]。だがこうした批判は殆ど無視された。この頃から『新華日報』には，「焦作人民公審漢奸」（45年10月21日）に見られるように，大衆闘争としての「人民裁判」の記事が見られるようになる（『新華日報』，45.9.28，10.5，12.26）。

また，12月に入って「漢奸懲罰条例」が改訂され，第二条に規定されていた罪刑「死刑或いは無期懲役」の項に「5年以上の有期徒刑」が加えられ，かつ判決に不服の場合の抗告権が認められた。抗戦中に制定された旧懲罰条例は軍事裁判的色彩が強く，死刑・無期懲役か無罪かの二者択一で，かつ即決的であったものを，「5年以上の有期徒刑」を加えて重罪の者以外をも裁けるようにする一方，抗告権を認めて平時の裁判形態にしている。中華民国にはこの外，「危害民国緊急治罪法」や「刑法」などの法律があったが，「後法が前法に優先する」原則に基づき，罪刑は「修正漢奸懲罰条例」により決定されることになった（『申報』，45.12.8）。

翌46年7月7日，国民政府は大赦令を発布した（『申報』，46.7.7）。大赦令を巡っても様々な確執があったが（『申報』，46.6.19外），結局同令では「漢奸懲罰条例第二条及び第四条の罪」は貪官汚吏条例などとともに恩赦から除外されている。

46年にはいると漢奸問題は法令問題から実際の処理問題としてより多く論ぜられるようになり，共産党の国民党批判はいっそう厳しくなる。46年9月28日付『新華日報』は「国民党審奸真相」と題する専論を掲げ，漢奸軍人が蔣政権の下で「党国の要人」になっていることを批判，国民党の措置に次のような問

題があることを指摘した。
① 「犠牲を少数にして多数を保存」，国民党反対派を処罰する一方，軍統・中統系を救出している。
② 大漢奸を隠して，庶民を犠牲にしている。日本人の家を建てた大工に12年の刑が言い渡された。
③ 大衆の裁判参加を拒絶した上，「占領区に漢奸なし」などとしている。
④ 民族の正気を発揚させず，売国をもって愛国とみなしている。
⑤ 漢奸を国民党の「地下工作者」と称して救出している。
⑥ 反共主義者を優遇している。

以上の批判は，主として国共両党の主導権争いのなかで，国民党が軍関係を中心に傀儡政権の勢力を利用しようとしたことに対するものであった。同時に，フランスや韓国の場合と同様に，「誰が漢奸か」を規定するにあたっては，戦後社会を誰が，どのように再編成していくのかという問題が，大きく関わっていた。一般的には，執政の党である国民党は，個別的に明白な漢奸を処断するものの，都市においても農村においても既存の地域権力基盤を温存し，そのまま利用しようとした。他方，共産党は事実に基づいて，対日協力者を厳しく処分することを要求，そのことを通じて国民党の権力基盤を掘り崩そうとした。

共産党の漢奸判断基準自体は明確であった。一言でいえば，共産党が統一戦線政策を採るようになってから採用されている「人民」概念に基づいて判断された。今後の論の展開のために，後になってもっとも整理された形で述べられているものとして，周知の毛澤東「人民内部の矛盾を正しく処理する問題について」を見ておこう[5]。

　人民という概念は，異なった国家，およびそれぞれの国家の異なった歴史的時代では，異なった内容をもっている。わが国の状態についていえば，抗日戦争の時期には，日本に抵抗するすべての階級，階層および社会集団はみな人民の範囲にはいり，日本帝国主義，民族裏切り者，親日派はみんな人民の敵であった。解放戦争の時期には，アメリカ帝国主義とその手先，すなわち官僚ブルジョアジー，地主階級およびこれらの階級を代表する国

民党反動派はみんな人民の敵であり……

すなわち，抗日戦争時代は「日本帝国主義，民族裏切り者，親日派」のみが敵であり，他はすべて人民の範疇に属した。漢奸裁判はこの「民族裏切り者，親日派」を摘発するために行うわけだが，しかし，どこまでが親日派か，誰が親日派か？　という選別はそう簡単ではなかった。ひと口に対日協力者といっても多様である。論を進めるにあたって，ひとまず，次のように分類しておく。

A．積極的な対日協力者，

B．行政機構や経済機構の末端に在って日本の支配と関わらざるを得なかった人々，

C．日本の支配下で対日協力を強いられ，受動的に生きざるを得なかった多数の人々，いわゆる「小漢奸」

このうち，Aについては本稿では取り扱わない。汪精衛をはじめとして彼らは「曲線抗日」という政治的見通しからの判断であろうと，権力欲からであろうと，さらには単純な猟官の徒であろうと，多くが自ら政治的に選択した道を歩んだわけで，結果として漢奸たることを免れ得ない存在であった。周仏海のように，日本に捕らえられた呉開先，劉百川ら重慶側の要人の救出に尽力し，蔣介石とコンタクトをとり，戦後いち早く重慶政府軍事委員会上海行動総隊司令に就任したような例もあるが，その周を含めて厳しい処断を受けることになる。またCは一般民衆で，命と引き換えに日本軍に協力させられた人々である。これについては，共産党も早くから「小漢奸」の問題として，大漢奸とは厳しく区別して保護すべきことを主張していた。

問題となるのがBである。彼らは一般的に積極的な対日協力者ではなく，地域の行政機構や経済機構を担っていたが故に，地域の生産と生活を維持するために日本の支配と関わらざるを得なかった人々，都市部においても農村部においても，地域の行政を担当していたような地域エリート的部分である。長期占領下にあった地域ではおしなべて問題となる。

戦後社会の再編成をどのように行うか？　という問題は中国共産党にとっても大きな問題であった。それは既存の地域エリート的部分をどのように扱うの

かという問題でもある。つまり，漢奸厳罰要求は中国共産党にとっては，国民党が対日協力者を含み込んで肥大化することへの批判であるとともに，日本支配下で政治経済の運営に当たっていた「実権派」を戦後構想のなかでどう位置づけるかの問題でもあった。

やがて平和の時代が終わり国民党打倒の内戦が始まると，先の人民概念規定では，敵は「アメリカ帝国主義とその手先，すなわち官僚ブルジョアジー，地主階級およびこれらの階級を代表する国民党反動派」に拡大される。しかし，本稿で扱う時期はなお矛盾を抱えながらも国共合作を維持して，連合政府を目指していた時代であったから，基本的に敵は依然「日本帝国主義，民族裏切り者，親日派」である。したがって，地域の「実権派」を処断しようとすれば，「親日派」の範囲を広げて「漢奸」規定を用いることによって処断しようとする動きが出てくることが予想される。

2．東北および農村部における漢奸問題

日本の中国支配の特徴は，占領地を分割して傀儡政権を作り，分治合作せしめるところにあった。そうした支配方式はいきおい対日協力者を増大せしめることとなった。そのような意味での典型は「満洲国」が樹立された東北地方である。同地は1931年9月以来14年間にわたって日本の支配下におかれたという時間的長期性においても突出していた。14年間，住民は自らの家族と地域社会の生産と生活を維持・再生産していかなければならなかったのである。地方行政機関をはじめとする地域のリーダーたちは「満州国」政府と何らかの形で関係せざるを得なかったし，統制・配給制度のなかにおかれた商工業者たちも同様であった。

戦後を迎えた東北地区で，漢奸清算が極左に走らぬようもっとも努力していたのは張聞天であった。彼は戦後現黒龍江省東部にある中国共産党合江省委員会の書記を務めていた。1946年2月に発表した「牡丹江市施政綱要」のなかでも，彼は「偽満時代の一般公務員については寛大な精神に基づき，その思想改

造を助け新政権に奉仕できるようにすべきである」[6]と述べている。しかし，なかなか守られなかったようで，同年7月には「都市の清算運動において注意すべき事項」を発表し，経済統制の下で傀儡政権と関係をもって動かざるを得なかった商店・工場について，「大きな罪悪を犯した漢奸・特務の工場・鉱山・商店はすべて没収するが，その他の配給店と加工業に対する清算項目は敵から手に入れた配給品などに限る」[7]など，きめ細かな指示を出している。同年9月の「佳木斯市反奸清算処理弁法」でも「大漢奸」は処罰するが，中等の配給店主および小配給店主については民衆を搾取した部分のみを清算すること，中小商工業資本家は一律に保護するよう指示している[8]。

時代を下って1948年1月，張聞天によって起草されたという指示「土地均分運動において都市商工業を保護すること」は，中共東北局の「地主の都市商工業清算に関する指示」などを引用しながら，「最近，土地均分運動中都市商工業者政策に反する現象がある」，「偽満で仕事をした後商工業者に転じたり，敵偽と少しでも関係があった者はみな敵の残余とされ，没収された」とし，「東北は敵偽に十四年間も支配され，専売制度を実施していたので，民族商工業資本や私的資本などあり得ず，敵偽資本があるのみだ，という考えがある」ことを厳しく批判している[9]。『張聞天文集』の編者によれば，この指示は，任弼時の「土地改革中のいくつかの問題」の思想と完全に一致するものであり，この合江省指示は若干の修正をほどこした後東北各地で活用されたというから，この時期の東北地区の基本方針であったといってよかろう。東北においては，戦後復興，地域社会の再編成にあたって，「満洲国」時代の各種統制組合の支配下にあった各業公会に関わった商工業者などが，党の政策に反して「清算」されるという事態がかなり広範に生じたようである。こうした問題は，新中国成立以降にまで引き継がれる，新民主主義の政治・経済のあり方に関わる性格の問題であった。

上述の張聞天の指示のなかで，都市商工業者の清算問題とともに，強調されているのが土地均分運動における極左的傾向への戒めである。張聞天の戦後期における功績に言及した多くの論者は，張が土地分配運動のなかでの極左傾向

を戒め,「満州国」以来の商工業者を保護し,民族資産階級に打撃を与えぬよう指導したことを賞賛している[10]。

　日本の降伏によって日本占領下の都市部および広大な農村部に権力空白空間が生じ,国共両党による争奪戦が激化したのは周知の通りである。共産党が軍事力とともに地下組織等によって民衆を組織する形をとったのに対して,国民党・国民政府は軍を派遣して統治しようとした。しかし,共産党と対抗し得るだけの勢力をまかない切れず,当地の傀儡政権の軍や官を利用せざるを得ない事態が生じていた。これに対して共産党は民衆を動員して「反奸清算闘争」を発動した。動員の主たる対象となった民衆＝貧しい農民にとって,最大のエネルギー源は土地分配であった。しかし,抗戦勝利後も共産党の基本政策は「減租減息」であり,毛澤東の「日本侵略者が消滅されたのちには,日本侵略者とおもだった民族の裏切り者の土地を没収して,土地のない農民に分配する」という言[11]に示されるように,土地没収の対象は「民族の裏切り者」に限られていた。しかし,大衆運動のなかで,いきおい,分配すべき土地を増やすために漢奸の範囲は拡大されていく傾向にあった。

　その「反奸清算闘争」の過程を丹念に明らかにしたのが田中恭子『土地と権力』[12]である。田中は新たに中共の支配下に入った華北の農村における戦争直後の反奸清算闘争を総括して次の諸点を指摘している。

1) 戦後の新区では,漢奸は包括的な名称で,農民の過去の苦難の責任を支配層におしつけるのに便利であった。
2) 中共は当時,国家レベルの政治において漢奸を厳罰に処すよう要求して,愛国的なイメージを売り込んでいたが,反奸はこれに合致した。
3) 反奸闘争は,中共自身の報復行為を正当化するのに役立った。中共資料によれば,闘争対象の大多数が戦時中に保甲制度の役職についており,中共側幹部の逮捕・処刑に関わっていた。
4) ナショナリズムの旗印の下に行われれば,農村革命は,無党派の人々,とくに中共が潜在的な支持者とみなしていた都市中産階級にとって,比較的受け入れやすいものになった。

5) 中共政権の幹部たちも，その大多数は抗日戦争期に愛国の大義のために戦いに参加した者であったため，急進的な大衆運動を認めるためには，ナショナリズムで正当化する必要があった。

田中は「漢奸」が清算を求められたツケとは，不法な手段による富の蓄積や農民に対する「抑圧」（汚職・脱税・労役回避・財産強奪，農民殺害・殴打・侮辱など）で，「漢奸が対敵協力だけの理由で闘争対象になった例はみあたらない」とさえ述べている。こうした指摘によれば，この時期の「反奸清算闘争」は形は反漢奸闘争であるが，実態は土地革命＝階級闘争の色合いが濃かった，ということになる。

3．上海における「戦後」社会の再編

戦後，上海において社会の再編に参画した指導者および市民を抗戦期における行動形態から分類すると，まず，日本の上海侵攻に際して，長期抗戦のために重慶などへ内遷し，抗戦勝利とともに上海に帰還した帰還者＝「凱旋者」と，様々な要因から上海に残っていた残留者とに二分される。

帰還者は重慶政権の内遷呼びかけに犠牲を顧みず呼応した人々であり，蔣介石政権に直接間接に関わっていた人々が多かった。彼らはより権力に接近していただけでなく，「内遷」の呼びかけにもかかわらず上海に残留していた人々に対して精神的優位に立っていた。したがって，一般的に言って，戦後上海における政治的実権を握っていったのは，重慶からの凱旋者たちであった。彼らは，「惨勝」後先を争って上海に舞い戻り，かつての地盤を再建し，実権を握ろうとした。代表的「凱旋者」杜月笙の場合を管見しておこう。

杜月笙は日本の敗戦が確実となるや，蔣介石の命を受けて戴笠と合作した後，45年6月には戦勝後の上海接収に備えて秘かに浙江省淳安に飛んで準備を整えた。戦後，まずいち早く上海の実権を握ったのは上海に在って「地下」国民党上海市党部主任委員として党部と三民主義青年団を抑えていた呉紹澍だった。しかし，杜は日本降伏直後の8月19日には上海に乗り込み，素早く呉らを追い

落とした。杜は戦前の活動基盤であった社交倶楽部「恒社」理事長，上海市地方協会長，中匯銀行理事長，申報理事長などの地位を次々に回復，さらに全国幇会勢力を糾合した中国新社会事業建設協会を設立し，中国紡織業公会連合会理事長に就任するなど瞬く間に70余りの肩書きをもつに至った。

　戦前の実権を回復したかに見えた杜月笙であったが，盟友戴笠の死（1946年3月）をきっかけに彼の権力は失墜していく。外見は戦前と殆ど変わらぬ上海であったが，租界の消滅，国民政府の一元的支配の実現に象徴される上海は明らかに戦前とは違う社会になっていた。こうした上海情勢の変化を読んだのであろう，蔣介石は杜月笙に見切りをつけた。杜が就任を期待していた上海市長には淞滬警備総司令を兼ねて，軍統＝軍事委員会調査統計局長だった銭大鈞が任命されてしまった。46年末，最後の望みをかけた上海市参議会議長の椅子にもＣ・Ｃ系の潘公展が座ることになり，杜月笙の上海における命脈も尽きていく。以後，上海でも蔣介石直系の支配力が強まっていく。

　本稿で，より詳しく見るのは上海残留組の方である。一口に残留組といっても中味は複雑である。そのなかには，まず第一に，例えば鄭振鐸や許広平らのように，「狼どもが肉を食いあさり，狐どもが歩き廻り，化物どもが我がもの顔をしているのを，声をひそめ涙をのんで，じっと見て」いくことが日本に対する抵抗であると考えて上海に残留し，「文化粉」（豆粕や高粱などを粉にした代用食）で飢えを凌ぎ，時に「とらえられて刑を受け，非人道的な暴行をなめつくし」，他方では「恥しらずと理性なき者」による「不道徳な，ぜいたくと快楽」を目の当たりにするという二つの対照的生活の中に身をおき続けた人々がいた[13]。

　第二に地域社会としての上海の生活，そして生産を支えてきた地方各機関団体などの指導者・幹部＝地域エリートがいた。商品生産の時代にあっては，地域の生産と生活の維持のために，地域を統合運営していくための組織とリーダーが常に必要である。そうした地域エリートの厚みと自治意識の高さは，租界に対抗して街づくりに励んできた，また商紳の伝統を汲む上海の特徴でもあった。日本占領下の地域基層社会にあって，彼らは日本の誘いに抵抗していたが，

同時に，生産と生活の維持のため直接日本軍と接することをも余儀なくされ，時代とともに物資の流通を牛耳る日本と種々取引をせざるを得ない立場に追い込まれつつあった。

　上海ブルジョアジーの志向と行動形態もまた多様であった。自己利益から「内遷」の呼びかけに応ぜず上海に留まった多数の"狡猾"な企業家が少なくなかった。その中には，日本側と取引をして甘い汁を吸う企業家もいた。予想されるあらゆる事態に対応可能な状態を準備しておくために，子供を沢山作り，それぞれを上海と重慶と香港または外国に，時には延安にさえも派遣して「保険」をかけておくこと，それは上海企業家のごく自然な知恵でもあった。何れにせよ，様々な形で上海に残ったブルジョアジーは戦後も上海経済の中枢に在り，政治的にも大きな影響力を有していた。

　さきの鄭振鐸は「この上もない不道徳と恥しらず，おしひしがれた激しいうめき聲，この二つは鮮やかな黒と白の対照をなしていた」[14]と述べるが，実はこの黒と白の間には，相当のグレイゾーンが存在していたのである。上述のブルジョアジーだけでなく，知識人の少なからぬ部分が日本や傀儡政権との関わりのなかに自己を表現する場を見出していた。これらを白と黒とに截然と区分するのは容易ではない。彼らもまた「全身の傷は永久に癒えようもない」状況にあった。

　第三に，上海を退出しなかったことが道徳的非難の対象になるような雰囲気のなかで，内遷できなかった，というより内遷を求められなかった多数の「弱者」がいた。重慶での抗戦に必要とされたのは戦力になる人々であったから，老人・子供・女性などの社会的弱者の多くは上海に残された。実はこの第三分類に属する人々が300万上海住民の大部分を占める[15]。

　そして，第四に対日協力者がいた。ある人が二であるか，四であるか，その線をどこに引くか，それは難しい問題であった。

4．上海における漢奸裁判の諸相

　自給自足不可能という性格をもつ都市，それが日本という外国の支配下に入ったことによって，上海という身体はより複雑な機能と構成を有するにいたるが，本稿ではひとまず「抗戦」に即して上記のように分類し，そのうち主として第2の分野に属する人々に関わる「対日協力」の意味を，二つのケーススタディーの形をとって分析する。

(1) 李澤の逮捕を巡って
　李澤は近代上海の四大公司の一つ，新新公司の総経理である。同公司は南京路の中心部に6年がかりで建設され，1929年に開店した百貨店で，当時もっとも早くクーラーを設置したことで知られた。70年余り経った今日も上海第一食品公司として営業されている。
　1946年1月8日，その花形公司新新の総経理李澤が逮捕されたというニュースが上海をかけめぐった。この上海商業界の超大物の逮捕は，同公司の労働者たちの告発によるものであった。共産党の『新華日報』も連日この事件を報道しているが，ここでは，その過程を『文匯報』を中心に追ってみる。『文匯報』は，徐鋳成の回想によれば，46年初めに隊列を整頓し，「毅然と民主主義を主張し独裁に反対する先鋒に立った」[16]新聞で，この件に関する報道ももっとも精力的である。
　同年正月早々，新新公司職工ら約800名（代表韓武成等）は総経理李澤の摘発を「賢明なる政府当局」に要請した。彼らの調査によれば，李澤は抗戦中傀儡政権の物資流通統制機関である全国商業統制総会の理事を務めた外，16業種の商品評価委員会の専門委員，敵産委員会主任委員などを務め，日本占領下の偽江南造船廠の大株主でもあった。さらに，李は「満州国」十周年記念式典に方雪鴰ら同公司の幹部を派遣し，また日本側に鉄二万斤を横流して同胞を殺害する武器を製造するのを助けた。水孚地産公司でも日本と結託，退役した海軍大

尉木下豊を顧問にした。李はまた保甲制度にも協力し，第一区総聯保長を務めている。李はこのように典型的な大漢奸であるのに逮捕されていない。彼は昨年来，逮捕を恐れて外国逃亡を準備しているので早急に逮捕すべきである，というのが告発者の主張である（『文匯報』46.1.5，『新華日報』1.21）。

これを受けて，1月5日，四馬路警察当局は李を予備召喚した。しかし，李澤は出頭せず，提訴者の新新公司付設新都飯店の労働者舒月橋らのみが出頭，審問を受けた。彼らは李が事変前から日本商品を売っていたことをはじめ，通敵の罪状を並べ立てた。終了後，舒らは記者会見して，李澤告発の背景にはなお昨年来の経緯があることを明らかにした。舒らの語るところによれば，抗戦末期に系列の新都飯店において労働争議が起きたが，この時李は日本の特務小杉某を呼んで介入・弾圧させたため，労働者の憎悪の的となった。1945年抗戦勝利後，政府が漢奸懲治条例を公布し漢奸を逮捕すると聞き，労働者たちは李澤こそ漢奸と考え，10月老閘警察署に訴えた。しかし音沙汰がないので，11月には第三方面軍司令部に，さらに警察総局にも要請したがなしのつぶてだった，という。李を不問に付しているのは国民党の判断によるものであろう。

そこで，このままでは握りつぶされてしまうと考えた労働者側は，12月2日，新新公司と老閘警察署にデモをかけた。これに対して新新公司側は営業妨害で労働者たちを逆控訴して対抗した（『文匯報』，1.6）。1946年1月7日の『文匯報』は，上海では逮捕された漢奸が300余名にのぼるとの記事の下に，出頭しなかった李澤は連日宴会に出ている，と報じている。同日，労働者側は記者招待会を催して，さらに李澤の売国の罪状を詳細に明らかにした。

1月8日付『文匯報』は，あちこち訊ね廻った結果，淞滬警備司令部にて，李澤がすでに逮捕され法院に護送されたことを確認した，と報じている。

かかる状況に対して新新公司董事会啓事は次のように労働者側の批判に反論した。

① 木下顧問の採用は公司を守るために必要な策であった。
② 鉄は日本に献じたのではなく，正規に売ったものである。
③ 「満州国」記念式典事業参加は，商品陳列を強要されたためそうせざ

を得なかったものである。

　したがって，労働者側が告発した項目は何れも李澤の罪と直接の関係はない，とした。労働者側はこの啓事に反発したが，銭大鈞上海市長は「南京路上での騒ぎは交通を妨害するもので，衆を恃むようなやり方は漢奸追求の正当手段に非ず」との談話を発表して警告した。

　李澤側は法廷闘争に備え，章士釗を法律顧問に迎え体制を整えた。原告側も抗日七君子の沙千里を法律顧問に迎え，労働者側を支援する上海各界は共同で「李澤告発後援会」の結成を準備し，漢奸追求への決意を示した。

　裁判が始まった。李澤側は李の対敵協力は抗敵のための「地下工作」であると主張（『文匯報』2.19）した。3月になると，章士釗・陳霆鋭が重慶の参政会に出席したこともあってか，裁判がなかなか開かれなくなった。裁判が長引くとともに，新新公司に復職できない職工たちの生活困窮が深刻になっていった。裁判の長期化によって彼らは兵糧攻めの状態におかれたわけである。『文匯報』などには苛立ちの記事が見られるようになる。他方，大物漢奸の裁判が新聞を賑わし，6月3日には汪精衛死後周仏海と並ぶトップリーダーだった陳公博が蘇州で処刑され，褚民誼らの死刑判決も出て，漢奸処罰のムードが高まった。

　結局，6月8日，判決が下り，李澤に対して「敵国に通謀し，国家に反抗を図った」として，有期徒刑3年，公民権剥奪3年，家族の生活費を除いた全財産没収の刑が言い渡された。巷間の批評は「大変軽い」，「大変重い」，「おおむね妥当」と三者三様であった（『申報』46.6.9）というが，「経済漢奸が網を逃れている」という風評のなかで李澤の有罪を勝ち取ったことは労働者側の勝利といってよかろう。李側はもちろん不服だった。『新華日報』は6月18日「上海新新公司職工検挙漢奸李澤闘争始末」を掲載，警察当局の圧迫や裁判所の引き延ばし，不当な規制で沙千里弁護士が出廷できないこともあったこと，章士釗が「被占領区に漢奸なし，漢奸は大後方の問題」，「下克上の風潮は放っておけない」などと公言したことなどを報じ，そうしたなかで漢奸摘発運動が勝利を得たことを高く評価した。

　李裁判を巡る角逐の背景には，公司経営者の立場を擁護する国民党と労働者

の立場を支持する共産党との上海社会再編成に関わる思惑の相違があり，それが現実の社会で音をたててぶつかっており，それが「漢奸」問題に対する考え方の相違として表現された。李澤のような実業家は国民党の上海統治の支柱の一つであったが，大衆運動の圧力のなかで，当局は李澤を処罰せざるを得なくなる。

　李澤の逮捕・有罪判決は連鎖反応を産んだ。「五金大王」張連舫が敵に鋼鉄を献じた（『申報』6.8）として，また，蘇州の米商張慰如，洪鋼詳らが米5000担（1担＝1石）を買い占め，そのため市価が1万余元から3万6千余元に暴騰した，として漢奸容疑者として連行された（『申報』6.16）。「煤球大王」沈錦洲が日本の命を受けて「大中聯煤号」を組織し理事長を務めていたことを同業127名が連名で上海高等法院および軍事委員会調査統計局に告発し，沈が拘束された，他にも告発された者が多いが，証拠不十分で起訴に至らぬ者もいる（『申報』7.7）等の記事が見られる。李澤事件が与えた影響の大きさを知ることができよう。

(2) 聞蘭亭裁判を巡って

　聞蘭亭は辛亥革命期以来，上海経済界で活躍してきた重鎮で，抗戦当時，上海綿糸布交易所理事長を務め，袁履登（上海市商会主席），林康侯（銀行公会秘書長）とともに「上海三老」といわれ，そのなかでももっとも指導的立場にあった。聞は日本の上海占領後，日本・汪政権側の様々な働きかけにもかかわらず，対日協力を拒否していた。しかし，1943年，日本の「対華新政策」採用を機に対日協力に踏み切る。この対華新政策のなかで，この時期の中心的な課題であった物資獲得に関わってもっとも注目されたのが，物資流通統制の権限を汪政権側に委ねるために設立された全国商業統制総会（商統会）であった[17]。商統会の主席には，有力候補者として聞蘭亭，周作民，林康侯などの名が挙がったが，いずれも固辞した。周作民は代わりに交通銀行頭取の唐寿民を推薦，打診をうけて「野心家の唐は欣然とこれに同意し」[18]たとも云われ，主席に就任した。「上海三老」のうち袁履登・林康侯は理事に，聞蘭亭は監事長に就任して

いる。このほか，周作民や郭順（永安紡織・永安公司総経理）が監事に，さきの李澤や童侶青（申新紡績副経理）が理事に名を連ねているから，商統会の設立とそれへの参加は上海ブルジョアジーの総意であったといってよい。

　46年5月に袁履登や唐寿民に判決が下されたが，聞蘭亭の裁判は聞の出廷拒否のため大幅に遅れ，ようやく8月23日に聞不出廷のまま上海高等法院で開かれた。この裁判は彼の上海政治経済界における地位を反映して大きな注目を浴びた。開廷当日，多くの傍聴人が詰めかけたが，健康上の理由で聞が出廷しないと聞くや席を立つ者が多かった，という（『申報』46.8.24）。そうしたなかで，多くの関係者が聞蘭亭を擁護する証人として陳述した。彼らは口を揃えて聞蘭亭の「士大夫的気概」と彼が果たした役割を高く評価した[19]。

　申新紡績第九工場経理呉昆生は「太平洋戦争後，上海に持っていた10余の大型紡績工場を敵軍に接収管理されたが，同業公会董事長の職にあった聞蘭亭が交渉して取り戻してくれた」，また商統会傘下の綿花統制会でもできるだけ日本人と交渉しないようにしていた，と証言した。民豊紡績工場経理楊之游は，聞蘭亭が日本人に対して綿花の収買などに関して引き延ばし政策を採っていたこと，「敵が占領した工場を交渉して取り戻してくれた外，奪われた綿花・機械・モーターなども交渉で取り戻してくれた」と証言した。大新紡績経理の林曾望の証言は「日本軍は上海華商紡績の総紡錘の33%を接収して，軍需品を作ると通告した。大手紡績工場はみな紡錘を売ってしまおうとしたが，聞蘭亭の示唆を受けて永安紡績に購入して貰い，永安が郊外に小型紡績工場を設置することにした」と証言した。以上は，聞が公会董事長を務めていた綿業関係者の証言である。

　続いて，上海慈善団体連合会理事長黄涵之が証言台に立ち「被告は慈善事業に尽力すること数十年，八・一三の時には難民・傷兵を多数救済した」と述べた。さらに上海仁済善堂常務董事朱燮臣は，聞蘭亭が歴年の各省災害に際して救済に尽力し，多くの難民・傷兵を救ったことを証言した。以上は，慈善運動関係者の証言である。

　国民党上海市党部主任委員杜剛烈士の夫人で，弁護士の陳恵民は，41年10月，

上海で地下工作に従事していて逮捕されたが，聞蘭亭のおかげで保釈されたと証言した。同じく女性弁護士張紅薇も，40年に上海で市党部の婦人運動工作をしていて逮捕されたが聞の尽力で保釈されたと証言した。後日張が聞に対し，商統会主席に就任しているのは不名誉だと注意すると，自分は高齢であるから逃げることはできない，敵の圧迫下でやむなくやっていると答えた，という。

軍統局少校戚冉玉は，聞から敵の統計数字などの情報を得たこと，4回逮捕されたがその都度聞が救出してくれたことを証言した。同じく軍統の呉是沂も聞が軍事情報を提供したこと，42年に逮捕された時救助してくれたこと，江蘇省上海弁事処の電信機を聞蘭亭の邸内に置かせてくれたことを証言した。

天主教代表胡国安は，南市難民区に多額の寄付をしたこと，体仁医院にも経費を援助したことを証言，広慈医院総務主任の蔣鈞も上海戦が始まってから同医院は聞蘭亭と合作して第二十四傷病医院を作り，以後米や金銭の援助を受けてきたことを証言した。

このような多数の聞蘭亭擁護証言がなされて10日余り経った9月5日，ようやく聞蘭亭が法廷に現れた。藍色の長衫を着て二人の看守に支えられて出廷した聞は心臓病と老衰のために衰弱甚だしく，医師の診断書に基づいて着席したまま裁判を受けるほどであった。裁判長の尋問に対して「自分は敵国に通謀して本国に反抗したのでもなければ，漢奸でもない」，「偽職に就いたのは専ら中央の命を奉じたものである」，自分は「国と共謀して敵国に反抗してきたのだ」，「軍統局での供述は強制されたもので，有効ではない」，「私は日本軍に捕らえられた多くの人を救出した。敵と合作しながら，我が国力を養ってきた」と容疑を全面的に否認した。『申報』上に大東亜戦争祝賀の言葉を掲載し，南京遷都を祝う演説をしたことについては，「当時としてはやむを得なかった」と答えた。

弁護人たちはさらに，地下工作者で直接間接彼に救出された者は数千人に及ぶこと，軍米や綿花の収買も敵を資するためではなかったと主張し，「被告の日常生活は非常に質素で，数十年間肉類の味を知らぬほどである。何故に彼を国を売り，私利を図った漢奸と言えようか……」と弁じ立てた。

9月12日，聞蘭亭に下った判決は「懲役8年，公権剥奪8年，家族の生活費を除く全財産没収」という彼の地位からすれば比較的軽いものであった。裁判長は「被告は上海市商会監事，偽商統会監事長，同理事長，綿統会主任委員等を歴任した。殊に商統会は敵のためにつくった我が国最大の物資統制機構で，被告が大量の軍米および綿花を敵に提供した罪状は決して軽くない。ただ，被告は抗戦期間中，上海の中央地下工作員を援護し，また邸内に架設した秘密電信台を中央との連絡に供したこと，および上海陥落当時被告は老衰のため撤退することができなかった事情などを考慮し，特に情状を酌量して減刑した」と述べた。

　「漢奸裁判処理条例」は，基本的に傀儡政権のいかなる職に就いていたかを基準とするものであった。周作人のように秘かに日本側と密接な関係をもっていて，物資投機や外為で利益を博しても，汪精衛政権の公職に就くことを巧みに避けていた者は罰せられることはなかった。逆に商統会の理事長を務めた唐寿民は無期徒刑という重い判決を受けた。汪政権の職に就いたものにとって，工作員の救出や地域エリートの伝統である慈善事業に尽力することは，一種の「保険」の役割を果たすのだが，唐の場合はそうした「士太夫」的行動が少なかったようで，聞蘭亭のように各界からの大規模な擁護活動もなかった。袁履登もまたいったん終身刑の判決が下るが，「米統会戸口米の確保，価格抑制のために最大限の努力をした」（『文匯報』5.23）ことなどが証言され，「重慶側特務工作員を多数助けたこと」などを理由に知名の士から減刑嘆願書が出され，翌年9月，再審で禁固7年に大幅な減刑がなされた。林康侯も，「聞蘭亭から3回にわたって頼まれたので商統会理事就任を断れなかった」と供述，聞蘭亭と同様に「偽職を利用して上海市民の救済工作を行い，敵の物資収買に対しても巧みに阻害工作を行っている」，「合群化学廠の董事として極力日本側が機器を奪うのを防いだ。日本人上谷を顧問に据えたのも同工場を守るための措置だった」（『申報』，46.6.8）ことなどが主張され，証言台からの擁護もあって「懲役6年，公権剥奪6年，財産没収」の比較的軽い判決が出ている。

　上海銀行公会理事長，儲備銀行参事，中国実業銀行董事長などを務め，「敵

国通謀，本国反逆，金融擾乱罪」の罪に問われたた朱博泉も，日本軍の強制によりやむを得ず就任したこと，就任中商業銀行の権益保障に努めたこと等を主張し，「懲役2年，公権剝奪2年，財産没収」という比較的軽い刑が言い渡された。一方，同じ罪名で起訴された銭大槐（中央儲備銀行副総裁）は傀儡政権での儲備券発行などを厳しく咎められ，死刑の判決が出ている。

おわりに——地域社会の再編と漢奸問題

　東北の状況に簡単に触れた後，上海の経済界に関わる漢奸裁判についてやや詳しくみてきた。被告に対する判決をみると「漢奸裁判処理条例」の文面からだけでは判断できない大きな差がある。それを完全に説明する材料を今のところ持ち合わせていないが，窺い知ることのできるのは，第一に，李澤裁判に見られるように，「誰を漢奸とするか」を巡っては，漢奸裁判という形をとりながらも，実は背後で，戦後上海社会をどう再建していくかという「現在」の問題を巡る国共両党の構想がぶつかり合っていたこと，第二に，聞蘭亭らの裁判に見られるように，条例上は汪政権下でどのような職にあったかが裁定の基準であったが，最終的には地域エリートとしての伝統的な社会活動への評価および業務活動の実質が誰のためのものであったかも量刑判断の基準となっていたこと，の二点である。

　第一の指摘に関わる問題としてより一般的な例を挙げれば，同業公会の評価に関する問題がある。

　『申報』45年12月30日の「星期論壇」は，「同業公会之隷属問題」と題して，傀儡政権時代の同業公会役員は漢奸か，という問題を取り上げている。同業公会は傀儡政権下においても同業の公共利益のための組織として，自分たちで代表を選任しており，地下工作を支援したりしていたことも併せ考えれば，商統会などの組織とは明らかに異なる，と論者は主張した。もし同業公会が「傀儡組織及びその所属機関団体」ということになれば，漢奸懲罰条例第15条の「傀儡組織及びその所属機関団体職務担任者は一定期限内，公職候補人になれず，

第3章　戦後地域社会の再編と対日協力者　359

公務員に任用されない」に抵触することになる。これは「190余公会均しく問題となる」大問題である。

　これを巡って様々な議論が行われたようで，結局決着をつけるために，南京に赴き中央政府のお伺いをたてることになった。その結果，次のような結論を得た。同業公会や商会は均しく実業団体であり，同業公会役員は均しく人民団体の役員である。したがって，判断は「漢奸裁判処理条例」の第15条ではなく，第10条に基づくべきで，同条後段にある「その力を藉りて他人を侵害した事実があり，告訴された者」に該当しない限り漢奸ではない。保甲長，聯保長の任にあった者もまた第10款の「自治団体」人員に該当し，第1条の「簡薦官吏」とはみなさない。したがって，犯罪の事実があって告訴された者以外は懲罰条例15条の処分は受けない。

　南京に赴いた駱監事は，上海に帰ってこれを中央常任委員会，組織部，司法院，内政部，社会部等に報告して一件落着となった。

　しかし，共産党側はこうした地域の政治・経済・社会的指導層で傀儡政権に参加した者（前述した，B．行政機構や経済機構の末端で日本の支配と関わらざるを得なかった人々をその内に含む）を簡単に免罪する措置には極めて不満であった。この間，漢奸裁判を傍聴してきた宦郷は，46年5月初めに以下のように指摘して不満を述べている[20]。

　1．軍人漢奸が一人として裁かれていない。
　2．経済漢奸の多くが「地下工作」の4文字を駆使して網から逃れている。
　3．農村等において漢奸がそのまま区長・保長を務めており，却って良民が漢奸にされている。

　また，『新華日報』46年10月7日付は「これが絶対民主の表現か！　上海市参議会に漢奸　姚慕達等十一名　再度の告発にも拘わらず当局は出席を認める」という記事を掲載している。同記事は，上海参議会には傀儡政権時代の市民協会理事，保甲委員，保長，公会理事，百貨業公会理事長などが選出されており，漢奸として告発され，以後未だ政府の判断・指示がないのに参議会に出席しており，「同業公会は人民団体であって傀儡組織に属するものではなく，

いつの時期，いかなる政府機関にも属さない」などと言っている，と非難している。

　第二点の「社会活動」に関わる問題として，聞蘭亭の行動様式を規定する士大夫意識に触れておきたい。聞蘭亭は最初出廷を拒否していた。健康上の理由とされているが，新聞からみる限り，また，その後自分の行動の正当性を主張し続けた態度からみる限り，漢奸の容疑を着せられて公衆の面前にさらされることへの地域エリートとしての屈辱感があったものと思われる。裁判の過程にみられた聞蘭亭の対応には，自分と地域がおかれた状況のなかで，地域エリートとしての気概に基づき採り得る道を採ってきたと自らを肯定する自負がみられる。法廷でのやりとりも圧倒的に聞蘭亭側に有利であった。商統会参加＝対日協力の立場，あるいはそれを正当化する論拠として，国が乱れた時には責任をもって地域の秩序と生活を維持することを「地方領袖人士」の使命と考える伝統的士大夫＝地域エリートの意識に基づくものであることを聞蘭亭自らが語っている[21]。抗戦の長期化，日本の支配の長期化は地域経済の崩壊・民衆生活の破綻を生んだ。自給自足能力を欠く都市上海の破綻はとくにひどかった。郷土・地域としての上海に一定の責をもつと自負する地域エリートの行動様式は，時に広大な中華帝国を包み込むべき中華ナショナリズムと乖離を生ぜしめる要因を内蔵していた。それが，一歩進むと「地方を愛するものは国を愛するものである」という一方通行的論理になる。その時，「漢奸の行動様式は"勝てば官軍"という観念から日和を見て強者に付和するもので，"国家民族の利害を問うことがない"」という批判[22]の前に弁明が困難になる。それをどう評価するかは難しい問題である[23]。漢奸問題はこの点に関してあいまいさをひきづったまま，文化大革命時に典型的に示されるように，「現実」の問題に関わってしばしば引き合いにだされている。

1) さしあたり，フランスについては，Jean Defrasne『対独協力の歴史』，1982年，渡辺和行『ナチ占領下のフランス　沈黙・抵抗・協力』，講談社，1994年，を参照されたい。
2) 韓国については，三枝壽勝「八・一五以後における親日派問題」，『朝鮮学報』，

118輯，1986年1月，によった。
3) 『中央日報』，1945年11月23日。
4) 宦郷「中国与世界」，『新中華』，1946年5月1日号，5-6頁。
5) 『毛澤東選集』，第5巻，外文出版社，1970年，訳書，東方書店，556頁。
　　なお，人民の概念の問題については，拙稿「中国における人民・国民・公民」，『講座　現代中国の構造変動』，第3巻，2000年，で少しく述べている。
6) 『張聞天文集』，第三巻，中共党史出版社，1994年，275頁。
7) 同上，292-293頁。
8) 同上，318頁。
9) 同上，384-385頁。なお，文中の「専売配給制度」についての注記には「満州国」が商工業者を業種別公会に組織し，統制していたことを示す，としている。
10) 例えば，徐達深・簫揚「張聞天在開拓東北根拠地中的貢献概述」，施松寒「張聞天対都市工作的貢献」など。何れも『張聞天研究文集』，第一集，中共党史資料出版社，1990年所収。
11) 『毛澤東選集』Ⅲ，360頁。
12) 田中恭子『土地と権力——中国の農村革命』，名古屋大学出版会，1996年，130頁以下。
13) 鄭振鐸『蟄居散記』，安藤彦太郎・斎藤秋男訳『書物を焼くの記　日本占領下の上海知識人』，岩波新書，1954年，1頁。
14) 同上『書物を焼くの記』，2頁。
15) 以上については拙稿「日中戦争・上海・私」，『近きに在りて』第5号，1984年5月，でやや詳しく述べている。
16) 徐鋳成『報界旧聞』1981年，李克世訳『続・中国報道界のうらばなし』，第一書房，1983年，224頁。
17) 全国商業統制総会の成立過程については，拙稿「対華新政策と汪精衛政権　軍配組合から商統総会へ」，中村政則等編『戦時華中の物資動員と軍票』，多賀出版，1994年でやや詳しく述べている。
18) 袁愈佺「日汪勾結掠奪中国資源概述」，『偽廷幽影録』，中国文史出版社，1991年，171頁。
19) 『申報』46年8月24日，9月6日付，および9月13日付，益井康一『漢奸裁判史』，みすず書房，1977年。同書も主として当時の新聞に拠っており，聞蘭亭に関する部分も，『申報』の記事と合致している。ここでは，双方を参照し，名前などに食い違いがある場合は『申報』の記載によった。
20) 宦郷「中国与世界」，『新中華』，1946年5月1日号，6頁。
21) 「愛地方者必愛国者」（『申報』1945.8.13）などにその主張がみられる。なお，この記事と聞蘭亭らの日中戦争期の活動と上海社会の諸問題については，拙稿

「日中戦争末期の上海社会と地域エリート」,上海史研究会編『上海―重層するネットワーク』,汲古書院,2000年を参照されたい。
22)　「社聲」,『新中華』,1946年5月16日号。
23)　なお,この一〇年ほど,上海においても「上海三老」をはじめとする「漢奸」について検討した論文が出てきている。三老に関しては,管見の限りでも以下のようなものがある。毀誉褒貶それぞれであるが,一般に,「実事求是」の態度から是々非々的に論じようとしてきているところに新しい特徴が見られる。

　　銭玉利「袁履登小傳」,『上海史研究論叢』第一輯,1988年。
　　邢建榕・銭玉莉「三個作了漢奸的海上聞人」,『傳記文学』,55巻,1989年。
　　顧雪雍「"商界状元"聞蘭亭」,『中国企業家列伝　6』,1993年。
　　邢建榕「袁履登回憶録」,『檔案与史学』1995年5月。

　　　　　　　　　　　　　　　　　　　　　　　　　　　　（古厩忠夫）

文献目録

凡例—① 対象期間は1953年から2000年までとした。
② 日本語文献・中国語文献については単行本及び雑誌掲載論文を，英語文献については単行本のみを掲載した。
③ 掲載文献は日本語文献，中国語文献，英語文献に分け刊行年度によって分類した。同年に複数の刊行がある場合，日本語文献，中国語文献については五十音順に，英語文献についてはアルファベット順に配列した。（なお，単行本を雑誌掲載論文に優先して配列してある。）
④ 複数の執筆者による論文集等に関しては，原則として本文中で所収論文が2本以上言及されている場合にのみ著書として挙げた。

［1953年］

Feis, Herbert, The China Tangle: *The American Effort in China from Pearl Harbor to the Marshall Mission,* (Princeton, N. J.: Princeton University Press).

［1954年］

小此木真三郎「アメリカの対中国政策 1944-1946」『静岡大学文理学部研究報告 社会科学』。

［1956年］

Liu, F. F., *A Military History of Modern China, 1924-1949,* (Princeton, N. J.: Princeton University Press).

［1958年］

Chang, Kia-ngau, *The Inflationnary Spiral: The Experience in China, 1939-1950,* (Cambridge, Massachusetts: Wiley and the Technology Press of the Massachusetts Institute of Technology).

［1959年］

石川忠雄『中国憲法史』慶應通信。

［1962年］

天野元之助『中国の土地改革』アジア経済研究所。

［1963年］

Chou, Shun-hsin, *The Chinese Inflation, 1937-1947,* (New York: Columbia University Press).

Tang, Tsou, *America's Failure in China, 1941-50,* (Chicago: University of Chicago Press).

［1965年］

Chassin, Lionel M., *The Communist Conquest of China: a History of the Civil War*

1945-1949. (Cambridge, Massachusetts : Harvard University Press).
Loh, Pichon P. Y. ed., *The Kuomintang Debacle of 1949: Conquest or Collapse?*, (Boston : D. C Heath).

［1967年］

タン・ツォウ『アメリカの失敗』毎日新聞社。
Gillin, Donald G., *Warlord : Yen Hsi-Shan in Shansi Province, 1911-1949,* (Princeton, N. J. : Princeton University Press).

［1968年］

Melby, John F., *The Mandate and Heaven : Record of a Civil War, China, 1945-49,* (London : Chatt and Windus).

［1969年］

長野広生「東北の内戦＝林彪の戦争・Ⅱ」『中国』9～10月号。

［1970年］

笠原正明「内戦期における中国共産党の対外政策」『神戸外大論叢』21-4。

［1971年］

大久保泰『中国共産党史』原書房。
森下修一編『国共内戦史』三州書房。

［1972年］

加藤祐三『中国の土地改革と農村社会』アジア経済研究所。
山本秀夫・野間清編『中国農村革命の展開』アジア経済研究所。
上原一慶「戦後初期における中国共産党の基本方針の再検討」『歴史学研究』386。
宇野重昭「日中戦争の終結と中国」『国際政治』45。

［1973年］

石井明「劉少奇批判についての一考察」『(東京大学教養部) 外国語科研究紀要』20-2 (のちに石井明1990に収録)。
Vary, Paul A., *The Closing of the Door : Sino-American Relations, 1936-1946,* (East Lansing : Michigan State University Press).

［1974年］

小林弘二『中国革命と都市の解放』有斐閣。

［1975年］

Borisov, O. B. and Koloskov B. T., *The Soviet-Chinese Relations, 1945-1970,* (Bloomington and London : Indiana University Press).
Sheridan, James E., *China in Disintegration : The Republican Era in Chinese History, 1912-1949,* (New York : Free Press).

［1976年］

姫田光義「『平和と民主主義の新段階』はどこへいったか」『中国研究』第69, 71号 (の

ちに姫田光義『中国現代史の争点』日中出版，1977年に収録)。
［1977年］
益井康一『漢奸裁判史 1946-1948』みすず書房。
Borisov, O. B., *The Soviet Union and the Manchurian Revolutionary Base,1945-1949*, (Moscow : Progressive Publishers).
［1978年］
曹聚仁著・鈴木博訳『蔣経国と台湾』三一書房。
野沢豊・田中正俊編『講座 中国近現代史』第7巻，東京大学出版会。
平野正「中国第三勢の政治的転換―第三勢力論の克服過程」『(西南学院大学) 文理論集』19-1 (のちに平野正1983に収録)。
姫田光義「人民解放戦争期の土地改革・農民運動」野沢豊・田中正俊編, 前掲書。
毛里和子「新中国成立前夜の少数民族問題―内蒙古・新疆の場合―」野沢豊・田中正俊編, 前掲書。
姚旭・徐燕「従抗戦結束到内戦全面爆発期間的幾個歴史問題」『歴史研究』1978年第11期。
Pepper, Suzanne, *Civil War in China : The Political Struggle, 1945-1949*, (Berkeley : University of California Press). 中国語訳：胡礼忠他訳『中国的内戦―1945-1949年的政治闘争―』(中国青年出版社，1997年)。
［1979年］
内田知行「反漢奸運動と減租減息運動―晋冀魯豫辺区における土地改革前史についての一考察―」『歴史学研究』473。
川井伸一「内戦期の整党をめぐる華北農村の政治運動」上下『中国研究』105～106。
O. B. ボリーソフ・B. T. コロスコフ著・滝沢一郎訳『ソ連と中国―友好と敵対の歴史』上下，サイマル出版会。
平野正「『愛国民主』統一戦線思想の確立過程―馬叙倫における思想の発展」『(西南学院大学) 文理論集』20-1 (のちに平野正1987に収録)。
王水湘他『北京大学学生運動史』北京大学出版社。
［1980年］
川井伸一「中国における土地改革運動：1946-1949―北部農村社会と革命的指導―」『歴史学研究』別冊特集「世界史における地域と民衆 (続)」。
平野正「中国における民主主義思想についての一試論」『(西南学院大学) 文理論集』20-2 (のちに平野正1987に収録)。
平野正「中国革命最終段階における民族ブルジョアジーの動向」『(西南学院大学) 文理論集』21-1 (のちに平野正1983に収録)。
平野正「聞一多における民族主義と民主主義」『歴史評論』360 (のちに平野正1987に収録)。

Borg, Dorothy and Wald, Heinriches eds., *Uncertain Years : Chinese-American Relations, 1947-1950,* (New York : Columbia University Press).
Chan, Gilbert F. ed., *China at the Crossroads : Nationalist and Communist, 1927-1949,* (Boulder: Westview).

［1981年］
菊池貴晴「黄炎培と中華職業教育派について―中国民族資本革命化の一過程―」上下『福大史学』31-32号（のち菊池貴晴 1987 に収録）。
平野正「プロレタリアートの革命指導権の承認から「指導」の承認へ―第三勢力の政治的転換（三）」『（西南学院大学）文理論集』22-1（のちに平野正 1983 に収録）。
Buhite, Russell D., *Soviet-American Relations in Asia, 1945-1954,* (Norman : University of Oklahoma Press).
Stueck, William, *The Roads to Confrontation : American Policy towards China and Korea, 1947-1950,* (Chapel Hill : University of North Carolaina Press).

［1982年］
井上久士「中国内戦と国際環境―中国国民党の国際認識を中心に―」『歴史学研究』別冊特集「民衆の生活・文化と変革主体」。
管英輝「トルーマン政権の対中国政策, 一九四五―一九四八年」『北九州大学外国語学部紀要』46（のちに管英輝 1992 に収録）。
山極晃「ヤルタ協定と中ソ友好同盟条約」上中下『共産主義と国際政治』7―1, 3, 4。
山田辰雄「平和と民主主義の段階における中国国民党の戦後政権構想」石川忠雄教授還暦記念論文集編集委員会『現代中国と世界―その政治的展開―』慶應通信。
Ch'i, Hsi-sheng, *Nationalist China at War : Military Defeat and Political Collapse, 1937-1945.,* (Ann Arbor : The University of Michigan Press).

［1983年］
小竹一彰『国共内戦初期の土地改革における大衆運動』アジア政経学会。
平野正『中国民主同盟の研究』研文出版。
菊池貴晴「張君勱と国家社会党について」『福島大学教育学部論集』35（のちに菊池貴晴 1987 に収録）。
菊池貴晴「杜重遠の民族民主運動」『（福島大学）福大史学』36。
平野正「中間路線論から民主統一戦線論へ―施復亮の思想的変化」『（西南学院大学）文理論集』24-1（のちに平野正 1987 に収録）。
共青団上海市委編『上海学生運動史（1945-1949）』上海人民出版社。
王欽民「解放戦争時期平分土地政策剖析」『近代史研究』1983年第3期。
徐燕・姚旭「淮海戦役作戦方針的演変」『党史通迅』1983年第7期。
屠伝徳「戦後美国対華政策与馬歇爾調処」『復旦学報』1983年第4期。
Fairbank, John K. ed., *Cambridge History of China, vol. 12,* (Cambridge : Cambridge

University Press).

〔1984年〕

天児慧『中国革命と基層幹部』研文出版.

西村成雄『中国近代東北地域史研究』法律文化社.

中園和仁「太平洋戦争期の香港をめぐる英中の確執」『香港をめぐる英中関係：中国の対香港政策を中心として』(現代中国研究叢書22)アジア政経学会.

平野正「儲安平の立場と雑誌『観察』の性格」『(西南学院大学)文理論集』24-2 (のちに平野正1987に収録).

姚旭「関於"向北発展，向南防御"戦略方針的産生問題」『党史通迅』1984年第4期.

Eastman, Lloyd E., *Seed of Destruction : Nationalist China in War and Revolution, 1937-1949,* (Stanford : Stanford University Press).

Stueck, William, *The Wedemeyer Mission : American Politics and Foreign Policy during the Cold War,* (Athens : University of Georgia Press).

〔1985年〕

大塚豊「中国における欧米系大学の終焉」阿部洋編『米中教育交流の軌跡―国際文化協力の歴史的教訓―』霞山会.

斉藤哲郎「内戦期上海学生の意識・生活・運動」『近きに在りて』7.

土田哲夫「国民党政権の性格をめぐって―Republican China 誌上の論争の紹介―」『近きに在りて』8.

平野正「梁漱溟の思想とその政治運動の本質 (1920年代末～1940年代末)」『(西南学院大学)文理論集』26-1 (のちに平野正1987に収録).

中美関係史叢書編輯委員会主編『中美関係史論文集』第一集，重慶出版社.

潘志奇『光復初期台湾通貨膨張的分析』台北，聯経出版事業公司.

劉雲久『国民統治区的民主運動』黒龍江人民出版社.

何志功「試評1945-1949年的美国対華政策」『近代史研究』1985年第1期.

許玉芳「試論第二条戦線――紀念"五・二〇"運動三十五周年」『上海青運史資料』1985年5期.

陳修良「"五・二〇"学生運動与開闢第二条戦線問題」『上海青運史資料』1985年5期.

〔1986年〕

石川照子「宋慶齢研究の現状と課題」『(津田塾大学)国際関係学研究』12号別冊.

宇佐美滋「米奉天総領事抑留事件 1949年の米中関係―『失われた機会』論再考」『アジアクォータリー』16-13.

斉藤哲郎「戦後中国の国民政府と民衆運動」中国現代史研究会編『中国国民政府史の研究』汲古書院.

安井三吉「中国革命における戦争と平和―『重慶会談』の内と外―」『歴史学研究』560.

山本有三「国民政府統治下における東北経済―1946年～1948年―」アジア経済研究所

『中国東北地方経済に関する調査研究報告書』アジア経済研究所。
温瑞茂「集兵江北与奪取中原」『近代史研究』1986年第5期。
翟強「院外援華集団和杜魯門政府対華政策」『世界歴史』1986年第5期。
陶文釗「馬歇爾使華与杜魯門政府対華政策」『世界歴史』1986年第2期。
Fairbank, John K. ed., *Cambridge History of China, vol. 13,* (Cambridge : Cambridge University Press).
Forbes, Andrew D. W., *Warlords and Muslims in Chinese Central Asia : A Political History of Republican Sinkiang, 1911-1949,* (Cambridge : Cambridge University Press).

〔1987年〕
菊池貴晴『中国第三勢力史論—中国革命における第三勢力の総合的研究—』汲古書院。
平野正『中国の知識人と民主主義思想』研文出版。
川井伸一「中国東北鉄道におけるソ連邦『包車制』の導入」『アジア研究』34-1・2。
川井伸一「土地改革からみた農村血縁関係」小林弘二編『中国農村の伝統と変革』アジア経済研究所。
川井伸一「戦後中国紡織業の形成と国民政府—中国紡織建設公司の成立過程—」『国際関係論研究』6。
平野正「一キリスト者の生と死—抗日戦争開始後の李公樸の思想とその実践—」『(西南学院大学) 国際文化論集』2-1。
軍事科学院軍事歴史研究部『中国人民解放軍戦史第三巻』軍事科学出版社。
資中筠『美国対華政策的縁起和発展 (1945-1950)』重慶出版社。
朱建華『東北解放戦争史』黒龍江人民出版社。
朱建華他『東北解放区財政経済史稿』黒龍江人民出版社。
董志凱『解放戦争時期土地改革』北京大学出版社。
李筱峯『台湾戦後初期的民意代表』台北，自立晩報。
牛軍「戦後初期美蘇国共在中国東北地区的闘争」『近代史研究』1987年第1期。
徐焰「解放戦争期間毛沢東的戦略思想的発展変化」『党史通訊』1987年第12期。
Grasso, June M., *Truman's Two-China Policy, 1948-1950,* (New York : East Gate Books).
Levine, Steven I., *Anvil of Victory : The Communist Revolution in Manchuria, 1945-1948,* (New York : Columbia University Press).

〔1988年〕
小浜正子「南京政府＝権威主義的コーポラテイズム体制論についての覚書」『お茶の水史学』31。
世良正浩「陶行知晩年についての一考察」斎藤秋男他編『教育のなかの民族—日本と中国—』明石書店。
項立岭『転折的一年—赫爾利使華与美国対華政策』重慶出版社。
中美関係史叢書編輯委員会主編『中美関係史論文集』第二集，重慶出版社。

鄭梓『戦後台湾議会運動史之研究―本土精英与議会政治（一九四六～一九五一）』台北，華世出版社。
楊奎松『共産国際和中国革命』上海人民出版社。
郭序「評馬歇爾使華」『北京大学研究生学刊』1988年第2期。
饒戈平「1945-1949年国民党政府的対美政策」『民国檔案』1988年第2期。
田禹仲・呉群「解放戦争初期南線作戦方針浅述」『党的文献』1988年第5期。

［1989年］
江南著・川上奈穂訳『蒋経国伝』同成社。
青柳純一「李公樸と民主救国運動の思想」『東洋史論（東アジア史研）』7。
山田辰雄「中国政党史論」『（現代中国Ⅰ）現代中国の政治世界』岩波書店。
横山宏章「民国政治史の分析視角」『近きに在りて』15。
袁明・哈丁・哈里主編『中美関係史上沈重的一頁』北京大学出版社。
牛軍『従赫爾利到馬歇爾―美国調処国共矛盾始末』福建人民出版社。
鄧興華「対蘇聯出兵中国東北之我見」『軍事史林』1989年第5期。
姚旭「解放戦争初期南線戦場」『党的文献』1989年第1期。
姚杰「論淮海戦役第二階段打黄維兵団方針之形成」『中共党史研究』1989年第2期。

［1990年］
石井明『中ソ関係史の研究1945-1950』東京大学出版会。
岩武照彦『近代中国通貨統一史―15年戦争期における通貨闘争（上）（下）―』みすず書房。
香島明雄『中ソ外交史研究1937-1946』世界思想社。
戴晴著・田畑佐知子訳『毛沢東と中国知識人―延安整風から反右派闘争へ―』東方書店。
信大東洋史史料講読ゼミ「戦後国民党の中米関係論―『中央日報』社論の邦訳と解題―」『信大史学』15。
鐸木昌之「朝中間の知られざる関係：1945-1949―満州における国共内戦と北朝鮮の国家建設―」『聖学院大学論叢』3。
田畠真弓「張公権と東北経済再開発構想―『満州国』の『遺産』をめぐって―」『駒沢大学大学院経済学研究』20。
西川博史「ウィディマイヤーレポート覚え書き」『経済論集（北海学園大学）』38-2。
王元年他『東北解放戦争鋤奸剿匪史』黒龍江教育出版社。
郭緒印「解放戦争時期洪門"中間路線"」『民国檔案』1990年第3期。
呉景平「美国与1945年的中蘇会談」『歴史研究』1990年第1期。
楊奎松「1946年国共両党闘争与馬歇爾調処」『歴史研究』1990年第5期。
Benson, Linda, *The Ili Rebellion—The Moslem Challenge to Chinese Authority in Xinjiang, 1944-1949,* (Armonk, New York : M. E. Sharpe).

［1991年］

久保亨『中国経済100年のあゆみ―統計資料で見る中国近現代経済史―』創研出版。
西村成雄『中国ナショナリズムと民主主義―20世紀中国政治史の新たな視界―』研文出版。
黄英哲「台湾における許寿裳の足跡―戦後台湾文化政策の挫折―」『東亜』291, 292（のちに黄英哲 1999 に収録）。
津野田興一「羅隆基の戦後民主主義構想」『近きに在りて』19。
胡偉希他『十字街頭与塔』上海人民出版社。
王宗栄「国民党的"行憲国大"与総統副総統選挙」『民国檔案』1991年第 4 期。
許紀霖「中国自由主義知識分子的参政 1945-1949」『二十一世紀』6。
宋春・類杰「全国解放戦争時期国民党対美国政策的演変」『東北師大学報』哲社版、1991年第 6 期。
Lai, Tse-han, Myers, Ramon H. and Wei, Wou, *A Tragic Beginning : The Taiwan Uprising of February 28. 1947.* (Stanford : Stanford Universty Press).
Eastman, Lloyd E., Chen, Jerome, Pepper, Suzanne, and Van Slyke, Lyman, *The Nationalist Era in China, 1927-1949,* (Cambridege : Cambridege University Press).

［1992年］

加々美光行『知られざる祈り―中国の民族問題』新評論。
菅英輝『米ソ冷戦とアメリカのアジア政策』ミネルヴァ書房。
岡崎郁子「二・二八事件と文学」『季刊中国研究』24（特集台湾「二二八事件」）。
川井伸一「大戦後の中国綿紡織業と中紡公司」『愛知大学国際問題研究所紀要』97。
志賀勝「台湾二・二八革命史稿」『季刊中国研究』24。
土田哲夫「中国国民党の統計的研究（1924-49年）」『（東京学芸大学）史海』39。
丁果「台湾『二・二八』事件と台中、嘉義地区」『季刊中国研究』24。
中村ふじゑ「台湾の『二二八事件』とその背景」『季刊中国研究』24。
丸山鋼二「中国共産党『満州戦略』の第一次転換」『アジア研究』39-1。
水羽信男「章乃器年譜（初稿）」『（広島大学）文学部紀要』51。
水羽信男「1940年代後半期における中国民主派知識人の国家統合をめぐる論調」横山英・曽田三郎編『中国の近代化と政治的統合』渓水社。
横山宏章「孫文の憲政論と国民党独裁」藤井昇三・横山宏章編『孫文と毛沢東の遺産』研文出版。
牛軍『従延安走向世界―中国共産党対外関係的起源』福建人民出版社。
孫其明『和談、内戦交響曲―毛沢東和蔣介石在抗戦勝利初期』上海人民出版社。
楊奎松『中間地帯的革命―中国革命的策略在国際背景下的演変』中央党校出版社。
楊奎松『失去的機会？―抗戦前後国共談判実録』広西師範大学出版社。
孫宅巍「抗戦勝利後国統地区工業述評」『民国檔案』1992年第 1 期。

孟国祥「調査和追償日本劫奪我国文物工作述要」『民国檔案』1992年第4期。
Newman, Robert P. *Owen Lattimore and the "Loss of China,"* (Berkeley : University of California Press).
Shaw, Yu-Ming, *An American Missionary in China : John Leighton Stuart and Chinese-American Relations.,* (Cambridge, Massachusetts : Council on East Asian Studies, Harvard University).

［1993年］

岩波講座『近代日本と植民地　8　アジアの冷戦と脱植民地化』岩波書店。
徐焰著・朱建栄訳『一九四五年 満州進軍：日ソ戦と毛沢東の戦略』三五館。
高木健一・小林英夫他『香港軍票と戦後補償』明石書店。
姫田光義他編『中国20世紀史』東京大学出版会。
三谷孝編『農民が語る中国現代史』内山書店。
王強「ソ連軍による旧満州鉄道施設の解体・搬出問題について」『(北海道大学) 経済学研究』42-4。
奥村哲「抗日戦争と中国社会主義」『歴史学研究』651。
香島明雄「錫鉱租借条約に関する一考察」『(京都産業大学) 産大法学』26-3～4。
呉密察「台湾人の夢と二・二八事件―台湾の脱植民地化」岩波講座、前掲書。
西村成雄「20世紀中国を通底する『国民国家の論理』とナショナリズム・社会主義」『歴史評論』515。
古厩忠夫「日中戦争と占領地経済」中央大学人文科学研究所編『日中戦争　日本・中国・アメリカ』中央大学出版部。
横山宏章「『訓政』独裁をめぐる国民党の政争」『明治学院論叢 (法学研究)』51。
陶文剣『中美関係史 (1911-1950)』重慶出版社。
陶文剣「1949-1950年美国対華政策与承認問題」『歴史研究』1993年第4期。
謝泳「『観察』選稿人的命運」『二十一世紀』19。
徐穂「試論抗戦勝利後国統区土地改革大辯論」『民国檔案』1993年第3期。
張国慶「抗戦勝利後美蘇国共在東北的角逐」『民国檔案』1993年第2期。
陳淑銖「福建省龍巌扶植自耕農的土地改革 (一九四二――一九四七)」『中国歴史学会集刊』25期。
劉志青「斯大林没有勧阻過人民解放軍過江」『近代史研究』1993年第1期。
Westad, Odd Arene, *Cold War and Revolution : Soviet-American Rivalry and the Origin of the Chinese Civil War,1944-1946,* (New York : Columbia University Press).

［1994年］

中華全国婦女連合会編 (中国女性史研究会編訳)『中国女性運動史 1919-1949』中国女性史研究会出版 (1995年1月，論創社版刊行)。
殷燕軍「カイロ会談と中国国民政府の対日賠償政策」『一橋論叢』111-1。

黄英哲「戦後初期台湾における文化再構築―台湾省編訳館をめぐって―」『立命館文学』537（のちに黄英哲 1999 に収録）。
田中仁「中国革命の歴史的再検討」上原一慶編『現代中国の変革―社会主義システムの形成と変容』世界思想社。
田中仁「読書ノート：楊奎松『失われし機会？―抗戦前後における国共交渉実録』」『（大阪外国語大学）アジア学論叢』4。
中園和仁「第二次世界大戦後の米英中関係」宇野重昭・天児慧編『20世紀の中国―政治変動と国際契機―』東京大学出版会。
西村成雄「中国政治体制史論―二つの『政党国家』と『党政関係』」土屋健治編『講座現代アジア1　ナショナリズムと国民国家』東京大学出版会。
西村成雄「20世紀中国における『国民国家』と社会主義」歴史学研究会編『国民国家を問う』青木書店。
水羽信男「施復亮の『中間派』論とその批判をめぐって」今永清二編『アジアの地域と社会』勁草書房。
門間理良「戦後内戦期の東北をめぐる国共両党とソ連の関係」『東アジア地域研究』創刊号。
吉田浤一「近現代中国の土地変革」中村哲編『東アジア資本主義の形成　比較史の視点から』青木書店
黄仁宇『従大歴史的角度讀蔣介石日記』台北，時報文化事業有限公司。
石源華『中華民国外交史』上海人民出版社。
李雲漢『中国国民党史述』台北，近代中国出版社。
廖風徳「学潮与戦後中国政治（一九四五～一九四九）』台北，東大図書出版公司。
金光耀「1949-1950年英国対新中国的承認」『歴史研究』1994年第5期。
沈志華「蘇聯出兵中国東北：目標和結果」『歴史研究』1994年第5期。
陳淑銖「戦後中国農村復興委員会与閩西的土地改革（一九四八～一九四九）」中華民国史専題二届討論会秘書処編『中華民国史専題論文集：第二届討論会』台北，国史館。
楊奎松「華徳事件与新中国対美政策的確定」『歴史研究』1994年第5期。
　［1995年］
王柯『東トルキスタン共和国研究―中国のイスラムと民族問題』東京大学出版会。
高橋孝助・古厩忠夫編『上海史―巨大都市の形成と人々の営み』東方書店。
王柯「『民族自決論』から『民族自治論』へ」『現代中国』69。
王柯「モンゴル民族独立運動と中国共産党民族政策の成立」『中国研究月報』563。
萩原充「中国の土地改革」長岡新吉・西川博史編『日本経済と東アジア』ミネルヴァ書房。
平野正「再び施復亮と中間路線論について―水羽信男氏の批判に答える」『（西南学院大

学）国際文化論集』10-1（のちに平野正 2000年に収録）。
星野昌裕「中国共産党の民族政策の一考察」『（慶応大学・院・法）法学政治学論究』27。
門間理良「中共軍関係年表―戦後内戦期東北地区篇」『（筑波大学）史峯』8別冊。
山田花尾里「漢奸裁判と陳公博研究に関する史料紹介」『信大史学』20。
王健英編　『中国共産党組織史資料匯編領導機構沿革和成員名録――一大至十四大』（増訂本）中共中央党校出版社。
孟憲章・楊玉林・張宗海『蘇聯出兵中国東北』中国大百科全書出版社。
汪朝光「抗戦勝利後国民党東北決策研究」『歴史研究』1995年第6期。
崔丕「美国関於日本戦争賠償政策的演変」『歴史研究』1995年第4期。
陳存恭「中国国民党六全大会中委会及中常会初探」国父建党革命一百年学術討論編集委員会『国父建党革命一百年学術討論集　第四冊』台北，近代中国出版社。
林能士「国民党内派係之争与国共商談―以『重慶会談』為例」『歴史月刊』89期。

［1996年］

池田誠・倉橋正直・副島昭一・西村成雄編『世界の中の日中関係』法律文化社。
池田誠・上原一慶・安井三吉編『中国近代化の歴史と展望』法律文化社。
殷燕軍『日中戦争賠償問題』御茶の水書房。
高橋伸夫『中国革命と国際環境』慶應義塾大学出版会。
田中恭子『土地と権力―中国の農村革命』名古屋大学出版会。
横山宏章『中華民国史―専制と民主の相克』三一書房。
鐙屋一「1949年北平和平交渉における章士釗」『東洋史研究』55-3。
井上久士「中国の戦後構想―中国国民党と中国共産党―」『近きに在りて』30。
久保亨「近現代中国における国家と経済―中華民国期経済政策史論―」山田辰雄編『歴史のなかの現代中国』勁草書房。
久保亨「国民政府の政治体制と経済政策」池田誠・上原一慶・安井三吉編，前掲書。
笹川裕史「日中戦争と中国の戦時体制」池田誠・倉橋正直・副島昭一・西村成雄編，前掲書。
平野正「李済深と中国国民党革命委員会」『（西南学院大）国際文化論集』11-1（のちに平野正 2000年に収録）。
平野正「中国近代政党論」池田誠・上原一慶・安井三吉編，前掲書。
水羽信男「都市知識人と革命」『近きに在りて』30。
水羽信男「羅隆基にみる中国近代知識人像」池田誠・上原一慶・安井三吉編，前掲書。
山本真「国共内戦期国民政府の『二五減租』政策―中国農村復興連合委員会の援助による1949年の四川省の例を中心として」『中国研究月報』586。
吉田豊子「中国共産党の少数民族政策」『歴史評論』549。
吉田浤一「近現代中国の土地制度改革」『（静岡大学・教）研究報告（人文・社会）』。

中華民国史専題三届討論会秘書処編『中華民国史専題論文集：第三届討論会』台北，国史館．

中国近代史学会編『慶祝抗戦勝利五十週年両岸学術検討会論文集』台北，中国近代史学会．

王良卿「派係政治与国民党第六次全国代表大会—以第六届中央執行，監察委員選挙為中心的探討」『国史館館刊』復刊21期．

謝泳「西南聯合大知識分子群的形成與衰落」『二十一世紀』38．

賈維「三青団的結束与党団合併」『近代史研究』1996年第1期．

呉淑鳳「行憲前後的政党協商（一九四六〜一九四八）」中華民国史専題三届討論会秘書処編，前掲書．

左双文「国民政府与台湾光復」『歴史研究』1996年第5期．

沈上明「抗戦勝利後軍事接収決策問題之探討」中華民国史専題三届討論会秘書処編，前掲書．

薛月順「資源委員会与台湾戦後公営事業的建立」中華民国史専題三届討論会秘書処編，前掲書．

薛銜天「戦後東北問題与中蘇関係走向」『近代史研究』1996年第1期．

陳進金「三民主義青年団在湖北（民国二十七至三十七年）」『国史館館刊』復刊21期．

陳立文「従東北接収看中蘇友好同盟条約」中国近代史学会編，前掲書．

林能士「国民党内派係之争与国共商談—以『王世杰日記』為中心的探討」中国近代史学会編，前掲書．

林桶法「戦後国民政府接収人員貪汚問題探討—以平津地区為例」中華民国史専題三届討論会秘書処編，前掲書．

Huang, Jian-li, *The Politics of Depolitization in Republican China : Guomingtang Policy towards Student Political Activism, 1927-1949,* (Bern : Peter Lang).

［1997年］

黄仁宇著・北村稔・永井英美・細井和彦訳『蔣介石・マクロヒストリー史観から読む蔣介石日記』東方書店．

曽田三郎編『中国近代化過程の指導者たち』東方書店．

野村浩一『蔣介石と毛沢東』岩波書店．

山極晃『米中関係の歴史的展開1941年〜1979年』研文出版．

横山宏章『中華民国』中公新書．

若林正丈『蔣経国と李登輝』岩波書店．

菊池一隆「陳立夫氏へのインタビュー—三民主義青年団，「CC系」の呼称及び日本人への提言」『中国研究月報』592．

黄英哲「戦後初期台湾における文化再構築—台湾省行政長官公署宣伝委員会をめぐって—」『中国21』創刊号（のちに黄英哲1999に収録）．

笹川裕史「蕭錚と中国地政学会―もうひとつの中国土地改革の軌跡―」曽田三郎編，前掲書。
西村成雄「1945年東アジアの国際関係と中国政治―ヤルタ『密約』の衝撃と東北接収―」『現代中国』71。
松本俊郎「鞍山日本人鉄鋼技術者たちの留用問題―中国東北鉄鋼業の戦後復興―」『(京都大学) 人文学報』79。
水羽信男「施復亮」曽田三郎編，前掲書。
水羽信男「抗日戦争と中国の民主主義―章乃器の民衆動員論を素材として」『歴史評論』569。
水羽信男「中国国民党の大陸支配の崩壊と知識人」『東洋における王朝権力解体過程の史的研究』(平成5年度〜平成8年度科学研究費補助金研究成果報告書)。
門間理良「国共内戦期の東北における中共の新兵動員工作」『(筑波大学) 史境』35。
山本真「抗日戦争時期から国共内戦期にかけての郷村建設運動―中華平民教育促進会の郷村建設学院と華西実験区を中心として―」『(慶應大学) 史学』66-4。
山本真「中国農村復興連合委員会の成立とその大陸での活動 (1948-1949)」『中国21』2。
湯浅成大「『強力で統一』か『弱体で分裂』か―第二次世界大戦中戦後における日米両国の中国観の比較考察―」『(東京女子大) 紀要』48。
余項科「四十年代中国における民主国家への試み―梁漱溟と中国民主同盟の役割」『中国研究月報』591。
吉田豊子「内戦期中国共産党の少数民族政策」『近きに在りて』31。
楊奎松『中共与莫斯科的関係』台北，東大図書公司。
劉宋斌『中国共産党対大城市的接管 (1945-1952)』北京図書館出版社。
劉統『東北解放戦争紀実』東方出版社。
林桶法『従接収到淪陥―戦後平津地区接収工作之検討』台北，東大図書出版公司。
于群・程舒偉「美国的香港政策 (1942-1960)」『歴史研究』1997年第3期。
王成勉「馬歇爾与中国―国務卿任内之探討」『国史館館刊』復刊22期。
呉聡敏「1945-1949年国民政府対台湾的経済政策」『経済論文叢刊』25巻4期。
龐松「略論解放戦争時期中共対上海的接管」『近代史研究』1997年第2期。
李雲漢「国民政府収回香港九龍之決策与交渉 (一九四一〜一九四八)」『故宮学術季刊』14巻4期。
Sheng, Michale M., *Battling the Western Imperialism : Mao, Stalin, and the United States,* (Princeton, N. J. : Princeton University Press).

［1998年］
毛里和子『周縁からの中国』東京大学出版会。
青山瑠妙「建国前夜の米中関係」『国際政治』118。

鐙屋一「戦後中国における議会主義の復活　章士釗の場合」『(目白大学)紀要(地域文化)』4。
北波道子「戦後初期台湾における電源開発と工業化―経済発展の初期条件と『開発独裁』」『現代中国』72。
木下恵二「中国国民政府新疆統治1942-47年」『(慶応大学・院・法)法学政治学論究』38。
久保亨「中華復興の試み」尾形勇・岸本美緒編『中国史』山川出版社。
平野正「三たび施復亮について」『(西南学院大学)国際文化論集』12-2(のちに平野正2000年に収録)。
水羽信男「中国革命の知識人―平野正氏の研究を手がかりとして」『広島東洋史学報』3。
門間理良「長春包囲戦役における難民処理に関する一考察」『軍事史学』133。
安井三吉「中国国民政府論」『解放の光と影』(岩波講座世界歴史24)。
山本真「日中戦争期から国共内戦期にかけての国民政府の土地行政―地籍整理・人員・機構―」『アジア経済』39-12。
吉田豊子「中国共産党の内モンゴル統治に関する覚え書き」『シリーズ中国領域研究』9。
王良卿『三民主義青年団与中国国民党関係研究(一九三八～一九四九)』台北，近代中国出版社。
中国人民解放軍第4野戦軍戦史編写領導小組『中国人民解放軍第4野戦軍戦史』解放軍出版社。
張玉法『中華民国史稿』台北，聯経出版事業公司。
陳永発『中国共産革命七十年』台北，聯経出版事業公司。
張桂華「国民政府"外交接収"東北与戦後美蘇関係」『民国檔案』1998年第2期。
張国鈞「孫科與1943-1946年的憲政運動」『二十一世紀』47。
陶鶴山「戦後初期中日貿易開放問題述論」『民国檔案』1998年第1期。
劉建平「蘇共与中国共産党人民民主専制理論的確立」『歴史研究』1998年第1期。
Westad, Odd Arene eds., *Brothers in Arms : The Rise and Fall of the Sino-Soviet Alliance, 1945-1963,* (Washington, DC : Woodrow Wilson Center Press).

［1999年］
岡本雅享『中国の少数民族教育と言語政策』社会評論社。
奥村哲『中国の現代史』青木書店。
杉田米行『ヘゲモニーの逆説―アジア太平洋戦争と米国の東アジア政策，1941-1952年―』世界思想社。
狭間直樹・長崎暢子『自立へ向かうアジア』(『世界の歴史　27』)中央公論社。
三谷孝編『中国農村変革と家族・村落・国家』汲古書院。

黄英哲『台湾文化再構築 1945-1947 の光と影―魯迅思想受容の行方』創土社。
上野稔弘「一九四〇年代後半の中国における辺疆民族問題の一考察」『現代中国』73。
黄英哲「戦後初期台湾における文化再構築―台湾文化協進会をめぐって―」小島朋之・家近亮子編『歴史の中の中国政治』勁草書房，後に黄英哲 1999 に収録)。
笹川裕史「中華民国時期の農村土地行政―国家地域社会間関係の構造と変動」日本上海史研究会編『中国近代の国家と社会―地域社会・地域エリート・地方行政』。
笹川裕史「戦後国民政府の江蘇省農村土地行政」『環太平洋における地域関係と文化変容』(東京都立短大研究報告書)。
平野正「中国共産党の統一戦線政策の転換」『(西南学院大学) 国際文化論集』10-1 (のちに平野正 2000年に収録)。
朴龍玉「抗日戦争後の東北解放区における朝鮮族教育に関する考察―民族教育の復活とその教育課程に注目して」『(名古屋大・教育) 紀要』46-1。
星野昌裕「内モンゴル人民革命党と中国共産党による地域統合」『アジア研究』44-4。
星野昌裕「中国における民族政策」『(慶応大学・院・法) 法学政治学論究』41。
山本真「部下が語る蔣経国と江西省新贛南建設―元贛県県政府幹部劉景星氏訪問記録」『中国研究月報』618。
袁小倫『戦後初期中共与香港進歩文化』広東教育出版社。
張済順『中国知識分子的美国観 (1943-1953)』復旦大学出版社。
張霈芝『戴笠与抗戦』台北，国史館。
田保国『民国時期中蘇関係 1917-1949』済南出版社。
王奇生「民国時期県長的群体構成与人事嬗逓―以1927年至1949年長江流域省份為中心」『歴史研究』1999年2号。
汪朝光「簡論1946年的国共軍事整編復員」『民国檔案』1999年第2期。
簡笙簧「国民政府対戦後鉄路復員的籌備与実施―浙贛鉄路復員為例」『国史館館刊』復刊26期。
劉維開「中央非常委員会成立経過的研究」『国立政治大学歴史学報』16期。
〔2000年〕
金冲及主編　村田忠禧・黄幸監訳『毛沢東伝　1893-1949 下』みすず書房。
日本上海史研究会編『上海―重層するネットワーク』汲古書院。
姫田光義 (研究代表者)『中華民国国民政府史の総合的研究―第二次世界大戦から中華人民共和国の成立まで―』(平成9年度～11年度科学研究補助金研究成果報告書)。
平野正『中国革命と中間路線問題』研文出版。
松本俊郎『「満洲国」から新中国へ　1945-1954―鞍山鉄鋼業からみた中国東北の再編過程』名古屋大学出版。
三谷孝編『中国農村変革と家族・村落・国家　第2巻』汲古書院。
劉傑『漢奸裁判』中公新書。

泉谷陽子「内戦期の経済ナショナリズムと国民政府―航行権擁護運動をめぐって」『アジア研究』45-4。

家近亮子「中国国民党における党員と党費問題に関する考察」『東洋学報』81-4。

金子肇「戦後の憲政実施と立法院改革」姫田光義代表前掲書。

張済順「アメリカ文化伝播ネットワークと上海の知識人階層」

中村元哉「戦後内戦期中国思想界の一様相―憲政実施期を中心に―」『中国―社会と文化』15。

西村成雄「1945年国民政府東北接収の挫折―「東北行営」と「中ソ友好同盟条約の矛盾―」『「グローバル・ヒストリー」の構築と歴史記述の射程』大阪外国語大学。

西村成雄「1945年国民党による黒龍江接収計画―朱家驊檔案を中心に―」『アジア太平洋論叢』10号。

古厩忠夫「日中戦争末期の上海社会の地域エリート」日本上海史研究会編，前掲書。

丸川哲史「1948年前後の台湾新文学運動にかかわる論争と脱植民地化の問題」『日本台湾学会報』2。

山本真「元中国地政研究所所長兼中国土地改革協会理事長李鴻毅氏訪問記録」姫田光義代表，前掲書。

汪朝光『中華民国史　第三編第五巻　从抗戦勝利到内戦爆発前後』中華書局。

朱宗震・陶文釗『中華民国史　第三編第六巻　国民党政権的総崩潰和中華民国時期的結束』中華書局。

一九四九年：中国的関鍵年代学術討論会編輯委員会編『一九四九年：中国的関鍵年代学術討論会論文集』台北。国史館。

李玉栄『中共接管城市的理論与実践』首都師範大学出版社。

夏誠華「一九四九年以来両岸的僑生教育」一九四九年：中国的関鍵年代学術討論会編輯委員会編，前掲書。

金光耀「四〇年代末，五〇年代初国民党在美国的遊説活動：以顧維鈞為中心的討論」一九四九年：中国的関鍵年代学術討論会編輯委員会編，前掲書。

黄克武「一二三自由日：一個反共神話的興衰」一九四九年：中国的関鍵年代学術討論会編輯委員会編，前掲書。

呉淑鳳「走不出的「第三条道路」―以《観察》周刊撰稿群対戦後中国出路的探索為例」一九四九年：中国的関鍵年代学術討論会編輯委員会編，前掲書。

高純淑「胡宗南与東南沿海作戦―以《胡宗南日記》為中心的検討」一九四九年：中国的関鍵年代学術討論会編輯委員会編，前掲書。

笹川裕史「戦後国民政府的地税行政和地域社会―囲繞地税負担展開的請願活動」一九四九年：中国的関鍵年代学術討論会編輯委員会編，前掲書。

薛化元「陳誠与国民政府統治基盤的奠定―以一九四九年台湾省主席任内為中心的探討」一九四九年：中国的関鍵年代学術討論会編輯委員会編，前掲書。

朱浤源「孫立人与麦帥：一九四九年」一九四九年：中国的関鍵年代学術討論会編輯委員
　　会編，前掲書。
張玉法「国共戦争在山東的一幕：青島之守備与撤退（一九四五～一九四九）」一九四九
　　年：中国的関鍵年代学術討論会編輯委員会編，前掲書。
張世瑛「太原五百完人：一段国共戦争歴史的創造与塑造」一九四九年：中国的関鍵年代
　　学術討論会編輯委員会編，前掲書。
陳慈玉，陳思宇「台湾区生産事業管理委員会対公益事業的整頓（一九四九～一九五三）
　　一九四九年：中国的関鍵年代学術討論会編輯委員会編，前掲書。
陳立文「従東北接収検討戦時国府対接収東北之規劃与部署」一九四九年：中国的関鍵年
　　代学術討論会編輯委員会編，前掲書。
程玉鳳「一九四九年前後的資源委員会」一九四九年：中国的関鍵年代学術討論会編輯委
　　員会編，前掲書。
西村成雄「戦後中国両個時期的「分疆而治」論」一九四九年：中国的関鍵年代学術討論
　　会編輯委員会編，前掲書。
白純「台湾光復後的民衆心態与"二・二八"事件」『民国檔案』2000年第3期。
三好章「試論新四軍的東北調動」一九四九年：中国的関鍵年代学術討論会編輯委員会編，
　　前掲書。
山本真「一九四〇年代国民政府統治下的県市参議会—以四川省之例為中心」一九四九
　　年：中国的関鍵年代学術討論会編輯委員会編，前掲書。
羅久蓉「特工組織与戦後漢奸審判」一九四九年：中国的関鍵年代学術討論会編輯委員会
　　編，前掲書。
林桶法「一九四九年中共接管北平経緯」一九四九年：中国的関鍵年代学術討論会編輯委
　　員会編，前掲書。
劉煕明「戦後国民政府整編偽軍対国共内戦的影響」一九四九年：中国的関鍵年代学術討
　　論会編輯委員会編，前掲書。
劉維開「閻錫山組閣経過探討」一九四九年：中国的関鍵年代学術討論会編輯委員会編前
　　掲書。
林桶法，王良卿「戦後国民党人争取党内民主化的背景考察」一九四九年：中国的関鍵年
　　代学術討論会編輯委員会編，前掲書。
林美莉「抗戦勝利後国民政府処理日偽政権貨幣問題—以中儲券的収兌工作為例」一九四
　　九年：中国的関鍵年代学術討論会編輯委員会編，前掲書。
呂芳上「痛定思痛：戦後中国国民党改造的醞醸（一九四七～一九五〇）」一九四九年：
　　中国的関鍵年代学術討論会編輯委員会編，前掲書。

(山本　真・大沢武彦)

あ と が き

　本書は，東京の中国現代史研究会グループを中心とし関西，広島など中国現代史研究者の協力を得て採択された1997年-99度の文部省（当時）科学研究費総合B「中華民国国民政府史の総合的研究―1945年から49年まで」の四年間の研究成果を基礎に，1999年3月24日〜25日に開催された「戦後中国の再建と改革」をテーマとするシンポジウムの研究発表をも加えて，一冊の研究書として上梓するものである。わたしたちの主観的意図としては1920-40年代を通観する中国歴史の実証的解明を志すものであり，本書は後述の二冊の研究書とともにその一つの段階であると心得ている。牛歩にも似た共同研究ではあるが一歩一歩と着実に前進しているものと信ずる。このような意図がはたして読者諸賢の客観的な鋭い眼光に適うものであるかどうか，はなはだ心もとないところではあるが，意のあるところを汲みとられて暖かなご批判ご叱正を頂戴したいものと考える。

　ところで上記の研究会は，すでに1974年に刊行された野沢豊編『中国国民革命史の研究』，および1986年に刊行された中国現代史研究会編『中国国民政府史の研究』といった成果を発表しており，本書はその第三弾ということになる。この間，執筆者一覧をご覧になればお分かりのように，研究会は数多くの若手研究者を輩出して学界にも一定の地歩を占めるようになった。研究会の一員として誠に喜ばしいかぎりである。今後とも，さらに新しい研究者が育ち第四弾，第五弾の研究成果が世に問われることを心から望むものである。

　そのような期待，希望をもちながらも，一言しておかなければならないのは，わたしたち研究者，研究会，そして学界をめぐる研究状況は決して平穏無事というわけにはいかないということである。世にいうリストラや研究教育に対す

る財政的圧迫はますます厳しくなりつつある。真理の探究を目指す若手研究者の職探し，研究条件も容易ならざるものがある。研究発表の場一つをとりあげても，昨今の出版事情を勘案すれば学術出版物の出版もなかなか侭ならないものがある。

本書の場合も例に漏れず，せっかく文部省の科学研究費に採択されながら，その研究成果を公刊しようとして出版助成を申請したにもかかわらず，二年間にわたって不採択となった。その間の事情はまったく不明であって衷心より遺憾の意を表明せざるをえないが，そのため本書の執筆者たちには出版にあたって多大な負担をおかけすることになってしまった。編者として慚愧にたえないものがある。

幸い中央大学出版部のご好意により最大限のご援助を頂戴することができたことは，「捨てる神あれば拾う神あり」の格言どおり誠に有り難いことであった。ここに中央大学に深甚なる謝意を表するものである。

このように厳しい学術研究状況にもめげず，われわれは今後ともに真摯に心理の探求を続け，それを社会的に還元する営為を一日たりとも疎かにするものではない。本書刊行がわれわれの意志表明であると同時に，いささかなりとも苦楽を共にする研究者諸兄姉への激励ともなれば，これに過ぎる幸せはない。

2001年8月30日

編者 姫田光義記す

索　引

凡　例

・政府機関については国民政府の項目にまとめてある。
・中国国民党，中国共産党の会議・機関についてはそれぞれの項目にまとめてある。
・党派団体の名称については正式名称によった。

ア　行

IMF　235, 240
アルタイ　79, 80, 83-85, 89, 96, 100
晏陽初　268
UNRRA　217, 218
イリ　83, 84, 87, 88, 96, 97, 99, 100
ウェデマイヤー　65
ウォリス　319
『益世報』　111, 126, 127, 197, 207
王雲五　228, 229, 244, 275
王若飛　39, 41, 44, 45, 51, 57, 70
汪精衛　111, 112, 127, 298, 344, 353, 357, 361
王世杰　33, 44, 45, 53-75, 81, 85-88, 91, 93, 96-98, 102, 104
『王世杰日記』　17, 53, 57, 61, 66, 75, 103
王正廷　72
翁文灝　72, 73, 195, 237, 257
オグバーン　319, 332
オスマン　79, 80, 83-85, 87, 88, 95-97, 100, 101

カ　行

解放区人民代表会議　33, 35, 37, 41, 42, 50
夏衍　295, 297, 309, 313, 316
下関事件　299, 314
革新倶楽部　196-201, 204, 207
郭沫若　45
GATT　235, 240, 245, 250
甘家馨　195, 199, 200, 202, 207
漢奸　7, 10, 42, 269, 282, 298, 340-348, 351-354, 356-362
『観察』　193, 206, 296, 305, 310, 312, 314, 315, 323, 334, 335
関税立法原則　243, 247-249, 256
救国会　45, 122-126, 129, 130
共産党→中国共産党
郷村建設派　45, 118, 121, 129, 187, 268, 333

郷（鎮）民代表会　163, 164
「郷土工業論」　330, 331
居正　64
許滌新　295
軍事三人委員会　44, 46, 47
訓政綱領　136
軍隊の国家化　33, 41, 42, 45-48, 111, 123
軍統　343, 349, 356
『経済周報』　193, 206, 258, 259
憲政期成会　112, 138, 140, 146
憲政実施協進会　32, 139, 140, 145
憲法→中華民国憲法
顧維鈞　54-56, 75
顧毓琇　213, 220, 233
黄宇人　72, 195, 199, 202
黄炎培　37, 45, 121, 122, 127, 129, 130, 275
工会　163, 198, 341
黄琪翔　115
孔祥熙　177, 195
黄文山　319, 320
黄埔系　193, 195
公民　163, 360
五カ国外相会議　54, 55
胡鑑民　317, 319, 327, 335
呉玉章　45, 65, 140, 147
谷正鼎　195-197
谷正倫　167, 179-182
国防最高委員会　11, 13, 14, 45, 54, 63, 65, 72, 76, 162, 200, 236, 241, 243, 247-249, 257, 260
国民革命軍　32
国民参政会　34, 37, 45, 50, 53, 57, 87, 112, 117, 138, 140, 146, 147, 172, 181, 197, 340, 341, 353
国民政府
　――国民政府委員会　13, 14, 45
　――軍事委員会　13, 47, 53, 197, 239, 240,

340, 344, 349, 354
──監察院　134, 143, 229
──行政院　13, 14, 40, 47, 54-56, 58, 81, 90, 95, 103, 133, 134, 136-139, 141-144, 165, 167, 169, 173, 175, 179-181, 184, 195, 198, 205, 211, 216, 223, 236, 248, 249, 253, 259-261, 275, 305, 340
──外交部　17, 45, 54, 57, 58, 62, 64, 68, 69, 72, 75, 81, 85-89, 91-94, 98, 99, 103, 104, 236
──教育部　53, 197, 268, 272, 273, 275, 278, 281, 283, 286-288, 305, 334
────教育計画委員会　275
──経済部　9, 72, 195, 198, 211-213, 216-218, 224, 225, 228-233, 236, 237, 244, 245, 252, 253
────全国綿花綿糸布管理委員会　221, 222, 224
────紡績事業管理委員会　211-213, 216-219, 230-233
────紡績事業調整委員会　212, 217, 222, 233
──国防部　13, 47, 85-88, 92, 94, 95, 102, 104, 220
──財政部　72, 166, 178-180, 195, 220, 226, 236, 237, 239, 240, 242-245, 247-250, 252-254, 258-261
────関務署　237, 244, 258-261
────国定税則委員会　236, 237, 239, 240, 243-250, 252-255, 258-261
────貿易委員会　236, 237, 239, 240, 258
──資源委員会　198, 211, 226, 236, 237
──社会部　198, 359
──地政部　188, 205
──内政部　45, 82, 83, 92, 94, 95, 97, 102, 104, 201, 205, 206, 359
──蒙蔵委員会　92, 94, 104, 197
──糧食部　152, 153, 158, 160, 161, 165-168, 172, 175, 178-182
──考試院　134, 141
──司法院　134, 141
──立法院　14, 18, 19, 45, 87, 88, 133-148, 169, 181, 183, 184, 187, 189, 193-196, 199, 201-204, 206, 207, 236, 243, 246-250, 253-255, 259-261
国民政府組織法　13, 45, 47, 136
国民大会　37, 46, 67, 134-138, 141, 143, 147, 317

──憲法制定の制憲国大　13, 83, 112, 133, 142, 186, 302, 323
──憲法施行の行憲国大　14, 323
国民大会議政会　138, 140
国民大会代表聯誼会　90
国民党→中国国民党
呉景超　192, 205, 320, 332
五権憲法　119, 134, 135, 137, 139, 141, 142, 144, 146, 147
胡建中　72
五権分立　134, 137
呉国禎　212
五五憲法草案　46, 72, 135-143, 145-148, 270, 278
胡秋原　72
呉紹澍　348
呉世昌　305
胡適　109, 268, 305, 315, 320, 322, 333
呉鼎昌　40, 61
呉鉄城　45, 65

サ 行

蔡元培　53
蔡尚思　130, 325, 334, 335
『再生』　110, 112, 127-130
齊世英　72
再生社　108-110
『財政評論』　237, 257-260
左舜生　37, 121, 129, 130
薩孟武　320, 323
参議会(省・県)　33, 35, 153, 158, 162-164, 169, 173, 178, 180, 181
三区革命　79, 83
三国外相会議　44, 55
三人小組　42, 48, 69
三民主義青年団(三青団)　53, 193, 195, 196, 198, 206, 275, 332, 348
CC系　72, 73, 75, 193, 195, 196, 198, 202-204, 207, 297, 313, 320, 323, 334
施復亮　123, 130, 311, 314, 316
上海市学生総会　297
上海市学生団体聯合会　307
上海市小教師福利促進会　284
周恩来　37, 41, 43-45, 47, 49, 51, 57, 59, 65, 69-71, 74, 76-78
重慶会談　8, 12, 16, 39-43, 45, 51, 54, 56, 66, 121
周建人　295, 314

周作民　354, 355
周新民　121, 124, 130
収復区各県市国民学校教員登記甄審訓練弁法　281, 282
周仏海　340, 344, 353
周炳琳　138
『周報』　127, 147, 148, 193, 206, 258, 259, 294-296, 302, 312-314, 316
朱家驊　195, 198, 200, 273, 287
朱偰　244, 258, 259
朱徳　40, 66
朱博泉　358
商会　8, 12, 13, 16, 42-45, 47, 48, 51, 52, 57, 58, 65, 67-74, 121, 122, 126, 139, 140, 142, 144-147, 163, 207, 232, 278, 296, 342, 354, 357, 359
蔣介石　8, 10, 12-16, 32, 33, 35, 37, 39-44, 49, 51, 53, 56-66, 68-74, 81, 82, 85-89, 95, 97-99, 103, 111, 112, 127, 137, 153, 162, 196, 203, 204, 207, 254, 261, 273, 275, 286, 287, 291-293, 304, 320, 340, 344, 348, 349
蔣経国　57-59, 62, 65
淞滬警備司令部　352
章士釗　352, 353
沙千里　352, 353
蕭乾　300, 314
蕭錚　72, 73, 185-187, 193-196, 198-207
章乃器　193
章伯鈞　45, 113, 115, 116, 121, 122, 124, 128-130
邵力子　41, 44, 45, 56, 65, 70
徐堪　165, 167, 179-181
徐淑希　95
『新華日報』　51, 147, 313, 340, 342, 351-353, 359
新疆警備総司令　79, 85, 87
沈鈞儒　45, 121, 124, 130
新県制　180, 271, 283
晋察冀辺区　42
新四軍　10, 32, 42, 43, 47
晋綏辺区　42
新政学系　53, 72, 75
『新聞報』　294, 296, 298, 307, 313-316
『申報』　87, 193, 205, 294, 296, 306, 313-316, 342, 348, 353-358, 361
鄒魯　72, 73
スターリン　15, 40, 55, 58, 61, 62, 65, 72, 81, 82, 113, 115, 298
スチムソン　61

スチュアート　300, 304, 315
スペーングラー　318
政学系　40, 296
政治協商会議　8, 12, 13, 16, 42-45, 47, 48, 51, 52, 57, 58, 65, 67-74, 121, 122, 126, 139, 140, 142, 144, 145, 147, 207, 278, 296
盛世才　83, 84
『西風』　301, 314
西北行轅　83, 85, 96
陝甘寧辺区参議会　35
全国教育復員会議　268, 275, 286-288
全国商業統制総会　354
全国糧食会議　172, 173, 175
銭大橡　358
銭大鈞　349, 353
曾琦　45, 130, 139, 147
宋希濂　79, 80, 85, 87, 88, 95-97, 101-104
宋子文　40, 55, 58, 61, 81, 102, 211, 216, 237, 241, 248
双十協定　41, 43, 57, 58, 67, 121
総統　8, 14, 54, 133, 134, 136-138, 140-145
宋美齢　74
束士方　212, 213, 220, 227, 229
外モンゴル　58, 65, 79-82, 84-94, 96, 102
孫科　13, 14, 45, 51, 63, 65, 139, 147, 175
孫文（孫中山）　32, 109, 133-139, 141, 144-147, 322

タ 行

『大公報』　87, 119, 120, 129, 130, 178, 206, 294, 296-298, 300, 303, 305, 307, 310-316, 334-336
第三党　33, 45, 108, 113-118, 120-126, 128-130
大モンゴル共和国　82
戴笠　341, 348, 349
タス通信　90
タルバガタイ　83, 96
『地政通訊』　188, 205, 206
地籍整理　151, 159, 168, 183, 204
チャーチル　123
『中央銀行月報』　237, 258
中央社　80, 303
中央政治学校（中央政校）　194, 197, 198, 201
『中央日報』　48, 52, 80, 87, 89, 90, 102-104, 139, 147, 174, 178-182, 192, 197, 200, 205, 207, 266, 277, 284, 286-288, 311, 313, 324, 334, 340, 360

中華民国憲法　13, 126, 133, 144, 146-148, 186, 187, 199-203, 278, 317, 323, 324
中華民族解放行動委員会　115, 116, 128
『中華論壇』　120, 128, 129
中国共産党
　　──第7回全国大会　9, 34-38, 118
　　　　──1中全会　37
　　　　──2中全会　24
中国国家社会党→中国民主社会党(民社党)
中国国民党
　　──第6回全国大会　32, 33, 48, 54, 118, 185-187, 195, 203, 205, 206, 243, 247, 323
　　　　──2中全会　13, 72-74, 141, 142, 147, 166
　　　　──3中全会　167
　　──中央執行委員会
　　　　──常務委員会　40, 52, 64, 208
　　　　──常務座談会　203, 208
　　　　──政治委員会　13, 72, 92, 94, 103, 104
　　　　──宣伝部　45, 53, 197
　　　　──組織部　45, 110, 197, 359
中国国民党臨時行動委員会　115, 128, 129
中国人民解放連合会　35, 36
中国人民政治協商会議共同綱領　126
中国青年党　13, 45, 116-118, 120-122, 125, 126, 129, 130, 139, 147
中国地政学会　187, 204
中国土地改革協会　187
中国農工民主党　116
中国婦女聯誼会　306
中国文化建設協会　320
中国紡織建設公司(中紡公司)　19, 209-213, 215-234
「中国本位的文化建設」　320-322
中国民主建国会　121, 122, 125
中国民主社会党(民社党)　13, 45, 108-113, 116-118, 120-122, 125-129
中国民主政団同盟→中国民主同盟
中国民主促進会　294, 312
中国民主同盟(民盟)　13, 44, 45, 49, 107, 108, 113, 116-126, 129, 130, 302, 312, 324
中山大学　320
中ソ友好同盟条約　15, 40, 54, 56, 58, 64, 73, 75, 76, 81, 88, 90, 91, 93, 98, 99, 101, 297
中統　197, 342
中米貸与法　243, 245
中米通商航海条約　54
中米友好通商航海条約　303

中蒙国境問題　81, 94
儲安平　193, 312
張嘉璈　64, 65
張群　41, 44, 45, 56, 59, 61, 63, 69-71, 90, 173
張君勱　45, 108-112, 117, 126-129, 138
張治中　41, 56, 83-88, 94-99, 102-105
張申府　45
張知本　135, 146
張東蓀　45, 109-112, 117, 121-124, 126, 127, 131, 317, 323, 325, 327-329, 331-336
張道藩　72, 73, 196, 197
張福運　244, 259
張聞天　345, 346, 361
張瀾　45
張厲生　45, 94
陳果夫　73, 195, 320, 332
陳公博　298, 342, 353
陳高傭　319
陳紫楓　193, 199-202, 206, 207
陳序経　317, 320-322, 326-328, 332, 333, 335, 336
陳布雷　45, 61, 65-67
陳立夫　40, 45, 73, 75, 195, 196, 297, 320, 332, 341, 342
鄭振鐸　313, 349, 350, 361
停戦協定(国共間の)　43, 44, 71
停戦令　71
程天放　196, 197
デレリハン　84
田賦管理処　161, 163, 179
田賦実物徴収　151, 153, 159, 165, 166, 169, 172-179, 193, 194
統一建国同志会　116, 117
鄧穎超　45
鄧演達　113-115, 128
陶希聖　320, 323, 332, 333
鄧啓　300
湯恵蓀　188, 205
董彦平　62
湯住心　110
鄧初民　122, 295
東単事件　296, 302-306, 308-310, 315
董必武　45, 70
東北行営　54, 57-65, 75, 76
東北接収　52, 53, 56-58, 60, 64, 65, 68, 71, 75, 76, 123, 297
杜月笙　348, 349
土地改革　183

土地改革方案　188, 189, 192, 193, 205, 206
土地政策綱領　185, 205
土地陳報　151, 158-161, 163, 174, 179
トマス　319, 326
トルーマン　44, 51, 64, 65, 67-69, 296

　　　　　　　ナ　行
任卓宣　72
任弼時　346
農地改革法草案　183, 189, 192-194, 196, 199, 205-207

　　　　　　　ハ　行
ハーレー　41, 64
バーンズ　54, 55
賠償請求（日本への）　54-56
馬寅初　193, 305, 315
白崇禧　61, 72, 73, 88, 95-97
馬叙倫　147, 193, 294, 304, 313, 315
八路軍　10, 32, 42, 45, 47
ハワード　304
反飢餓・反内戦　265, 284
樊弘　323, 326, 328, 334, 335
潘光旦　117, 118, 320
潘公展　54, 349
反ソ運動　72, 73, 296-298, 305, 312, 313
反米運動（抗暴運動）　304-306
潘廉方　201, 202
東トルキスタン共和国　83, 84, 102
費孝通　268, 323, 325, 328-332, 334-337
フェドレンコ　90
復員　9, 13, 18, 20, 191, 258, 263, 265-269, 272, 273, 275-278, 281, 284-288
副総統　142
傅斯年　72, 139, 275
復興杜　193, 195
ブハーリン　113, 115
傅秉常　72, 86, 91, 93, 104
聞一多　126, 299
文化学　318, 319, 321
文化社会学　318, 319, 321, 325, 326, 330
『文萃』　296, 315
聞蘭亭　354-362
『文匯報』　130, 139, 296, 306, 315, 316, 334, 351-353, 357
「平和と民主主義の新段階」　4, 49, 296
ベヴィン　54, 55

北京大学　305
ペトロフ　56, 58, 63, 65, 90, 93, 98
ベルンシュタイン　108, 114
北塔山　79, 80, 83-88, 90-104
北平市大学生正義会　304
保民大会　163, 164

　　　　　　　マ　行
マーシャル　44, 64-71, 73, 74, 296, 304, 309
マスウード　83, 84, 97, 99, 101
マリノフスキー　58
満州事変　5, 111, 136, 321
『民主』　34, 147, 294, 296, 301, 302, 312, 315
民主憲政党　112
毛沢東　8, 24-26, 34-43, 49, 50, 57, 67, 75, 298, 309, 316, 343, 347, 360, 361
モスクワ放送　90
モロトフ　54, 55, 297
モンゴルの国連加盟　101

　　　　　　　ヤ　行
ヤルタ会談　55, 72, 297
ヤルタ秘密協定→ヤルタ会談
ヤルタ密約→ヤルタ会談
熊式輝　57-64, 73, 75, 76
兪鴻鈞　72, 244, 258, 259
葉剣英　44, 45, 65, 70

　　　　　　　ラ　行
羅家倫　275
羅君強　340
ラスキ　109, 119, 129
羅隆基　45, 108-112, 117, 118, 120-124, 126, 127, 129, 138
陸定一　45
李公樸　299
李升伯　212, 213
李宗仁　14
李大明　112
李澤　351-354, 358
劉少奇　42, 51
劉沢栄　86
柳湜　301, 314
梁啓超　108, 109
梁実秋　109, 112, 320
糧食管理局　162
梁漱溟　45, 121, 129, 130, 268, 317, 318, 323-329,

331, 333-336
林伯渠　34
連合政府論　34-37, 42, 50
盧溝橋事変　111, 116
廬山談話会　111

ワ 行

和平建国綱領　12, 151
『和平日報』　193, 199, 206

執筆者紹介（担当部分）

姫田　光義　　中央大学経済学部教授（総論）
井上　久士　　駿河台大学法学部教授（第1部第1章）
西村　成雄　　大阪外国語大学外国語学部教授（第1部第2章）
吉田　豊子　　東京大学人文社会系研究科博士課程（第1部第3章）
周　　偉嘉　　産能大学経済学部助教授（第1部第4章）
金子　　肇　　下関市立大学経済学部教授（第1部第5章）
笹川　裕史　　埼玉大学教養学部助教授（第2部第1章）
山本　　真　　明海大学外国語学部専任講師（第2部第2章，文献目録）
川井　伸一　　愛知大学経営学部教授（第2部第3章）
久保　　亨　　信州大学人文学部教授（第2部第4章）
高田　幸男　　明治大学文学部助教授（第2部第5章）
水羽　信男　　広島大学総合科学部助教授（第3部第1章）
中村　元哉　　東京大学総合文化研究科博士課程（第3部第2章）
古厩　忠夫　　新潟大学人文学部教授（第3部第3章）
大沢　武彦　　東京都立大学人文科学研究科博士課程（文献目録）

戦後中国国民政府史の研究

2001年10月10日　初版第1刷印刷
2001年10月20日　初版第1刷発行

（検印廃止）

編著者　姫　田　光　義
発行者　辰　川　弘　敬

発行所　中 央 大 学 出 版 部
東京都八王子市東中野742番地1
郵便番号　192-0393
電話 0426(74)2351　FAX 0426(74)2354

© 2001

印刷・大森印刷／製本・法令製本
ISBN4-8057-4136-8